U0531963

东亚史学论丛

中国古代怨恨观研究
以先秦两汉子书为探讨中心

张磊 著

中国社会科学出版社

图书在版编目(CIP)数据

中国古代怨恨观研究：以先秦两汉子书为探讨中心/张磊著. —北京：中国社会科学出版社，2021.5

（东亚史学论丛）

ISBN 978 - 7 - 5203 - 8143 - 7

Ⅰ.①中… Ⅱ.①张… Ⅲ.①先秦哲学—研究 Ⅳ.①B220.5

中国版本图书馆 CIP 数据核字（2021）第 053664 号

出 版 人	赵剑英
责任编辑	张 湉
责任校对	姜志菊
责任印制	李寡寡

出　　版	中国社会科学出版社
社　　址	北京鼓楼西大街甲 158 号
邮　　编	100720
网　　址	http://www.csspw.cn
发 行 部	010 - 84083685
门 市 部	010 - 84029450
经　　销	新华书店及其他书店
印刷装订	三河弘翰印务有限公司
版　　次	2021 年 5 月第 1 版
印　　次	2021 年 5 月第 1 次印刷
开　　本	710×1000　1/16
印　　张	25.75
插　　页	2
字　　数	436 千字
定　　价	128.00 元

凡购买中国社会科学出版社图书，如有质量问题请与本社营销中心联系调换
电话：010 - 84083683
版权所有　侵权必究

代序　中国文化现象中的"内平衡"与"外平衡"

韩东育

失衡而衡之，本是自然界和人类社会的常见现象。然而，当这种常见现象被积淀成某种哲学理论，并且这种理论已成为人们信守不移的思维模式和行为模式时，历史的面貌，与其说决定于其他具体原因，还不如说塑造于某种被普遍遵行的模式更为确切。在中国传统文化中，这种模式更多地体现为均衡内心世界的"内平衡"心理和失却"内平衡"后而产生的"外平衡"手段。系统揭示这一文化现象，对于正确认识本民族文化之优劣短长，或可提供客观而诚实的依据。

一　寻求"内平衡"的思维模式

引起心理不平衡的因素很多。究其要者，无非三点：一曰经济状况，二曰政治地位，三曰文化冲突。孔孟老庄以及慧远慧能等，都曾围绕着这三大问题在讲话，尽管说法不同，但最终都各自寻找到了"自觉"且可"觉他"的"内平衡"模式。

（一）价值置换

在中国古代，"价值"被表述为"贵贱"和"贫富"。一般人看来，贵贱当视政治地位而定，而贫富则应以经济状况衡量。然而，当现实不可能使所有人都获得高贵的地位和殷富的资财时（不管这种结果是主动还是被动），一种新的贵贱贫富尺度及其价值体系，便随即产生。即：以内在的精神标准来否定外在的物质尺度，用内在价值来取代外在价值。经过这种价值置换，人的内心——无论庶民百姓还是官绅士人，都会找到一种新的平衡。

儒家认为，悠悠万事，唯道义为最高。在他们看来，道义虽也是客观尺度，但更是人的主体自觉，具体表现为人类行为的中庸正直而不是损人利己。平心而论，儒家其实也并不排拒富贵。但关于何以会发生如此价值置换，还是孔子本人说得"直白"："富而可求也虽执鞭之士，吾亦为之。如不可求，从吾所好。"（孔、孟、老子文为世人所谙，故不具标出处）"不可求"，按照儒家的尺度，显然是因为它违反了道义。可人富贵而己贫贱，毕竟要引起心理失衡，因此，它需要"高尚其志"，需要以内化了的道义尺度来寻回平衡。孔子说："饭疏食，饮水，曲肱而枕之，乐亦在其中矣。不义而富且贵，于我如浮云。"这种道义，显然是指人的精神价值和心理价值。孟子认为，体有贵贱，有大小。养其小者为小人，养其大者为大人。那么，身体的哪个部位是最大、最贵重的，哪些部位是最小、最轻贱的呢？根据他的说法，能够思考的"心"才是最大、最贵重的，因为它是人类善性的源头；而饮食声色之人所无法离开的口腹耳目，才是最小、最轻贱的所在。经过这样一番诱导，人们在道理上接受他推出的新价值体系——"天爵""人爵"论，事实上已成为可能。受这种贵贱观的影响，儒者在贫富观念上，也发生了尺度大置换："儒有不宝金玉，而忠信以为宝；不祈土地，立义以为土地；不祈多积，多文以为富"（《礼记·儒行》）。

当这种新尺度影响到王公官绅时，竟能引起另外一种心理不平衡，即世俗之富贵，反自觉其贫贱可鄙。这时，只有他们对着新价值体系顶礼膜拜，其心理才会获得一种新的平衡。孔子的再传弟子段干木对于魏文侯，据说便发挥过这样的功能。理由是："势不若德尊，财不若义高。"（《淮南子·修务训》）

其实，道义云者，不过是儒家诸子以道德本体对人生境界的一种提升。在取得心理平衡的前提条件下，它可以使人日趋高尚，"其义则始乎为士，终乎为圣人"，但同时也容易让人染上自命清高的习气。儒生的很多豪言壮语，似乎都可作两面观。

与儒家逆向而行，道家解决该问题的办法，是以低为高或削高就低。其中心内容是老子说过的那句话——"知足者富"。

老子喜欢对不知足者讲话，他说："名与身孰亲？身与货孰多？得与亡孰病？是故甚爱必大费，多藏必厚亡。知足不辱，知止不殆，可以长久。"又说："祸莫大于不知足，咎莫大于欲得。故知足之足常足矣！"他的后学们也都用各种不同的方式重复着他的话。《庄子·天地》："富则多事，寿则多辱"；《韩非子·佚文》："天下有至贵而非势位也，有至富而非金玉也，有至寿而非千岁也。原怨反性则贵矣，适情知足则富矣，明生死之分则；寿矣。"《淮南子·缪称训》称："原心反性，则贵矣；适性知足，则富矣。"

这种知足，似乎既有"利"于穷困者，亦可适度调节富人的行为。《列子·周穆王》载有一则寓言故事：周有尹氏者，治产业，素待人甚苛，令作息无晨昏。有一老夫，年迈力衰，尹氏未尝宽待，反用之弥勤。老者昼间呻吟劳作，然入夜却梦为国君，居人民之上，总一国之事，且恣意所欲，其乐无比。于是，他发明了一个道理，从而取得了心理平衡："人生百年，昼夜各分。吾昼为仆虏，苦则苦矣；夜为人君，其乐无比。何所怨哉？"与此同理，白日惨礉少恩的尹氏，入夜，反梦为人仆，数骂杖挞，备受责斥。尹氏病之，访其友，友曰："若位足荣身，资财有余，胜人远矣。夜梦为仆，苦逸之复，数之常也。若欲觉梦兼之，岂可得邪？"尹氏称是，从此宽待下人，疾并少间。显然，经过以上置换，物质原则已见替以心理原则，现实的反差也消解于精神的自慰。当这种主观平衡手段外化为某种客观精神时，道家的价值置换工程宣告完成，即所谓"以道观之"和"道通为一"。

"道"，又称"无"，可释为"无限"和"无穷"（见拙文《"有"是"有限"，"无"是"无极"》，《史学集刊》1997年第1期）。从这个意义上讲，道家之所以反复强调"知足"，是因为在"道"的比照下，有限世界中的一切，永远不可能是真正的"足"。知足，就是知道了有限世界的有限性。只有这样做，才会"不辱""不殆"，也才可以进入真正而永恒的"足"的境界——"常足矣"！而所谓"常足"，说得直白些，就是庄子所讲的"至贵"与"至富"。这些，只有"有道者"才能拥有，而一旦"以道观之"（《庄子·秋水》），人类社会的所有价值评判标准，诸如穷达毁誉、美丑媸妍、是非善恶、胜负成败、君子小人、功名利禄、仁义忠孝、治乱盛衰等，便自然"道通为一"（《庄子·齐物论》）了。老子早就说过："天之道，损有余而补不足；人之道则不然，损不足以奉有余。孰能有余以奉天下？唯有道者。"道家的客观精神"天之道"，使道家的"内平衡"获得了终极把握。

（二）反求诸己

遇到拂逆之事，先作自我追究和自我反省，这就叫"反求诸己"。儒道佛三家以及综合这三家的道学，均对此议论甚蕃。这是除"价值置换"以外的又一个既堪自慰、又增自信的"内平衡"模式。

儒家主张自我追问。孔子说："不患人之不己知，患其不能也。"他的弟子们也都养成了自省习惯。曾子曰："吾日三省吾身：为人谋而不忠乎？与朋友交而不信乎？传不习乎？"这种自省的方法和内容，被孟子全盘接受了下来，他打比方说："有人于此，其待我以横逆，则君子必自反也：我必不仁也，必无礼也，此物奚宜至哉？其自反而仁矣，自反而有礼矣，其横逆由是也，君子必自反也：我必不忠，自反而忠矣。"而当别人强于你时，你唯一正确的选择，也是反躬自省。《孟子·公孙丑上》说："不怨胜己者，反求诸己而已矣。"在做人的道理上，荀子亦一脉承之。他在《劝学》篇中指出："吾日叁省乎己，则智明而行无过矣。"而当这种内索对象与"天理"取得了一致性时，这种"内平衡"便获得了更具说服力的客观精神上的根据。《礼记·乐记》称："好恶无节于内，知诱于外，不能反躬，天理灭矣。"

道家也很强调平衡的内在性。据《庄子·庚桑楚》篇载，老子曾说过："能舍诸人而求诸己乎！"庄子本人也说："吾所谓聪者，非谓其闻彼也，自闻而已矣；吾所谓明者，非谓其见彼也，自见而已矣。"（《庄子·骈拇》）这种平衡的最高哲学概括，便是老子所说的"道法自然"。

这已经成为一种训练，一种从自身来寻求与他人、与社会、与宇宙自然间距离的特殊的思维训练。经由这种训练所形成的观念模式，对于中国人吸纳与之相似的外来文化，发挥了至为重要的作用。佛教，就是在这种似曾相识的文化氛围里在中国落户生根的。

在儒家的思想方法中，除了"反求诸己"这种内索式平衡原则外，还有一种外求式的理论走向，那就是先秦儒家的理论极限——"天命论"（见拙文《关于儒、道、佛三家的理论极限》，《东北师大学报》1996年第3期）。人们通过对人间不得已现象的外推式解释，虽然也求得了一时的自我平衡，但这种平衡却是出于无奈。王充"才行高洁，不可保以必尊贵；能薄操浊，不可保以必贫贱"的感慨，使佛教顺利地找到了安慰中国人心灵，使之实现自我平衡的理论切入点，那便是被慧远发扬光大了的"三世轮回"说（参见《弘明集》卷五）。通过这套理论，人们开始怀疑以往命定说所谓人间不平等现象均由天意决定，而个人却无力回天的由天或命从外面来主宰人生命运的说法，也开始相信，人自己的思想和行动决定了今世和将来命运的全新理论。无话可说的"天命观"变成了有理可讲的"宿命论"，产生于宗教理性上的心理平衡，使中国人认可了后者。

至于禅宗，则把"反求诸己"的"己"明确地提炼为"心"，从而提出"即心即佛"的立意本旨。慧能说："故知万法，尽在自心"，"识自本心。若识本心，即是解脱。既得解脱，即是般若三昧。"又说："菩提只向心觅，何劳向外求玄？听说依此修行，西方就在眼前。"（《六祖坛经》）正是基于这样的体悟，禅宗才把外求行为称作"骑驴找驴"。

外来宗教所阐释的道理，既安慰了现实生活中的中国人，也使排佛者获得了文化心理上的平衡，尽管在这又拉又打的过程中，中国文化人显得有些失却风度，甚至令人发噱。

慧远在回首往事时，曾对儒道佛作过一番比较，认为"沉冥之趣，岂得不以佛理为先?"（《与隐士刘遗民等书》，《广弘明集》卷二十七上）其实，这种舆论，乃是佛教东来后所引起的普遍反响。这对于在千百年来华夷之辨中早已根深蒂固的华夏独尊观念，造成了巨大威胁。自然，给中国文人的文化心理造成了极大的不平衡。可当人们发现佛陀的很多思想与老子哲学相似并着手用道家概念对佛学经典连类格义时，有人便开始在本根上做起了试图摆平这种失衡心理的工作。《史记·老子韩非列传》中，对老子的走向只含混地说了句"莫知其所终"云。《后汉书·襄楷传》补出一句说："或言老子入夷狄为浮屠"。晋道士王浮见此，如获至宝，惊喜之余，竟杜撰一书，名曰《老子化胡经》。该书称，老子曾西游"天竺"教化胡人。释迦牟尼不是别人，就是当年骑牛出关、不知所终的老子！《老子化胡经》之假，几乎不用辩论。但只要晓得人们为何做假，又会对此给予同情的理解。因为如果老子就是佛陀，那么，道家在"沉冥之趣"上又何需"以佛理为先"呢？人们于是获得了平衡。

韩愈，一直被认为是历史上的排佛悍将。这话若从经济政治上理解，或许是成立的。可是，倘若从更根本的文化与哲学的意义上看，该讲法就不一定正确了。因为事实上，真正在文化与哲学上首先肯定和接纳佛教的儒者，恰恰就是韩愈。这一方面是因为他发起了向自身求道的"古文运动"，同时也以融摄外来哲学的方式首次在中国为佛教找到了一块真正意义上的安身立命场所。和禅宗为自己创设"以心传心"的"心法"体系曾经七佛、二十八祖的哲学传统一样，韩愈首先在中国历史上整理出了起自尧、传于舜禹、承于文武周公孔丘孟轲的儒家哲学"道统"。而这一切，都未尝离却"反求诸己"一步。李翱在否定了人们对佛教所采取的两种错误态度的同时，也昭示出了佛教的糟粕和精华，即："惑之者溺于其教，而排之者不知其心"（《去佛斋》，《李文公集》卷四）也有人在误批韩愈时道出了对佛教的取舍标准。柳宗元说："浮图诚有不可斥者，往往与《易》、《论语》合，诚乐之。其于性情，奭然不与孔子异道。……吾之所取者，与《易》、《论语》合，虽圣人复生，不可得而斥也。退之（韩愈）所罪者，其迹也，曰：髡而缁，无夫妇、父子，不为耕农蚕桑而活乎人。若是，吾亦不乐也。"（《送僧浩初序》，《唐柳先生集》卷二十五）后来的道学家，在韩愈找到的三部经典（《孟子》、《大学》、《中庸》）的基础上加入《论语》，辑成了《四书》。而《四书集注》在中国古代社会后期的长期流行并成为举子应试之蓝本，是否可视为中国文化界通过反观自照，在消化佛教并战胜佛教后所取得的文化心理平衡的标志和证明呢？因为华严宗代表宗密看到这种趋势后已经低头认可，说："儒道亦是。"(《原人论》)

(三) 化神奇为腐朽

这要从庄子说起。庄子是中国相对论的鼻祖，他认为，天下万事万物之间，均无差别："厉与西施"、"道通为一"、"臭腐复化为神奇，神奇复化为臭腐，故曰：'通天下一气耳'、圣人故贵一。"(《庄子·知北游》)《庄子·天下》篇中，把名家的"天与地卑，山与泽平"命题亦拿来，作为他相对论的一个理论支撑。仿佛是一种时代思潮，当时的孟子也提出了"人皆可以为尧舜"的命题。宋以后，竟衍生出了"圣人满街跑"的极端说法。到后来，据说，"李卓吾（贽）讲心学于白门，全以当下自然指点后学，说人都是见见成成的圣人，才学，便多了。闻有忠节孝义之人，便云都是做出来的，本体原无此忠节孝义。学人喜其便利，趋之若狂。"(顾宪成：《顾端文公遗书》卷一四"当下绎")的确，以往一提圣人，则"仰之弥高，钻之弥坚，瞻之在前，忽焉在后"和"其犹龙耶"等说法铺天盖地。人们对神圣者自然存敬远之心，而敬远之心的产生，实缘于内心距离的拉大：一方是高不可攀，一方是自惭形秽，其心理之不平衡，已不言自明。中国文化在普及机制上自有其特别处，那便是令超凡入圣者出圣入凡。王阳明说，这叫"打作一片"。通过这种方法，会使人人都觉得圣人就在身边，我也能成为圣人。于是心理的失衡便自然消失，群体模仿效应亦随即出现。庄子当年对"道"所作的"瓦甓"、"屎溺"下凡，创造了一种令后人效法不已的说法（《庄子·知北游》）。禅宗高僧舒州云："参禅唤作金屎法。未会一似金，会了一似屎。"(《古尊宿语录》卷三二二) 有人具体解释参验佛法的平易性：《赵州语录》云："师问南泉：'如何是道？'泉云：'道流，佛法无用功处。只是平常无事，屙屎送尿，著衣吃饭，困来即卧，愚人笑我，智乃知焉。'"(《古尊宿语录》卷四)"师问南泉：'如何是道？'泉云：'平常心是道。'"(《古尊宿语录》卷一三)"问：'今正悟时，佛在何处？'师云：'问从何来，觉从何起？语默动静，一切声色，尽是佛事。何处觅佛？不可更头上安头，嘴上加嘴。'"(《古尊宿语录》卷三) 道理既"明"，那么，"若欲修行，在家亦得，不由在寺"(《六祖坛经》) 结果，佛法中的大部分内容便都成了"戏论之粪"(百丈语) 和"闲家具"(药山语)。既如此，又有何保存的价值？于是，落得个

"佛法本来无多子"和"圣人满街跑，人人都一样"的结局。

这里面似乎有一个理解上的误区，即人们只注意到老庄和禅师们出圣入凡时的平易一面，而忽视了他们闪烁其间的最高级意识。老子的"若愚"、"弃知"，庄子的"坐忘"、"见独"和禅宗的"人境俱不夺"，都是这种最高级的意识所在。因为"若愚"是由于有了"大智"，"弃知"，是由于有了"至知"，"坐忘"是由于"有可忘者"，而"见独"则因窥得了"常人所不及"。禅宗的情形亦复如此："终日吃饭，未曾咬著一粒米；终日穿衣，未尝挂著一缕丝"、"直向那边会了，却来这里行履"。宋代惟政禅师的一个说法可资玩味：老僧三十年前，未参禅时，见山是山，见水是水。及至后来，亲见知识（指大师），有个入处，见山不是山，见水不是水。而今得个休歇处，见山只是山，见水只是水……。可见，大师们的就道入禅，与普通人之间区别很大。冯友兰说，这区别，"就和勇敢的人与失去知觉而不知畏惧的人之间的区别一样大。"（冯友兰：《中国哲学简史》，北京大学出版社1985年版，第141页）但虽说如此，大多数信者却仍在"我即真人"、"我即佛陀"的无知自信里，获得了内在的安宁。

二 寻求"外平衡"的行为模式

与"内平衡"模式通过精神来解决人的心理失衡的做法相反，"外平衡"需求的产生和模式的定型，则多半通过外在行为来体现、来完成。

"外平衡"行为的产生原因很复杂，究其大概，是由于"内平衡"失败所致。这一方面取决于行为者本身的心理素质甚至道德操守，另一方面则由于精神上的解释已陷入绝境。与此相应，人的"外平衡"行为则主要体现为如下两种：一为谗嫉毁谤，二为"杀尽不平方太平"。政府行为容另文别论。

（一）谗嫉与毁谤

人有所长，已则不逮，此谗嫉所由生者也。中国式谗嫉的最显著特点，是一个"毁"字。《墨子·亲士》云："今有五锥，此其铦，铦者必先挫；有五刀，此其错，错者必先靡。是以甘井近竭，招木近伐。……是故比干之殪，其抗也；孟贲之杀，其勇也；西施之沉，其美也；吴起之裂，其事也。故彼人者，寡不死其所长。故曰：太盛难守也。"《庄子·山木》的"直木先伐，甘井先竭"和《韩非子·佚文》的"木铎以声自毁，膏烛以明自铄"等，均此谓也。对这种"木秀于林，风必摧之"的现实，老子早就有过"明智"的忠告："我有三宝，持而保之：一曰慈，二曰俭，三曰不敢为天下先。"

这种风气的形成,首先使原则的坚持变得异常困难。据《晏子春秋·内篇》载,齐景公令晏子为东阿宰,三年而毁谤闻于国。景公不悦,招晏子并施以免职之惩。晏子谢罪道:我已知过,容再治阿三年,美誉必闻于国。景公许之。逾三年,果饮誉四境。景公喜而赏之,不料晏子却坚辞不受,问其故,则曰:"昔者婴之所以当诛者宜赏,而今之所以当赏者宜诛,是故不敢受。"其实,对晏子的赏诛失当,根本乃在于原则的可否交易。王符在《潜夫论·贤难》篇中指出:"上贤大贤,犹不能自免于嫉妒,则又况中世之人哉!此秀士所以虽有贤材美质,然犹不得直道而行,遂成其志者也。"

其次,造成了黄钟毁弃,瓦釜雷鸣之局面。范雎绌白起,公孙弘抑董仲舒,这是同朝共君、宠禄相争故也。可有时,即便是殊邦异国,亦不可免。孙膑修能于楚,庞涓自魏变色,诱而刖之;韩非明治于韩,李斯自秦作思,致而杀之。曹丕杀弟弟任城王,是因为他比自己骁勇;要杀弟弟东阿王(曹植),是因为他比自己富于文采。《潜夫论·贤难》说:"逸妒群吠啮贤,为祸败也岂希?三代之以覆,列国之以灭,后人犹不能革。此万官所以屡失守,而天命数靡常者也。"说明这不可救药之顽症,竟能招致堕姓亡氏、覆灭国家之大祸。

长此以往,终于结晶出以下怪异的思维和行为。《论语·雍也》载:"孟之反不伐,奔而殿。将入门,策其马曰:'非敢后也,马不进也。'"对类似的人情是非,孔子有很清醒的认识,他曾说过:"不有祝鮀之佞,而有宋朝之美,难乎免于今之世矣!"(《论语·雍也》)这实际上等于说,美而不善自贬,则难以免灾。无奈,人们被迫想出了一些苦恼的"对策":

狐丘丈人谓孙叔敖曰"人有三怨,子知之乎?"孙叔敖曰:"何谓也?"对曰:"爵高者,人妒之;官大者,主恶之;禄厚者,怨逮之。"孙叔敖曰:"吾爵益高,吾志益下;吾官益大,吾心益小;吾禄益厚,吾施益博。以是免于三怨,可乎?"(《列子·说符》)

所以,欲人不嫉其能,不害其身,就必须学会自贬自贱、自损自失的本领。其如《盐铁论·非鞅》篇所总结者:"君子……高而勿矜,劳而不伐,位尊而行恭,功大而理顺,故俗不嫉其能,而世不妒其业。"这种平衡方式,使人感到,谦逊已不再是一种美德,而成为趋利避害的手段了。《颜氏家训·止足》篇说:"天地鬼神之道,皆恶满盈。谦虚冲损,可以免害。"

（二）"杀尽不平方太平"

当现实生活中的人际差别足以形成阶级对立时，当贫贱一方实在无法找出更充分的理由来自我说服，以求得内心平衡哪怕是自欺欺人的安宁时，一种团队式的外平衡行为便不可遏止地爆发了，这就是我们所熟知的民众起义。

这类极端行为的中心指导思想，是一个"平"字。陈胜、吴广的"王侯将相宁有种乎"，汉末黄巾军的"苍天已死，黄天当立"，透露的是"皇帝轮流做，明年到我家"一类的政治平衡心态；唐末王仙芝自称之"天补平均大将军"、北宋王小波、李顺的"吾疾贫富不均，今为汝均之"、南宋钟相、杨幺提出的"法分贵贱贫富，非善法也，我行法当等贵贱，均贫富"以及明末起义军的"均田免粮"等口号，也都反映了中国农民试图通过暴力手段来实现与统治层之间的政治、经济平等愿望。这种愿望，发展到太平天国阶段，已形成了周密而完备的外平衡式纲领，即《天朝田亩制度》及其系列文书。它的经济目的很明确，即："有田同耕，有饭同食，有衣同穿，有钱同使，无处不均匀，无人不饱暖也"；它的政治原则亦至为醒目，即打破所有的尊卑等级，而实现"天下多男子，尽是兄弟之辈；天下多女子，尽是姊妹之群"（《原道醒世训》）。

然而，这种外平衡的代价却是巨大而惨重的。《三国志》裴松之〔注〕用数字较精确地统计了汉魏的疆域人口之差后说："孝灵遭黄巾之寇，献帝婴董卓之祸，英雄棋峙，白骨膏野，兵乱相寻，三十余年，三方既宁，万不存一也。"国家作为一个生命体，也只剩下一口气了。

那么，发生在文化交流过程中的暴力冲突，诸如"三武之祸"和大小"教案"，是否也可视为这种外平衡行为的表现之一呢？韩愈及其道学家们对佛教哲学的成功吸纳表明，当一个民族拥有强大的文化自信和理论优势时，这种文化上的外平衡现象只能是一个短暂的存在；相反，一旦丧失了这种自信和优势，类似的冲突便自然会披上政治的外衣而显得声色俱厉和旷日持久。

三 对"平衡模式"的粗浅思索

如果真的了解中国人"反求诸己"的思维模式和由此而形成的影响中国几千年之久的"心性之学"，黑格尔也许就不敢那么武断地说东方人的"'精神'还没有取得内在性"（［德］黑格尔：《历史哲学》，商务印书馆1963年版，第156页）了。类似于"吾日叁省乎己"这种从内心深处来寻求人与人、人与社会间距离并设法缩短甚至消除这种距离的观念和行为，是一个民族文明成熟、心理强大、襟怀宽广和富于前程的精神标志。它既有稠密人际关系、减弱和协调社会矛盾与身心矛盾，使之在隐形状态里便获得自行调适和解决的生活价值，也同时具有哲学上的最高意义——"认识你自己"。价值转换可使人高尚其志。使人之所以为人的精神价值得以空前的凸显和放大，形而上意义被极高地突出了。然而，当某种具有积极意义的思维方式被畸形强化和过分张扬时，哲学上"度"的失却，使极易使该意义走向反面。积极的"内平衡"与消极的"内平衡"之间，其实也就是一步之差。当什么事情都可以在精神秤盘上摆平，对任何乖张都能从心里找出一个息事宁人的说法时，那种逆来顺受、自欺欺人和自甘暴弃的堕性力量便会迅速蔓延，直至掩盖甚至淹没"内平衡"模式所固有的积极成份。被孔子斥为"德之贼也"的"乡愿"和鲁迅笔下的"阿Q"，说到底，也无非是这种负平衡的产儿。

"外平衡"行为，显然伴有极大的破坏性。妒嫉，是人性的弱点，不唯中国人有，凡有人群处，此弱点都在所难免。所不同的，是那里的妒嫉并没有象中国这样理论上成体系，行动上有章法。作为一种历史文化现象，农民起义和其他反政府行为，也是很难用对错来一锤定音的，因为事件本身既有规律性频谱可寻，更有时代这个最大的制约者在操纵，在控制。这也是人们习惯于把平均主义归因给自然经济的缘由所在。

然而，重要的还是文化遗传。它带给今天的令人担忧的疑虑是：中国社会发展过程中的"西西弗斯"现象，能否再度出现？

逸嫉与杀戮，是解决社会矛盾时手段之消极者。但"内平衡"中的负面效应，却使积极的措施运作起来信为困难。《左传》中的"多行不义必自毙，子姑待之"和俗语中的"拭目以待"，形成了一个责任外推模式。这种模式，与暗下赌咒并无本质差别。遗憾的是，赌咒，除了可以取得自欺欺人的心理平衡外，实不异于袖手旁观。因为类似的将一切都指望于某个遥不可知的极端事件来秋后算帐的思路，使矛盾在非严重状态下易于解决的最好时机经常性地被自动放弃，其效果往往与姑息养奸和助纣为虐毫无二致。民众对消极平衡理论的接受，确也使两个极端的现实一贯于中国传统社会之始终，即：百姓对朝廷的或无条件认可、或无条件否定。法家利用了这一点。荀子对人民的角色认定是：要么"载舟"要么"覆舟"而少有"缮舟"者。人民与国君成了事实上的敌人而非所谓"君父臣子"。韩非子为什么要强调"上下一日百战"、为什么要告诫国君对百姓寡恩爱之心、增威严之势，中国政体又何以以专制形式运行两千余年，这些，似乎都可从中窥见一丝别样的理解。

（原载《东北师大学报》1997 年第 3 期）

附记：

张磊博士的大作《中国古代怨恨观研究》梓行在即。作为过去的指导教师，我为此感到高兴并向他表示祝贺！从本科四年到博士课程，张磊对该问题的研究，用去了整整十年时间。这意味着，无论是资料爬梳还是理论建构，呈献给读者的这部书都堪称为堂奥之作，而非浅尝之人所能臻至者。正因为如此，当作者向我索序时，我犹豫了：一是担心续貂，二是忧惧空言。万般无奈之下，听作者说他之所以选择这个题目，就是因为看了我当年的一篇小稿，于是乃窃想，与其"人之患在好为人序"，还不如拿那篇小稿充作"代序"——既可以免去上面两种担心，又能坐享学生成长后的青蓝之趣，何乐而不为呢？

2021 年 3 月 16 日　长春

目　录

第一章　绪论 …………………………………………………………（1）
　第一节　研究动机与时段 ……………………………………………（1）
　第二节　研究思路及材料 ……………………………………………（6）
　第三节　怨恨研究相关概念、逻辑之厘清 …………………………（20）

第二章　怨恨发生逻辑的多角度省察（上） ………………………（26）
　第一节　道德角度 ……………………………………………………（26）
　第二节　责任角度 ……………………………………………………（70）

第三章　怨恨发生逻辑的多角度省察（下） ………………………（115）
　第一节　情感角度 ……………………………………………………（115）
　第二节　利益角度 ……………………………………………………（140）

第四章　报与直：怨恨实施的观念基础与规范原则 ……………（166）
　第一节　"报应观"与怨恨 …………………………………………（167）
　第二节　"报答—报复观"与怨恨 …………………………………（182）
　第三节　关于"以德报怨" …………………………………………（197）
　第四节　关于"以直报怨" …………………………………………（207）

第五章　怨恨的体察、消除与控制 ………………………………（234）
　第一节　体察怨恨的途径：下情上达 ………………………………（234）
　第二节　消除怨恨的方式：损己利人 ………………………………（253）
　第三节　控制怨恨的措施：富、教、法 ……………………………（279）

第六章　怨恨的调节、疏导与治疗 …………………………………（336）
　　第一节　调节怨恨的策略：价值置换 ……………………………（336）
　　第二节　疏导怨恨的指向：反求诸己 ……………………………（349）
　　第三节　治疗怨恨的药石：诗、礼、乐 ……………………………（364）

参考文献 ………………………………………………………………（380）
后记 ……………………………………………………………………（392）

第一章 绪论

第一节 研究动机与时段

一

在阐述本书研究动机之前，有必要回顾一下近代以来一些前辈学者的经典话语：

1880年，日本启蒙思想家福泽谕吉在其结集出版的《劝学篇》中写道："世界不道德的事虽然很多，但是对于人们的交往有大害的只有怨望。"①

1888年，德国哲学家尼采在其最后一本著作《瞧，这个人》中发出了"摆脱怨恨，澄清怨恨"的呼喊，并将"复仇感"作为其哲学宣战的对象之一。②

1934年，印度文学家泰戈尔在一封信中写道："任何形式的种族仇恨，都是偏执的野蛮。"要"努力保护健康成长的民族精神，使之不陷入种族仇恨的危险深渊"。③

1968年，美国心理学家马思乐认为在危机重重的当今之世，作为年轻的心理学者应该"去研究人的侵略性和仇恨心"，因为"要真正了解残害我们社会的罪孽，关键之所在就是要了解人的侵略性和仇恨心"。④

1972年，英国历史学家汤因比在与池田大作对话时忧心忡忡地讲道："我们所面临的人为的各种罪恶，都起因于人的贪欲性和侵略性。"⑤

---

① [日] 福沢諭吉：《福沢諭吉選集》第3卷，岩波書店1980年版，第139页。
② [德] 尼采：《尼采著作全集》第6卷，孙周兴等译，商务印书馆2015年版，第339—340页。
③ [印] 泰戈尔：《泰戈尔书信选》，白开元译，商务印书馆2015年版，第412页。
④ 李绍崑：《美国的心理学界》，商务印书馆2007年版，第178页。
⑤ [英] A.J.汤因比、[日] 池田大作：《展望二十一世纪——汤因比与池田大作对话录》，荀春生等译，国际文化出版公司1985年版，第52页。

1998年，在新加坡《联合早报》为庆祝创刊75周年召开的文化盛会上，与会学者认为："仇仇相报是我们最需要思考、最需要苦恼、最需要关注的问题。"①

进入21世纪，研究人员迈克尔·E.麦卡洛不无失望地承认道："社会科学与生物科学经过一个世纪的研究，揭示出一个至关重要而又令人不安的真相：复仇的欲望是正常的，是人性中的一种固有特性。也就是说，这个星球上，每个神智健全的人都具备产生复仇欲的生理机制。"与此同时，他又不失乐观地进行了这样的展望："我们如果能更好地理解复仇的自然属性、复仇所服务的职能、诱发复仇动机的因素，就能以更好的方式去改善世界，使复仇更少，使其破坏性更小。……关于进化的思考还有助于我们设想运作'宽恕本能'的新途径，以帮助解决今天人类在个体、社会，甚至地缘政治方面所面临的某些挑战。"②

用不着过多举例，我们已经发现，怨恨尽管有怨望、复仇、侵略性、仇恨心等不同的词语呈现方式，但作为一个学术话题，它超越了时代、国别与学科的限制，伴随着现实的危机及研究的深入，正越来越引起人们的重视。

尽管全球学界对怨恨的研究呈现出多角度的态势，但笔者认为，从中国古典著作切入，应该可以满足人们对怨恨研究的某些期待。

因为检视中国古典著作，我们会发现其对怨恨的关注可谓俯拾皆是，堪称一以贯之：

《夏书》称："怨岂在明，不见是图。"③ 这体现了怨恨的隐蔽。

《周书》称："怨不在大，亦不在小。"④ 这体现了对怨恨的警惕。

《老子》称："和大怨，必有余怨，安可以为善？"⑤ 这体现了怨恨的顽固。

《淮南子》称："畜怨而无患者，古今未之有也。"⑥ 这体现了怨恨的可怖。

《史记》称："怨毒之于人甚矣哉！"⑦ 这体现了怨恨的残酷……

正是对怨恨危害有深切体察，所以古人毫不掩饰对无怨境界的赞美与

---

① 联合早报：《第四座桥——跨世纪的文化对话》，新世界出版社1999年版，第29页。
② [美]迈克尔·E.麦卡洛：《超越复仇》，陈燕、阮航译，中国人民大学出版社2013年版，第Ⅴ—Ⅵ页。
③ 《国语·晋语九》，《国语 战国策》，岳麓书社1988年版，第145页。
④ 同上。
⑤ 《老子·七十九章》，《老子道德经注校释》，中华书局2008年版，第188页。
⑥ 《淮南子·缪称训》，《淮南子集释》，中华书局1998年版，第708页。
⑦ 《史记》卷66《伍子胥列传》，中华书局1959年版，第2183页。

向往。孔子称："在邦无怨，在家无怨"①；《为吏之道》称："和平毋怨"②；《太平经》称："天地病除，帝王安且寿，民安其所，万物得天年，无有怨恨，阴阳顺行，群神大乐且喜悦，故为要道也。"③ 不宁唯是，古人有意识地将无怨境界与制度建设联系到一起，于是，"无怨望忿怒之患"便天经地义地象征着"五帝三王之治天下"，④ 而使"百姓辑睦，无怨思之色"理所当然地成为"公卿之职，贤者之务"。⑤

看来，对于怨恨，中国的古典著作中不乏与之相关的认识与解释，亦不乏一定的解决方案。这些"识怨之道"与"化怨之方"与近代以来的担忧可谓遥相呼应，它们超越了时空的限制，属于中国，更属于世界，纵然古老，但并不过时。正如何怀宏所说："我们今天所接触到的最深刻、最好的智慧往往也是最古老的智慧。"⑥ 亦如伽达默尔所说："人文学科中的伟大成就几乎永远不会过时……我们所谓'经典'并不需要首先克服历史的距离，因为在不断把过去和现在相联系之中，它已经自己克服了这种距离。因此经典无疑是'没有时间性'的，然而这种无时间性正是历史存在的一种模式。"⑦

既然储存在中国古典著作中的"识怨之术"与"化怨之方"是当下人们反思怨恨现实弥足珍贵的思想资源与历史资源，发掘并整理上述资源的工作就理应被提上日程。此即为本书研究的现实动机。陈少明说："我们的经典研究不能局限于传统的注疏之学，也不能偏向于通往西方的格义之学，而应该同时发展出与现代生活经验相关联的诠释之学。"⑧ 以经典为探讨中心，摸索出与怨恨这一现代生活经验相关联的诠释之学，此即为本书研究的学术动机。

二

中国古典著作浩如烟海，毕任何一名学者之一生都难以尽阅。基于

---

① 《论语·颜渊》，《论语集释》，中华书局1990年版，第824页。
② 《睡虎地秦墓竹简·为吏之道》，睡虎地秦墓竹简整理小组：《睡虎地秦墓竹简》，文物出版社1978年版，第281页。
③ 《太平经》卷102《经文部数所应诀》，《太平经合校》，中华书局1960年版，第468页。
④ 《春秋繁露·王道》，《春秋繁露义证》，中华书局1992年版，第101—102页。
⑤ 《盐铁论·相刺》，《盐铁论校注》，中华书局1992年版，第256页。
⑥ 何怀宏：《比天空更广阔的》，上海三联书店2014年版，第25—26页。
⑦ 张隆溪：《阐释学与跨文化研究》，生活·读书·新知三联书店2014年版，第60页。
⑧ 陈少明：《做中国哲学：一些方法论的思考》，生活·读书·新知三联书店2015年版，第4页。

研究的可信性、可行性、可控性，笔者拟确定先秦两汉作为本书的研究时段。

以先秦两汉为研究时段，对于中国而言，具有自不待言的本源意义与奠基作用。

先秦时期尤其是诸子百家彼此争竞与调和的春秋战国时期所形成的思想对后世的影响非常深远。关于这一点，前辈学者多有论及，例如，吕思勉认为："我国民今日之思想，试默察之，盖无不有先秦学术之成分在其中者，其人或不自知，其事不可诬也。不知本原者，必不能知支流。"[①] 另如，杜亚泉认为："吾国思想界，于战国时代，最为活跃。秦汉以后，迄于近世，无甚变迁。"[②] 再如，萧公权认为："先秦时期则不能不认为全部工作之起点。其所占地位之重要，可以不言而喻。总之，先秦思想，对春秋以前为融旧铸新，对秦汉以后为开宗立范，创造之名，由此而立，或不至于大误。"[③] 毋庸赘言，可知就先秦思想特别是诸子思想在中国思想史上地位与分量之重，学界早已达成共识。

然而，就两汉思想在中国思想史上的地位，学界因立论角度的不同，存在一定分歧。否定者一般从经学角度立论，认为两汉思想较为单一、缺少思辨、抱残守缺、陈陈相因、充斥迷信，是中国思想史上的一段低谷。[④] 而肯定者一般从政治思想与制度建设角度立论，认为两汉思想自有其独到

---

① 吕思勉：《先秦学术概论》，中国大百科全书出版社1985年版，第4页。不宁唯是，吕思勉认为："实际上，先秦诸子的思想，都是很受前此思想的影响而发展起来的；研究先秦诸子，西周以前的思想，也可以见其大概了。"（见吕思勉《中国政治思想史》，中华书局2014年版，第18页。）

② 罗志田：《近代中国史学十论》，复旦大学出版社2005年版，第202页。

③ 萧公权：《中国政治思想史》，新星出版社2010年版，第4页。

④ 例如，顾颉刚认为："自从汉人把'五经'看作天经地义，又把自己的意见和当代所需要的东西涂在上面，弄得今不今，古不古。要致用罢，却时常以今古不同，真假不明，逢到窒碍。说研究学问罢，学问的基础不建筑在求真上，先圣先师的权威又特别大，既不能跳出他们的圈子，如何可以有进步的希望。弄到底，经既不通，用又不达，大家所有的只是缴绕文句的技术和似是而实非的智识而已。"（见顾颉刚《秦汉的方士与儒生》，上海古籍出版社1998年版，第70—71页。）另如常乃惪认为："经过战国末年思想发展极盛的结果，到秦、汉统一以后，便有衰颓的倾向了。西汉初年的社会，以前各派的分子仍然都在活动，不过都无杰出的人才。……总之西汉一代是各派思想日就式微的时代，到东汉时代各派遂均灭亡。东汉表面上尊崇儒家，似乎思想界为一派所垄断，实则有经师而无儒者，有训诂而无发明，够不上称为思想家。"（见常乃惪《中国思想小史》，上海古籍出版社2005年版，第4—5页。）刘韶军对此作了这样的总结："两汉时期经学兴盛，但思辨性不强，且受官方制度及其禄利的限制，许多学者未能真正发挥学术的自由思考之特性，没有把所研究的典籍中的理论问题提炼出来，未能从思辨层次对经学加以提升，反而使经学逐步成为一种僵死的学问和体制，不仅没有使学者和思想家们在经学研究中发挥出自己的聪明才智，反而被这种僵死的学问和机制束缚了头脑和思辨力，于是两汉经学在中国思想史没有留下足够的光辉。"（见刘韶军《杨雄与〈太玄〉研究》，人民出版社2011年版，第366页。）

而灿然的夺目光彩。例如：

康有为认为："选举之法，汉最美。"①

吕思勉认为："魏晋南北朝……这一个时代之中，并不是没有有政治思想的人，然其思想大都不脱汉人的科臼。"②

唐德刚认为："汉制为后世所不及。今日试一回顾我国政治制度之沿革，莫不祖述汉制。……且后世因袭汉制，往往失其原意而流弊滋生者。"③

楼宇烈认为："汉代整个儒家的进程一是宗教化，二是制度化。宗教化被遏制了，而制度化应该说是成功了。"④

由此可见，两汉思想史的价值更多地体现在政治思想层面，通过制度上的设计与落实，形成了囊括社会方方面面的文化体系与心理认同，历久弥新。

不宁唯是，前辈学者对两汉时段的在思想史分期上的重要性，亦多有强调：

梁启超说："中国不是一成不变的中国。先是中原的中国，中原的中国经秦汉一统，成为中国的中国。"⑤

柳诒徵说："自遂古以迄两汉，是为吾国民族本其创造之力，由部落而建设国家，构成独立之文化之时期。"⑥

钱穆说："中国一到秦汉时代，全部文化体系之大方案、大图样、大间架，开始确立。"⑦

雷海宗说："秦汉以上的中国——动的中国；秦汉以下的中国——比较静止的中国。"⑧

许倬云说："整体而言，秦代和两汉三个阶段可当做一个大帝国来看，它延续了四百多年。"⑨

李泽厚说："（儒学四期中）孔、孟、荀为第一期，汉儒为第二期。"⑩

余英时说："中国大、小传统之间的交流似乎更为畅通，秦汉时代尤

---

① 康有为：《万木草堂口说》（外三种），中国人民大学出版社2010年版，第29页。
② 吕思勉：《中国政治思想史》，中华书局2014年版，第69页。
③ 唐德刚：《段祺瑞政权》，广西师范大学出版社2015年版，第62页。
④ 楼宇烈：《宗教研究方法讲记》，北京大学出版社2013年版，第49页。
⑤ 参见王家范《中国历史通论》，华东师范大学出版社2000年版，第13页。
⑥ 柳诒徵：《柳诒徵文集》卷九，商务印书馆2018年版，第355页。
⑦ 钱穆：《文化学大义》，九州出版社2011年版，第73页。
⑧ 雷海宗：《中国文化与中国的兵》，岳麓书社2012年版，第3页。
⑨ 许倬云：《大国霸业的兴衰》，上海文化出版社2012年版，第24页。
⑩ 李泽厚：《历史本体论·己卯五说》，生活·读书·新知三联书店2008年版，第140页。

其如此。"①

由此可见，从"思想史"的连续性上考量，无论就思想来源的本土性，还是就思想影响的长远性，还是就思想本身的独立性，还是就思想内部要素交流的双向性，两汉时段都是思想史逻辑链条上不可或缺的关键一环。

正如徐复观所指出的："两汉思想，对先秦思想而言，实系学术上的巨大演变。……千余年来，政治社会的格局，皆由两汉所奠定。……治中国思想史，若仅着眼到先秦而忽视两汉，则在'史'的把握上，实系重大的缺憾。"②

综上所述，以先秦两汉作为探讨古代怨恨观的研究时段，既是对研究课题自身目的与容量的一种控制与平衡，又是对学术界通行历史分期的一种借鉴与融会。笔者拟以怨恨这一具有恒久历时性的事物为视角将先秦两汉构成一个完整、连续的考察过程，深入探寻中国人怨恨观的思维特点及演变趋势，以期得出某些规律性的认识，进而为在更长时段、更广地域考察中国人乃至东亚人怨恨观的时代研究、宗派研究、专题研究做一铺垫。

第二节 研究思路及材料

一

一般而言，思想史（包括哲学史）的写作思路是由思想史研究的主题决定的。例如，将整体的时代定为研究主题的思想史研究，通常以所选时代的时序为经，以涌现出的思想家为纬，不妨称之为思想史写作的"编年体"。而将个体的人定为研究主题的思想史研究，通常以所选之人的生平为经，以此人的著作为纬，不妨称之为思想史写作的"纪传体"。

这样的写作思路或者说写法，就历史现象的描述而言，具有清晰明了、纲举目张、可读性强等优点。但这种写法如果缺少问题意识的话，很容易陷入一种固定的写作模式：以"编年体"而言，通常将所选思想家们分成数"类"，然后是"传记加文选"；以"纪传体"而言，通常将个体思想家的思想分成数"观"，然后是"观点加材料"。在这一模式下，如果

---

① 余英时：《士与中国文化》，上海人民出版社2003年版，第119页。
② 徐复观：《两汉思想史》（二），九州出版社2014年版，第1页。

再不对"类"与"类"、"观"与"观"之间的联系进行探讨,一切的描述都将可能仅仅是描述,很难构成对历史的一种解释。

李泽厚就曾直言不讳地对这种写法表达了不满,他说:"多年以来中国哲学史的研究,总喜欢固守于某家某人,特别是几个熟人,无非是孔孟老庄等等,并且,讲来讲去,总是世界观、认识论、历史观、社会论……如是云云,实在乏味。一部活生生的中国哲学史弄成了羊肉串,却很少去研究中国哲学所体现出来的我们这个民族的精神、气质、思维方法等等。"[①] 李泽厚的不满其实是在强调思想史研究应该具有一种问题意识与宏观视角,也就是说当今的思想史研究应该更多地以特定问题为中心,以宏观视角为取向,重新设计思路,重新研讨方法。

事实上,梁启超早就将哲学的研究法分为"时代的""宗派的""问题的"三种。他指出"时代的"研究法短处在于将哲学重要问题的主张与答案截为数段且行文重复,"宗派的"研究法短处在于不能得时代的背景和问题的真相。他认为可以分开来作,各走各的路,不特不是相反,而且是以相成。[②] 可以看出,梁启超所说的哲学的研究法亦可以视作思想史研究的写作思路。而所谓"时代的"或"宗派的"研究法存在的短处并不是方法本身的短处,构成其短处的最主要原因是问题意识的缺乏。刘绪源认为:"研究要从具体问题出发。从方法出发,就不会有新的发现和创造。"李泽厚在对这一认识表示赞同的同时,进一步指出:"套用国外流行的理论和方法,反而使你看不到真问题,只能用这种生搬硬套的方式拼凑一堆毫无意义的学院论文。"[③]

因之,思想史研究不妨直接从具体问题比如说怨恨观这一问题切入展开探讨,而如果思想史研究的主题是特定的问题,那么它的写作思路就不再是以"个体的人"为中心的"纪传体",也就不再是以"整体的时代"为中心的"编年体",而将是以"问题本身"为中心的"纪事本末体"。相应的,也就暗合了梁启超的所谓"问题的"研究法,即:"就是把哲学中的主要问题,全提出来。每一个问题,其内容是怎样;从古到今,各家的主张是怎样。……这种方法的长处,是对于一个问题,自始至终,有系统的观念,得彻底的了解。从前各家主张的内容若何,现在研究到什么程度,都很明了。不至茫无头绪,亦不至漫无归宿,这是他的

[①] 李泽厚:《杂著集》,生活·读书·新知三联书店2008年版,第119页。

[②] 参见梁启超《儒家哲学》,岳麓书社2010年版,第13—17页。

[③] 参见李泽厚、刘绪源《中国哲学如何登场?:李泽厚2011年谈话录》,上海译文出版社2012年版,第18—19页。

优点。"①

  日本著名政治思想史学者丸山真男在谈及思想史研究方法时指出："思想史家的工作不是思想的单纯创造，而是双重创造。……在受历史制约的同时，积极对历史对象发挥能动作用，在这种辩证的紧张关系中再现过去的思想。这就是思想史本来的课题，也是思想史之妙趣的源泉。"②丸山真男认为，思想史分为教义史、观念的历史、范畴的历史三种类型。所谓"范畴的历史"，即是以时代精神或时代思潮整体的历史作为探讨对象。③笔者认为，可以将丸山真男所述的三种类型与梁启超所述的三种研究法做一下大致地对接：

  教义的历史→宗派的研究法。
  观念的历史→问题的研究法。
  范畴的历史→时代的研究法。

  丸山真男进一步指出："回顾上述三种思想史，可以说，只是在第二类型的'观念的历史'和第三类型的'时代精神的历史'的研究领域中，思想史渐渐被承认为独立的学问领域。而第一类型的'教义史'的独立性则不易被承认。"④针对"观念的历史"这一类型，丸山真男对"把我们生活感觉中极其切身的，抽象度较低的观念郑重其事地作为问题来研究"的做法并没有否定，并以九鬼教授的著作《粹的构造》为例来进一步说明问题。⑤在丸山真男看来，《粹的构造》一书从日常生活中抽象出"粹"这个观念，通过研究解明了其逻辑构造及其历史发展的状况。这是"观念的历史"多样性中的一个典型例子。⑥意即这种写作方式在论述"观念的历史"这一类型的思想史时是可行的。

  《粹的构造》一书的写作方式为本书的研究思路提供了较为直接的参考。⑦既然《粹的构造》一书是"通过研究解明了'粹'的逻辑构造及

---

① 梁启超：《儒家哲学》，岳麓书社2010年版，第13—14页。
② [日]丸山真男：《日本的思想》，区建英等译，生活·读书·新知三联书店2009年版，第92—93页。
③ 同上书，第77—79页。
④ 同上书，第80页。
⑤ 同上书，第78页。"粹"是表现日本文化的一个特有名词。大概相当于中文的"帅""潇洒""俊俏""适中"等意。
⑥ 同上书，第79页。
⑦ 参见[日]九鬼周造《「いき」の構造》，岩波书店1979年版。

其历史发展的状况"，那么本书在写作方式上，亦不妨通过研究解明怨恨的逻辑构造及其历史发展的状况。怨恨的逻辑构造从时序上来讲可大致分为发生、展开、化解三个步骤，每一个步骤所对应的一些观念都是怨恨观的组成部分，而这些观念本身也都有着一定的历史沿革。因之，本书的写作是以怨恨展开的逻辑时序——发生、展开、化解为次第，在每一逻辑时序里融进历史时序，以期达到"因事命篇，不为常格……文省于纪传，事豁于编年"①的效果。王家范指出："历史考察总可分为纵向与横向两个方面。纵向以时间为经，以人事为纬，重在描述社会演进轨迹；横向则以事为经，以时为纬，重在层面剖析，揭示社会方方面面的演进。"② 因之，本书对中国古代怨恨观的历史考察顺序是先横向剖析怨恨的逻辑构造，再纵向剖析怨恨观的历史演进，属于横向考察下的纵向考察。

这样一种行文安排除了基于研究主题的需要之外，也是对思想史研究进行"去脉络化"的一种尝试。"去脉络化"是近年来葛兆光提出的一种研究取向，葛兆光认为："过去的思想史哲学史已经拧成了一股绳子，好多事实被它捆绑到这股绳子里面，成为构成这股脉络的部分，可是，还有很多历史却被拧掉了，好像多余的水分被拧掉了一样。"③ "历史一旦'脉络化'久了，就得'去脉络化'，因为以前的那个'脉络'是经由某种观念的系统化和条理化，所以就得要你用新的资料、新的观念，把它重新打散，再度组合。"④ 在葛兆光看来，一种新的脉络是否能够成功地"去脉络化"，有两个标准：第一，新的脉络是否能够通过重组研究的起点和终点，更新研究的路径？第二，新的脉络是否可以容纳更广阔的文化风景和更丰富的历史文献？⑤ 而这两个标准与章学诚对史体"文省而事豁"优点的赞同颇有相通之处。通过建立一种新的具有包容性与超越性的新脉络实现学术典范的转移应成为思想史研究的一种追求。

---

① 《文史通义》卷1《书教下》，《〈史通〉〈文史通义〉》，岳麓书社1993年版，第16页。
② 王家范：《中国历史通论》，华东师范大学出版社2000年版，第15页。
③ 葛兆光：《思想史研究课堂讲录续编》，生活·读书·新知三联书店2012年版，第171页。
④ 同上书，第7页。
⑤ 同上书，第11页。与此相印证的是，葛兆光对陈荣捷《近代中国的宗教趋势》的一段评价："此书的第一个好处，是它在分析佛教在近代中国的变化历史时，不是按照人头、著述和机构设置章节，而是用了一些很好的主题作为架构。"［见葛兆光《且借纸遁：读书日记选（1994—2011）》，广西师范大学出版社2014年版，第2页。］

二

罗尔斯指出："（一种观念）不可能从原则的自明前提或条件中演绎出来，相反，它的证明是一种许多想法的互相印证和支持，是所有观念都融为一种前后一致的体系。"① 因之，从先秦至两汉人们对怨恨这一问题的反复思索以及由此形成的观念，就构成了本书的研究主题。

对长时段的具体观念进行研究，前辈学者余英时在《东汉生死观》一书中进行了很好的示范，余英时说：

> 本文是一个宽泛意义上的思想史研究，通过对生死观及相关问题的讨论来寻求将东汉思想中的高、低两个层面联系起来，其主题下文详论。……如我现在所理解的，其长处之一是它能使我们追寻一种观念在各个时代及不同面貌下的变迁；另一方面，在我看来，其最大的缺陷之一似乎在于对研究所涉及的单个著作家的关注非常不够。因此本文并不试图在总体上去呈现任何思想家的思想，无论他多么重要。只有当某个人的思想与所要讨论的问题有直接的关联时，才会去引证并加以研究。换言之，涉及的只是每位作者的某些方面而已。②

之所以引述长文如上，是因为这段话能够很好地说明本书的研究旨趣。如将文中的"生死观"替换成"怨恨观"，将"东汉思想"替换成"先秦两汉思想"，余英时表达出了笔者想要说的话。仔细审视这段话，余英时一方面表达了一种担忧——对单个著作家的关注不够，一方面表达了一种期待——将思想中的高低两个层面联系起来。

事实上，余英时的担忧印证了梁启超之前的告诫："（问题的研究法）的短处，是对于各个学者全部学说，不能普遍周衍。"③ 尽管有此短处，梁启超也不否认此种方法的可行性。笔者在本书中拟采取此种方法，并适当的以先秦两汉诸子自身有关怨恨的事迹为例，来佐证其怨恨观，希望能对此种方法的短处进行一些弥补。而余英时的期待则暗合了近年来葛兆光关

---

① ［美］约翰·罗尔斯：《正义论》，何怀宏等译，中国社会科学出版社1988年版，第20页。
② 余英时：《东汉生死观》，侯旭东译，上海古籍出版社2005年版，第6页。
③ 梁启超：《儒家哲学》，岳麓书社2010年版，第14页。

第一章 绪论

于更新思想史写法的一些设想：

> 仅仅专注于精英和经典，而不注意他们背后巨大的生活世界和常识世界的思想史中，本来曾经有的误会、埋没、偶然和断裂被遮蔽了，那个看上去很连贯的脉络其实常常是撰写者心中的"道统"，或者是事后追溯出来的一个"系谱"。……还有一种近乎平均值的知识、思想和信仰，作为底色或基石而存在，这种一般的知识、思想与信仰真正地在人们判断、解释、处理面前世界中起着作用。①

余英时将"精英与经典的思想"称为正式思想，用"高"层次一词来将其界定，属于思想史范畴；将"近乎平均值的知识、思想和信仰"称为民间思想，用"低"层次一词来将其界定，属于社会史范畴。在余英时看来，二者之间的交流是双向的，应有意识地结合起来加以研究。他援引布林顿的话进一步指出：

> 思想史家的全部工作是收集从抽象的哲学概念到人的具体活动间的所有可理解的材料。工作的一头他要使自己尽可能成为哲学家，或至少是哲学史家，另一头则要使自己成为社会史家，或只关注人类日常生活的普通历史学家。而他的特殊工作就是要集两任于一身。②

布林顿的话很好地指明了本书的研究任务：收集从抽象的怨恨概念到人的具体活动间的所有可理解的材料，在分析、阐释的基础上进行逻辑建构。但笔者想要说明的是，尽管我们不能无视近乎平均值的知识、思想和信仰或民间思想，但若贪多求全地过分强调，则会使思想史研究的范围庞大到漫无边际的地步，这样的研究难免会缺乏可信性、可行性与可控性。故而比较稳妥的处理方法是，在不忽视近乎平均值的知识、思想和信仰或民间思想的基础上，以精英与经典的思想或正式思想为探讨中心。

罗志田的一则表述或可为这种处理方法提供旁证，他说：

---

① 葛兆光：《思想史的写法：中国思想史导论》，复旦大学出版社2004年版，第14页。
② 参见余英时《东汉生死观》，侯旭东译，上海古籍出版社2005年版，第3—4页。

19世纪以前的中国社会本是以菁英为中心的等级社会，政治上层和社会菁英的作用实在太大。过去史学的确太忽视民众，适度提倡面向基层的史学，可以大大拓宽我们的视野，补前人研究之不足，使我们对往昔的了解更加深入全面。但若矫枉过正，整个史学界都来从事基层研究，而置上层菁英于不顾，等于是全据边缘以言中心，恐非正途。或可以说，在大众兴起之后的"媚俗"时代，多关注基层应无不妥，在世风尚雅而尊崇菁英的时代，仍不能不以当时社会所重者为研究中心。①

因之，具体到本书，笔者拟以先秦两汉的子书为探讨中心。

李零曾编制《现存先秦两汉古书一览表》，对先秦两汉的子书有明确界定，其中，先秦子书包括《论语》《曾子》《子思子》《孝经》《孟子》《荀子》《墨子》《老子》《庄子》《文子》《列子》《鹖冠子》《慎子》《申子》《商君子》《韩非子》《邓析子》《尹文子》《公孙龙子》《鬼谷子》《尸子》《吕氏春秋》《燕丹子》《鬻子》《管子》《晏子春秋》；两汉子书包括《老子道德经河上公章句》《老子指归》《老子想尔注》《新语》《新书》《淮南子》《春秋繁露》《盐铁论》《新序》《说苑》《列女传》《太玄经》《法言》《西京杂记》《新论》《论衡》《潜夫论》《独断》《风俗通义》《申鉴》《中论》等。李零将先秦两汉的兵书《司马法》《六韬》《孙子》《吴子》《尉缭子》《三略》单独划为兵书类，笔者认为此类书籍为诸子百家中的兵家著作，亦可归入子书一类。②唐代的魏征在编纂《群书治要》一书时亦是将兵书类放入子部，其中，作为先秦两汉子书的《阴谋》《崔寔政论》是《群书治要》所有而《现存先秦两汉古书一览表》所无的。③

之所以将先秦两汉的子书作为探讨中心，是因为先秦两汉诸子的思想属于精英思想范畴，他们对怨恨的认识与看法是那一时期对怨恨的最精致、最集中、最理智的表达，具有一定的代表性。且诸子学派不一、时代不同，其对怨恨的综合把握能够比较完整、比较连续地反映出中国古代怨恨观。

先秦子书的思想价值，学界多有积极评价，冯友兰将中国哲学史上春

---

① 罗志田：《经典淡出之后——20世纪中国史学的转变与延续》，生活·读书·新知三联书店2013年版，第94—95页。

② 参见李零《简帛古书与学术源流》，生活·读书·新知三联书店2008年版，第20—41页。下文对经部、史部、集部文献的归类亦大体依据此表，恕不重注。

③ （唐）魏征等：《群书治要》，中华书局2014年版，第3—5页。

秋迄汉初这一时期命名为子学时代即可印证此点。[①] 前文已述，在此不赘。而检视通行的中国哲学史、中国思想史、中国政治思想史相关专著，两汉子书亦占有相当篇幅。[②] 章太炎亦明确指出："所谓诸子学者，非专限于周秦，后代诸家，亦得列入。"[③] 而两汉子书正是"后代诸家"的重要组成部分。

实际上，关于两汉子书的价值，早在两汉时期，人们就有所认识。

以西汉陆贾的《新语》为例，王充认为其"言君臣政治得失，言可采行，事美足观。……虽古圣之言，不能过增"。[④]

以东汉崔寔的《政论》为例，仲长统认为其"凡为人主，宜写一通，置之坐侧"。[⑤]

两汉时期，除却学者，统治者对两汉子书的价值也高度认可，例如，针对陆贾撰写的《新语》，"每奏一篇，高帝未尝不称善"。[⑥] 又如，针对刘向编纂的《列女传》《新序》《说苑》，西汉的成帝虽"不能尽用"，但却"内嘉其言"，以致"常嗟叹之"。[⑦] 东汉的光武帝，对桓谭所献的《新论》持赞赏态度，史载："谭（桓谭）著书言当世行事二十九篇，号曰《新论》，上书献之，世祖善焉。"[⑧] 东汉的邓太后自入宫后，"遂博览五经传记，图谶内事，风雨占候，《老子》、《孟子》、《礼记·月令》、《法言》，不观浮华申韩之书"。[⑨]

但到现当代，人们对某些两汉子书价值的认识却出现了分歧，以围绕王充及《论衡》相关的论争最具代表性。

持肯定论者通常强调王充及《论衡》具有较高的思想价值，如：

章太炎认为："《论衡》，趣以正虚妄，审乡背。怀疑之论，分析百端。有所发摘，不避孔氏。汉得一人焉，足以振耻。至于今，亦未有能逮者也。"[⑩]

[①] 参见冯友兰《中国哲学史》上册，华东师范大学出版社2000年版，第19页。
[②] 如冯友兰的《中国哲学简史》《中国哲学史》《中国哲学史新编》，胡适的《中国中古思想史长编》、葛兆光的《中国思想史》、吕思勉的《中国政治思想史》，萧公权的《中国政治思想史》，林存光主编的《中国政治思想通史》（秦汉卷）。
[③] 章太炎：《诸子学略说》，广西师范大学出版社2010年版，第1页。
[④] 《论衡·案书篇》，《论衡校释》，中华书局1990年版，第1169页。
[⑤] 《后汉书》卷52《崔骃列传》，中华书局1965年版，第1725页。
[⑥] 《汉书》卷43《郦陆朱刘叔孙传》，中华书局1962年版，第2113页。
[⑦] 《汉书》卷36《楚元王传》，第1957—1958页。
[⑧] 《后汉书》卷28上《桓谭冯衍列传》，第961页。
[⑨] 周天游：《八家后汉书辑注》，上海古籍出版社1986年版，第318页。
[⑩] 章太炎：《訄书》，华夏出版社2002年版，第32页。

梁启超认为："（王充）是一个批判哲学家……对过去及当时各种学派，下至风俗习惯，无不加以批评。……可以说是东汉儒家最重要的一个人。"①

冯友兰认为："（王充）是两汉时代最大的无神论者和唯物主义哲学家。"②

持否定论者通常强调王充及《论衡》对当时思想影响力的微弱。比如，常乃惪认为："（王充）确是一个杰出的人物。但他的著作并不为时人所注意，直到二百年后，蔡邕得了还当作秘本，不以示人，可见在当时毫无影响，我们决不能拿他的著作来代表东汉的思想界。"③

黄朴民认为："（王充）《论衡》一书固然识见高卓，颇有价值，可是实际上在东汉一代，它的影响也几乎谈不上。"④

可见两派的议论只是侧重点不同，并不矛盾。笔者在坦承《论衡》影响力微弱的前提下，依然认为《论衡》具有思想史上的探讨价值，关于这一点，林存光的一段话很能说明问题，他说：

> 在思想史上，特别是在某些历史的重大转折关头或急剧变迁的时代，某些伟大而重要的思想家常常默默无闻，被他们的同时代人忽视，或者整个时代不愿意倾听他们的声音，这确乎不乏其例。他们的思想只是在后来才被人发现、理解、认识和接受。但是，我们能够仅仅因为他们的思想在其所处时代的生活世界中"未必真的"或完全不起任何作用就矢口否定其意义吗？某个时代"抛弃"了它最杰出而富有良知的思想家，恰恰是这个时代的悲哀，却并不能证明思想家的思想毫无意义或不值得关注和讲述。我们认为，思想史若能将这种"时代的悲哀"昭告于世人，那么这恰恰是思想史之为思想史富有最深刻的教育意义之所在！⑤

不宁唯是，笔者认为说《论衡》一书对当时思想界影响甚微是成立的，说决不能用《论衡》来代表东汉的思想界则稍嫌武断。因为从王充

---

① 梁启超：《儒家哲学》，岳麓书社 2010 年版，第 38 页。
② 冯友兰：《中国哲学史新编》（中），人民出版社 2007 年版，第 225 页。
③ 常乃惪：《中国思想小史》，上海古籍出版社 2005 年版，第 54 页。
④ 黄朴民：《天人合一——董仲舒与两汉儒学思潮研究》，岳麓书社 2013 年版，第 8 页。
⑤ 林存光主编：《中国政治思想通史》（秦汉卷），中国人民大学出版社 2014 年版，第 34—35 页。

"其论说始若诡于众,极听其终,众乃是之。以笔着文,亦如此焉"① 的记载来看,作为东汉人的王充,其所作的《论衡》至少代表了当时一部分人的思想。当时人谢夷吾的谏词就很能说明问题:"充(王充)之天才,非学所加,虽前世孟轲、孙卿,近汉扬雄、刘向、司马迁,不能过也。"② 正如日本学者鹤间和幸所说:"唯物论思想被当时主流意识视为异端,但是作为东汉儒教的一个分支是值得注目的。"③ 无怪乎钱穆曾做出过这样的总结:"两汉思想,董仲舒是正面,王充是反面,只此两人,已足代表。"④

尽管本书以先秦两汉子书为探讨中心,但对经史子集中除却子书的其他三部类古籍亦有大量涉及。下面将阐述各部涉及的具体古籍及涉及各部的原因。

其中,经书类主要包括《诗经》《尚书》《仪礼》《礼记》《大戴礼记》《周礼》《周易》《左传》《公羊传》《谷梁传》《韩诗外传》《白虎通》《焦氏易林》《太平经》等。需要说明的是,对儒家经典所做的传以及道教的经典亦被笔者归为此类。

之所以要涉及经书类,原因如下:

第一,经书是很多子书生成的文献原典,诸多子书对《诗经》《尚书》的大量称引或评述即可为证。

第二,经书中有一些材料与怨恨密切相关,以复仇问题为例,抛开《礼记》《周礼》《左传》《公羊传》《白虎通》来进行探讨是无法想象的。

第三,一些经书从内容上看与子书区别不大,例如,作为战国至汉儒学资料汇编的《礼记》及《大戴礼记》,与《说苑》《新序》旨趣高度相似的《韩诗外传》,都不妨被视作子书。

第四,一些经书如《焦氏易林》《太平经》等可以提供大量的民间思想材料,帮助笔者从更广阔的视域审视怨恨观。⑤

---

① 《论衡·自纪篇》,第 1188—1189 页。
② (清)王文台辑:《七家后汉书》,河北人民出版社 1987 年版,第 39 页。
③ [日]鹤间和幸:《始皇帝的遗产:秦汉帝国》,马彪译,广西师范大学出版社 2014 年版,第 396 页。
④ 钱穆:《中国思想史》,九州出版社 2011 年版,第 111 页。
⑤ 例如,余英时认为:"(《太平经》)包含着一些有关东汉的材料,并代表了东汉下层民众的思想与感情。"(见余英时《东汉生死观》,侯旭东译,上海古籍出版社 2005 年版,第 10 页。)又如,王子今认为"《焦氏易林》具有体现较宽阔层面的社会生活和社会观念的性质,以及典型的'写实主义'、'近自然主义'的风格,其内容可能较其他思想史料更为真切,更为具体,更为生动,因而更值得我们珍视。"(见王子今《秦汉社会意识研究》,商务印书馆 2012 年版,第 280 页。)

需要说明的是,经学特别是儒家经学是两汉时期的官学,经历了今文经学——古文经学——今古文经学并立的变迁,大体对应着西汉——新——东汉的时段,存在大量相关的注疏之作,笔者将以与本书研究相关度为参考标准进行拣择,比如会结合东汉许慎的《五经异义》来探讨复仇问题,但绝不贪多求全。

事实上,早在两汉时期,人们对经注的庞杂就已经不胜其烦:

刘歆称:"往者缀学之士不思废绝之阙,苟因陋就寡,分文析字,烦言碎辞,学者罢老且不能究其一艺。"①

班固称:"后世经传既已乖离。博学者又不思多闻阙疑之义,而务碎义逃难,便辞巧说,破坏形体说五字之义,至于二三万言。后进弥以驰逐,故幼童而守一艺,白首而后能言;安其所习,毁所不见,终以自蔽。此学者之大患也。"②

杨终称:"宣帝博征群儒,论定《五经》于石渠阁。方今天下少事,学者得成其业,而章句之徒,破坏大体。宜如石渠故事,永为后世则。"③

《老子想尔注》称:"何谓耶文?其五经半入耶,其五经以外,众书传记,尸人所作,悉耶耳。"④

解"奥若稽古帝尧"数字,解"曰若稽古"一语,解"春王正月"一句,动辄十余万言甚至几十万言⑤,这种"缴绕文句的技术和似是而实非的智识"并不能为本书的研究提供重要的材料支撑,况且其与怨恨观的关联尚欠密切,正如葛兆光所说:"不要把可以引申、解释和发挥的'学术资源'和直接能够作用于社会政治和生活的'思想观念'画等号。"⑥

其中,史书类主要包括《逸周书》《国语》《战国策》《吴越春秋》《越绝书》《史记》《汉书》《后汉书》《华阳国志》。

之所以要涉及史书类,原因如下:

第一,史书中保存了大量的精英思想,可以与子书相互佐证。精英人物的口头应对与书面文章不妨看作保存在史书中的子书,具有思想史层面的真实性。《左传》被李零归入经部,其实放入史部亦未尝不可。梁启超

---

① 《汉书》卷36《楚元王传》,第1970页。
② 《汉书》卷30《艺文志》,第1723页。
③ 《后汉书》卷48《杨李翟应霍爰徐列传》,第1599页。
④ 《老子想尔注》,《老子想尔注校证》,上海古籍出版社1991年版,第22页。
⑤ 参见梁启超《儒家哲学》,岳麓书社2010年版,第37页;许倬云《历史分光镜》,上海文艺出版社1998年版,第106页。
⑥ 葛兆光:《思想史研究课堂讲录续编》,生活·读书·新知三联书店2012年版,第178页。

谓《左传》"灿然为古代思想之光影"①　即是在强调此书的思想史价值。余英时认为即便《史记》《战国策》等书个别故事之真实性殊为可疑，但其所显示的时代通行性则绝对可信，"因为即使是捏造，也是当时社会心理的产物"。② 所谓社会心理，即当时思想之反映。

第二，史书特别是涉及秦汉部分的史书记载了大量的制度沿革，可以与子书中的化怨设计合而观之。钱穆认为："中国自秦以下历代伟大学人，多半是亲身登上了政治舞台，表现为一个实践的政治家。因此其思想与理论，多已见诸其当时的实际行动实际措施中……我们的一部政治制度史，却是极好的一部政治思想史的具体材料，此事值得我们的注意。"③ 具体到本书的研究，亦即一些涉及怨恨在制度层面的体察、防范与控制本身就能反映出一种怨恨观。

第三，史书中记载了大量有关怨恨的行为，这些行为本身就是怨恨观的具体表现，可以对子书进行一种诠释与补充。正如孔子所说："我欲载之空言，不如见之于行事之深切著明也。"④ 亦如章学诚所云："古人不著书，古人未尝离事而言理。"⑤ 用具体事例来传达怨恨观念的含义，直接而形象，有助于我们把握古人怨恨心理的状态与特点。许倬云的一则表述正可印证此点，他说：

> 有许多列传与其说是真正个人行为的记录，毋宁是提供了探讨心理因素的资料。例如二十四史中某些列传中，往往有记载者本身赋予行动者以一种特定形态与行为的方式；于是这记载所代表的并非完全是个人的行为，而是一种心理的形态。所有正史中的奸臣，似乎都如出一辙。许多英雄人物或名将名臣的作风和行为，有部分出于有意模仿，不过也有些是史家无意中特别配出的面谱，以致某一类人，就应该具有某种行为。在这种情况下，传记资料可以帮助我们分析，在某一特定的文化，特定的人群之中，对于性格的分类究竟有哪几类？这也是历史可以帮助心理学之处。⑥

---

① 参见梁启超《论中国学术思想变迁之大势》，上海古籍出版社2001年版，第36页。
② 余英时：《士与中国文化》，上海人民出版社2003年版，第72页。
③ 钱穆：《中国历史研究法》，生活·读书·新知三联书店2005年版，第29页。
④ 《史记》卷130《太史公自序》，第3297页。
⑤ 《文史通义》卷1《易教上》，第1页。
⑥ 许倬云：《历史分光镜》，上海文艺出版社1998年版，第30—31页。

需要说明的是,《史记》与《汉书》在涉及西汉时段时,多有重复之处,笔者涉及这一时段的立论史料多取自《汉书》,除却《汉书》体例严整统一、典制详细具体、多收经世之文、多补史迁之缺等原因外①,还有一点是《汉书》在汉至唐这一时段的流通程度要超过《史记》,"固自永平中始受诏,潜精积思二十余年,至建初中乃成。当世甚重其书,学者莫不讽诵焉"。② 刘知幾亦言《汉书》:"始自汉末,迄乎陈世,为其注解者凡二十五家,至于专门受业,遂与《五经》相亚。"③ 亦是一证。换言之,其在特定时段更能发挥史书对思想的影响力。至于《两汉纪》《资治通鉴》等书因较《史记》《汉书》为后出,其与《史记》《汉书》重复部分不再赘引,但两书特别是《资治通鉴》对史料之编排剪裁整齐精当,笔者因论证之便,亦偶尔会从中取材。而笔者在涉及东汉时段的史料时,之所以更多地取材于《后汉书》而非《东观汉记》及《七家后汉书》,除却《后汉书》更加完整、翔实外,清代赵翼在《廿二史札记》中的两段议论也能为笔者的处理方式提供支撑:

> 一代修史,必备众家记载,兼考互订,而后笔之于书。观各史艺文志所载各朝文士著述有关史事者,何啻数十百种。当修史时,自必尽取之,彼此校核,然后审定去取。其所不取者,必其记事本不确实,故弃之。而其书或间有流传,好奇之士往往转据以驳正史,此妄人之见也。④

> 范蔚宗作《后汉书》时,想松之所引各书尚俱在世,故有补寿《志》所不载者。今各书间有流传,已不及十之一,寿及松之、蔚宗等当时已皆阅过,其不取者必自有说。今转欲据此偶然流传之一二本,以驳寿等之书,多见其不知量也。⑤

但正如周天游所说,范晔蒐罗虽称完备,但百密仍有一疏,确有不少

---

① 参见[韩]朴宰雨《〈史记〉〈汉书〉比较研究》,中国文学出版社1994年版,第2页。另朴宰雨编制《〈汉书〉袭用〈史记〉情况概要表》(同上书,第77—161页),对《汉书》六十一篇袭用《史记》情况之概要详加考察。据该表可知,《汉书》对《史记》增补、续写之处甚多。据此,笔者认为,本书对这两本史书的拣择、处理方式具有可行性,并不影响对问题的说明。
② 《后汉书》卷40上《班彪列传上》,第1334页。
③ 《史通》卷12《古今正史》,《〈史通〉〈文史通义〉》,岳麓书社1993年版,第115页。
④ 《廿二史札记》卷1《史汉不同处》,《廿二史札记》,凤凰出版社2008年版,第12页。
⑤ 《廿二史札记》卷6《裴松之三国志注》,第90页。

方面有待《东观汉记》和诸家《后汉书》的佚文来补正。① 笔者将立足于研究的需要及具体情况，查缺补漏，斟酌损益。

其中，文集类主要包括先秦两汉的诗、文、小说等作品。涉及诗文类的主要原因在于为"诗可以怨"这一命题提供佐证。涉及小说类的目的主要是希望从小说这一侧面把握当时的社会心理。正如梁启超所说："须知作小说者无论骋其冥想至何程度，而一涉笔叙事，总不能脱离其所处之环境，不知不觉遂将当时社会背景写出一部分以供后世史家之取材。"② 亦如钱锺书所言："夫稗史小说、野语街谈，既未可凭以考信人事，亦每足据以觇人情而征人心。"③ 与此相印证的是，年鉴学派近来出版的以社会、大众心理为主题的著作，在材料运用方面非常多样，很多人都运用了文学和艺术方面的材料，来考量大众心理的变化。④ 由于此类作品比较庞杂，且散见于各种古籍之中，故除却《楚辞》之外，其余作品，笔者主要取材于逯钦立辑校的《先秦汉魏晋南北朝诗》、严可均编纂的《全上古三代秦汉三国六朝文》、上海古籍出版社点校的《汉魏六朝笔记小说大观》三部整理型著作。

需要说明的是，对经部、史部、集部的涉及，就本书而言，只是对子书的一种补充、佐证、完善，探讨的中心材料依然是子书。笔者认为，只有涉及各部类著作与子书进行互证，我们对子书的探讨才能更细致、更透彻，我们对思想史的研究才能更深入、更全面。

这暗合了刘咸炘对学科划分的综合把握：

> 吾之学，其对象一言以蔽之，曰史。此学以明事理为目的，观事理必于史。所谓史，不仅指纪传、编年各史，经书亦包括在内。子之言理，亦从史出，周秦诸子，无非史学而已。横说则谓之社会科学，纵说则谓之史学，质说、括说则谓之人事学。⑤

也暗合了林安悟的一段展望与期待：

---

① 参见王锺翰、安平秋等《二十五史说略》，中华书局2015年版，第58页。
② 梁启超：《中国历史研究法》，上海古籍出版社1998年版，第53页。
③ 钱锺书：《管锥编》，生活·读书·新知三联书店2007年版，第443页。
④ 参见王晴佳、古伟瀛《后现代与历史学：中西比较》，山东大学出版社2006年版，第77页。
⑤ 刘咸炘：《刘咸炘论史学》，上海科学技术文献出版社2008年版，第2页。

作为一名中国哲学研究者，须活生生地去面对生活世界之实况，将中国哲学置于一广大的历史社会总体中，加以考察，进而开启一具有历史意识及社会性向度之中国哲学研究。如此才能拓深中国哲学的思考领域，并与其他学问有一整合的可能。①

本书愿以此为方向，努力做出一些尝试。

第三节　怨恨研究相关概念、逻辑之厘清

一

"怨恨"一词包罗万象，很多价值判断、情绪反应、行为表现似乎都可以入"怨"。那么，作为本书核心概念的"怨恨"究竟具有怎样的含义，则成为笔者首先要阐明的前提性问题。

事实上，中外学界对怨恨的定义是见仁见智的：例如，舍勒认为怨恨的一个基本意义成分是"一种隐隐地穿透心灵、隐忍未发、不受自我行为控制的愤懑；它最终形成于仇恨意向或其他敌意情绪一再涌现之后，虽然尚未包含任何确定的敌对意图，然而，其血液中已在孕生一切可能的敌意"。② 与此相印证的是，王立认为，"嗛"字在中国古代可以表现隐忍怀恨，并以裴骃《集解》引徐广语为证："读'嗛'与'衔'同。《酷吏传》：'义纵不治道，上忿衔之。'《史记》亦作'嗛'字。"王立分析道："用嘴叼着，极为形象，引申为小心翼翼地含着某物，精心地置于适当之处。'衔恨'，于是从字源学上就有了谨慎小心、隐忍不露而时刻伺机复仇的形象化意味。"③ 刘美红则认为："'怨'是一种深藏于心的抑郁痛苦、愤恨不平之情，是主体在生活的境遇中自感受伤却又无力做出的报复回应，只好强抑情绪激动和情感波动而形成的生命情态。"④ 上述对怨恨含义的把握无疑有接近之处，即怨恨意味着不平的愤懑与隐含的敌意。

---

① 林安梧：《中国宗教与意义治疗》，载叶舒宪主编《文学与治疗》，社会科学文献出版社1999年版，第129页。
② ［德］舍勒：《舍勒选集》，刘小枫选编，上海三联书店1999年版，第398页。
③ 参见王立、刘卫英《传统复仇文学主题的文化阐释及中外比较研究》，北京师范大学出版社2011年版，第120—121页。
④ 参见刘美红《先秦儒学对"怨"的诊断与治疗》，中山大学出版社2010年版。

而史华罗则进一步指出:"'恨'在汉字文化圈中(包括韩国、日本)是一种含义纷繁的复杂情感,因此,它不能简单地用某一个英文术语来描述,而是一种意义的合体——在不同场合有不同含义——包括怨恨、后悔、妒忌、听任、渴望和悲痛。这是一个明显的例证,说明对于中文情感的词汇来说,任何分类架构都是不完备的:在很多情况下,'恨'应当归属于'不满的情结'。从语源上分析,它可以拆分成表示强烈情感的义符'忄'和表示读音的音符'艮'(其意义是眼角抹不去的刀疤);因此,整个字的意义就是深刻持久的心灵伤害。它主要指对于一些错误、怨恨和敌意行为感到长久的愤慨和不悦。"①

笔者完全赞同舍勒与刘美红对怨恨含义的大致把握和史华罗对"恨"的语义复杂性的分析。在这里,可以借用刘笑敢提出的一个概念,即对怨恨的诠释存在事实上的"弹性意义圈"或"模糊意义域"。②那么,这一"弹性意义圈"的圈内或"模糊意义域"的域内究竟有哪些真实的意义元素,这些真实的意义元素彼此之间是对立分离的关系,还是相互连续并可以相互转化的关系?显然,梳理并分析这些意义元素,有助于我们将怨恨的语义复杂性具体化,从而全面把握怨恨一词的语义。按照傅斯年所谓的"思想不能离语言且必为语言所支配"的语学的方法③,这种梳理和分析应该并可以从语源学和文字学入手。

从已经得到释读的甲骨文、金文来看,与"怨""恨"直接对应的字尚付阙如,《说文》释"夗"字为"转卧",《段注》云"凡夗声、宛声字,皆取委曲意",即"怨"字本身具有委曲之义,可引申为心理意义上的委屈不平。《说文》释"怨"为"恚",并释"恚"为"恨",而"恨"字中的"艮"部,乃是由匕目会意而来,好比两人怒目相视,各不相让,即怨恨还意味着隐含的冲突。《说文》最后又释"恨"为"怨",这说明,怨、恚、恨这三字在意义上是大致接近的,并构成了一个"怨→恚→恨→怨"的循环解释序列。根据《尔雅》《说文》等的解释,"憝、怼"被释为"怨","讟"被释为"痛怨","怏"被释为"不服怼","愠"被释为"怒",④

---

① [意]史华罗:《中国历史中的情感文化——对明清文献的跨学科文本研究》,林舒俐等译,商务印书馆 2009 年版,第 344 页。
② 参见刘笑敢《诠释与定向——中国哲学研究方法之探究》,商务印书馆 2009 年版,第 88 页。
③ 傅斯年:《性命古训辩证》,广西师范大学出版社 2006 年版,第 4 页。
④ 张舜徽认为,"凡心有不平,蕴于内则为怨,发于外则为怒,怨与怒实相因,故经传恒字,或释为怒,或释为怨耳。"转引自汤可敬《说文解字今释》,岳麓书社 1997 年版,第 1470 页。

"仇"被释为"怨耦"和"恶","憎"也被释为"恶","忌"被释为"憎恶","諐"被释为"恚","吝"被释为"恨惜","悼"被视为"怨恨","猜"被释为"恨贼","悭"被释为"恨","怖"被释为"恨怒","㤿"被释为"怨恨","悔"被释为"悔恨",①"忿"被释为"悁、恨、怒","悁"被释为"忿","阋"被释为"恨"。② 于是,很多字都可以纳入"怨→恚→恨→怨"的循环解释序列中,即怨(讟、憖、憝、怏、愠、仇、恶、憎、忌)→恚(諐)→恨(吝、悼、猜、悭、怖、怅、㤿、悔、忿、悁、阋)→怨

由《说文》对"悼""㤿"二字的解释,可以看出"怨恨"一词在古代汉语中已经开始并列连用,现代汉语中的"怨恨"一词应是从古代汉语中"怨恨"一词对应发展而来,含义相去不远。因此,上述循环解释序列中的每一个字的含义都与现代汉语中的"怨恨"一词有接近之处,但单独的每一个字又都不能完全地揭示出"怨恨"一词复杂的语义。而当把这一循环解释序列视作一个整体并结合甲骨文中的近义文字做出一个总结性的概括之后,"怨恨"一词复杂语义的具体化将成为可能,而这一概括就是:怨恨是主体受到客体刺激之后心情的一种委屈不平的抑郁状态,这种心理状态因客体以及刺激方式的不同而有憎恶、愤懑、后悔、懊恼、仇视、妒忌之异。即通常所谓的憎恨、愤恨、悔恨、恼恨、仇恨、忌恨,这些怨恨彼此之间并非泾渭分明而是相互联系甚至是可以相互转化的。此即为本书对"怨恨"这一核心概念的界定。③

二

怨恨发生的逻辑起点是主体受到客体刺激,这一刺激之所以会发生,或是由主体主动搜寻刺激,或是由主体被动承受刺激。为研究之便,笔者将主体主动搜寻刺激下产生的怨恨称之为自生型怨恨,将客体主动施加刺激下产生的怨恨称之为他生型怨恨。这种划分与舍勒对怨恨出发点的界定

---

① 汤可敬:《说文解字今释》,岳麓书社1997年版,第1471页。王筠认为,"恨者,怨人之词;悔者,自怨之词,故必连言之。"
② 同上书,第206、240、255、367、1117、1352、1458、1468、1469、1470、1471、1472、1475等页;另见《尔雅·释言》,《十三经注疏》,中华书局1980年版,第2584页中栏。
③ 为了表述及论证的方便,在本书中,主体一般代指怨恨的发生载体,即怨恨的承受者;客体一般代指怨恨的刺激载体,即怨恨的施加者。而悔恨是主体自己怨恨自己,此种情况,不做主客体之区分。

有一定对应的地方。在舍勒看来，形成怨恨的出发点有两种，一种是基于"价值比较"的"竞争心"，一种是基于"对抗伤害"的"复仇欲"。① 前一种更多地对应笔者所谓的自生型怨恨，后一种更多地对应笔者所谓的他生型怨恨。

自生型怨恨一般是因为自己"欲己所未有"，基点是欲望。培根就曾经指出："如果他们的欲望受了阻挠，他们就要变为心怀怨愤，看人看事都用一付凶眼。"② 关于这一点，神经科学已经给出证明。③ 欲望除了最基本的情感欲望、利益欲望外，还有一种极易触发自生型怨恨的"寻求承认"的欲望。法国启蒙思想家卢梭较早地指出了这一点：

> 人们一开始互相品评，尊重的观念一旦在他们的头脑中形成，每个人都认为自己有权利受到尊重。从此以后，任何人如有不尊重人的行为，就不可能不受惩罚：最初的文明礼貌的观念就是从这里产生的，甚至在野蛮人当中也是如此。④

"每个人都认为自己有权利受到尊重"即意味着"寻求承认"这种欲望的存在。这一主题被德国哲学家黑格尔所继承。在黑格尔看来，为尊重或承认而进行的斗争，不仅仅是一种能够激起行动的心理学诱因，同时也是世界历史的主导力量。⑤ 日裔美籍学者弗朗西斯·福山进一步分析道：

> 欲望诱使人们寻求自身没有的事物……人还寻求别人对自己价值的承认，或者寻求别人对他们认为有价值的人、物或原则的承认。赋予自我以一定价值，并要求这一价值得到承认……人认为自己有一定的价值，一旦他人以低于这一价值的方式来对待他，他就会产生愤怒的情绪。……寻求承认的欲望，以及伴随而来的愤怒、羞耻和自豪情

---

① 参见江日新《领袖之怒：失序的价值重估和自我毒化的自欺》，载台湾中央大学文学院哲学研究所主编《应用哲学与文化治疗学术研讨会论文集》，台湾中央大学文学院哲学研究所1997年版，第174页。
② [英]培根：《培根论说文集》，水天同译，商务印书馆1983年版，第136页。
③ [美]迈克尔·E. 麦卡洛：《超越复仇》，陈燕、阮航译，中国人民大学出版社2013年版，第120页。
④ [法]卢梭：《论人与人之间不平等的起因和基础》，李平沤译，商务印书馆2007年版，第92页。
⑤ 参见[美]史蒂芬·B. 斯密什《政治哲学》，贺晴川译，北京联合出版公司2015年版，第227—228页。

绪，都是人格的组成部分，它们对于政治生活而言至为关键。根据黑格尔的说法，正是它们驱动着整个历史进程。①

自生型怨恨的起因是"欲己所未有"，福山所称"欲望诱使人们寻求自身没有的事物"即与此点相合。福山所谓"寻求自我价值的承认兼寻求别人对他们认为有价值的人、物或原则的承认"将"寻求承认"的欲望细化为两种欲望，不妨称其为尊严欲望、价值欲望。希望他人承认自我价值的欲望为尊严欲望，客体没有满足这种欲望，会触发愤怒情绪，即怨恨；希望他人承认自己肯定的人、物、原则的欲望为价值欲望。在中国古代，先贤们通过理论与实践形成了一系列为人处世的原则，或可归为道德领域，或可归为责任领域，对上述领域原则的轻蔑或背叛，会招致认同这些原则人们的恼恨、憎恨、愤恨与仇恨。

他生型怨恨一般是因为他人"害人所应得"，基点是伤害。这里"应得"最基本的成分指的是人们自认的一种本然状态，这种本然状态一旦遭到破坏和伤害，怨恨就会随之而生，如：福泽谕吉认为："怨望并不是由贫贱产生的，只是人的本能活动遭到束缚，处于祸福来去不能自主的偶然地位之人才极易于发生。"② 罗素认为："无论什么理由，若是他的生长受了妨害，或者被迫长成以一种纡曲不自然的形态，他的本能必定仇视环境，而且浑身都是怨恨。"③

需要说明的是，所谓本然状态的破坏与伤害一是针对主体的情感欲望以及利益欲望。二是针对主体的尊严欲望，卢梭指出："任何故意伤害人的行为，都将被看作是一种存心凌辱，因为，除了伤害的行为造成了痛苦以外，被伤害者认为对他的人格的轻视往往比痛苦本身还难忍受；每个人都将根据别人对他表示轻视的方式而给以相应的惩罚：报复的手段是可怕的；人变成了凶暴残忍的人。"④ 三是针对主体的价值欲望，因为主体若将已经接受的道德观念、责任观念诸领域的原则视作一种本然，客体对主体上述原则、价值的直接践踏、主动破坏所导致的仇恨亦可以看作是一种他

---

① ［美］弗朗西斯·福山：《历史的终结与最后的人》，陈高华译，广西师范大学出版社2014年版，第14—15页。
② ［日］福沢諭吉：《福沢諭吉選集》第3卷，岩波書店1980年版，第141页。
③ 在梁漱溟看来，这与"圆满了生活、恰好了生活"的孔家见解完全一样，见梁漱溟《东西文化及其哲学》，商务印书馆1999年版，第184—186页。
④ ［法］卢梭：《论人与人之间不平等的起因和基础》，李平沤译，商务印书馆2007年版，第92页。

生型怨恨。何怀宏认为："不仅出自物欲和利益的动机会引起对他人的伤害，被某些观念、理论、意识形态或宗教教义所误导的人们，也同样有可能，甚至更有可能造成大规模的人间灾难。"① 意即破坏他人理念性的欲望也可以看作是对他人的一种伤害。

由此可见，他生型怨恨与自生型怨恨的区别只在于客体对主体施加刺激的直接与否、主动与否。进一步讲，就他生型怨恨内部而言，客体施加刺激的主动性越强，主体对客体的怨恨也就越彻骨，研究人员迈克尔·E.麦卡洛发现了这一点，他说："人们的复仇意图产生于这样的情境：觉得遭到了他人故意的重大伤害。所受的伤害越严重，故意的成分越大，复仇的欲望就越强烈。"② 因之，他生型怨恨通常是自生型怨恨的一种触媒，起到加快速度与加重程度的作用。自生型怨恨与他生型怨恨常常交织在一起，有时难以明确区分。但不妨做一下大致的区分，见下表：

表1-1　　　　　　自生型怨恨与他生型怨恨的大致区分

主体欲望类型	是否遭遇客体直接主动伤害	怨恨类型	怨恨类别
尊严欲望	否	自生型怨恨	恼恨、悔恨
尊严欲望	是	他生型怨恨	仇恨
价值欲望	否	自生型怨恨	憎恨、愤恨
价值欲望	是	他生型怨恨	恼恨、仇恨
情感欲望	否	自生型怨恨	恼恨、悔恨
情感欲望	是	他生型怨恨	悔恨、仇恨
利益欲望	否	自生型怨恨	忌恨
利益欲望	是	他生型怨恨	仇恨

下两章，笔者拟从道德、责任、情感、利益四个角度，以学理与史实为依托，在充分展示自生型怨恨与他生型怨恨胶着状态的同时，详细考察中国古代怨恨观的发生逻辑。

---

① 何怀宏：《伦理学是什么？》，北京大学出版社2008年版，第139页。
② ［美］迈克尔·E.麦卡洛：《超越复仇》，陈燕、阮航译，中国人民大学出版社2013年版，第61页。

第二章 怨恨发生逻辑的多角度省察(上)

第一节 道德角度

一

怨恨发生的逻辑起点是主体受到客体刺激,从道德角度而言,这一逻辑起点具体化为因客体的表现不符合主体业已形成的道德认同,从而使主体受到刺激,产生怨恨。事实上,在先秦两汉典籍中,怨作为德的对立面与德成对出现的例子并不鲜见,如"晋侯日载其怨……重耳日载其德"[①]"反德为怨"[②]"善为吏者树德,不善为吏者树怨"[③]"故德建而怨寡"[④]。而违反德、缺失德则通常被看作怨恨产生的诱因,如"逆德,则怨之所以聚也"[⑤]"怨莫深于无德"[⑥]"君子无德则下怨"[⑦]"无德厚于民,而严刑罚于国,俗日坏而民滋怨"[⑧]"无德之人,天地所怨"[⑨]等等。需要说明的是,"德"在中国古代至少有两层含义,一是作为人品、伦理的道德,二是作为制度、措施的恩德。[⑩]上述文句中的"德"在语义上固然更多地偏

---

① 《国语·晋语四》,第96页。
② 《新书·道术》,《新书校注》,中华书局2000年版,第303页。
③ 《说苑·至公》,《说苑校证》,中华书局1987年版,第363页。
④ 《中论·修本》,《中论解诂》,中华书局2014年版,第42页。
⑤ 《韩非子·难四》,《韩非子集解》,中华书局2013年版,第417页。
⑥ 《文子·道德》,《文子疏义》,中华书局2000年版,第220页。
⑦ 同上书,第225页。
⑧ 《盐铁论·国疾》,第332页。
⑨ 《太平经》卷93《效言不效行致灾诀》,第401页。
⑩ 韩东育认为,周人有惩于殷人"敬鬼事神"、无视民瘼的亡国教训而提出"敬德"原则中固有被后儒包括王国维作了放大发挥的"德"之人品和伦理内涵,但"德"在西周时期更质实的另一面内涵,却是制度的,它表现为冷静的政治措施和手段。(见韩东育《道学的病理》,商务印书馆2007年版,第45页。)

第二章 怨恨发生逻辑的多角度省察（上）

于恩德，但施恩德于人这一行为往往也意味着对自身欲望的节制以及利益的牺牲，这一行为本身也是一种道德行为。① 主体施恩德于人的方式、诚意，节制自身的程度、态度，与主体自身的道德水平多有相关之处。所谓"有美行，爱之如骨肉；无义，憎之如仇雠"② 的认识更是直接阐明了道德与怨恨之间的关系。本节从道德角度来审视怨恨的发生逻辑，其中的道德更多的是指"德"的第一层含义。③

作为人品、伦理的道德，是中国文化精神的引领。钱穆认为："中国的文化精神，要言之，则只是一种'人文主义的道德精神'。无论是社会学、政治学、法律学、经济学、军事学、外交学，一切有关人道之学，则全该发源于道德，全该建基于道德。也仍该终极于道德。"④ 这种道德竟可以使大部分中国人感受不到宗教的需求。⑤ 在社会文化稳定的前提下，道德标准具有趋同性、持续性、有效性等特点，而一旦社会文化发生动荡及变迁，道德标准的上述特点就会被削弱，进而呈现出混乱与多元的状态。⑥ 从百家争鸣的战国到定于一尊的两汉⑦，社会文化愈来愈趋于稳定，道德标准的概念空间也愈来愈被儒家所占领，符合道德标准的人是可以被称为君子的：班固在《白虎通》中写道："或称君子者何？道德之称也。"⑧ 辜鸿铭亦认为，"孔子教导的整个哲学和道德体系可以被总结为一个词：君子之法。"⑨ 儒家所倡导的道德标准是如此的深入人心，以至可以在后世继续发挥历久弥新的影响："佛教也好，道教也好，最后都是用儒家的是非善恶标准。"⑩

然而，较之先秦儒家而言，两汉儒家实际上是批判地继承了百家的思想，进行了新一轮的建构与整合，其内部成分要更为复杂。钱穆据陆贾《新语》将儒道融会这一事实指出："秦汉以后之儒家变化极大，乃沿袭

---

① 如李泽厚认为，道德行为的一个特征就是牺牲自我。（见李泽厚《什么是道德？：李泽厚伦理学讨论班实录》，华东师范大学出版社 2015 年版，第 82 页。）
② 周天游：《八家后汉书辑注》，上海古籍出版社 1986 年版，第 536 页。
③ 需要说明的是，关于在第二层含义中界定的"德"的缺失而引发的怨恨，笔者更多地置于本章第二节"责任角度"、第三章第二节"利益角度"内来探讨。
④ 钱穆：《民族与文化》，九州出版社 2011 年版，第 46 页。
⑤ 参见辜鸿铭《中国人的精神》，李晨曦译，译林出版社 2012 年版，第 12 页。
⑥ 参见赵汀阳《第一哲学的支点》，生活·读书·新知三联书店 2013 年版，第 183 页。
⑦ 例如，梁启超认为，两汉是儒学统一时代。（见梁启超《论中国学术思想变迁之大势》，上海古籍出版社 2001 年版，第 6 页。）
⑧ 《白虎通·号·论君子为通称》，《白虎通疏证》，中华书局 1994 年版，第 48 页。
⑨ 辜鸿铭：《中国人的精神》，李晨曦译，译林出版社 2012 年版，第 23 页。
⑩ 葛兆光：《古代中国文化讲义》，复旦大学出版社 2012 年版，第 176 页。

《吕氏春秋》之路而下，已杂糅融合有各家之思想。"① 验之于《淮南子》"苟利于民，不必法古；苟周于事，不必循旧"②，钱穆所言不乏支撑。这一点在陆贾之后的董仲舒思想中表现得更为明显，举凡墨家的天志、阴阳家的五行、道家的无为、法家的刑名、名家的思辨皆被其聚在麾下。③ 西汉思想界的活跃首先表现在官方于正式场合并不忌讳对孔子的指摘与批判："孔丘斥逐于鲁君，曾不用于世也。何者？以其首摄多端，迂时而不要也。故秦王燔去其术而不行，坑之渭中而不用。"④ 这种活跃还表现在民间于非正式场合敢于坦言对儒家道德标准的无感："何以孝弟为？财多而光荣。何以礼义为？史书而仕宦。何以谨慎为？勇猛而临官。"⑤ 王子今认为上述俗谚"反映了民间对所谓'孝弟'、'礼义'、'谨慎'等道德原则以嘲讽形式表现的否定。"⑥ 即便在"一切学问都已凝固"的东汉时代⑦，依然不乏活跃的声音："作有利于时，制有便于物者，可为也。事有乖于数，法有玩于时者，可改也"⑧；"书不必孔丘之言，药不必扁鹊之方，合义者从，愈病者良，君子博取众善以辅其身"。⑨ 而《牟子理惑论》的这句话，正是承袭于融会各家的《新语》一书："故制事者因其则，服药者因其良。书不必起仲尼之门，药不必出扁鹊之方，合之者善，可以为法，因世而权行。"⑩

因之，以孔子为代表的儒家思想所主张的道德标准并不是一味地被人们全部接受。扬雄曾针对老子发出过这样一番议论："《老子》之言道德，吾有取焉耳；及搥提仁义，绝灭礼学，吾无取焉耳。"⑪ 我们从这段话当中至少可以得出两点认识，第一，以儒家自居的扬雄不讳言汲取了老子的思想；第二，老子并不赞同儒家主张的某些道德标准——仁、义、礼。因之，以诸子百家乃至两汉诸子达成的道德共识为观察角度比仅以儒家主张

---

① 钱穆：《讲学札记》，北京联合出版公司2014年版，第5页。
② 《淮南子·氾论训》，第921页。
③ 参见黄朴民《天人合一——董仲舒与两汉儒学思潮研究》，岳麓书社2013年版，第9—11页。
④ 《盐铁论·利议》，第324页。
⑤ 《汉书》卷72《王贡两龚鲍传》，第3077页。
⑥ 王子今：《秦汉社会意识研究》，商务印书馆2012年版，第103页。
⑦ 顾颉刚认为，中国一切学问都是到东汉时才凝固的。（见顾颉刚《秦汉的方士与儒生》，上海古籍出版社1998年版，第166页。）
⑧ 《昌言·理乱篇》，《〈政论校注〉〈昌言校注〉》，中华书局2012年版，第274页。
⑨ 《牟子理惑论》，《中国佛教思想资料选编》第1卷，中华书局1981年版，第5页。
⑩ 《新语·术事》，《新语校注》，中华书局1986年版，第44页。
⑪ 《法言·问道》，《法言义疏》，中华书局1987年版，第114页。

的道德标准为观察角度去审视怨恨的发生逻辑更具有普适性。

先秦两汉的典籍中，不乏对单项道德标准的细致分析，亦不乏对道德标准的宏观概括：

《老子》称："我有三宝，持而保之。一曰慈，二曰俭，三曰不敢为天下先。"[1]

《论语》称："夫子温、良、恭、俭、让以得之。"[2]

《左传》称："忠，德之正也；信，德之固也；卑让，德之基也"[3]；"让，德之主也，谓懿德"[4]；"俭，德之共也"[5]；"敬，德之聚也。"[6]

《大戴礼记》称："孝，德之始也；弟，德之序也；信，德之厚也；忠，德之正也。"[7]

《新书》称："道者，德之本也；仁者，德之出也；义者，德之理也；忠者，德之厚也；信者，德之固也；密者，德之高也。"[8] 又引史佚之言称："动莫若敬，居莫若俭，德莫若让，事莫若资。"[9]

《说苑》载孔子之言称："恭敬忠信，可以为身。恭则免于众，敬则人爱之，忠则人与之，信则人恃之。"[10]

《白虎通》称："屈己敬人，君子之心。"[11]

《潜夫论》称："《诗》云：'德輶如毛，民鲜克举之。'世有大难者四，而人莫之能行也，一曰恕，二曰平，三曰恭，四曰守。夫恕者仁之本也，平者义之本也，恭者礼之本也，守者信之本也。"[12]

《太平经》称："天下之事，孝忠诚信为大。"[13]

钱穆说："中国文化之终极理想，则全人生变为一孝、慈、仁、敬、信之人生，全社会变为一孝、慈、仁、敬、信之社会。"[14] 这与上述典籍的

---

[1] 《老子·六十七章》，第170页。
[2] 《论语·学而》，第40页。
[3] 《左传·文公元年》，《十三经注疏》，中华书局1980年版，第1837页下栏。
[4] 《左传·昭公十年》，第2058页下栏。
[5] 《左传·庄公二十四年》，第1779页中栏。
[6] 《左传·僖公三十三年》，第1833页下栏。
[7] 《大戴礼记·卫将军文子》，《大戴礼记解诂》，中华书局1983年版，第110页。
[8] 《新书·道德说》，第325页。
[9] 《新书·礼容语下》，第379页。
[10] 《说苑·敬慎》，第262页。
[11] 《白虎通·礼乐·总论礼乐》，第95页。
[12] 《潜夫论·交际》，《潜夫论笺校正》，中华书局1985年版，第345页。
[13] 《太平经》卷110《大功益年书出岁月戒》，第543页。
[14] 钱穆：《民族与文化》，九州出版社2011年版，第51页。

分析与概括大致吻合。

其中，主体在践行忠、孝、弟、慈等道德标准时，其所针对的客体相对具体，具有特定性，更多地体现为一种责任与义务，正如梁启超所说："孝也，弟也，忠也，节也，岂有一焉非以义务相责备者？"① 笔者拟置于下一节责任领域再行展开。本节所要探讨的道德标准，其所针对的客体相对普遍，无论主体所处的社会角色如何，即便是帝王将相，也都要遵循。这类道德标准虽较为庞杂，但综合经典在"思"层面上的论述，笔者认为，敬、信、俭、让四条准则赢得了较长的时段认同与较广的学派认同②，可以作为此类道德标准的代表进行研讨，客体不敬、不信、不俭、不让会对主体产生刺激，使主体产生怨恨，古人在"行"层面上的表现颇可印证此点，下文将依次切入敬、信、俭、让四个道德范畴，分别从不敬、不信、不俭、不让四个角度"思""行"互证、史论结合地阐述怨恨的这一发生逻辑。

二

敬的范畴。

敬这一道德范畴起源甚古，司马迁称："夏之政忠，忠之敝，小人以野，故殷人承之以敬。"③ 而敬之起源却并不一定始自殷商，很可能要早于殷商，王充的一则推测就很能说明问题："夏所承唐、虞之教薄，故教以忠。唐、虞以文教，则其所承有鬼失矣。"④ 从尧以共工"善言，其用僻，似恭漫天"为由而对之舍弃不用⑤这一史实中我们能约略看出一些端倪。这里的敬与原始巫术密切相关，具有一定的迷信色彩与宗教蕴涵。天、帝、鬼、神皆是其所敬之对象。尽管商代中后期所敬对象开始由缺乏实体

---

① 梁启超：《新民说》，中州古籍出版社1988年版，第181页。
② 例如，道家对于仁义提出了猛烈的批评。《老子·十八章》，第43页："大道废，有仁义"。又《老子·十九章》，第45页："绝仁弃义，民复孝慈"。不宁唯是，孔子所谓义是泛指道德原则，并非具体的道德条目。(参见张岱年《中国古典哲学概念范畴要论》，中国社会科学出版社1987年版，第164—165页。) 此外，陈来据《逸周书》《左传》《国语》等典籍，曾制定春秋时代的德目表，以出现次数多寡排列，以下八项最多，即仁、信、忠、孝、义、勇、让、智。(参见陈来《古代思想文化的世界：春秋时代的宗教、伦理与社会思想》，生活·读书·新知三联书店2009年版，第340—341页。)
③ 《史记》卷8《高祖本纪》，第393页。
④ 《论衡·齐世篇》，第809页。
⑤ 《史记》卷1《五帝本纪》，第20页。

第二章 怨恨发生逻辑的多角度省察(上)

性的帝、天向民转移,[①] 但仅据纣王一句"我生不有命在天"[②] 即可知这种转移的不彻底及政治约束力的有限。司马迁所谓"敬之敝,小人以鬼"[③] 良有以也! 班固所谓"殷人之王教以敬,其失鬼"[④] 正与此一脉相承。事实上,与司马迁同时代的董仲舒亦曾明言"夏上忠,殷上敬,周上文"[⑤],并认为:"今汉继大乱之后,若宜少损周之文致,用夏之忠者。"[⑥] 而"武帝初即位,尤敬鬼神之祀"[⑦] 的史实说明,西汉之政至武帝时已由忠变敬。可见,所谓忠敬文之周而复始的循环并非严格地以朝代的兴亡为分界点,进言之,敬这一范畴并未随着殷商的灭亡而销声匿迹,作为法地的敬与法人的忠、法天的文鼎足而三,共同构成了圣王所设的三教。[⑧]

经过周人的加工,所谓敬除了敬天、敬鬼神之外,更多地具有了敬人的含义。据《大戴礼记》记载,吕尚曾以敬为主题向周武王阐述先王之道:"敬胜怠者吉,怠胜敬者灭,义胜欲者从,欲胜义者凶,凡事不强则枉,弗敬则不正,枉者灭废,敬者万世。"[⑨] 迨至孔子及儒家,遂进一步将礼与敬进行连结,"为礼不敬……吾何以观之哉?"[⑩] "礼,敬为大。"[⑪] "礼者殊事,合敬者也。"[⑫] "恭敬之心,礼也。"[⑬] 且代有传承:"敬也者,礼之情也。无敬无以行礼。"[⑭] 而河上公在汉代对《老子》一书的注释亦强调敬:"修道于乡,尊敬长老,爱养幼少,教诲愚鄙。其德如是,乃无不覆及也。"[⑮]

[①] 刘泽华认为,商代政治思维中已开始讲"重民""蓄众"。《盘庚》中说:"重我民"、"罔不唯民之承","用奉蓄汝众",《高宗肜日》中也出现了"敬民"的说法。祖己甚至说:"惟天监下民,典厥义。降年有永有不永,非天夭民,民中绝命。民有不若德,不听罪,天既孚命正厥德。"这种逐步把政治思维的出发点由"帝"、"天"向"民"之转移,一方面是由于"帝"、"天"本身缺乏实体性的必然结果,另一方面也是由于现实政治维持权力稳定的实际需要的结果。(见刘泽华主编《中国传统政治思维》,吉林教育出版社1991年版,第8页。)
[②] 《史记》卷3《殷本纪》,第107页。
[③] 《史记》卷8《高祖本纪》,第393页。
[④] 《白虎通·三教·圣王设三教之义》,第369页。
[⑤] 《汉书》卷56《董仲舒传》,第2518页。
[⑥] 同上书,第2519页。
[⑦] 《汉书》卷25上《郊祀志第五上》,第1215页。
[⑧] 《白虎通·三教·圣王设三教之义》,第104页。
[⑨] 《大戴礼记·武王践阼》,第104页。
[⑩] 《论语·八佾》,第224页。
[⑪] 《大戴礼记·哀公问于孔子》,第14页。
[⑫] 《礼记·乐记》,《十三经注疏》,中华书局1980年版,第1530页上栏。
[⑬] 《孟子·告子上》,《孟子正义》,中华书局1987年版,第757页。
[⑭] 《中论·法象》,第36页。
[⑮] 《老子道德经河上公章句》卷3《修观》,中华书局1993年版,第208页。

孔子毫不掩饰其对敬的推崇,"言忠信,行笃敬,虽蛮貊之邦,行矣。言不忠信,行不笃敬,虽州里,行乎哉?"①并将敬之与否提升到人兽之别的高度:"今之孝者,是谓能养,至于犬马,皆能有养;不敬,何以别乎?"②这一观念被荀子所继承:"仁者必敬人。凡人非贤则案不肖也。人贤而不敬,则是禽兽也;人不肖而不敬,则是狎虎也。禽兽则乱,狎虎则危,灾及其身矣。"③西汉末的卓茂甚至用此为亭长受贿开脱:"凡人所以贵于禽兽者,以有仁爱,知相敬事也。"④

迨至东汉,王符详细论述了敬的践行方式:

> 内不敢傲于室家,外不敢慢于士大夫;见贱如贵,视少如长;其礼先入,其言后出;恩意无不答,礼敬无不报;睹贤不居其上,与人推让;事处其劳,居从其陋,位安其卑,养甘其薄。⑤

可见,无论官位高低,都是敬的践行主体。位低者示敬位高者可以看作是敬天的一种逻辑延伸,而位高者是否示敬位低者则被看作衡量位高者修养高低的重要标准。伯禽被周成王封为鲁公时,就曾被告诫"凡处尊位者,必以敬下"⑥,堪为典例。即便因昏庸以致被废黜的昌邑王刘贺,就礼敬贤士王吉这一点,史家亦给予肯定。⑦事实上,之所以要敬下,其目的之一乃在于聚贤,以巩固统治,燕昭王"屈身下士,先礼郭隗以招贤者"即是典例。⑧王符对这一点认识得非常清楚:

> 贤人所以奉己,而隐遁伏野则君孤。法乱君孤而能存者,未之尝有也。是故明君莅众,务下言以昭外,敬纳卑贱以诱贤也。……其无慢贱,未必其人尽贤也,乃惧慢不肖而绝贤望也。是故圣王表小以厉大,赏鄙以招贤,然后良士集于朝,下情达于君也。⑨

---

① 《论语·卫灵公》,第1065页。
② 《论语·为政》,第85页。
③ 《荀子·臣道》,《荀子集解》,中华书局2013年版,第300页。
④ 《后汉书》卷25《卓鲁魏刘列传》,第870页。
⑤ 《潜夫论·交际》,第349页。
⑥ 《说苑·君道》,第2页。
⑦ 班固写道:"王贺虽不遵道,然犹知敬礼吉"。(见《汉书》卷72《王贡两龚鲍传》,第3061页。)
⑧ 《史记》卷80《乐毅列传》,第2427页。
⑨ 《潜夫论·明暗》,第56—57页。

第二章　怨恨发生逻辑的多角度省察（上）

对于主体而言，若一客体自身言行不符合敬的要求，会激发认同敬这一准则之主体的怨恨，如孔子直言："八佾舞于庭，是可忍也，孰不可忍也？"① 再如丙吉因子显从祠宗庙不敬慎，就大怒道："亡吾爵者必显也。"② 另如王符直斥有"出入不恭敬"等低劣行为的人为"民之贼，下愚极恶之人"。③ 不宁唯是，班固在《汉书·五行志》中，引《洪范五行传》，言："貌之不恭，是谓不肃，厥咎狂，厥罚恒雨，厥极恶。时则有服妖，时则有龟孽，时则有鸡祸，时则有下体生上之痾，时则有青眚青祥。"④ 并于《国语》《左传》中择拣事例一一与此对应。苏德昌对这些事例的特点进行了很好的概括："班固配置于'貌不恭不肃'、'厥咎狂'类目之事例，大抵皆因内心傲惰、不够敬慎，导致外在表现出悖礼无度、不合时宜的威仪行止，指称对象亦不限诸侯国君，举凡太子、卿大夫皆于其列，体现其间的是于道德品质、政治作为层面针对统治阶层之普遍性要求。"⑤ 在笔者看来，班固这种刻意剪裁以求对应的做法本身至少表达了一部分人对不敬之人的怨恨。对于主体而言，若一客体直接对主体本身不敬，这就不单是破坏"主体对他们认为有价值的人、物或原则的承认"，更多的是破坏"主体对自己价值的承认"，主体开始由自生型怨恨向他生型怨恨演进，即贾谊所谓的"弗顺弗敬，天下不定，忘敬而怠，人必乘之。"⑥

客体直接对主体本身不敬，按照客体对主体不敬程度由轻到重的递进，可分为怠慢、侮辱两个层次。

首先来看怠慢。

据《孟子·万章下》记载，鲁缪公经常馈赠食物给孔子之孙子思，子思有一次把送东西的人赶出大门，并愤言道："今而后知君之犬马畜伋。"⑦ 刘泽华对此做了分析，即"在子思看来，不重用、不请教、不就访，仅派人送东西是侮辱了自己的人格"。⑧ 可见，贤士对"敬"的要求是比较高的，仅仅局限于物质层面的馈赠是远远不够的，还要有精神层面的尊重和政治层面的任用才可，否则就会使贤士产生怨恨。关于这一点，"忘敬而

---

① 《论语·八佾》，第 136 页。
② 《汉书》卷 74《魏相丙吉传》，第 3148 页。
③ 《潜夫论·述赦》，第 182 页。
④ 《汉书》卷 27 中之上《五行志中之上》，第 1352 页。
⑤ 苏德昌：《〈汉书·五行志〉研究》，台大出版中心 2013 年版，第 177—178 页。
⑥ 《新书·礼容语下》，第 381 页。
⑦ 《孟子·万章下》，第 713 页。
⑧ 刘泽华：《先秦士人与社会》，天津人民出版社 2004 年版，第 38 页。

怠，人必乘之"①；"节欲而听谏，敬贤而勿慢，使能而勿贱"之类的告诫已说得非常清楚。在刘向看来，"为人君能行此三者，其国必强大，而民不去散矣"。②

倘若不敬贤、不用贤，反而还拘执贤士不放，强行使其"不去散"，则会失去贤士之心，激发贤士更加深刻的怨恨，徐干就王莽施政所做的批评详尽地言明了此点。其批评大致分为三个层次。

第一，指责王莽不仅不重用贤士反而威胁贤士：

  且六国之君虽不用贤，及其致人也，犹修礼尽意，不敢侮慢也。至于王莽，既不能用，及其致之也，尚不能言。莽之为人也，内实奸邪，外慕古义，亦聘求名儒，征命术士，政烦教虐，无以致之，于是胁之以峻刑，威之以重戮，贤者恐惧，莫敢不至。徒张设虚名以夸海内，莽亦卒以灭亡。

第二，指出王莽赏赐贤士官爵的实质是囚禁贤士：

  且莽之爵人，其实囚之也。囚人者，非必著之桎梏而置之囹圄之谓也，拘系之、愁忧之之谓也。使在朝之人，欲进则不得陈其谋，欲退则不得安其身，是则以纶组为绳索，以印佩为钳铁也。小人虽乐之，君子则以为辱。

第三，指明王莽所为既失贤士之心又生贤士之怨：

  故明王之得贤也，得其心也，非谓得其躯也。苟得其躯而不论其心也，斯与笼鸟槛兽无以异也，则贤者之于我也亦犹怨雠也，岂为我用哉？曰虽班万钟之禄，将何益欤？故苟得其心，万里犹近；苟失其心，同衾为远。今不修所以得贤者之心，而务循所以执贤者之身，至于社稷颠覆，宗庙废绝，岂不哀哉。③

在政治层面上不任用所导致的怨恨已然如是，在精神层面上的不尊重

---

① 《新书·礼容语下》，第381页。
② 《说苑·谈丛》，第407页。
③ 《中论·亡国》，第345—346页。

第二章 怨恨发生逻辑的多角度省察（上）

即怠慢所导致的怨恨亦可想而知，轻者出走以示不满，重者杀戮以泄积愤。即便客体稍微凸显出怠慢的趋势，主体亦会报之以怨。例如，楚元王刘交敬重穆生，因穆生不嗜酒，便为穆生设置醴酒，其子刘戊继承王位后，因忘设醴酒，穆生便认为王之意怠，从而离去。申公、白生认为刘戊虽略微失礼，穆生亦不致如此。于是穆生便说："《易》称'知几其神乎！几者动之微，吉凶之先见者也。君子见几而作，不俟终日'。先王之所以礼吾三人者，为道之存故也；今而忽之，是忘道也。忘道之人，胡可与久处！岂为区区之礼哉？"① 这里的道可解为敬人的原则，穆生在意的并非醴酒本身，而是敬人的原则是否被坚持和贯彻。与贤士名流刻意强调敬人之原则不同，一般人在乎的正是"区区之礼"：

> 顷之，上（引者按：汉景帝）居禁中，召亚夫赐食。独置大胾，无切肉，又不置箸。亚夫心不平，顾谓尚席取箸。②
>
> 买臣（朱买臣）见汤（张汤），坐床上弗为礼。买臣深怨，常欲死之。③
>
> 援（马援）尝有疾，梁松来候之，独拜床下，援不答。……松由是恨之。④
>
> 单超、左悺前诣河南尹不疑，礼敬小简，不疑收其兄弟送洛阳狱，二人诣门谢，乃得解。⑤
>
> 邕（蔡邕）自徙及归……五原太守王智饯之。酒酣，智起舞属邕，邕不为报。……智衔之，密告邕怨于囚放，谤讪朝廷。⑥

来自客体的怠慢会使主体对客体的业已形成的不满由隐到显，甚至成为激化矛盾、加深怨恨的导火线：

> （李良）之邯郸益请兵。未至，道逢赵王姊，从百余骑。良望见，

---

① 《汉书》卷36《楚元王传》，第1923页。
② 《汉书》卷40《张陈王周传》，第2061页。古籍中常常对人物或用代称，或省略其姓，为避免引起理解上的歧义，笔者在引文中用夹注的方式将人名注全，但文中再次出现此人则不再标注。本书在引文中的夹注除特别说明，一律基于上述目的。下文不再说明，也不再加"引者按"三字。
③ 《汉书》卷64上《严朱吾丘主父徐严终王贾传上》，第2794页。
④ 《后汉书》卷24《马援列传》，第842页。
⑤ 《后汉书》卷78《宦者列传》，第2520页。
⑥ 《后汉书》卷60下《蔡邕列传》，第2003页。

· 35 ·

以为王，伏谒道旁。王姊醉，不知其将，使骑谢良。良素贵，起，惭其从官。从官有一人曰："天下叛秦，能者先立。且赵王素出将军下，今女儿乃不为将军下车，请追杀之。"良以得秦书，欲反赵，未决，因此怒，遣人追杀王姊，遂袭邯郸。邯郸不知，竟杀武臣。①

　　酒酣，蚡（田蚡）起为寿，坐皆避席伏。已婴（窦婴）为寿，独故人避席，余半膝席。夫（灌夫）行酒，至蚡，蚡膝席曰："不能满觞。"夫怒，因嘻笑曰："将军贵人也，毕之！"时蚡不肯。行酒次至临汝侯灌贤，贤方与程不识耳语，又不避席。夫无所发怒，乃骂。②

　　时中常侍曹节女婿冯方亦为郎，彬（桓彬）厉志操，与左丞刘歆，右丞杜希同好交善，未尝与方共酒食之会，方深怨之，遂章言彬等为酒党。③

　　李良的杀戮，灌夫的怒骂，冯方的谗嫉，表现方式虽各异，其内在的驱动力却皆是怨恨。

　　其次来看侮辱。客体对主体的侮辱，较之于怠慢，其不敬程度要更甚一些。这种侮辱，意味着对主体自身价值的轻蔑，是对主体本然的一种否定，因此，因客体侮辱导致的怨恨更偏向于他生型怨恨。

　　对主体的身体与容貌进行指摘与伤害是侮辱的一种表现方式。古人对这种指摘与伤害非常在意，报怨的主观倾向与回击程度往往要甚于现代人，如齐国夫人帷中观晋国的郤克而笑之，郤克就宣称："不是报，不复涉河"④；另如针对商鞅劓秦太子傅公子虔、黥秦太子师公孙贾一事，赵良就认为这是在"积怨畜祸"。⑤ 事实也的确如此，正如瞿同祖所说："公子虔因失去了鼻子，愧于见人，杜门八年不出，这种奇耻大辱，自非贵族所能容忍。……若遵照当时的习惯，将公子虔、公孙贾放逐出境，甚至赐死，或将他们杀死，我想事态便不会这般严重，结恨也不至如此之深。"⑥ 又如赵人"始以薛公为魁然也，今视之，乃眇小丈夫耳"的讥笑闻于孟尝君后，孟尝君就连同门客，"斫击杀数百人，遂灭一县以去"⑦；再如平原

---

① 《汉书》卷32《张耳陈馀传》，第1835页。
② 《汉书》卷52《窦田灌韩传》，第2387页。
③ 《后汉书》卷37《桓荣丁鸿列传》，第1261页。
④ 《史记》卷32《齐太公世家》，第1497页。
⑤ 《史记》卷68《商君列传》，第2234页。
⑥ 瞿同祖：《中国法律与中国社会》，中华书局2003年版，第221页。
⑦ 《史记》卷75《孟尝君列传》，第2355页。

君之美人讥笑躄者，躄者就请求得讥笑者头，而当平原君阳奉阴违最终没杀美人后，居岁余，竟使得"宾客门下舍人稍稍引去者过半"①。即便欺世盗名如王莽之流者，其对于"脸面"亦非常重视，史载：

> 莽（王莽）为人侈口蹶颐，露眼赤精，大声而嘶。长七尺五寸，好厚履高冠，以氂装衣，反膺高视，瞰临左右。是时有用方技待诏黄门者，或问以莽形貌，待诏曰："莽所谓鸱目虎吻豺狼之声者也，故能食人，亦当为人所食。"问者告之，莽诛灭待诏，而封告者。后常翳云母屏面，非亲近莫得见也。②

贤士名流报怨方式可能略欠激烈，但其怨恨人们嘲讽己之身容却是不争的事实，如：

> 钦（杜钦）字子夏，少好经书，家富而目偏盲，故不好为吏。茂陵杜邺与钦同姓字，俱以材能称京师，故衣冠谓钦为"盲杜子夏"以相别。钦恶以疾见诋，乃为小冠，高广财二寸，由是京师更谓钦为"小冠杜子夏"，而邺为"大冠杜子夏"云。③

将主体不光彩的过往或隐私昭之于众，或对主体的缺点及过失进行当面或背后的指摘、嘲讽、谩骂，是侮辱另一种表现方式。这极易使主体产生怨恨。所谓"人举其疵则怨"④"暴人过，怨之本也"⑤皆是在言明此点。正是出于对这一点的洞察，老子在予孔子的临别赠言中说："聪明深察而近于死者，好议人者也。博辩广大危其身者，发人之恶者也。"⑥ 正是出于对这一点的恐惧，冯援这样告诫子侄：

> 吾欲汝曹闻人过失，如闻父母之名，耳可得闻，口不可得言也。好论议人长短，妄是非正法，此吾所大恶也，宁死不愿闻子孙有此

---

① 《史记》卷76《平原君虞卿列传》，第2365页。
② 《汉书》卷99中《王莽传中》，第4124页。
③ 《汉书》卷60《杜周传》，第2667页。
④ 《文子·符言》，第190页。
⑤ 《新书·礼容语下》，第380—381页。
⑥ 《史记》卷47《孔子世家》，第1909页。

行也。①

事实上，因议论主体短处而招致主体怨恨的例子不胜枚举，如南宫长万被宋闵公斥为"虏"后，就"争搏弑君"。② 另如陈胜之"故人尝与佣耕者"只因"言胜故情"，就背上了"客愚无知，专妄言，轻威"的罪名，最终被陈胜所斩。③ 再如司马迁的外孙杨恽"性刻害，好发人阴伏"，由是"多怨于朝廷""卒以是败。"④ 又如东汉时邓太后派以"中大人"自居的宫婢问询邓康的病情，而此宫婢乃邓康家先婢，邓康就谩骂道："汝我家出，尔敢尔邪！"使得宫婢极为震怒，于是"还说康诈疾而言不逊"，使得"太后遂免康官，遣归国，绝属籍"。⑤

综览上论可知，所谓"打人不打脸，揭人莫揭短"的观念链接着一个源远流长的历史传承。而这一观念也恰恰反向证明了嘲、伤身容，讥、毁短处会招致刻骨的怨恨。

除了嘲、伤身容，讥、毁短处外，客体对主体的怠慢达到一定程度时，也可以说是一种侮辱。苏秦为刺激张仪，故意诫门下人不为通，又赐仆妾之食，又责备张仪"乃自令困辱至此"。于是张仪怒而赴秦。⑥ 至于直接的羞辱、笑骂倒不一定集中在身容、短处两个方面，但激发怨恨的效果堪谓立竿见影："汉果数挑成皋战，楚军不出。使人辱之数日，大司马咎怒，渡兵汜水。"⑦ 即便有帝王之尊，也不能对他人进行肆无忌惮的侮辱，否则也会招致深刻的怨恨，这方面的典型，是汉高祖刘邦。同时代很多人都对刘邦的这一点进行指摘。

萧何建议道：

> 王素嫚无礼，今拜大将如召小儿，此乃信所以去也。王必欲拜之，择日斋戒，设坛场具礼，乃可。⑧

陈平评价道：

---

① 《后汉书》卷24《冯援列传》，第844页。
② 《公羊传·庄公十二年》，《十三经注疏》，中华书局1980年版，第2235页上栏。
③ 《汉书》卷31《陈胜项籍传》，第1794—1795页。
④ 《汉书》卷66《公孙刘田王杨蔡陈郑传》，第1244—1245页。
⑤ 《后汉书》卷10上《皇后纪》，第844页。
⑥ 《史记》卷70《张仪列传》，第2280页。
⑦ 《汉书》卷1上《高帝纪上》，第43页。
⑧ 《汉书》卷34《韩彭英卢吴传》，第1863页。

大王嫚而少礼，士之廉节者不来；……大王资侮人，不能得廉节之士。①

郦生告诫道：

必欲聚徒合义兵诛无道秦，不宜踞见长者。②

魏豹拒绝道：

今汉王嫚侮人，骂詈诸侯群臣如奴耳，非有上下礼节，吾不忍复见也。③

高起、王陵回应道：

陛下嫚而侮人。④

商山四皓批评道：

陛下轻士善骂，臣等义不辱，故恐而亡匿。⑤

赵相贯高抱怨道：

今王事皇帝甚恭，皇帝遇王无礼，请为王杀之。⑥

综合上述指摘，可知刘邦辱人适足招怨，被辱之人或愤而离去，或颇有微词，或避而不见，或铤而走险。刘邦踞床洗以见英布，史虽未载英布之言，但"布大怒，悔来，欲自杀"⑦ 的行为已表达了英布的不满与怨恨。

---

① 《汉书》卷40《张陈王周传》，第2042页。
② 《汉书》卷43《郦陆朱刘叔孙传》，第2106页。
③ 《汉书》卷33《魏豹田儋韩王信传》，第1846页。
④ 《汉书》卷1下《高帝纪下》，第56页。
⑤ 《汉书》卷40《张陈王周传》，第2036页。
⑥ 《汉书》卷32《张耳陈馀传》，第1840页。
⑦ 《汉书》卷34《韩彭英卢吴传》，第1886页。

具有讽刺意味的是，不以辱人为意的刘邦对来自别人的侮辱却十分在意：

> 豨将赵利守东垣，高祖攻之不下。卒骂，上怒。城降，卒骂者斩之。①

这真可以称得上是"己所不欲，常施于人"了。可见因辱人而致怨的情况是相当普遍的。

事实上，关于君不可辱臣这一点，从先秦至两汉，一直被反复强调。

战国时虎会对赵简子从反面说明君辱臣的后果："为人君而侮其臣者，智者不为谋，辩者不为使，勇者不为斗。"②

西汉初的贾谊从正面提炼君不可辱臣的原则："廉耻礼节以治君子，故有赐死而无戮辱。"③

东汉末的徐干从正反两个方面进行举例，正面的举例如"唐尧之帝允恭克让而光被四表；成汤不敢怠遑而奄有九域；文王祗畏而造彼区夏""文公以肃命而兴国""冀缺以敬妻受服"；反面的举例如"宋敏碎首于綦局，陈灵被祸于戏言，阎邪造逆于相诟，子公生弑于尝鼋""晋惠公以慢秦而无嗣""郤犨以傲享征亡"。徐干的认识是，"祸败之由也，则有媟慢以为阶，可无慎乎！"于是，就要"口无戏谑之言，言必有防；身无戏谑之行，行必有检"。在徐干看来，"以匹夫之居犹然，况得意而行于天下者乎"？最后，徐干从避免怨恨的角度做了这样的总结："是故君子居身也谦，在敌也让，临下也庄，奉上也敬，四者备而怨咎不作。"④

需要指出的是，因不敬而生怨这一发生逻辑在东汉末理论研讨中有所淡化。例如，针对周党复被乡佐侮辱之仇一事，⑤应劭并不赞同：

> 乡佐虽云凶暴，何缘侵己？今见辱者，必有以招之。身自取焉，

---

① 《汉书》卷1下《高帝纪下》，第70页。
② 《新序·杂事一》，《新序校释》，中华书局2009年版，第73页。
③ 《新书·阶级》，第80页。
④ 《中论·法象》，第26、32、36页。
⑤ 《后汉书》卷83《逸民列传》，第2761页："初，乡佐尝众中辱党，党久怀之。后读《春秋》，闻复仇之义，便辍讲而还，与乡佐相闻，期克斗日。既交刃，而党为乡佐所伤，困顿。乡佐服其义，舆归养之，数日方苏，既悟而去。自此敕身修志，州里称其高。"

何尤于人。亲不可辱，在我何伤。凡报仇者，谓为父兄耳，岂以一朝之忿，而肆其狂怒者哉？既远《春秋》之义，殆令先祖不复血食，不孝不智，而两有之；归其义勇，其义何居？①

这与韩信忍胯下之辱而使"一市皆笑信，以为怯"②的世风就有所不同。周天游据此指出："自魏晋以降，以见辱杀人渐遭士人摈弃，是人们在复仇认识上的一大进步。"③究其所以然，如应劭所言，纲常名教的强化凸显了"父兄"之私而淡化了一己之私当为原因之一。另一方面，这与社会的逐利世风密切相关，且看王符的一段分析：

> 凡百君子，竞于骄僭，贪乐慢傲，如贾一倍以相高。苟能富贵，虽积狡恶，争称誉之，终不见非；苟处贫贱，恭谨，祗为不肖，终不见是。此俗化之所以浸败，而礼义之所以消衰也。④

由此可知，"因不敬而生怨的发生逻辑有所淡化"并不一定始自东汉，因为逐利之世风自古有之，在利益对道德的侵蚀下，富贵有时会成为衡量一切的标准和遮羞布，此时，敬或不敬，辱与不辱，也就不再显得那么重要了。

三

信的范畴。

信这一道德范畴在经典中被言及时，结合其出现的具体语境，大致兼有忠诚、信诚这两层意思。其中，信诚是本义，忠诚是引申义。

在经典中，忠信二字常常连用。如孔子所言："主忠信，无友不如己者。过则勿惮改"⑤ "主忠信，徙义，崇德也"⑥ "水而尚可以忠信义久而身亲之，况于人乎？"⑦ 这说明忠与信的含义有一定相通之处。关于这一

---

① 《风俗通义·过誉》，《风俗通义校注》，中华书局2010年版，第181页。
② 《汉书》卷34《韩彭英卢吴传》，第1861页。
③ 周天游：《古代复仇面面观》，陕西人民教育出版社1992年版，第65页。
④ 《潜夫论·交际》，第352页。
⑤ 《论语·学而》，第34—36页。
⑥ 《论语·颜渊》，第853页。
⑦ 《说苑·杂言》，第427页。

点,战国时齐相田稷之母在教导其子时说得非常清楚:"夫为人臣而事其君,犹为人子而事其父也。尽力竭能,忠信不欺,务在效忠。"① 无独有偶,扬雄的一则论述与举例也很能说明问题:

> 或问:"信。"曰:"不食其言。""请人?"曰:"晋荀息、赵程婴、公孙杵臼,秦大夫族穆公之侧。"②

虽然提问者只问及"信"之一字,但无论是荀息宁死不改变晋献公拥立奚齐的嘱托,还是程婴与公孙杵臼宁牺牲后代与自己生命也要保全赵氏遗孤赵武,还是奄息、仲行、鍼虎三兄弟宁集体殉葬也要兑现应许过秦穆公的诺言,这些行为都具有信诚及忠诚两个方面的意思。信之义与忠有相通之处,殆无所疑。③

需要指出的是,对忠信的推崇并不是儒家一家之言。例如,老子曾言:"夫礼者,忠信之薄而乱之首。"④ 无怪乎王博指出,"老子虽然否定了仁、义、礼等的价值,但他仍肯定了忠和信的价值。"⑤ 迨至秦汉,随着君主权力的提升,忠信作为臣子及下属的角色规范被进一步强调⑥,忠信这一范畴在道德领域的地位也时常被抬高。如扬雄认为,威仪与文辞只是圣人的"表",德行与忠信才是圣人的"里"。⑦ 另如王符认为,忠信谨慎是"德义之基"。⑧

信字单独出现时,更多的语境下是在强调本义——信诚。其内在要求是守信践诺、真确不虚、言行一致、名实相符。无论是处于下位的臣民,还是处于等位的朋友,还是处于上位的主君,都在上述要求的约束范围内。

就臣民对主君之信,前文在讨论忠信时已有所阐述。至于"朋友信之"⑨

---

① 《列女传》卷1《母仪传》,《列女传补注》,上海古籍出版社2012年版,第43页。
② 《法言·重黎》,第395页。
③ 《郭店楚简》中亦有《忠信之道》一篇文字(参见刘钊《郭店楚简校释》,福建人民出版社2005年版,第160—167页。)
④ 《老子·三十八章》,第93页。
⑤ 详见王博《老子与夏族文化》,《哲学研究》1989年第1期。
⑥ 需要说明的是,忠这一道德范畴,笔者拟放入下一节责任角度中去集中探讨,为避免重复,在本节不予展开。
⑦ 《法言·重黎》,第365页。
⑧ 《潜夫论·务本》,第17页。
⑨ 《论语·公冶长》,第353页。

"朋友求吾信"①"朋友有信"②"交友则信"③ 等提法都是在说明信是交友过程中最重要也是最基本的道德规范。而商鞅徙木立信一事、④《吕氏春秋》中"凡人主必信"⑤ 诸言、《说苑》中"忠于主,信于令,敢于不善人"⑥ 三法则均是在强调主君应对臣民有信。惟其如此,才会赢得臣民的信任,如孔子所言:"自古皆有死,民无信不立。"⑦ 如严遵所言:"故一人唱而千人和,一人动而万人随,破强敌,陷大众,赴水火,之危亡,死不旋踵而民不恨者,信也。"⑧

对于主体而言,若一客体自身言行不符合信的要求,会激发认同信这一准则之主体的怨恨。在正式思想层面,这种怨恨更多地体现为一种义愤填膺的憎恶,例如,孔子就深恶痛疾不信之人,他说:"人而无信,不知其可也。大车无輗,小车无軏,其何以行之哉?"⑨ 王符亦称:"虚无谲诡,此乱道之根也。"⑩ 亦可体现为一种痛心疾首的担忧:"人而不信,德泽不立,威势不行,权重不显,名号不明,赏之不使,罚之不禁。故上下不附,举事无功。"⑪ 在民间思想层面,这种怨恨更多地体现一种义正词严的责问:"夫言不约束,已诺不分,何以居于世哉!"⑫ 亦可体现为一种咬牙切齿的诅咒,如《太平经》中说:"天下之事,孝忠诚信为大,故勿得自放恣。复夺人算,不得久长。慎之慎之,勿懈也,懈为自疑耳。疑之自令不令,知不乎,知不乎?"⑬ 意即不信会被剥夺年寿。

需要说明的是,客体自身不信已有引发主体憎恶的可能,若客体直接对主体不信,主体则开始由自生型怨恨向他生型怨恨演进。叔向所谓"君子之言,信而有征,故怨远于其身。小人之言,僭而无征,故怨咎及之"⑭、

---

① 《说苑·反质》,第529页。
② 《孟子·滕文公上》,第386页。
③ 《公孙龙子·迹府》,《公孙龙子悬解》,中华书局1992年版,第35页。
④ 《史记》卷68《商君列传》,第2231页。
⑤ 《吕氏春秋·离俗览·贵信》,《吕氏春秋集释》,中华书局2009年版,第535页。
⑥ 《说苑·政理》,第157页。
⑦ 《论语·颜渊》,第837页。
⑧ 《老子指归》卷7《信言不美篇》,《老子指归》,中华书局1994年版,第119页。
⑨ 《论语·为政》,第126页。
⑩ 《潜夫论·务本》,第17页。
⑪ 《老子指归》卷7《信言不美篇》,第120页。
⑫ 《列女传》卷5《节义传》,第205页。
⑬ 《太平经》卷110《大功益年书出岁月戒》,第543页。
⑭ 《左传·昭公八年》,第2052页中栏。

孔子所谓"口惠而实不至，怨灾及其身"①、《吕氏春秋》所谓"交友不信，则离散郁怨，不能相亲"，② 皆是在言明此点。

因不信而引发的他生型怨恨，既有朋友对朋友之怨，也有主君对臣民之怨，以及臣民对主君之怨。亦即吕思勉所谓："朋友之间，所恶者，无信也。而君与臣之间，亦最贵信，即由以朋友之道推之也。"③ 一般而言，这种怨恨，就朋友对朋友之怨而言，其焦点集中在朋友于交往中背信弃义；就主君对臣民之怨而言，其焦点集中在臣民于执事中欺瞒蒙骗；就臣民对主君之怨而言，其焦点集中在主君于施政中言行不一、名实不符。下文将逐点试举一些具有代表性的例子并加以分析。

首先，来看朋友对朋友之怨。前文所述的商鞅，因徙木立信，而被奉为施政有信的典范。然而，吊诡之处在于，商鞅施政固然有信，但交友却不讲信义，最终也因此被报之以怨。史载作为秦军主将的商鞅致书作为魏军主将的公子卬，在书信中，商鞅先是回顾了双方的友情："吾始于公子欢，今俱为两国将，不忍相攻。"然后是提出了和解的建议："可与公子面相见，盟，乐饮而罢兵，以安秦、魏。"在公子卬以为然并出席会盟的情况下，商鞅的做法与建议中的畅想却大相径庭："伏甲士而袭虏魏公子卬，因攻其军，尽破之以归秦。"

固然我们可以用"兵者，诡道也"④ 的军事原则来为商鞅开脱，但商鞅利用公子卬的友情来骗取信任、换得胜利的做法终究是不值得称道的，至少有其过分之处。这是一种对友情本然状态的破坏，且商鞅伤害对方的故意成分非常明显，公子卬对商鞅怨恨的彻骨是不难想象的。无怪乎商鞅最终在秦失势后，魏人不仅"弗受"，反而还"遂内秦"，固然有"秦强而贼入魏弗归不可"的借口，但最主要的原因还是"怨其欺公子卬而破魏师。"太史公马迁在评论《商君列传》时特意将"欺魏将卬"一事与"所因由嬖臣""刑公子虔""不师赵良之言"诸事并列，用以说明商鞅天资刻薄、严而少恩。⑤ 司马迁的这种批评意见至少从一个侧面反映了因不信而生怨这一逻辑超越了时代的限制，具有相对的恒定性。以欺骗友人吕禄的方式协助周勃平定诸吕之乱的郦寄被天下人讥之为"卖友"⑥ 即在一

---

① 《礼记·表记》，第1644页上栏。
② 《吕氏春秋·离俗览·贵信》，第536页。
③ 吕思勉：《吕思勉读史札记》，上海古籍出版社2005年版，第236页。
④ 《孙子·计》，《十一家注孙子校理》，中华书局2012年版，第16页。
⑤ 《史记》卷68《商君列传》，第2237页。
⑥ 《汉书》卷41《樊郦滕灌傅靳周传》，第2076页。

定程度上说明了这一点。

其次,来看主君对臣民之怨。臣民在执事中对主君欺瞒蒙骗有时会很讨主君欢心,比如叔孙通对秦二世"言盗不言反",竟被赐"帛二十匹,衣一袭",甚至被"拜为博士"。① 但正如鲁迅所说:"捣鬼有术,也有效,然而有限。"② 一旦被主君识破伎俩,喜爱就会演变为怨恨。即便昏庸如秦二世者,虽见指鹿为马一事仍不警醒,然临死之前亦对一宦者怨恨道:"公何不早告我?乃至于此!"③

以"欺"为例,面对张仪商、於六百里土地的言语诱惑,楚怀王始则"大说而许之",而乍闻"臣有奉邑六里,愿以献大王左右"的变卦,楚怀王终则"大怒,发兵而攻秦"。甚至不惜对秦惠王表态:"不愿易地,愿得张仪而献黔中地。"无怪乎正道直行、竭忠尽智如屈原者在怀王赦免张仪后,还替怀王愤愤不平道:"前大王见欺于张仪,张仪至,臣以为大王烹之。"④ 与张仪相比,西汉诸葛丰出尔反尔的程度要略逊一筹,但所引发的元帝之怨较之怀王却不遑多让:

> 城门校尉丰(诸葛丰),前与光禄勋堪(周堪)、光禄大夫猛(张猛)在朝之时,数称言堪、猛之美。……不内省诸己,而反怨堪、猛,以求报举,告案无证之辞,暴扬难验之罪,毁誉恣意,不顾前言,不信之大者也。朕怜丰之耆老,不忍加刑,其免为庶人。⑤

元帝在诏书中特意强调诸葛丰咎在"不信",无独有偶,宣帝时的盖宽饶亦因"举奏大臣非是",而"左迁为卫司马"。⑥

以"瞒"为例,据《西京杂记》载:"元帝后宫既多,不得常见,乃使画工图形,案图召幸之。诸宫人皆赂画工……独王嫱不肯,遂不得见。匈奴入朝,求美人为阏氏,于是上案图,以昭君行。及去,召见,貌为后宫第一,善应对,举止闲雅。帝悔之,而名籍已定,帝重信于外国,故不复更人。乃穷案其事,画工皆弃市。"⑦ 故事中的元帝以图选美辨丑,不以

---

① 《汉书》卷43《郦陆朱刘叔孙传》,第2124页。
② 鲁迅:《南腔北调集》,人民文学出版社1980年版,第209页。
③ 《史记》卷6《秦始皇本纪》,第274页。
④ 《史记》卷70《张仪列传》,第2292页。
⑤ 《汉书》卷77《盖诸葛刘郑孙毋将何传》,第3251页。
⑥ 同上书,第3243页。
⑦ 《西京杂记》,《汉魏六朝笔记小说大观》,上海古籍出版社1999年版,第86页。

昭君送与匈奴为意,从"案图召幸之""案图以昭君行"的记载来看,元帝对画工的技艺是欣赏的,至少是信任的,其对画工的怨恨并不在于画工受贿,而在于"重信"的元帝认为画工的"隐瞒"是一种"不信"的表现,辜负了他的欣赏或信任。

以"蒙"为例,臣民蒙主君的主要表现是众口不一、前后矛盾,一旦被主君觉察,就会引发怨恨。

不妨先来看反映臣民众口不一以致怨的两则材料:

> 于是征从齐、鲁之儒生博士七十人,至乎泰山下。诸儒生或议曰:"古者封禅为蒲车,恶伤山之土石草木;埽地而祭,席用葅稭言其易遵也。"始皇闻此议各乖异,难施用,由此绌儒生。①

> 群儒既已不能辨明封禅事,又牵拘于《诗》《书》古文而不能骋。上(汉武帝)为封禅祠器示群儒,群儒或曰"不与古同",徐偃又曰"太常诸生行礼不如鲁善",周霸属图封禅事,于是上绌偃、霸,而尽罢诸儒不用。②

诸儒各执一词,难有确论,致使秦皇汉武怨而绌儒。正如顾颉刚所说,武帝身边的"一班儒者依然像一百年前地不解事……把祭器给他们看,他们说和古代不一样;问他们古礼究竟怎样,他们也说不出一个所以然来,并且各个人说得都不同。武帝到这时候,禁不住发出秦始皇一般的脾气了。"③ 庄子早就说过"吾生也有涯,而知也无涯"④,诸儒再博学,所学亦有限,亦未能洞悉天地万物之理,如若强不知以为知的话,就有蒙人的嫌疑,令人生厌,孔子"知之为知之,不知为不知,是知也"⑤ 的告诫,反向印证了秦皇汉武之怨的发生逻辑。在这方面,董仲舒师徒亦未能免俗,史载:

> 辽东高庙、长陵高园殿灾,仲舒(董仲舒)居家推说其意,草稿未上,主父偃候仲舒,私见,嫉之,窃其书而奏焉。上召视诸儒,仲舒弟子吕步舒不知其师书,以为大愚。于是下仲舒吏,当死,诏赦

---

① 《史记》卷28《封禅书》,第1366页。
② 同上书,第1397页。
③ 顾颉刚:《秦汉的方士与儒生》,上海古籍出版社1998年版,第13页。
④ 《庄子·内篇·养生主》,《庄子集释》,中华书局2004年版,第121页。
⑤ 《论语·为政》,第10页。

第二章 怨恨发生逻辑的多角度省察(上)

之，仲舒遂不敢复言灾异。①

董仲舒有意识地将"灾异之本"与"国家之失"连结起来，认为"凡灾异之本，尽生于国家之失，国家之失乃始萌芽，而天出灾害以谴告之；谴告之而不知变，乃见怪异以惊骇之；惊骇之尚不知畏恐，其殃咎乃至。"②这种"天人感应"的思想并不始自西汉，如春秋时晋国的叔向即称"作事不时，怨讟动于民，则有非言之物而言"③，另如齐景公横征暴敛使百姓不堪重负后梦见了彗星，认为是亡国之兆，感到十分害怕，晏子也以"万民怨怼，奚独彗星"来劝谏他。④吊诡之处在于，用抽象的"天人感应"观念来监督、儆诫施政者是有其积极作用的，但用具体的人或事来一一对应地验证"天人感应"观念就显得有些牵强附会了，在众口不一的纷扰中，这种做法有时会被看成一种蒙人的伎俩，董仲舒师徒的失误正在于此。事实上，妄言灾异而蒙主君却因前后矛盾而露出破绽从而取怨的事例并不鲜见。

史载：

> 是岁，夏寒，日青无光，显（石显）及许（许嘉）、史（史高）皆言堪、猛用事之咎。⑤
>
> 戊寅晦，日有食之。上（汉元帝）于是召诸前言日变在周堪、张猛者责问，皆稽首谢。⑥

又如：

> 会日有蚀之，太中大夫蜀郡张匡……上书愿对近臣陈日蚀咎。……曰："窃见丞相商（王商）作威作福……执左道以乱政，诬罔悖大臣节，故应是而日蚀。"⑦
>
> 商（王商）死后，连年日蚀地震，直臣京兆尹王章上封事召见，

---

① 《汉书》卷56《董仲舒传》，第2524页。
② 《春秋繁露·必仁且智》，第259页。
③ 《左传·昭公八年》，第2052页上栏。
④ 《晏子春秋·外篇重而异者》，《晏子春秋校注》，中华书局2014年版，第326页。
⑤ 《资治通鉴》卷28《汉纪二十》孝元皇帝上永光元年，中华书局1956年版，第915页。
⑥ 《资治通鉴》卷29《汉纪二十一》孝元皇帝下永光三年，第923页。
⑦ 《汉书》卷82《王商史丹傅喜传》，第3372页。

讼商忠直无罪。①

至东汉，陈忠对"灾眚变咎，辄切免公台"的做法提出了质疑，其立论的角度之一，就是从历史上看，这种做法"卒不蒙上天之福"，缺乏效验。②

以"骗"为例，与"欺"的出尔反尔、"瞒"的藏盖遮掩、"蒙"的半懂不懂相比，"骗"的特点在于故弄玄虚、故意造假，即明知不真不实还要施骗，这在方术方面表现得最为明显。一旦没有兑现承诺或露出马脚，就会招致主君之怨。这种怨恨甚至不乏法律的支撑："秦法，不得兼方，不验，辄死。"③秦始皇自己亦曾表达过对方术不验的痛恨："方士欲练以求奇药，今闻韩众去不报，徐市等费以巨万计，终不得药，徒奸利相告日闻。"④而汉武帝之所以接连诛杀少翁、栾大，也是因为二者均没有兑现承诺："（少翁）居岁余，其方益衰，神不至"⑤；"（栾大）其方尽，多不雠"⑥，也均露出了马脚："（少翁）乃为帛书以饭牛，阳不知，言此牛腹中有奇。杀视得书，书言甚怪。天子识其手，问之，果为书"⑦；"（栾大）使不敢入海，之泰山祠。上使人随验，实无所见。"⑧不宁唯是，以方术施"骗"的同时若掺杂一定的政治目的，其激发的怨恨甚至可以泯灭父子之间的亲情：

> 章（吴章）以为莽不可谏，而好鬼神，可为变怪以惊惧之，章因推类说令归政于卫氏。宇（王宇，王莽之子）即使宽夜持血酒莽第，门吏发觉之，莽执宇送狱，饮药死。⑨

迨至东汉，桓谭批评汉光武帝信谶的一则谏词，亦从侧面反映了光武对方术之士的怨恨："伏闻陛下穷折方士黄白之术，甚为明矣。"⑩方术本

---

① 《汉书》卷82《王商史丹傅喜传》，第3375页。
② 《后汉书》卷46《郭陈列传》，第1565页。
③ 《史记》卷6《秦始皇本纪》，第258页。
④ 同上。
⑤ 《汉书》卷25上《郊祀志上》，第1219页。
⑥ 同上书，第1232页。
⑦ 同上书，第1219—1220页。
⑧ 同上书，第1231—1232页。
⑨ 《汉书》卷99上《王莽传上》，第4065页。
⑩ 《后汉书》卷28上《桓谭冯衍列传上》，第960页。

身若被视为一种骗术，即便灵验也会遭到怨恨，如"策（孙策）告曰，天久旱，得雨当免。倏忽之间，阴云四合，风雨暴至。策愈恶之，令斩首，悬诸市门"。①

需要说明的是，光武斥术是因为术伪，而信谶却并不因为谶真，而是因为谶一方面能为其登基提供依据，如"赤伏符"的谶语——"刘秀发兵捕不道，四夷云集龙斗野，四七之际火为主"②，另一方面能为其统治提供合法性：

> 上帝意志的天命是通过图谶下达的，正是根据这种图谶，皇帝得以正当化。所谓"天子"是显示其与上帝关系的称号，所谓"皇帝"是反映其作为地上世界统治者权力的称号。

迨至东汉章帝时，一部《白虎通》以"法典"和"国宪"的形式将谶纬之学提到意识形态的高度，遂使其成为支配东汉一代的显学和时学。③

事实上，谶纬之学与董仲舒的"天人感应论""灾异谴告论"渊源甚深，甚至不乏学者认为是董仲舒为谶纬神学开了先河。④ 董仲舒既因言灾异不信而获罪，就不排除别人因言谶纬不信而取怨的可能。有东汉一代，皇帝是谶纬的既得利益者，揣着明白装糊涂，对谶纬不信一事视而不见听而不闻，倒是书生气十足的东汉诸子为皇帝着急、代主君抒怨。

桓谭云：

> 凡人情忽于见事而贵于异闻，观先王之所记述，咸以仁义正道为本，非有奇怪虚诞之事。盖天道性命，圣人所难言也。自子贡以下，不得而闻，况后世浅儒，能通之乎！今诸巧慧小才伎数之人，增益图书，矫称谶记，以欺惑贪邪，诖误人主，焉可不抑远之哉！……乃欲听纳谶记，又何误也！其事虽有时合，譬犹卜数只偶之类。陛下宜垂明听，发圣意，屏群小之曲说，述《五经》之正义。⑤

---

① 《太平经複文序》，第744页。
② 《后汉书》卷1上《光武帝纪上》，第21页。
③ 参见常乃惪《中国思想小史》，上海古籍出版社2005年版，第4页；汪高鑫《董仲舒与汉代历史思想研究》，商务印书馆2012年版，第117页。
④ 参见宋艳萍《公羊学与汉代社会》，学苑出版社2010年版，第36页。
⑤ 《后汉书》卷28上《桓谭冯衍列传上》，第959—960页。

王充云：

> 俗传蔽惑，伪书放流，贤通之人，疾之无已。孔子曰："诗人疾之不能默；丘疾之不能伏。"是以论也。玉乱于石，人不能别；或若楚之王尹以玉为石，卒使卞和受刖足之诛。是反为非，虚转为实，安能不言？①

而一旦谶纬失去了意识形态地位，不待"贤通之人"抒怨，主君自己就会对其报之以怨，正如翦伯赞所说：

> 王充《论衡》之出现，这就证明不论东汉时代的儒家哲学怎样独裁，还是有异端并起。而且异端的书一直保留到今日。而当时被认为圣经的谶纬，反而在后世就遭遇着隋炀帝的火刑。②

最后，来看臣民对主君之怨。

这里的主君代指广义的施政者，施政者没有言行一致，没有名实相副，均可看作是不信的表现，会引发部分臣民的怨恨。

孔子曰："始吾于人也，听其言而信其行，今吾于人也，听其言而观其行。"③ 这反映了孔子对言行不一现象的省察与担忧。扬雄所谓"述正道而稍邪哆者有矣"④ 的说法更是反映了这一现象的普遍存在。故而韩非直言："明主用其力不听其言；赏其功必禁无用。"⑤ 朋友或臣民言行不一所引发的怨恨前文已有所涉及，而施政者特别是君王若言行不一，则会招致更广泛的指摘与怨恨。

这些怨恨可能是自生型怨恨，如：

《盐铁论》中的大夫感慨道："言之非难，行之为难。"⑥

班固就河水治理议论道："王莽时，但崇空语，无施行者。"⑦

应劭就河内之俗评价道："其俗士大夫本矜好大言，而少实行。"⑧

---

① 《论衡·对作篇》，第 1183 页。
② 翦伯赞：《秦汉史十五讲》，中华书局 2012 年版，第 249 页。
③ 《论语·公冶长》，第 313 页。
④ 《法言·吾子》，第 74 页。
⑤ 《韩非子·五蠹》，第 494 页。
⑥ 《盐铁论·非鞅》，第 95 页。
⑦ 《汉书》卷 29《沟洫志》，第 1697 页。
⑧ 《风俗通义·过誉》，第 205 页。

《太平经》中的天师针对"灾害疾病畜积，而不可除去"的原因概括道："太上中古以来，人多效言，乃不效行。"①

也可能是他生型怨恨，如：

孙子对吴王阖闾抱怨道："王徒好其言，不能用其实"。②

申公对汉武帝建议道："为治者不在多言，顾力行何如耳。"③

王符针对"衰国危君继踵不绝"的原因分析道："岂世无忠信正直之士哉？诚苦忠信正直之道不得行尔。"④并称："孔子疾夫言之过其行者。"⑤

需要说明的是，施政者可能本身并不具备诚实的品质，但这并不重要，正如马基雅维利所指出的那样：

> 对于一位君主来说，事实上没有必要具备我在上面列举的全部品质，但是却很有必要显得具备这一切品质。我甚至敢说：如果具备这一切品质并且常常本着这些品质行事，那是有害的。可是如果显得具备这一切品质，那却是有益的。⑥

然而，施政者若言行不一，就无法"显得具备"诚实的品质，反而使其不诚信的面目昭然若揭，这不仅会激发民怨，也会恶化民风，造成严重的消极影响，崔寔的一则议论就清晰地言明了这一点：

> 今官之接民，甚多违理，苟解面前，不顾先哲。作使百工，及从民市，辄设计加以诱来之，器成之后，更不与直。老弱冻饿，痛号道路，守阙告哀，终不见省。历年累岁，乃才给之。又云"逋直，请十与三"，此逋直岂物主之罪邪？不自咎责，反复灭之。……是以百姓创艾，咸以官为忌讳，遯逃鼠窜，莫肯应募。因乃捕之，劫以威势，心苟不乐，则器械行沽，虚费财用，不周于事。……是以风移于诈，俗易于欺，狱讼繁多，民好残伪。为政如此，未睹其利。⑦

---

① 《太平经》卷93《效言不效行致灾诀》，第401页。
② 《史记》卷65《孙子吴起列传》，第2162页。
③ 《汉书》卷88《儒林传》，第3607页。
④ 《潜夫论·实贡》，第151页。
⑤ 《潜夫论·交际》，第353页。
⑥ 转引自［日］丸山真男《日本政治思想史研究》，王中江译，生活·读书·新知三联书店2000年版，第54页。
⑦ 《政论·阙题四》，《〈政论校注〉〈昌言校注〉》，中华书局2012年版，第101页。

施政者若要具备哪怕是要"显得具备"诚实的品质,其施政不仅要做到言行一致,而且还要做到名实相符。从《墨子》中的"所以谓,名也;所谓,实也;名实耦,合也"①,到《春秋繁露》中的"名生于真,非其真,弗以为名"②,再到《申鉴》中的"名必有实,事必有功"③,我们看到的是先贤对名实相符的认同与期待。在扬雄看来,施政的核心问题正在于做到名实相符:"真伪则政核。如真不真,伪不伪,则政不核。"④所谓"真不真""伪不伪"即名实不符。相对于觉察客体言行不一而言,辨别客体名实不符需要的时间要更长一些,但一旦主体认识到客体名实不符,一般而言,就会抒之以怨,哪怕是作为主君的客体:"……名实不相副,求贡不相称,富者乘其材力,贵者阻其势要,以钱多为贤,以刚强为上。"⑤王符的这则议论当可视为对施政者的一种嘲讽,其嘲讽的现象,用冯友兰的话说则是:"当权派定规了一些名号,叫下边推举合乎这些名号的人。可是,下面所推举的,往往可能正是同这些名号相反的人。"⑥施政者对这种名实不符的现象如果听之任之则适足招怨。

不宁唯是,施政者有时"定规了一些名号",也聚集了与这些名号相符的人,但若没有给予这些人相应的任用,或没有听从并践行这些人的建议,也可以看作名实不符,也是一种不信的表现,也会招致怨恨。《新序》《新论》《风俗通义》共同提及的"齐桓公入郭氏之墟"一事⑦,比较清晰地言明了这一点,其中,《新论》还以王莽与刘玄为例来进一步说明问题,不妨引述如下:

(齐桓公)出见一故墟,道路皆蒿草,寥廓狼藉,而问之。或对曰:"郭氏之墟也。"复问:"郭氏曷为墟?"曰:"善善而恶恶焉。"桓公曰:"善善恶恶乃所以为存,而反为墟,何也?"曰:"善善而不能用,恶恶而不能去。彼善人知其贵己而不用,则怨之;恶人见其贱己而不好,则仇之。夫与善人为怨,恶人为仇,欲毋亡,得乎?"乃者王翁善天下贤智材能之士,皆征聚而不肯用,使人怀诽谤而怨之;

---

① 《墨子·经说上》,《墨子间诂》,中华书局2001年版,第350页。
② 《春秋繁露·深察名号》,第290页。
③ 《申鉴·俗嫌》,《申鉴注校补》,中华书局2012年版,第138页。
④ 《法言·先知》,第301页。
⑤ 《潜夫论·考绩》,第68页。
⑥ 冯友兰:《中国哲学史新编》(中),人民出版社2007年版,第318页。
⑦ 参见《新序·杂事四》、《新论·谴非》、《风俗通义·山泽》。

第二章　怨恨发生逻辑的多角度省察(上)

更始帝恶诸王假号无义之人,而不能去,令各心恨而仇之。是以王翁见攻而身死,宫室烧尽;更始帝为诸王假号而出走,令城郭残。二王皆有善善恶恶之费,故不免于祸难大灾,卒使长安大都,坏败为墟,此大非之行也。①

郭氏"善善而不能用"、王莽"征聚贤士而不肯用"的做法,可以称之为"不用贤",按本书上一小节所论,是一种不敬的表现。而"善善""聚贤"——"名"与"不用贤"——"实"之间的对比,亦可以看作一种不信的表现。在这里,"敬"与"信"之间是连在一起的,可以说因尊敬的不充分而显得不信诚,也可以说因信认的不到位而显得不尊敬。与此可相印证的是,东汉的崔寔在对这一现象的进行批判时亦是"敬""信"连用:"且世主莫不愿得尼、轲之伦以为辅佐,卒然获之,未必珍也。自非题牓其面曰'鲁孔丘'、'邹孟轲',殆必不见敬信。"②

在信的道德范畴内所引发的怨恨如上所论。笔者在这里拟做三点补充及说明。

第一,主体因客体不信而生怨的前提是主体对作为道德准则的信要有基本的认同。事实上,检视古籍,从利益角度而非道德角度对信之准则进行否定者不乏其人,陈轸说:"魏臣不忠不信,于王何伤?忠且信,于王何益?"③苏代说:"信如尾生高,则不过不欺人耳。……今臣为进取者也。"④朱维铮据此指出,信在一意"进取"功名富贵的新官僚看来一文不值,欺骗才是最高的道德准则——"事非权不立,非势不成;夫使人坐受成事者,唯诎者耳!"⑤不宁唯是,不认同信之准则的主体反而会因客体之信而生怨。如楚国郤宛"直而和",使得"国人说之",却使得小人鄢将师与费无极"比而恶之"⑥。如盗跖斥守信的尾生为"离名轻死,不念本养寿命者也"。⑦此外,若主体本身甘于自欺或意在欺人,信也会成为怨恨生发的触媒。例如,"信盗不信反"的秦二世,听使者说陈胜造反,就气得将

---

① 《新论·谴非》,《新辑本桓谭新论》,中华书局2009年版,第20页。
② 《政论·阙题一》,第49—50页。
③ 《战国策·楚策三》,《〈国语〉〈战国策〉》,岳麓书社1988年版,第134页。
④ 《战国策·燕策一》,第293页。
⑤ 《战国策·燕策一》,第295页。参见朱维铮《中国史学史讲义稿》,复旦大学出版社2015年版,第50页。
⑥ 《左传·昭公二十七年》,第2116页下栏。
⑦ 《庄子·杂篇·盗跖》,第991页。

使者下狱，听使者说"群盗不足忧"，就转而龙颜大悦。①"指鹿为马"的赵高，对于说真话的诸臣反而进行打击报复："高因阴中诸言鹿者以法。"②

第二，老子称，"信言不美，美言不信"。③ 真实的言语往往并不华美动听，反而揪心逆耳，令人厌恶。这一事实无分时代与国界，不妨证以卢梭之言："霍布斯之所以为人憎恶，倒不在于他的政治理论中的可怕和错误的东西，反而在于其中的正确的与真实的东西。"④ 因之，客体做到了信的同时，亦可能触犯了主体的忌讳从而招怨，据《越绝书》记载，公孙圣为吴王夫差占梦只不过直言是凶兆，结果竟使得吴王"忿圣言不祥，乃使其身自受其殃"，"乃使力士石番，以铁杖击圣，中断之为两头"，于是公孙圣发出了这样的悲鸣："苍天知冤乎，直言正谏，身死无功！"⑤进一步讲，客体对主体之信可能伴随着客体对主体的不敬，不分公私的主体将怨指向客体，于是"信而见疑，忠而被谤"⑥的屈原成为这一类客体的代表。

第三，孔子曰："可与共学，未可与适道；可与适道，未可与立；可与立，未可与权。"⑦冯友兰指出："这里所说的'道'就是一般的原则，所谓'权'，就是原则的灵活运用。"⑧《淮南子》中讲："不知权者，善反丑也。"⑨ 因之，在强调"权"时，客体不信并不会引起怨恨，客体拘泥于信反而会激发憎恶。检视先秦两汉典籍可知，客体在拥有道德依托、情境依托、动机依托时，对信可以行"权"。

孟子称："大人者，言不必信，行不必果，惟义所在。"⑩ 韩东育据此指出："在孟子的逻辑里，'义'的根本，无非是自身的'羞恶之心'。这才是真'信'，所以他反复强调，'有诸己之谓信'。"⑪荀子亦称："凡为天下之要，义为本而信次之。"⑫ 客体若拘小信而舍大"义"则反而会致

---

① 《史记》卷6《秦始皇本纪》，第269页。
② 同上书，第273页。
③ 《老子·八十一章》，第191页。
④ [法]卢梭：《社会契约论》，何兆武译，商务印书馆2003年版，第172页。
⑤ 《越绝书》卷10《越绝外传记吴王占梦》，《越绝书校释》，中华书局2013年版，第285页。
⑥ 《史记》卷84《屈原贾生列传》，第2482页。
⑦ 《论语·子罕》，第626页。
⑧ 冯友兰：《中国哲学史新编》（中），人民出版社2007年版，第77页。
⑨ 《淮南子·氾论训》，第957页。
⑩ 《孟子·离娄下》，第555页。
⑪ 韩东育：《道学的病理》，商务印书馆2007年版，第161页。
⑫ 《荀子·强国》，第361页。

怨。扬雄的一则论述颇可印证此点：

> 问："义?"曰："事得其宜之谓义。"或问："季布忍为，可为也?"曰："能者为之，明哲不为也。"或曰："当布之急，虽明哲如之何?"曰："明哲不终项仕，如终项仕，焉攸避?"①

季布堪称是古代守信践诺的典范，当世即有楚谚云："得黄金百，不如得季布诺"。② 然而，扬雄对其却颇有微词，在扬雄看来，季布还没有达到明哲的境界，因为他一直拘泥于追随项羽的信。无怪乎纪国泰就扬雄这则论述评点道："比信更重要的是义。"③ 进一步讲，客体不信的行为若能得到来自"义"的支撑，其在道德层面当可在一定程度上避免指摘与怨恨。若"事不得其宜"，即便做到了信也不被肯定，如《淮南子》中称："直躬其父攘羊，而子证之，尾生与妇人期而死之。直而证父，信而溺死，虽有直信，孰能贵之!"④ 如徐干称："尾生与妇人期于水边，水暴至，不去而死，欲以为信也，则不如无信焉；叶公之党，其父攘羊而子证之，欲以为直也，则不如无直焉。"⑤

"事得其宜之谓义"倒不是扬雄的首创，孔子早就言明"义者，宜也。"⑥ 但"宜"的分寸很难把握，空言客体不信是"事得其宜"，有时难以服人。因之，不排除"宜"的模糊性被人利用的情况。例如，西汉末的孙竦就以"大信不拘于制也"⑦ 的事例来为王莽歌功颂德，此时，"义"已蜕化为不信的一种包装，在这种情况下，对不信的行为就不能行权，否则反而会招致人们的反感与憎恶。

但若客体拥有特定的情境依托与动机依托，相对而言，界定客体"事得其宜"是可以服众的。即情境依托、动机依托可使道德依托明确化，下面合论之。

一般而言，客体处于对敌作战的情境下，对敌人不信的行为在一定程度上是无可厚非的。无论是孙子"兵者，诡道也"⑧ 的界定，抑或是

---

① 《法言·重黎》，第 395—398 页。
② 《汉书》卷 37《季布栾布田叔传》，第 1978 页。
③ 纪国泰：《〈扬子法言〉今读》，巴蜀书社 2010 年版，第 296 页。
④ 《淮南子·氾论训》，第 952 页。
⑤ 《中论·贵言》，第 107 页。
⑥ 《礼记·中庸》，第 1629 页中栏。
⑦ 《汉书》卷 99 上《王莽传》，第 4062 页。
⑧ 《孙子·计》，第 16 页。

韩非"战阵之间不厌诈伪"①的强调,还是贾谊"夫并兼者高诈力"②的认识,都是在言明此点。《淮南子》以弦高为例对此做出了进一步的说明:

> 夫三军矫命,过之大者也。秦穆公兴兵袭郑,过周而东,郑贾人弦高将西贩牛,道遇秦师于周、郑之间,乃矫郑伯之命,犒以十二牛,宾秦师而却之,以存郑国。故事有所至,信反为过,诞反为功。③

无怪乎李泽厚这样总结道:"用阴谋诡计战胜敌人,便远非一般道德原则所能框定。"④

需要说明的是,这里的"无可厚非"指的是客体不信的行为一般不会引发主体的自生型怨恨,但若将敌人视为主体来考察时,客体不信一般会引发他生型怨恨。前文所述魏人怨商鞅欺公子卬即为一例,此外,像项羽烧杀迋楚的纪信⑤以及田广烹煮主观上不想迋齐但客观上却迋齐的郦食其⑥亦均可为证。而"楚虽三户,亡秦必楚"的谶语抒发的正是对"楚最亡罪……怀王入秦不反"⑦这一不信行为的怨恨。

不宁唯是,在上述情境下,客体若有胜敌的动机,对作为非敌人的主体亦可以不信,甚至可以欺瞒蒙骗,欺者如刘秀王霸妄语冰坚⑧,瞒者如刘邦诈言房中吾指⑨,蒙者如齐国田单拜卒为师⑩,骗者如陈胜吴广篝火狐鸣⑪。刘秀、刘邦不信的动机依托兼有稳定军心的成效支撑,田单、陈胜不信的动机依托兼有神道设教的程度把握,因之在一定程度上可以避免主体之怨。正如何怀宏所说,衡量诚信"例外"需要考虑到"说谎的动机""说谎所造成的实际后果""说谎的程度"三种情况。⑫因之,不信的动机

---

① 《韩非子·难一》,第377页。
② 《新书·过秦下》,第14页。
③ 《淮南子·氾论训》,第952—954页。
④ 李泽厚:《回应桑德尔及其他》,生活·读书·新知三联书店2014年版,第30页。
⑤ 《汉书》卷1上《高帝纪上》,第40页。
⑥ 《汉书》卷43《郦陆朱刘叔孙传》,第2110页。
⑦ 《汉书》卷31《陈胜项籍传》,第1799页。
⑧ 《后汉书》卷20《铫期王霸祭遵列传》,第735页。
⑨ 《汉书》卷1上《高帝纪上》,第44页。
⑩ 《史记》卷82《田单列传》,第2454页。
⑪ 《史记》卷48《陈涉世家》,第1950页。
⑫ 参见何怀宏《伦理学是什么?》,北京大学出版社2008年版,第117页。

依托不必一定以情境依托为前提，其动机、后果、程度只要对主体有利，均可避怨。

需要说明的是，因欺骗与愚弄在意义上有相通之处，这种不信的"动机依托"为愚民政策的长期推行提供了理论诱因与实践佐证，为统治方式的专制倾向提供了思想助力与历史借鉴，但不信的"动机依托"若缺乏成效支撑或程度把握，最终亦难免以怨收场，例如王莽，始则敬信俭让，继则妄窃符命，中则"数改钱货，征发烦数"，于是"军旅骚动，四夷并侵"，以致"百姓怨恨"，最终落得个众叛亲离、尸骨无存的可悲下场。①

四

俭的范畴。

俭作为一项道德标准，得到了来自先秦诸子的广泛认同。

孔子曾赞大禹菲饮食、恶衣服、卑宫室，堪称对崇俭思想的间接表达。② 而子贡以孔子具有"俭"的态度而向子禽称道③，堪称对崇俭思想的直接表达。孔子对"礼"堪称重视："赐也，尔爱其羊，我爱其礼。"④ 但如此重视"礼"的孔子却说："麻冕，礼也，今也纯，俭，吾从众。"⑤ 固然这句话本身更多的是在强调"变通"，⑥ 但也可视为对崇俭思想的引申表达。需要说明的是，在儒家的话语体系中，俭常常只是作为一种相对重要的道德标准来呈现，可对此佐证的一点是孔子在言及俭时，有时会使用"与其……宁"的让步句式，如"奢则不孙，俭则固。与其不孙也，宁固"⑦；"礼，与其奢也，宁俭"⑧。这颇有些"两害相权取其轻"的味道。事实上，孔子特别重视的是中庸，奢侈与节俭超出一定分寸均可视为反中庸的一种表现。

---

① 《汉书》卷99《王莽传》，第4039—4196页。
② 《论语·泰伯》，第561页。
③ 《论语·学而》，第40页。
④ 《论语·八佾》，第195页。
⑤ 《论语·子罕》，第571页。
⑥ 《盐铁论·忧边》，第162—163页："文学曰：明者因时而变，知者随世而制。孔子曰：'麻冕，礼也，今也纯，俭，吾从众。'"
⑦ 《论语·述而》，第504页。
⑧ 《论语·八佾》，第145页。

在孔子之后，"学儒者之业，受孔子之术"① 的墨子把崇俭思想从相对推向绝对。墨家主张节用、节葬，以大禹为楷模，以夏政为旗帜。这与儒家思想有一定区别，这种区别被韩非表述道：

> 墨者之葬也，冬日冬服，夏日夏服，桐棺三寸，服丧三月，世主以为俭而礼之。儒者破家而葬，服丧三年，大毁扶杖，世主以为孝而礼之。夫是墨子之俭，将非孔子之侈也；是孔子之孝，将非墨子之戾也。②

事实上，关于崇俭问题，儒墨在认识上的分歧只是程度上的，墨家尊奉的楷模——夏禹，亦是儒家推崇的圣王，而其推崇之处，正在于夏禹的节俭。因之韩非所述不无夸大之处。儒家反对的只是过俭，对于作为"德之共也"③ 的俭，如上文所论，儒家至少是相对重视的。道家与法家亦与此相类，如老子将俭视为三宝之一④，韩非将俭视为富家之术⑤。

迨至汉初，连年的战乱使得"天子不能具醇驷，而将相或乘牛车"⑥，黄老思想伴随着休养生息的国策登上历史舞台，俭作为一项道德标准，在思想层面被继续强调，如《淮南子》中称："恭俭尊让者，礼之为也。"⑦不宁唯是，俭之为德，经过汉初文帝的身体力行，被加以强化，其逻辑在于，皇帝尚且如此，况于他者。对汉文帝在节俭方面的率先垂范，思想界不乏理论自觉，验之于前，如"君人者……清庙茅屋，大路越席，大羹不致，粢食不凿，昭其俭也"⑧，这取自臧哀伯对鲁桓公的谏词；验之于后，如"上下相象，中表相应，出入无朕，往来无间，若影之于形，响之于声。……是故，明王圣主，损形容，卑宫室，绝五味，灭声色"⑨，这取自严遵对《老子》的诠释；亦不乏记忆追思："……孝文欲作一台，度用百金，重民之财，废而不为，其积土基，至今犹存，又下遗诏，不起山坟。

---

① 《淮南子·要略》，第1459页。
② 《韩非子·显学》，第500页。
③ 《左传·庄公二十四年》，第1779页中栏。
④ 《老子·六十七章》，第170页。
⑤ 《韩非子·解老》，第161页："智士俭用其财则家富"。
⑥ 《汉书》卷24上《食货志上》，第1127页。
⑦ 《淮南子·泰族训》，第1393页。
⑧ 《左传·桓公二年》，第1741页上、中栏。
⑨ 《老子指归》卷4《方而不割篇》，第66页。

第二章 怨恨发生逻辑的多角度省察(上)

故其时天下大和,百姓洽足,德流后嗣"①,这取自翼奉对汉元帝的上疏;亦不乏价值认同:"孝文帝不爱千里马;慎夫人衣不曳地;……抑情绝欲不如是,能成功业者,鲜矣"②,这取自荀悦的著述;亦不乏文学渲染:"文又躬自菲薄,治致升平之德"③,这取自张衡的《东京赋》;亦不乏后人仿效:"欲令名誉过前人,遂克己不倦……愈为俭约……妻……衣不曳地,布蔽膝。见之者以为僮使,问知其夫人,皆惊"④,这取自班固对"王莽谦恭未篡时"的记录。

汉武帝站在文景之治的基点上,摒弃黄老,尊儒尚法,在推崇节俭方面较之汉初虽有较大退步,但即便如此,其对俭亦没有完全否定,可相印证的是,司马相如完成"卒章归之于节俭"的《上林赋》后,"奏之天子","天子大说"。⑤

由此可知,由先秦至两汉,无论社会经济是繁荣抑或凋敝,对俭的推崇至少在正式思想层面上是一以贯之的,正如余英时所说:"中国自古以来都崇俭斥奢……虽然近人注意到《管子·侈靡》篇公开主张'莫善于侈靡',但这种观点并未流传下去。"⑥ 只不过在社会经济凋敝时,人们对俭的推崇更具有"思"上及"行"上的自觉。如经历了侈靡的武帝时代后,贤良发声:"宫室舆马,衣服器械,丧祭食饮,声色玩好,人情之所不能已也。故圣人为之制度以防之"⑦;如经历了东汉初的战乱后,光武垂范:"手不持珠玉"⑧ 并"处东而约"⑨;如在"连遭大忧,百姓苦役"的背景下,主政的邓太后的做法就是"殇帝康陵方中秘藏,及诸工作,事事减约,十分居一。"⑩

俭之为德既然在正式思想层面被持续关注、反复强调,对俭认同的主体对不俭的客体就会有所怨恨,《春秋繁露》中所言及的"奢侈使人愤怨"⑪正是在说明此点。

---

① 《汉书》卷 75 《眭两夏侯京翼李传》,第 3175 页。
② 《申鉴·杂言上》,第 163 页。
③ 张衡:《东京赋》,《全上古三代秦汉三国六朝文》,中华书局 1958 年版,第 765 页。
④ 《汉书》卷 99 上 《王莽传上》,第 4041 页。
⑤ 《汉书》卷 57 上 《司马相如传上》,第 2533 页。
⑥ 余英时:《现代儒学论》,上海人民出版社 2010 年版,第 70 页。
⑦ 《盐铁论·散不足》,第 349 页。
⑧ 《申鉴·杂言上》,第 163 页。
⑨ 张衡:《西京赋》,《全上古三代秦汉三国六朝文》,第 761 页。
⑩ 《后汉书》卷 10 上 《皇后纪》,第 423 页。
⑪ 《春秋繁露·俞序》,第 162 页。

不俭即奢，检视先秦两汉典籍，不乏对奢的否定或批判：

是以圣人去甚、去奢、去泰；①
奢则不孙；②
天地不能常侈常费，而况于人乎；③
奢败制。④

亦不乏对行奢者或赞奢者的指摘与劝谏：

昔者纣为象箸而箕子怖。⑤
秦穆公闲问由余曰："古者明王圣帝，得国失国，当何以也？"由余曰："臣闻之，当以俭得之，以奢失之。"⑥
（乌有先生）曰："今足下不称楚王之德厚，而盛推云梦以为高，奢言淫乐而显侈靡，窃为足下不取也。"⑦
偃（董偃）不遵经劝学，反以靡丽为右，奢侈为务，尽狗马之乐，极耳目之欲，行邪枉之道，径淫辟之路，是乃国家之大贼，人主之大蜮。⑧
初，霍氏奢侈，茂陵徐生曰："霍氏必亡。夫奢则不逊，不逊必侮上。侮上者，逆道也。"⑨
太守富宗闻延（虞延）名，召署功曹。宗性奢靡，车服器物，多不中节。延谏曰："昔晏婴辅齐，鹿裘不完，季文子相鲁，妾不衣帛，以约失之者鲜矣。"宗不悦，延即辞退。居有顷，宗果以侈从被诛，临当伏刑，揽涕而叹曰："恨不用功曹虞延之谏！"光武闻而奇之。⑩

需要指出的是，上述对奢的否定、批判以及对行奢者或赞奢者的指

---

① 《老子·二十九章》，第76页。
② 《论语·述而》，第504页。
③ 《韩非子·解老》，第161页。
④ 《申鉴·政体》，第10页。
⑤ 《韩非子·喻老》，第174页。
⑥ 《说苑·反质》，第519页。
⑦ 司马相如：《子虚赋》，《全上古三代秦汉三国六朝文》，第241页。
⑧ 《汉书》卷65《东方朔传》，第2856页。
⑨ 《汉书》卷68《霍光金日磾传》，第2957页。
⑩ 《后汉书》卷33《朱冯虞郑周列传》，第1151页。

摘、劝谏,并不涉及利益冲突,而是一种围绕价值判断的观念冲突,属于道德范畴。结合本书绪论中的概念界定,这些否定、批判、指摘、劝谏在广义上当可被视为一种怨恨,且其更偏向于自生型怨恨,之所以这样说,是因为,首先,在上述否定或批判中,作为他者的奢显得过于抽象,不够具体,遑论对主体刺激的主动与否;其次,在上述指摘或劝谏中,作为客体的行奢者或赞奢者并没有直接侵犯主体的利益,除了赞奢的子虚,其余客体对主体的刺激均显得不够主动。

事实上,客体行奢既可以在道德层面刺激主体,也可以在利益层面刺激主体,且两个层面的刺激常常交织在一起:因失"利"而加强道德失衡;因重"俭"而加强利益失衡。饶有兴味的是,这种激发双重失衡的奢比较集中地体现在修建宫室与置办葬礼两个方面,正好对应着人们的阳宅与阴宅,下面合论之:

就修建宫室而言,鲁哀公"为室而大",公宣子谏曰:

国小而室大,百姓闻之必怨吾君,诸侯闻之必轻吾国。①

就置办葬礼而言,齐景公欲以人礼葬狗,晏子谏曰:

且夫孤老冻馁而死狗有祭,鳏寡不恤而死狗有棺。行辟若此,百姓闻之必怨吾君,诸侯闻之必轻吾国。怨聚于百姓,而权轻于诸侯,而乃以为细物,君其图之。②

公宣子、晏子谏词中均有"必怨吾君"及"必轻吾国"的判断,其中的"怨"更多地偏于利益层面,其中的"轻"更多地偏于道德层面,换言之,材料中客体的奢行激发了主体在道德、利益两个层面的怨恨。类似的例子又如,晋平公宫室崇侈,使得民力凋尽,于是怨讟并作;③ 汉成帝大营陵寝,显得制度泰奢,于是劝谏迭出。④ 需要说明的是,修建宫室所表

---

① 《淮南子·人间训》,第1303页。
② 《晏子春秋·内篇谏下》,第116页。
③ 《左传·昭公八年》,第2052页上、中栏。
④ 《汉书》卷36《楚元王传》,第1956—1957页。劝谏者的代表为刘向。刘向曰:"陛下即位,躬亲节俭,始营初陵,其制约小,天下莫不称贤焉。及徙昌陵,增埤为高,积土为山,发民坟墓,积以万数,营起邑居,期日迫卒,功费大万百余。死者恨于下,生者愁于上,怨气感动阴阳,因以饥馑,物故流离以十万数,臣甚愍焉。……初陵之模,宜从公卿大臣之议,以息众庶。"

现出来的奢一般会在利益层面对主体产生刺激,而从利益角度对怨恨的发生逻辑进行审视,笔者将在本书下一章专门论述,在这里暂不予展开。这里想要做进一步探讨的是,置办葬礼所表现出来的奢所激发之怨的道德蕴涵。

事实上,无论在正式思想层面还是在民间思想层面,对厚葬行为都不乏怨声,这在两汉时期体现得尤为明显。

先来看正式思想层面。

刘向劝谏成帝曰:

> 德弥厚者葬弥薄,知愈深者葬愈微。……孝文皇帝去坟薄葬,以俭安神,可以为则;秦昭始皇增山厚臧,以侈生害,足以为戒。①

光武诏令天下曰:

> 世以厚葬为德,薄终为鄙,至于富者奢僭,贫者单财,法令不能禁,礼义不能止,仓卒乃知其咎。其布告天下,令知忠臣、孝子、慈兄、悌弟薄葬送终之义。②

再来看民间思想层面。

西汉的杨王孙在回信中对其友祁侯说:

> 夫厚葬诚亡益于死者,而俗人竞以相高,靡财单币,腐之地下。……圣王生易尚,死易葬也。不加功于亡用,不损财于亡谓。今费财厚葬,留归隔至,死者不知,生者不得,是谓重惑。於戏!吾不为也。③

东汉的赵咨在遗书中嘱托其子赵胤说:

> 夫亡者……既已消仆,还合粪土。土为弃物,岂有性情,而欲制其厚薄,调其燥湿邪?但以生者之情,不忍见形之毁,乃有掩骼埋窆之制。④

---

① 《汉书》卷36《楚元王传》,第1955—1957页。
② 《后汉书》卷1下《光武帝纪下》,第51页。
③ 《汉书》卷67《杨胡朱梅云传》,第2908—2909页。
④ 《后汉书》卷39《刘赵淳于江刘周赵列传》,第1314页。

从上述材料中我们可以得出以下三点基本认识：

第一，刘向的谏词中认为厚葬与"德""知"呈负相关，可证其对厚葬之怨具有一定的道德成分。

第二，光武诏令中特意提及臣、子、兄、弟，可知之所以以厚葬为德，与忠、孝、慈、悌之观念密切相关，但光武却认为忠孝慈悌并不有赖于厚葬，可见其在道德上对厚葬的排斥。

第三，杨王孙所谓"俗人竞以相高"、赵咨所谓"不忍见形之毁"表明其对厚葬行为在道德观念层面有"同情之了解"，但"重惑"及"土为弃物，岂有性情"的强调又消解了这份"了解之同情"。

值得注意的是，杨王孙是汉武帝时人，从"夫厚葬诚亡益于死者，而俗人竞以相高"一句来看，两汉之际，厚葬之世风始盛于民间至迟已在武帝之世，尽管不乏讥议之声，但此风在总体上却越吹越烈，以致东汉的崔寔对世风做了如下的讥评：

> 乃送终之家亦无法度。至用楩梓黄肠，多藏宝货，飨牛作倡，高坟大寝。是可忍也，孰不可忍！而俗人多之，咸曰健子。天下跂慕，耻不相逮。念亲将终，无以奉遣，乃约其供养，豫修亡殁之备，老亲之饥寒，以事淫法之华称，竭家尽业，甘心而不恨。穷陋既迫，起为盗贼，拘执陷罪，为世大戮。痛乎，此俗之刑陷愚民也。①

崔寔对厚葬的白描及批判带有鲜明的怨恨色彩，"是可忍也，孰不可忍""痛乎"等句均可为证。

需要说明的是，主体因客体不俭而生怨的前提是主体对作为道德准则的俭要有基本的认同。而从"世以厚葬为德"一句来看，不以俭德为意的群体亦可谓夥矣，其代代相传所浸染而成的风俗之威力是如此巨大，以至于对厚葬行为有着切齿痛恨的崔寔亦身陷其中，难以自拔。对此，余英时不无惊讶地指出："极有讽刺意味的是，像崔寔这样强烈反对厚葬的人，被发现做出他自己所倾力抨击的同样愚蠢的事情。据《后汉书》本传，他卖掉所有的田地与房屋以葬其父，尽管其父遗愿要行薄葬。"②

对余英时所论，笔者亦有同感。余英时曾称，《管子·侈靡篇》中"莫善于侈靡"的观点并未流传下去，这一观点前文已有征引，但结合上

---

① 《政论·阙题三》，第89页。
② 余英时：《东汉生死观》，侯旭东译，上海古籍出版社2005年版，第101页。

文崔寔的所述及所行,可知余英时这一观点稍嫌绝对,因"莫善于侈靡"的观点至少在民间思想层面是有一定"流传"的,这倒不独厚葬这一点为然,王符对东汉重奢世风的描述更能说明问题:

> 箕子所唏,今在仆妾。富贵嫁娶,车軿各十,骑奴侍僮夹毂节引。富者竞欲相过,贫者耻不逮及。是故一飨之所费,破终身之本业。古者必有命民,然后乃得衣缯綵而乘车马。今者既不能尽复古,细民诚可不须,乃逾于古昔孝文,衣必细致,履必獐麂,组必文采,饰袜必綸此,挍饰车马,多畜奴婢。诸能若此者,既不生谷,又坐为蠹贼也。①

不宁唯是,即便在正式思想层面,《管子·侈靡篇》"莫善于侈靡"的观点亦没有完全销声匿迹,如《盐铁论》中大夫们的一些议论:

> 古者,宫室有度,舆服以庸;采椽茅茨,非先王之制也。君子节奢刺俭,俭则固。昔孙叔敖相楚,妻不衣帛,马不秣粟。孔子曰:"不可,大俭极下。"此《蟋蟀》所为作也。

在继承孔子对过俭思想的批判后,大夫们接着对《管子》思想做了一些发挥:

> 《管子》曰:"不饰宫室,则材木不可胜用,不充庖厨,则禽兽不损其寿。无末利,则本业无所出,无黼黻,则女工不施。"故工商梓匠,邦国之用,器械之备也。自古有之,非独于此。……农商交易,以利本末……财物流通,有以均之。是以多者不独衍,少者不独馑。若各居其处,食其食,则是橘柚不鬻,胊卤之盐不出,旃罽不市,而吴、唐之材不用也。②

固然大夫们的思想与《管子·侈靡篇》中"非独自为也,为之蓄化"的观点一脉相承,但在当时的正式思想层面却并不占上风,堪谓空谷足音。

---

① 《潜夫论·浮侈》,第130—133页。
② 《盐铁论·通有》,第43页。

即便是对重奢世风进行白描的王符,对这一世风亦只是认清,并非认可:

> 今天下浮侈离本,僭奢过上,亦已甚矣!凡诸所讥,皆非民性,而竞务者,乱政薄化使之然也。王者统世,观民设教,乃能变风易俗,以致太平。①

综上所述可知,由先秦至两汉,在正式思想层面,尽管对俭亦有所指摘,但更多情况针对的是过俭,批奢的猛烈程度要远超出批俭。固然在民间思想层面,俭之为德在逐利世风下有所淡化,但也不乏对俭的追思与认同。因之,不俭客体激发重俭主体在道德层面之怨恨的情况在这一时期还是普遍存在的。

五

让的范畴。

李约瑟曾言:"诸子百家皆提倡一个让字。……在中国的社会里,一个人的美德、社会的威望和最大的面子,都是由退让中来,让的风俗已经变成了中国文化重要的一环。……世界其他的国家由于缺乏类似的传统,相形之下似乎要显得卑陋得多。"②

李约瑟所言洵为实论。让之为德,渊源甚古,从"尧让于舜,舜让于禹";"伯夷主礼,上下咸让"③的记载中我们就可以约略窥见出一丝端倪。西晋的张华在《博物志》一书中提出了三让说:"一曰礼让,二曰固让,三曰终让"④,但这只是在谦让的次数或程度上进行分类,并不是对让的含义进行说明。追根溯源,由《史记·五帝本纪》记载可知,让之为义,计有两点,一曰让国,二曰礼让。先秦诸子对让之为德确乎达成了一定程度的共识。

就道家而言,老子称"不敢为天下先"为三宝之一⑤,又称"善用

---

① 《潜夫论·浮侈》,第140页。
② [英]李约瑟:《中国古代科学思想史》,陈立夫主译,江西人民出版社2006年版,第72—73页。
③ 《史记》卷1《五帝本纪》,第43页。
④ 《博物志》,《汉魏六朝笔记小说大观》,上海古籍出版社1999年版,第210页。
⑤ 《老子·六十七章》,第170页。

人者为之下"①，并称："是以圣人后其身而身先，外其身而身存，非以其无私邪，故能成其私。"② 在李约瑟看来，让的观念在这句话中得到了最高的发挥。③ 道家后学对此亦有强调："进不氐，立不让，俓遂凌节，是谓大凶。"④

就儒家而言，孔子曾言："谦，德之柄也。"⑤ 亦曾称泰伯"三以天下让"的做法是"至德"⑥；子贡曾以孔子具有"让"的态度而向子禽称道⑦；孟子更是直接宣称："无辞让之心，非人也；……辞让之心，礼之端也。"⑧ 尽管荀子对孟子所言颇为质疑："夫子之让乎父，弟之让乎兄，子之代乎父，弟之代乎兄，此二行者，皆反于性而悖于情也。"然而他也不得不承认辞让是"孝子之道，礼义之文理也"。⑨

就其余诸家而言，墨子假借鬼神之名来论证让的正当性，"夫鬼神之所欲于人者多：欲人之处高爵禄则以让贤也"⑩。韩非固然从利益的角度对古今之让提出了质疑："是以人之于让也，轻辞古之天子，难去今之县令者，薄厚之实异也。"⑪ 但对让之为德本身亦没有进行完全否定。

迨至西汉，董仲舒将让提升到制度建设目的的高度："圣人之道，众堤防之类也，谓之度制，谓之礼节，故贵贱有等，衣服有制，朝廷有位，乡党有序，则民有所让而不敢争，所以一之也。"⑫ 并建议将其设为教化的科目之一："立辟雍庠序，修孝悌敬让。"⑬

不宁唯是，董仲舒亦称："让者《春秋》之所善。"⑭ 宋艳萍据此对"公羊学崇'让'"这一命题从崇尚让国与崇尚礼让两个方面进行了详细的

---

① 《老子·六十八章》，第172页。
② 《老子·七章》，第19页。
③ 参见［英］李约瑟《中国古代科学思想史》，陈立夫主译，江西人民出版社2006年版，第73页。
④ 《黄帝四经·十大经·三禁》，《黄帝四经今注今译——马王堆汉墓出土帛书》，商务印书馆2007年版，第298页。
⑤ 《周易·系辞下》，《十三经注疏》，中华书局1980年版，第89页中栏。
⑥ 《论语·泰伯》，第507页。
⑦ 《论语·学而》，第40页。
⑧ 《孟子·公孙丑上》，第233—234页。
⑨ 《荀子·性恶》，第516页。
⑩ 《墨子·鲁问》，第476页。
⑪ 《韩非子·五蠹》，第485页。
⑫ 《春秋繁露·度制》，第231页。
⑬ 《春秋繁露·立元神》，第169页。
⑭ 《春秋繁露·玉英》，第78页。

论证及分析。① 现简述其思路如下：就崇尚让国而言，吴国的季札、卫国的叔武、鲁国的隐公堪称典范。以鲁隐公为例，东汉的何休注《公羊传》称："隐推让以立，邾娄慕义而来，相亲信"②；就崇尚礼让而言，针对鲁昭公不先尝祭品一事，何休注《公羊传》称："食必祭者，谦不敢便尝，示有所先，不尝者待礼让也。"③

笔者基本认同宋艳萍的观点，但就崇尚让国这一方面，两汉较之于先秦，更多地体现为让爵，验之于韦玄成、邓彪、刘恺诸人，可知，作为对先秦风尚的传承，两汉世风亦以让爵为高。④ 但亦不乏让爵而不许者，如桓郁、丁鸿、郭贺、徐贺等人。⑤ 个中缘由，王夫之从制度之变这一角度的分析较为透彻：

> 让国之义，伯夷、泰伯为昭矣，子臧、季札循是以为节，而汉人多效之。丁鸿逃爵，鲍骏责之曰："春秋之义，不以家事废王事。"允矣，而犹未尽也。汉之列侯，非商、周之诸侯也。古之诸侯，有其国，君其民，制其治，盖与天子迭为进退者也，君道也。汉之列侯，食租衣税，而无宗社人民之守，臣道也。君制义，臣从义，从天子之义，非己所得制也。古之诸侯，受之始祖，天子易位，而国自如。汉之列侯，受之天子，天子失天下，则不得复有其封。国非己所得私也，何敢以天子之爵禄唯己意而让之也。⑥

不宁唯是，赵翼从"信"的角度对汉人让爵亦提出质疑，他说：

> 夫以应袭之爵，而让以鸣高，即使遂其所让，而己收克让之名，

---

① 宋艳萍：《公羊学与汉代社会》，学苑出版社 2010 年版，第 43—44 页。
② 《公羊传·隐公元年》，第 2198 页上栏。
③ 《公羊传·昭公二十五年》，第 2329 页中栏。
④ 赵翼称："又有以让爵为高者。西汉时韦贤卒，子元成应袭爵，让于庶兄弘，宣帝高其节，许之。"《玄成传》。至东汉邓彪亦让封爵于异母弟，明帝亦许之。《彪传》刘恺让封于弟宪，逃去十余年，有司请绝其封，帝不许，贾逵奏当成其让国之美，乃诏宪嗣。《恺传》。（见《廿二史札记》卷 5《东汉尚名节》，第 68 页）
⑤ 赵翼称："桓荣卒，子郁请让爵于兄子泛，明帝不许，乃受封。《郁传》。丁綝卒，子鸿请让爵于弟盛，不报，鸿乃逃去，以采药为名，后友人鲍骏遇之于东海，责以兄弟私恩绝其父不灭之基，鸿感悟，乃归受爵。《鸿传》。郭躬子贺当袭，让与小弟而逃去，诏下州郡追之，不得已乃出就封。《躬传》。徐防卒，子贺当袭，让于弟崇，数岁不归，不得已乃即封。《防传》。此让而不得请者也。"（见《廿二史札记》卷 5《东汉尚名节》，第 68 页。）
⑥ 《读通鉴论》卷 7《明帝》，《读通鉴论》，中华书局 1975 年版，第 163 页。

使受之者蒙滥冒之诮，有以处己，无以处人，况让而不许，则先得高名，仍享厚实，此心尤不可问也。①

事实上，判断让之是否为德的一个很重要的标准，就是看让的主体有无利己之心，无之则为德，有之则为伪。对此，顾炎武说得非常清楚：

太王之欲立贤子圣孙，为其道足以济天下，而非有爱憎之间、利欲之私也。是以泰伯去之而不为狷，王季受之而不为贪，父死不赴，伤毁发肤，而不为不孝。盖处君臣父子之变，而不失乎中庸，此所以为至德也。②

然而，毕竟公羊学于两汉在较长时段内属于显学，因之在正式思想层面，至少就崇尚礼让这一点而言，由先秦至两汉是一以贯之的。因之，若客体不让，则会激发崇尚让之主体的怨恨，此即《管子》所谓的"暴傲生怨"③，《国语》所谓的"刚而主能，不本而犯，怨之所聚也"。④

这种怨恨可以是自生型怨恨，比如贾谊对楚怀王的批判："楚怀王心矜好高人，无道而欲有伯王之号。……怀王逃适秦，克尹杀之西河，为天下笑。此好矜不让之罪也，不亦羞乎？"⑤ 另如爰盎对"为丞相，朝罢趋出，意得甚"的周勃的不满："绛侯所谓功臣，非社稷臣。……丞相……有骄主色。"⑥ 另如太史公司马迁对韩信的痛惜："假令韩信学道谦让，不伐己功，不矜其能，则庶几哉，于汉家勋可以比周、召、太公之徒，后世血食矣。不务出此，而天下已集，乃谋叛逆，夷灭宗族，不亦宜乎！"⑦ 由此可见，司马迁认为韩信之败，逻辑起点在于其"不让"，一句"夷灭宗族，不亦宜乎"多少带有些愤怨的色彩。另如东汉时的袁著，年仅十九，在"见冀（梁冀）凶纵"后，"不胜其愤"，"诣阙上书"曰："夫四时之运，功成则退，高爵厚宠，鲜不致灾。今大将军位极功成，可为至戒，宜遵悬车之礼，高枕颐神。"⑧ 一句"不胜其愤"，最直接地传达出其对梁冀

---

① 《廿二史札记》卷5《东汉尚名节》，第68页。
② 《日知录》卷9《三以天下让》，《日知录校释》，岳麓书社2011年版，第313—314页。
③ 《管子·内业》，《管子校注》，中华书局2004年版，第945页。
④ 《国语·晋语五》，第110页。
⑤ 《新书·春秋》，第249页。
⑥ 《汉书》卷49《爰盎晁错传》，第2267页。
⑦ 《史记》卷92《淮阴侯列传》，第2630页。
⑧ 《后汉书》卷34《梁统列传》，第1184页。

"不让"的怨。这种怨恨也可以是他生型怨恨,如《淮南子》以夫差为例,称:"(夫差)骄溢纵欲,拒谏喜谀,憍悍遂过,不可正喻,大臣怨怼,百姓不附。"① 又如西汉文帝时,"吴太子入见,得侍皇太子饮博。吴太子师傅皆楚人,轻悍,又素骄。博争道,不恭,皇太子引博局提吴太子,杀之"。② 另如西汉景帝时,"梁王以至亲故,得自置相、二千石,出入游戏,僭于天子。天子闻之,心不善。太后知帝弗善,乃怒梁使者,弗见,案责王所为"。③

《新书》中所载的"郄氏之怨"一事,比较全面地反映了他生型怨恨在道德层面的发生逻辑,现征引如下:

> 夫郄氏,晋侯之宠人也。是族在晋有三卿五大夫,贵矣,亦可以戒惧矣。今郄伯之语犯,郄叔讦,郄季伐。犯则凌人,讦则诬人,伐则掩人。有是宠也,而益之以三怨,其谁能忍之?④

犯意为怠慢无礼,这意味着不敬,不敬则凌人。
讦意为虚夸不实,这意味着不信,不信则诬人。
伐意为夸耀自矜,这意味着不让,不让则掩人。

看来,郄氏所为对他人不乏伤害,其激发他生型怨恨也就在情理之中。不宁唯是,从"宠人也""贵矣"的记载来看,郄氏所为亦不乏"不俭"的可能,若果如是,三怨之外尚有一潜在之怨,无怪乎语者要发出"其谁能忍之"的感叹了。

需要补充的是,在"郄氏之怨"中,不让位居其中。怨恨因客体不让而生发这一逻辑自先秦始,却不以两汉终,南朝宋的范晔在为《后汉书·桓荣丁鸿列传》论赞时还称:"受爵不让,风人所以兴歌",即为一证。⑤

---

① 《淮南子·兵略训》,第 1097 页。
② 《汉书》卷 35《荆燕吴传》,第 1904 页。
③ 《汉书》卷 52《窦田灌韩传》,第 2394 页。
④ 《新书·礼容语下》,第 380 页。亦可参见《国语·周语下》。
⑤ 参见《后汉书》卷 37《桓荣丁鸿列传》,第 1254 页。

第二节 责任角度

一

在中国文化的语境中，敬、信、俭、让作为道德标准，具有一定的普适性。所谓普适性，即普遍适用性，无论主体所处的社会角色如何，均须遵循。不宁唯是，主体在践行敬、信、俭、让等道德标准时，其所针对的客体亦相对普遍。而除此之外，尚有一些道德标准，虽然也具有一定的普适性，但主体在对其践行时，必须考虑自身所处的社会角色，其所针对的客体亦相对具体：如君对臣、臣对君、父对子、子对父、兄对弟、弟对兄、师长对弟子、弟子对师长、夫对妻、妻对夫、友对友等。进一步讲，这些道德标准的存在离不开具体的社会角色与特定的社会关系。何怀宏认为，"道德"更含个人、个体意味，而"伦理"更具社会、团体意味。[①] 因之，与将这种特定的主体对特定的客体所遵循的标准归入道德范畴相比，将其归入伦理范畴似更为妥当。

这种在具体的社会角色与特定的社会关系中存在的伦理标准在中国文化的语境中占有非常重要的地位。如钱穆认为："中国人讲人，不重在讲个别的个人，而重在讲'人伦'。人伦是指人与人相处中的一种共同关系。"[②] 另如孙隆基也认为，在中国文化语境中，"人"是所有社会角色的总和，"人"只有在社会关系中才能体现。这种倾向很可能与中国文化中不存在西方式的个体灵魂观念有关。[③] 需要进一步指出的是，人伦这种共同关系中既有伦理的成分，又有情感的成分。正如陈独秀所说："同一忠、孝、节的行为，也有伦理的、情感的两种区别。"[④] 通过伦理与情感的交融互补，人伦对构建政治秩序、沉淀风俗习惯、范导观念意识诸方面均发挥着一定的黏合剂作用。因之，这种共同关系应当而且必须成为审视怨恨观的观察系统。而从情感角度审视怨恨观的发生逻辑，笔者拟置于下一章进行专门探讨。本节探讨的中心主要围绕于上述共同关系中的伦理层面。

人伦这种共同关系，在先秦社会中主要包括君臣、父子、夫妇、昆

[①] 参见何怀宏《伦理学是什么？》，北京大学出版社2008年版，第11页。
[②] 钱穆：《从中国历史来看中国民族性及中国文化》，九州出版社2011年版，第23页。
[③] 孙隆基：《中国文化的深层结构》，广西师范大学出版社2011年版，第26—27页。
[④] 陈独秀：《基督教与中国人》，《新青年》，中州古籍出版社1999年版，第401页。

弟、朋友五种。① 也就是传统意义上的五伦。② 迨至两汉，经过董仲舒③特别是《白虎通》的理论建构，五伦被细化、拓展为三纲六纪：

> 三纲者，何谓也？谓君臣、父子、夫妇也。六纪者，谓诸父、兄弟、族人、诸舅、师长、朋友也。故《含文嘉》曰："君为臣纲，父为子纲，夫为妻纲。"又曰："敬诸父兄，六纪道行，诸舅有义，族人有序，昆弟有亲，师长有尊，朋友有旧。"④

需要说明的是，较之五伦，三纲六纪中添加了师长这一角色，其对夫妇角色、朋友角色的重视程度亦有所加强。其原因在于，第一，东汉时师法与家法之严格使门生故吏与师的关系趋向君臣父子化⑤。需要补充的是，在三纲六纪之后，东汉末道教的兴起亦进一步强化了"师"的尊严与威信。⑥ 第二，西汉末至整个东汉外戚势力的膨胀使夫妇之道的重要性日益凸显，从《白虎通》"王者不臣妻之父母"⑦ "夫尊于朝、妻荣于室"⑧ 的表述中我们可以约略看出这一端倪。至东汉末，何休甚至把夫妇之道列为三纲之首："《春秋》正夫妇之始也，夫妇正则父子亲，父子亲则君臣和，君臣和则天下治。故夫妇者，人道之始，王教之端。"⑨ 第三，东汉豪强势力的坐大使规范朋友之道成为应时之需。黄朴民指出："所谓的'朋友'，实际上就是依附于豪强的'宾客'。他们与主人之间没有血缘联系，身份上又有相对的独立性，为了使主人与'宾客'两相安定，和衷共济，故名之为'朋友'。"⑩

---

① 《礼记·中庸》，第1629页中栏。
② 中国台湾学者李国鼎提出了第六伦，即人与陌生人的关系，人与自然的关系，人与团体的关系。这可以视作现代人对传统五伦的一种补充、发挥与拓展。（见联合早报编《第四座桥—跨世纪的文化对话》，新世界出版社1999年版，第103页。）
③ 董仲舒在《春秋繁露·深察名号》中提出了"三纲五纪"的概念，但对"三纲"的名义未作出明确解释。（参见吕绍纲《周易阐微》，吉林大学出版社1990年版，第103页。）
④ 《白虎通·三纲六纪·总论纲纪》，第373—374页。其中的《含文嘉》为《礼纬》的一篇。（见《七纬》，中华书局2012年版，第269页。）
⑤ 参见宋艳萍《公羊学与汉代社会》，学苑出版社2010年版，第182页。
⑥ 如《太平经·佚文》第736页："若子不能尽力事父母，弟子不能尽力事师尊，臣不能尽力事君长，此三行而不善，罪名不可除也。"
⑦ 《白虎通·王者不臣·三不臣》，第316页。
⑧ 《白虎通·爵·妇人无爵》，第21页。
⑨ 《公羊传·隐公二年》，第2203页上栏。
⑩ 黄朴民：《天人合一——董仲舒与两汉儒学思潮研究》，岳麓书社2013年版，第233页。

君、臣、父、子、兄、弟、夫、妇、长、幼、师、徒、友作为一种社会角色，分别对应着各自的责任，即孔子所谓的"君君、臣臣、父父、子子。"① 正如冯友兰所指出的，在孔子看来"在社会关系中，每个名都含有一定的责任和义务。君、臣、父、子都是这样的社会关系的名，负有这些名的人都必须相应地履行他们的责任和义务"② 引文中的"名"对应着前文已述的社会角色。在冯友兰看来，"人与人的关系，就是所谓'人伦'。在人伦之中，每个人都有他的一定的地位，一定的责任。这一定责任的完成就叫'义'。"③

惟有人人履责，人人尽义，关系方能和谐，上下方能有序，社会方能安定。《郭店楚简》即称："夫夫、妇妇、父父、子子、君君、臣臣，此六者各行其职，而讪诤蔑由作也。"④ 程东峰认为："角色是责任伦理的逻辑起点。……角色和责任是表和里的关系，角色失去责任支撑就名不副实，责任没有角色引领标志则名不正言不顺。……角色直接存在于各种社会关系之中，且这一关系为三方（关系的双方和社会）承认的标志。"⑤

因之，角色如果没有很好地履行自己的责任，即角色失范，则会导致社会关系趋向失序和混乱，即管子所称的"为君不君，为臣不臣，乱之本也"。⑥ 亦即《郭店楚简》所称的"夫不夫，妇不妇，父不父，子不子，君不君，臣不臣，昏所由作也"。⑦ 亦即《谷梁传》所称的"君不君，臣不臣，此天下所以倾也"。⑧ 无怪乎齐景公对孔子表达出了这样的担忧："信如君不君、臣不臣、父不父、子不子，虽有粟，吾得而食诸？"⑨ 亦无怪乎司马迁直接宣称："夫君不君则犯，臣不臣则诛，父不父则无道，子不子则不孝。此四行者，天下之大过也。"⑩

不宁唯是，角色失范亦可能会引发关系对方或第三方的怨恨。其中，关系对方所生发的怨恨一般为他生型怨恨，第三方所生发的怨恨一般为

---

① 《论语·颜渊》，第855页。
② 冯友兰：《中国哲学简史》，涂又光译，北京大学出版社1996年版，第37页。
③ 冯友兰：《中国哲学史新编》（中），人民出版社2007年版，第102页。
④ 《郭店楚简·六德》，第109页。
⑤ 程东峰：《角色论——责任伦理的逻辑起点》，《皖西学院学报》2007年第4期。
⑥ 《国语·齐语》，第63页。
⑦ 《郭店楚简·六德》，第118页。
⑧ 《谷梁传·宣公十五年》，《十三经注疏》，中华书局1980年版，第2415页上栏。
⑨ 《论语·颜渊》，第856页。
⑩ 《汉书》卷62《司马迁传》，第2718页。

自生型怨恨。处于联结关系中的一方对另一方没有履责尽义,甚至有所伤害,将会为引发另一方的他生型怨恨提供可能,这一点较好理解,下文亦将分角色逐项举例分析。而角色失范所引发的第三方之怨恨,其含义一般更偏于憎恶痛恨,例如,《越绝书》以《太伯》篇为始的原因在于对太伯让德的推崇,而以《陈恒》篇为终的原因就在于"子谋父,臣杀主,天地所不容载。恶之甚深,故终于《陈恒》也"。① 一句"恶之甚深",表达了作为第三方的作者对角色失范的痛恨。鲁迅曾言:"中国的'圣人之徒',最恨人动摇他的两样东西。一样不必说,也与我辈绝不相干;一样便是他的伦常。"② 鲁迅所言固是激愤之词,但却也从一个侧面传递出"圣人之徒"们对"伦常"的重视及对"伦常"失序的愤恨。这里的"圣人之徒"主要应指儒家思想的信奉者,而这里的"伦常"则主要是指角色规范,即人们在承担某一社会角色时需要履行的责任。

但需要说明的是,第一,对"伦常"的重视不独"圣人之徒"为然,除却儒家之外,其他学派对此点一般亦有所包容或吸收。例如,对儒家颇有讥议的司马谈也指出儒家"不可易"之处正在于"序君臣父子之礼,列夫妇长幼之别"③。第二,在正式思想层面,对"伦常"的重视从先秦至两汉一以贯之,且重视的程度及自觉性均有所加强。例如,后人这样评价《说苑》及《新序》:"正纪纲、迪教化、辨邪正、黜异端,以为汉规监者,尽在此书。"④ 所谓"规监",即是为君、臣、民等社会角色建立规范,以使其明确责任。第三,在民间思想层面,对"伦常"的重视已沉浸和积淀在人们的思想、行为、情感等不同领域中,已内化为一种民族文化基因,即徐干所谓"虽庸人则亦循循然与之言此可也"⑤,从汉语中对关系称谓的异常明确及后世《三字经》中"三纲者,君臣义,父子亲,夫妇顺"一句的朗朗上口亦可略见端倪。

具体到先秦两汉的典籍中,宏观论及角色规范及责任的语句堪称俯拾即是,从责任角度省察怨恨观发生逻辑的前提是明确各种社会角色应遵守哪些规范,该履行哪些责任,职是之由,有必要对宏观论及角色规范及责任的语句做一番梳理与回顾,鉴于此类语句多而杂且散见于各处,

---

① 《越绝书》卷15《越绝篇叙外传记》,第382页。
② 鲁迅:《坟》,人民文学出版社1980年版,第122页。
③ 《史记》卷130《太史公自序》,第3289页。
④ 《钦定四库全书总目》,中华书局1997年版,第1198页。
⑤ 《中论·贵言》,第93页。

为清晰起见，兼顾论证之便，列表 2－1 如下：

表 2－1　　　　　　　　社会角色及其对应责任表

项目	君	臣	父	子	兄	弟	夫	妇	长	幼	师	徒	友	文献依据	出典
社会角色对应之责任及相关论述		义行	慈	孝	爱	敬								君义，臣行，父慈，子孝，兄爱，弟敬	《左传·隐公三年》
	令	共	慈	孝	爱	敬	和	柔						君令臣共，父慈子孝，兄爱弟敬，夫和妻柔，姑慈妇听	《左传·昭公二十六年》
	义	义	亲	亲			别	别	序	序			信	父子有亲，君臣有义，夫妇有别，长幼有序，朋友有信	《孟子·滕文公上》
	仁	忠	慈	孝	良	弟	义	听	惠	顺				父慈、子孝、兄良、弟弟、夫义、妇听、长惠、幼顺、君仁、臣忠	《礼记·礼运》
	仁	敬	慈	孝									信	为人君，止于仁；为人臣，止于敬；为人子，止于孝；为人父，止于慈；与国人交，止于信	《礼记·大学》
	惠	忠	慈	孝	友	和								父子之间，观其孝慈也；兄弟之间，观其和友也；君臣之间，观其忠惠也；乡党之间，观其信悌也	《大戴礼记·文人官人》
	明	圣忠	慈	孝										为人上则明，为人下则圣，君鬼臣忠，父慈子孝	《睡虎地秦墓竹简·为吏之道》
	圣明	贤直	慈	孝			信	贞						主圣臣贤，君明臣直，父慈子孝，夫信妻贞	《史记》卷 79《范雎蔡泽列传》
	仁	忠	慈	孝	爱	敬	和	柔听						君惠臣忠，父慈子孝，兄爱弟敬，夫和妻柔，姑慈妇听，礼之至也	《新书·礼》
	德	忠	慈	孝	良	顺								父慈子孝，兄良弟顺；君施其德，臣尽其忠，父行其慈，子竭其孝	《淮南子·本经训》
	义	忠	圣	仁										父道圣，子道仁，君道义，臣道忠	《说苑·建本》
			慈	孝	友	顺	信	贞						父慈子孝，兄友弟顺，夫信妻贞	《老子道德经河上公章句·修观》
			慈	孝	顺	悌	信	贞						夫信妇贞，父慈子孝，兄顺弟悌	《老子指归·善建》
	明	忠												人君之称，莫大于明；人臣之誉，莫美于忠	《潜夫论·明忠》

续表

项目	君臣	父子	兄弟	夫妇	长幼	师徒	友	文献依据	出典
		慈孝	友恭	敬听		教	信	父慈子孝，姑爱妇顺，兄友弟恭，夫敬妻听，朋友必信，师长必教	《中论·贵言》
	忠	孝				顺		为子当孝，为臣当忠，为弟子当顺	《太平经》卷96《六极六竟孝顺忠诀》
		慈孝	良恭	顺				父慈、母爱、子孝、妻顺、兄良、弟恭	《太平经》卷96《六极六竟孝顺忠诀》

由表2-1①，我们可以得出三点基本认识。

第一，社会角色至少要在"二人"组成的社会关系中才可以被定义，亦即社会关系一般成对出现。其中，君臣、师徒、朋友三对关系属于恩义伦理范畴，父子、兄弟两对关系属于血缘伦理范畴，夫妇、长幼两对关系介于血缘伦理与恩义伦理范畴之间。需要补充说明的是，经典在论及君臣关系时，随时代的演进，视角从君臣二维拓宽至君臣民三维，如荀悦称："天下国家一体也，君为元首，臣为股肱，民为手足。"②另如《太平经》称："治有三名，君、臣、民，欲太平也。"③

第二，表格中对社会角色的责任定位偏于理想层面，其所论及的成对出现的社会关系基本上是双轨的、互惠的，但在现实层面，不乏单向的、倾斜的呈现状态，如老子所称："六亲不和，有孝慈；国家昏乱，有忠臣。"④亦如王充所称："父兄不慈，孝弟乃章。……忠于君者，亦与此同。"⑤不宁唯是，表2-1中所论及的社会关系，除去朋友一伦外⑥，其余社会关系的实质均是一种主从关系。从先秦至两汉，对"从"角应履行责任的单向

---

① 关于表中云梦秦简《为吏之道》"为人上则明，为人下则圣，君鬼臣忠，父慈子孝"的文句，王子今指出："'鬼'，应读作'怀'，指宽柔；'圣'，应读作'听'，指服从。"见王子今《秦汉社会意识研究》，商务印书馆2012年版，第34页。此外，《荀子·君道》中，对社会角色的责任亦有所论，且加以详细展开，限于体例，没有编入表格，载录如下，以备参考："请问为人君？曰：以礼分施，均遍而不偏。请问为人臣？曰：以礼侍君，忠顺而不懈。请问为人父？曰：宽惠而有礼。请问为人子？曰：敬爱而致文。请问为人兄？曰：慈爱而见友。请问为人弟？曰：敬诎而不苟。请问为人夫？曰：致功而不流，致临而有辨。请问为人妻？曰：夫有礼，则柔从听侍，夫无礼，则恐惧而自竦也。"第275页。
② 《申鉴·政体》，第37页。
③ 《太平经》卷18—34《和三气兴帝王法》，第19页。
④ 《老子·十八章》，第43页。
⑤ 《论衡·定贤篇》，第1109页。
⑥ 需要说明的是，朋友一伦固属平等关系，但当"朋友"一词作"宾客"解时，主宾之间亦属主从关系。

强调经儒墨法诸家的联手被不断推向深入。① 就儒家而言，《大戴礼记》载孔子之言曰："父之于子，天也；君之于臣，天也；有子不事父，有臣不事君，是非反天而到行邪？故有子不事父，不顺；有臣不事君，必刃。"② 就墨家而言，墨子将"若子之不事父，弟之不事兄，臣之不事君"视为"不仁不祥"之举。③ 就法家而言，韩非曰："臣事君，子事父，妻事夫，三者顺则天下治，三者逆则天下乱，此天下之常道也。"④ 迨至东汉末的《太平经》，则直接宣称："此三事者，子不孝，弟子不顺，臣不忠，罪皆不与于赦。令天甚疾之，地甚恶之，以为大事，以为大咎也。鬼神甚非之，故为最恶下行也。"⑤ 一句"最恶下行也"，一方面，表达了作为第三方的天师对角色失范的痛恨，另一方面，也标志着对"从"角应履行责任的单向强调达到了一种极致。

第三，经典对君、臣、父、子四种角色的责任及规范关注度最高且言之最详，《说苑》所谓"人之道莫大乎父子之亲、君臣之义"⑥，良有以也。诸种成对关系之中，只有朋友一伦不完全归属于主从关系，但由表2-1可知，友之为角色，其核心责任乃是"信"，而关于这一点，笔者在本书上一节已有所探讨，在此不赘。本节笔者主要想探讨主从关系中主角没有履责、从角没有尽义所引发的怨恨。君臣关系、父子关系均属于主从关系，前者是恩义伦理的代表，后者是血缘伦理的代表，因之，笔者拟分别从君、臣、父、子没有履责尽义的角度省察怨恨的发生逻辑，以期收到管窥全豹之效。

---

① 吕绍纲指出："汉人说的君为臣纲当然是专制主义的，在政治上所有臣民的生命权益系于皇帝一身，人们的存在仅仅在对皇帝有价值时才有意义。先秦则大不相同，天子诸侯都是君，甚至大夫也有自己的臣。遍地是君，汉代儒生理解的以君为纲在先秦几乎无法真正成为现实。"（见吕绍纲《周易阐微》，吉林大学出版社1990年版，第225页。）据此，笔者认为，既然主从关系中的"主"角从先秦至两汉统治地位及权威是有所加强的，那么，"从"角对地位与权威有所加强的"主"角所要尽的责任与义务会有所加强至少在逻辑上是可以成立的。

② 《大戴礼记·虚戴德》，第174页。

③ 《墨子·天志中》，第199页。

④ 《韩非子·忠孝》，第510页。吕绍纲据此称："中国君主专制主义思想的根在韩非或者说法家那里。"（见吕绍纲《周易阐微》，吉林大学出版社1990年版，第225页。）朱维铮据此称韩非所论是"三纲说的最初表达形式。"（参见朱维铮《中国史学史讲义稿》，复旦大学出版社2015年版，第79页。）但结合上论，笔者认为，墨家在这一过程中，至少起到了"咸与维新"的作用。

⑤ 《太平经》卷96《六极六竟孝顺忠诀》，第406页。

⑥ 《说苑·建本》，第58页。

二

君的责任。

由《社会角色及其对应责任表》的第一列可知，作为君所要履行的责任主要包括义、令、仁、惠、怀、圣、明、德等条目。需要说明的是，这些条目彼此之间在含义上有交叉重合的部分。其中的令，从出典的后文"君令而不违"[①]一句来分析，当可归于信的范畴。关于君施政应有信义，本书上节已有所论，此处不再详细展开。余下的仁义圣明德惠等条目中，可以将仁、义、德、惠、怀四条合并为"德"，可以将"圣""明"两条合并为"明"。其中，"德"泛指品质范畴，"明"泛指能力范畴。

检视典籍，先民们在言及君责时，不脱离这两大范畴。晋国的师旷所谓"爱君如父母"的状态——"赏善而刑淫，养民如子，盖之如天，容之如地"[②]更多的是在强调"德"；吴国的季子所谓"吾谁敢怨"君的状态——"先君无废祀，民人无废主，社稷有奉，国家无倾"[③]更多的是在强调"明"。不宁唯是，君主尤其是汉代君主在一系列诏书中对此亦有明确认识：

文帝诏曰："朕以不敏不明，而久临天下，朕甚自愧。"

元帝诏曰："元元大困，盗贼并兴，是皆朕之不明。"

光武诏曰："吾德薄不明，寇贼为害，强弱相陵，元元失所。"

章帝诏曰："朕以无德，奉承大业。……朕既不明，涉道日寡。"岐山得铜器，诏曰："今上无明天子，下无贤方伯，民之无良，相怨一方。斯器曷为来哉？"

安帝诏曰："朕以不德，不能兴和降善。……朕以不明，统理失中，亦未获忠良，以毗阙政。"[④]

诏书中的"不德"与"不明"属并列关系，"不德"的反面即是"德"，"不明"的反面即是"明"。诏书中流露出来的惧词之祖型至少可以追溯到《尚书》中"万方有罪，罪在朕躬"一句，在钱穆看来，这里强

---

① 《左传·昭公二十六年》，第 2115 页中、下栏。
② 《左传·襄公十四年》，第 1958 页上栏。
③ 《左传·昭公二十七年》，第 2116 页中栏。
④ 光武诏见《后汉书》卷 1 下《光武帝纪下》，第 50 页。文帝、元帝、章帝、安帝四诏转引自《廿二史札记》卷 2《汉诏多惧词》，第 28—29 页。

调的是一种君职论,而不是一种君权论。① 因之,"德"也好,"明"也罢,都可以看作君所应履行的一种责任。②

关于"德"之含义,徐复观的一则论述可资参考:"这里的所谓德,用现代的语言说,是一副无限良好底动机。良好的动机,即道德的动机,总是会舍己从人,而不会强人就己的。"③ 简言之,"德"之于君,就是要求君有爱民之意——"圣王之有天下,非所以自为,所以为民也"④、利民之行——"夫王人者,将导利而布之上下者也。"⑤ 因之,此处之"德",是作为人品、伦理之道德与作为制度、措施之恩德的合体。"德"之有无,于君而言,关系至重,因其连带着君之统治是否具有正当性或合法性。从西周芮良夫所谓"德则民戴,否则民仇"⑥ 一句即可略见端倪。王孙满所谓"在德不在鼎"⑦,吴起所谓"在德不在险"⑧,娄敬所谓"有德则易以王,无德则易以亡"⑨,严遵所谓"有德者归之,无德者见背"⑩,张衡所谓"守位以仁,不恃隘害"⑪,皆是在强调此点。

"明"之评价,言之于君,分量最重,王符说:"人君之称,莫大于明"⑫,良有以也。而关于"明"的具体含义,结合先秦两汉子书的具体论述,笔者认为,不妨诠释为抓"大"放"小"。徐干指出:"人君之大患也,莫大于详于小事而略于大道,察于近物而暗于远数,故自古及今,未有如此而不乱也,未有如此而不亡也。"⑬ 惟有抓"大"放"小","详于听受,而审于官人,达于兴废之原,通于安危之分",才能达到"明足以照见四方"的境界。⑭ 进言之,何谓"大",何谓"小"? 由"详于听受,而审于官人"一句可知,知"人"谓大,知"事"谓小。毋庸赘言,对事

---

① 参见钱穆《国史新论》,生活·读书·新知三联书店2005年版,第72页。
② 钱穆指出:"君职、民职,是中国人对政治的观念。……尽职的内容就是尽责任,是一种政治理想。"(见钱穆《中国文化丛谈》,九州出版社2011年版,第225页。)
③ 徐复观:《中国学术精神》,华东师范大学出版社2004年版,第47页。
④ 《汉纪》卷5《惠帝纪》,《两汉纪》,中华书局2002年版,第72页。
⑤ 《史记》卷4《周本纪》,第141页。
⑥ 《逸周书·芮良夫解》,《逸周书校补注译》,三秦出版社2006年版,第363页。
⑦ 《左传·宣公三年》,第1868页中栏。
⑧ 《史记》卷65《孙子吴起列传》,第2167页。
⑨ 《汉书》卷43《郦陆朱刘叔孙传》,第2119页。
⑩ 《老子指归》卷7《小国寡民篇》,第117页。
⑪ 张衡:《东京赋》,《全上古三代秦汉三国六朝文》,第765页。
⑫ 《潜夫论·明忠》,第356页。
⑬ 《中论·务本》,第288页。
⑭ 同上书,第292页。

理的明察是知"人"的前提,因之,这里的"事"并不是指事理,而是指有司负责的具体职役。此即《说苑》所谓"知人者主道也,知事者臣道也,主道知人,臣道知事,毋乱旧法,而天下治矣。"① 知人意味着能识人、善御人,这是君的责任;知事意味着毕才智、尽心力,这是臣的责任。这样一种分工,与刘邦"功狗功人"② 的喻论颇有暗合之处,可以上溯至韩非提出的"明君无为于上""虚静无事""去其智,绝其能"③ 等理念,可以上溯至荀子提出的"天子……足能行,待相者然后进;口能言,待官人然后诏"④"主道知人,臣道知事"⑤ 等理念,还可以进一步上溯至老子"无为而无不为"的"君人南面之术"。⑥ 进言之,君在"知事"方面要"无为"——"垂拱而治",在"知人"方面要"无不为"——"文武并用"。事实上,二者之间存在一定联系,因为"知事"上的"无为"可以促使君的角色在政治实践中趋向客观化,这种客观化能够优化君在"知人"方面的"无不为"。

君"知人"包括两个方面,第一个方面是"识人",第二个方面是"用人"。

君要在"识人"方面做到"明"的层次,就要亲贤拒谗。正如刘向所言:"圣知不在乎身,自惜不肖,思得贤佐,日中忘饭,可谓明君矣……明主者有三惧:一曰处尊位而恐不闻其过;二曰得意而恐骄;三曰闻天下之至言而恐不能行。"⑦ 代成王执政的周公虽不是君,但其"一沐三捉发,一饭三吐哺"⑧ 的事例却为后世之君思贤若渴提供了一个很好的范例与榜样。无怪乎汉代乐府诗中还咏叹道:"周公下白屋,吐哺不及餐。一沐三握发,后世称圣贤。"⑨ 王符曾将亲贤之君与远贤之君进行过对比:"尧为天子,求索贤人,访于群后。群后不肯荐舜而反称共、鲧之徒。赖尧之圣,后乃举舜而放四子。……故尧参乡党以得舜,文王参己以得吕尚,岂若殷辛、

---

① 《说苑·君道》,第11页。
② 刘邦曰:"夫猎,追杀兽者狗也,而发纵指示兽处者人也。今诸君徒能走得兽耳,功狗也;至如萧何,发纵指示,功人也。"(见《汉书》卷39《萧何曹参传》,第2008页。)笔者认为,萧何与众臣的关系,固属同僚,但亦有上下级之分,在广义上被看作君臣关系亦不无合理之处。
③ 《韩非子·主道》,第29、30页。
④ 《荀子·君子》,第531页。
⑤ 《荀子·大略》,第595页。
⑥ 《汉书》卷30《艺文志》,第1732页。
⑦ 《说苑·君道》,第17—18页。
⑧ 《史记》卷33《鲁周公世家》,第1518页。
⑨ 《先秦汉魏晋南北朝诗·汉诗卷九·乐府古辞·君子行》,中华书局1983年版,第263页。

秦政,既得贤人,反决滞于雠,诛杀正直,而进任奸臣之党哉?"① 王符进一步指出:"国之所以治者君明也;其所以乱者君暗也。君之所以明者兼听也;其所以暗者偏信也。"② 而兼听的目的正在于亲贤拒谗:"故人君兼听纳下,则贵臣不得诬,而远人不得欺也;慢贱信贵,则朝廷谠言无以至,而洁士奉身伏罪于野矣。"③ 谗,即谗言,君若要亲贤,就务必要拒斥谗言。冕制中所谓"垂旒者,示不视邪。纩塞耳,示不听谗也",即可说明此点。④ 多次为秦国立功的甘茂,担心樗里子和公孙子向秦武王进谗言,事先请求秦武王不要听谗,秦武王固然遵守承诺,但之后继位的秦昭王最终还是听谗,使得甘茂戴罪逃齐。刘向对此事的评论——"故非至明,其孰能毋用谗乎"⑤,正从反面说明了能否拒谗是衡量君是否为"明"的重要尺度。需要说明的是,贤的反面即不贤,不贤的表现形式颇多,举起荦荦大者,曰谗、谄、谀、佞,先秦两汉典籍中,常常谗谄、谗谀、谗佞、谄谀并称。对于君而言,听谗为祸最烈。正如陆贾所说:"谗夫似贤,美言似信……夫据千乘之国,而信谗佞之计,未有不亡者也。故诗云:'谗人罔极,交乱四国。'众邪合心,以倾一君,国危民失,不亦宜乎!"⑥

  君要在"用人"方面做到"明"的层次,就要量能授官。关于量能授官这一点,一些君主自身亦有明确认识,例如,楚庄王对中庶子说:"子所与寡人言者,内不及国家,外不及诸侯。如子者,可富而不可贵也。"⑦ 另如汉光武帝的制御功臣之术,即"有功,辄增邑赏,不任以吏职。"⑧ 实际上,在先秦两汉子书中,这一点屡被强调,如慎子所言:"明主之使其臣也,忠不得过职,而职不得过官。……治乱在乎贤使任职。"⑨ 亦如《盐铁论》中的贤良所言:"人主有私人以财,不私人以官,悬赏以待功,序爵以俟贤,举善若不足,黜恶若仇雠,固为其非功而残百姓也。"⑩ 亦如仲长统发出的呼吁:"丰之以财,而勿与之位,亦足以为恩也;封之以土,

---

① 《潜夫论·潜叹》,第 104 页。
② 《潜夫论·明暗》,第 54 页。
③ 同上书,第 55 页。
④ 《白虎通·绋冕·冕制》,第 499 页。
⑤ 《新序·杂事二》,第 190 页。
⑥ 《新语·辅政》,第 55 页。
⑦ 《新序·杂事二》,第 275 页。
⑧ 《后汉书》卷 22《朱景王杜马刘傅坚马列传》,第 785 页。
⑨ 《慎子·知忠》,《慎子集校集注》,中华书局 2013 年版,第 42—44 页。
⑩ 《盐铁论·除狭》,第 411 页。

第二章 怨恨发生逻辑的多角度省察(上)

而勿与之权,亦足以为厚也。何必友年弥世,惑贤乱国,然后于我心乃快哉?"① 无怪乎王符做出了这样的总结与告诫:"凡有国之君,未尝不欲治也,而治不世见者,所任不贤故也。"②

"德""明"之含义及对君而言的重要性大体如上所论,若君没有履行"德"或"明"之责任,则会导致怨恨的产生,按程度由轻到重的递进,笔者拟由君"不明"到君"无德"为序展开论证,在"不明"内部,亦由怨恨程度由轻到重的递进,以"用人"不明到"识人"不明为序展开论证。

先来看君"用人""不明"而引发的怨恨,《管子》中称:"授官不审,则民闲其治;民闲其治,则理不上通;理不上通,则下怨其上"③,"便辟左右,不论功能而有爵禄,则百姓疾怨非上"。④ 韩非认为,当君主使"亲臣进而故人退,不肖用事而贤良伏,无功贵而劳苦贱"时,就会产生"下怨"。⑤ 与此相印证的是,在司马迁看来,陈胜之所以会失败,正在于"用人""不明":"陈王以朱房为中正,胡武为司过,主司群臣。诸将徇地,至,令之不是者,系而罪之,以苛察为忠。其所不善者,弗下吏,辄自治之。陈王信用之。诸将以其故不亲附,此其所以败也。"⑥ 迨至东汉,王符对这一点又进行了理论上的补充,他说:"世主之于贵戚也,爱其嬖媚之美,不量其材而授之官,不使立功自托于民,而苟务高其爵位,崇其赏赐,令结怨于下民。"⑦ 而汉灵帝的卖官鬻爵对这一点又提供了一个极端的案例,司马彪骂其"彀中英雄"为"狗而冠"者,表达了对这一现象的愤恨。⑧ 这一"怨"并不只针对"贵戚"们或"彀中英雄"们,其背后之君亦会成为怨恨的众矢之的,也就是赵壹所谓的"原斯瘼之攸兴,实执政之匪贤"。⑨

再来看君"识人""不明"而引发的怨恨,子思认为,"人主自臧,则

---

① 《昌言·阙题七》,第381页。
② 《潜夫论·潜叹》,第96页。
③ 《管子·权修》,第58页。
④ 《管子·枢言》,第268—269页。
⑤ 《韩非子·亡征》,第120页。
⑥ 《史记》卷48《陈涉世家》,第1960—1961页。
⑦ 《潜夫论·思贤》,第85页。
⑧ 司马彪在《续汉书》中写道:"灵帝宠用便嬖弟子,转相汲引,卖关内侯直五百万。令长强者,贪如豺狼;弱者略不类物,实狗而冠也。"[见(清)王文台辑《七家后汉书》,河北人民出版社1987年版,第186页。]
⑨ 赵壹:《刺世疾邪赋》,《后汉书》卷80下《文苑列传下》,第2631页。

众谋不进。事是而臧之,犹却众谋,况和非以长乎?夫不察事之是非,而悦人之赞己,暗莫甚焉;不度理之所在,而阿谀求容,谄莫甚焉。君暗臣谄,以居百姓之上,民弗与也,若此不已,国无类矣。"① 引文中的"民弗与也"隐含着一种怨恨。无独有偶,荀子亦称:"故谏、争、辅、拂之人,社稷之臣也,国君之宝也,明君之所尊厚也,而暗主惑君以为己贼也。故明君之所赏,暗君之所罚也;暗君之所赏,明君之所杀也。"② 这一类"暗君"的代表是吴王夫差,《越绝书》载范蠡责备吴王夫差之词,在范蠡看来,伍子胥尽忠被杀、公孙胜直谏身死、太宰嚭谗谄见用皆是吴王之大过,这种指责可以看作一种怨恨,这种怨恨是如此合乎情理,以致于夫差听后亦心悦诚服,表示"今日闻命矣"。③ 由此可知,《盐铁论》中的文学所谓"比干死而殷人怨,子胥死而吴人恨"④,必有所自,殆非虚词,蕴含着一种思想层面的真实。楚怀王、昌邑王刘贺所遭到的怨恨正可以为此提供历史依据:

> 屈平疾王听之不聪也,谗谄之蔽明也。⑤
> 既即位,后王(昌邑王刘贺)梦青蝇之矢积西阶东,可五六石,以屋版瓦覆,发视之,青蝇矢也。以问遂(龚遂),遂曰:"陛下之《诗》不云乎?'营营青蝇,至于藩;恺悌君子,毋信谗言。'陛下左侧谗人众多,如是青蝇恶矣。宜进先帝大臣子孙亲近以为左右。如不忍昌邑故人,信用谗谀,必有凶咎。愿诡祸为福,皆放逐之。臣当先逐矣。"贺不用其言,卒至于废。⑥

需要补充说明的是,经典中对君"知事"的批判并不是批判"知事"本身,而是认为君主矜于"知事"会妨碍"知人",从而会引发下怨。从上文子思"人主自臧,则众谋不进"一句即可略见端倪。

《管子》即称:

> 明主之举事也,任圣人之虑,用众人之力,而不自与焉,故事成

---

① 《孔丛子·抗志》,《孔丛子校释》,中华书局2011年版,第175页。
② 《荀子·臣道》,第295页。
③ 《越绝书》卷10《越绝外传记吴王占梦》,第286页。
④ 《盐铁论·非鞅》,第96页。
⑤ 《史记》卷84《屈原贾生列传》,第2482页。
⑥ 《汉书》卷63《武五子传》,第2766页。

第二章　怨恨发生逻辑的多角度省察(上)

而福生。乱主自智也，而不因圣人之虑，矜奋自功，而不因众人之力，专用己而不听正谏，故事败而祸生。①

《淮南子》亦称：

君人者不任能而好自为之，则智日困而自负其责也。数穷于下则不能伸理，行堕于国则不能专制，智不足以为治，威不足以行诛，则无以与天下交也。喜怒形于心，者欲见于外，则守职者离正而阿上，有司柱法而从风，赏不当功，诛不应罪，上下离心而君臣相怨也。②

而关于这一点，徐干分析得更为透彻，他说：

今使人君视如离娄，聪如师旷，御如王良，射如夷羿，书如史籀，计如隶首，走追驷马，力折门键，有此六者，可谓善于有司之职矣，何益于治乎？无此六者，可谓乏于有司之职矣，何增于乱乎？必以废仁义，妨道德。何则？小器弗能兼容，治乱既不系于此，而中才之人好也。昔潞丰舒、晋智伯瑶之亡，皆怙其三才，恃其五贤，而以不仁之故也。故人君多技艺、好小智，而不通于大道者，适足以距谏者之说，而钳忠直之口也；秪足以追亡国之迹，而背安家之轨也。不其然耶？不其然耶？③

徐干的分析将"知事"界定为"善于有司之职"，并认为矜于此，会"距谏者之说，钳忠直之口"，这与子思的观点一脉相承。除去其所举潞丰舒、晋智伯瑶之例，笔者认为"知足以距谏，言足以饰非。矜人臣以能，高天下以声，以为皆出己之下"④的纣王亦堪称典例。

需要指出的是，"明"作为君的责任，其要点在于"知人"，子思、徐干所论只是说明矜于"知事"会妨碍"知人"，验之于史籍，既不"知事"又不"知人"之君亦颇为常见，典例如两汉之交的更始帝，史载："更始纳赵萌女为夫人，有宠，遂委政于萌，日夜与妇人饮？后庭。群臣欲言事，辄醉不能见，时不得已，乃令侍中坐帷内与语。"更始任人唯亲，

---

① 《管子·形势解》，第1179页。
② 《淮南子·主术训》，第668—669页。
③ 《中论·务本》，第300—301页。
④ 《史记》卷3《殷本纪》，第105页。

是为不"知人","为长夜之饮",亦未足以证其"知事",称其"不明",恐不冤枉。无怪乎诸将怨曰:"成败未可知,遽自纵放若此!"① 不宁唯是,对指出其缺点的谏词,更始不仅没有听从,反而进行打压,且看李淑的谏词:

> 方今贼寇始诛,王化未行,百官有司宜慎其任。……唯名与器,圣人所重。今以所重加非其人,望其毗益万分,兴化致理,譬犹缘木求鱼,升山采珠。②

这则谏词直接指出更始没有做到"量能授官",乃是"用人""不明",堪称"针砭时弊",而更始的做法却是"怒,系淑诏狱",这一做法意味着更始亦没有做到"亲贤远佞",此乃"识人"不明,因之,其"知人"之不明,亦已甚矣!无怪乎史载"自是关中离心,四方怨叛。"③

需要说明的是,更始"为长夜之饮",未足以证其"知事",却适足以证其"无德",因其贪图享乐,乏利人之心。关于君因"无德"而致怨,诸子论之甚详:就对外部而言,当君为一己之私欲,不惜"兴甲兵、危士臣"时,则会"构怨于诸侯"④;就对内部而言,当君为一己之享乐,纵情于鼓乐与田猎时,则会使百姓"举疾首蹙頞而相告"⑤。不宁唯是,当君"无德"达到极致状态时,君的角色就会从"民戴"的"顶峰"坠入"民仇"的"深渊"。荀子指出,"其知虑至险也,其至意至暗也,其行之为乱也"之君,会使"生民怨之",乃是"民之怨贼"⑥,无怪乎周武王要"恭行天之罚"⑦,诛杀作为"民之怨贼"的纣。尽管子贡有言:"纣之不善,不如是之甚也。是以君子恶居下流,天下之恶皆归焉"⑧,因之,不排除周武王为突出伐纣正义性对纣"无德"进行渲染的可能,但正如钱穆所说:"中国人尊重元首,高视了帝王的地位,遂把一切罪恶都归在一两个不符理想的元首身上去。此实亦是中国传统尊君重道之又一种表现。"⑨ 此

---

① 《后汉书》卷11《刘玄刘盆子列传》,第472页。
② 同上。
③ 同上。
④ 《孟子·梁惠王上》,第88页。
⑤ 《孟子·梁惠王下》,第102页。
⑥ 《荀子·正论》,第383页。
⑦ 《尚书·牧誓》,《十三经注疏》,中华书局1980年版,第183页中栏。
⑧ 《论语·子张》,第1332页。
⑨ 钱穆:《文化学大义》,九州出版社2011年版,第142页。

即《管子》所谓"一国之存亡在其主。天下得失，道一人出"①，亦即东汉的孔僖在上书章帝时称："夫帝者为善，则天下之善咸归焉；其不善，则天下之恶亦萃焉。"② 职是之由，君本身可能"无德"，但以此为触媒，可能会被渲染为极端"无德"，无怪乎上文所引汉帝诸诏中对"无德"多有所惧。

君因"不明"或"无德"而引发的怨恨，可以是自生型怨恨，即没有被此君伤害到的第三方的恼恨或愤恨；也可以是他生型怨恨，即被此君伤害到的关系对方的憎恨或仇恨。虽然君之地位尊贵，但当其"无德"达到极致状态——不仅不爱民利民反而还伤民害民时，也是可以被作为怨恨对象的。这一观念并不始于西周芮良夫"德则民戴，否则民仇"的论述，早在武王伐纣誓词中即有所本，武王说："'古人有言曰：'抚我则后，虐我则雠。'"③ 陈来由此分析道："《泰誓》在殷商之际，所以这里引用的古人言必然是殷商或更早。"④

先秦两汉子书对这一观念多有继承及发挥。公孙龙提及的"白马非马"⑤ 看似与此无关，但正如郭沫若所说，其可引申为"暴君非君"，故有一定的革命性。⑥ 与此相印证的是，孟子对"暴君非君"这一命题进行了直接论证，他说："贼仁者谓之贼，贼义者谓之残，残贼之人，谓之一夫。闻诛一夫纣矣，未闻弑君也。"⑦ 所谓暴君，如上文所述，乃是"贼仁贼义"的"无德"之君。这种"无德"可以被理解为君没有履行相应的责任与义务，正如萧公权所分析的那样："孟子寄权于民，故认政府有绝对养民安国之义务，而人民无绝对服从政府之义务。若政府失职，则民可不忠。孟子对邹穆公之问，谓'上慢而残下'，则民可'反之'以不亲上死长。出尔反尔，以怨报怨。君之与民，竟为敌体。"⑧ 不独孟子，荀子亦然，验之于"天之立君，以为民也"⑨ "臣或弑其君，下或杀其上，粥其

---

① 《管子·七臣七主》，第988—989页。
② 《后汉书》卷79上《儒林列传上》，第2561页。
③ 《尚书·泰誓下》，第182页中栏。
④ 陈来：《古代思想与伦理：儒家思想的根源》，生活·读书·新知三联书店2009年版，第217页。
⑤ 《公孙龙子·迹府》，第33页。
⑥ 郭沫若：《十批判书》，东方出版社1996年版，第264页。
⑦ 《孟子·梁惠王下》，第145页。
⑧ 萧公权：《中国政治思想史》，新星出版社2010年版，第62页。
⑨ 《荀子·大略》，第595页。

城,倍其节,而不死其事者,无它故焉,人主自取之"① "天下归之之谓王,天下去之之谓亡。故桀、纣无天下而汤、武不弑君"②诸句,均可为证。萧公权据此指出:"荀子思想中之君主,乃一高贵威严之公仆……若一旦不能尽其天职,则尊严丧失,可废可诛。……此与孟子'诛一夫'之说意义相同,而亦足证荀子不失为儒学之后劲。"③

需要说明的是,萧公权据《孟子》《荀子》立论,更强调"民"这一怨恨主体。始自先秦的民会对极端"无德"之君怨恨这一观念,在两汉的一些文学作品中亦有反映,如张衡在《东京赋》中写道:"今公子苟好剿民以媮乐,忘民怨之为仇也;好殚物以穷宠,忽下叛而生忧也。夫水所以载舟,亦所以覆舟。"④但检视典籍可知,先秦两汉子书中亦不乏强调"臣"这一怨恨主体的情况。

如《晏子春秋》《韩诗外传》《新序》中所记"麦丘邑人答桓公":

> 麦丘邑人曰:"祝主君,使主君无得罪于群臣百姓。"桓公拂然作色曰:"吾闻之,子得罪于父,臣得罪于君,未尝闻君得罪于臣者也……"麦丘邑人坐拜而起曰:"……子得罪于父,可以因姑姊叔父而解之,父能赦之。臣得罪于君,可以因便辟左右而谢之,君能赦之。昔桀得罪于汤,纣得罪于武王,此则君之得罪于其臣者也。莫为谢,至今不赦。"公曰:"善,赖国家之福,社稷之灵,使寡人得吾子于此。"⑤

另如《说苑》中所记"师惧答鲁襄公":

> 齐人弑其君,鲁襄公援戈而起曰:"孰臣而敢杀其君乎?"师惧曰:"夫齐君治之不能,任之不肖,纵一人之欲,以虐万夫之性,非所以立君也;其身死,自取之也;今君不爱万夫之命,而伤一人之死,奚其过也?其臣已无道矣,其君亦不足惜也。"⑥

---

① 《荀子·富国》,第216页。
② 《荀子·正论》,第382页。
③ 萧公权:《中国政治思想史》,新星出版社2010年版,第74页。
④ 张衡:《东京赋》,《全上古三代秦汉三国六朝文》,第767页。
⑤ 《新序·杂事四》,第576—581页。另可参见《晏子春秋·内篇谏上》《韩诗外传》卷10。
⑥ 《说苑·君道》,第30—31页。

师惧口中的齐君"治之不能，任之不肖"，这可以谓之"不明"，而"纵一人之欲"，则可以谓之"无德"，而"虐万夫之性"，则可以谓之极端"无德"。班固在《白虎通》中写道："臣所以胜其君何？此谓无道之君，故为众阴所害，犹纣王也。"① 文中的"无道"即本书所谓的"极端无德"。若臣与极端"无德"之君同流合污、沆瀣一气，则臣也好，君也罢，都会成为民的怨恨对象，对此，仲长统的一则论述言之甚详，不妨叙录如下，作为对本小节的一个总结：

> 彼后嗣之愚主，见天下莫敢与之违，自谓若天地之不可亡也，乃奔其私嗜，骋其邪欲，君臣宣淫，上下同恶。目极角觚之观，耳穷郑、卫之声。入则耽于妇人而不反，出则驰于田猎而不还。荒废庶政，弃亡人物，澶漫弥流，无所底极。信任亲爱者，尽佞谄容说之人也；宠贵隆丰者，尽后妃姬妾之家也。使饿狼守庖厨，饥虎牧牢豚，遂至熬天下之脂膏，斲生人之骨髓。怨毒无聊，祸乱并起，中国扰攘，四夷侵叛，土崩瓦解，一朝而去。昔之为我哺乳之子孙者，今尽是我饮血之寇雠也。②

三

臣的责任。

前文已述，经典在宏观论及君角臣角的社会责任时，随时代的演进，视角从君臣二维拓宽至君臣民三维。由上文所引麦丘邑人所说"无得罪群臣百姓"一句可知，"臣民"有时会结成一个整体，对君产生怨恨。但由上文所引仲长统之论可知，臣若助纣为虐、为虎作伥，无异于与君狼狈为奸，成一丘之貉。此时，君臣关系已十分逼肖双首同体的"共命鸟"，"君臣"将会结成一个整体，使民产生怨恨。因之，臣这一角色处于君、民之间，既要对君履责，也要对民履责。在君、民对臣之责任界定认同的前提下，臣没有对君履责或没有对民履责，都会相应地招致君或民的怨恨。

《社会角色及其对应责任表》就臣角主要涉及的是其对君的责任，此

---

① 《白虎通·五行·论五行更王相胜变化之义》，第189—190页。
② 《昌言·理乱篇》，第261页。

种责任稍后再论。不妨先来看臣,也就是官,对民所应履行的责任。参照余英时《汉代循吏与文化传播》一文及文中所引张纯明的研究成果①,笔者认为此种责任可主要分为三个层面,一是物质层面的"兴利",二是精神层面的"教化",三是政治层面的"理讼"。分别对应着孔子所强调的"富之""教之"和"无讼"。② 三者的关系如下图所示:③

```
       ↗ 教化 → 儒家、道德文化秩序、循吏、师道、《盐铁论》中的贤良文学
兴利 →  经济前提  │            │         │         │
       ↘ 理讼 → 法家、政治法律秩序、酷吏、吏道、《盐铁论》中的御史大夫
```

图 2-1 兴利、教化、理讼关系图

为民兴利乃是官之于民的首要责任,为官一任,不可与民争利。荀子称:"从士以上皆羞利而不与民争业,乐分施而耻积臧。"④ 此即鲁国公仪休所谓"食禄者不得与下民争利,受大者不得取小"⑤,亦即晋国李离所谓"受禄为多,不与下分利"⑥,亦即西汉杨恽在《报孙会宗书》中引董生之

---

① 余英时:《士与中国文化》,上海人民出版社2003年版,第159页。
② "富之""教之"条见《论语·子路》(第861页):"子适卫,冉有仆。子曰:'庶矣哉。'冉有曰:'既庶矣,又何加焉?'曰:'富之。'曰:'既富矣,又何加焉?'曰:'教之。'""无讼"条见《论语·颜渊》(第905页):"听讼,吾犹人也,必也使无讼乎"。
③ 图2-1的编制受余英时《汉代循吏与文化传播》一文启发甚多,笔者不敢掠人之美,现将余氏的核心观点引述如下,作为对图2-1的一种说明。余英时说:"终两汉之世,循吏和酷吏两大典型虽因各时期的中央政策不同而互为消长,但始终有如二水分流,未曾间断。从思想源流的大体言之,循吏代表了儒家的德治,酷吏代表了法家的刑政;汉廷则相当巧妙地运用这两种相反而又相成的力量,逐步建立了一个统一的政治秩序。""汉代两种吏道观的对比在《盐铁论》中是表现得非常清楚的。""汉代一直存在着两个关于'吏道'的不同观点:一个是朝廷的观点,上承秦代而来,所以'吏'的主要功能只能是奉行'律令';另一个是大传统的观点,强调'化民成俗'为'吏'的更重要的任务,奉行'律令'仅在其次。在思想上,前一观点与法家的关系很深,并为'酷吏'或'俗吏'的行为提供了理论的根据。后一观点则渊源于儒教,'循吏'的礼乐教化论即由此而起。这两个观点当然不是完全对立的。但取向(orientation)确有不同:前者可称之为'吏'的取向,后者则不妨名之为'师'的取向。这分野几乎在汉代一切文献中都可以获得印证,其重要性是不容忽视的。"(见余英时《士与中国文化》,上海人民出版社2003年版,第139、157、158页。)笔者在这里想指出一点,即余英时虽就两汉这一时段立论,但其亦涉及先秦子学及嬴秦吏学,作为对先秦两汉时段臣之责任的描述而言,具有一定的总结、概括性质。不宁唯是,王莽曾对官之具体责任所进行的宏观概括亦可以为图2-1提供旁证,王莽说:"夫吏者,理也。宣德明恩,以牧养民,仁之道也。抑强督奸,捕诛盗贼,义之节也。"(见《汉书》卷99下《王莽传下》,第4171页。)在笔者看来,"养民"对应着兴利,"宣德明恩"对应着教化,"抑强督奸"对应着理讼。
④ 《荀子·大略》,第593页。
⑤ 《史记》卷119《循吏列传》,第3101页。
⑥ 同上书,第3102页。

言：“明明求仁义，常恐不能化民者，卿大夫意也；明明求财利，常恐困乏者，庶人之事也。"① 亦即东汉黄香所谓"伐冰食禄之人，不与百姓争利。"②

与民争利，适足致怨。而为民兴利者，则可称之为贤。例如，兴利于民的西门豹，直到二百余年后，还被太史公评价为"名闻天下，泽流后世，无绝已时，几可谓非贤大夫哉。"③ "兴利"之观念代有传承，至秦，云梦秦简《为吏之道》中即有"除害兴利，慈爱万姓"④ 之语；至汉，"兴利"则成为官员的正式职责之一，《汉官解诂》中所谓"太守专郡，信理庶绩，劝农赈贫，决讼断辟，兴利除害，检察郡奸，举善黜恶，诛讨暴残"⑤ 一句即可为证。

在先秦两汉的政治实践中，不排除君夺民利超出限度的情况，此时臣应勇于为民请命，但如果臣没有做到此点，反倒"重其爵位而不言"，出现"近臣则暗，远臣则唫"的情况时，就会"怨结于民心"⑥。之所以会生怨，是因为其重一己之利，而没有为民兴利。荀子就骂"不恤君之荣辱，不恤国之臧否，偷合苟容以持禄养交"之臣为"国贼"。⑦

上述引文中"明明求仁义，常恐不能化民者"一句亦点出了官的第二个责任——教化。官没有履行此项责任，亦会生怨，如西汉严延年之母对其子的批评、指责、怨恨："幸得备郡守，专治千里，不闻仁爱教化，有以全安愚民，顾乘刑罚多刑杀人，欲以立威，岂为民父母意哉!"⑧

同样，官若没有履行第三个责任——理讼，也会招致怨恨，正如孔子所言："知为吏者，奉法利民，不知为吏者，枉法以侵民，此皆怨之所由生也。临官莫如平，临财莫如廉，廉平之守，不可攻也。"⑨ 与此相类，董仲舒所谓"刑罚不中则生邪气；邪气积于下，怨恶蓄于上"⑩ 的议论可以

---

① 《汉书》卷66《公孙刘田王杨蔡陈郑传》，第2896页。董仲舒还说："夫天亦有所分予，予之齿者去其角，傅其翼者两其足，是所受大者不得取小也。古之所予禄者，不食于力，不动于末，是亦受大者不得取小，与天同意者也。夫已受大，又取小，天不能足，而况人乎！此民之所以嚣嚣苦不足也。身宠而载高位，家温而食厚禄，因乘富贵之资力，以与民争利于下，民安能如之哉！"（见《汉书》卷56《董仲舒传》，第2520页。）
② 《后汉书》卷80上《文苑列传上》，第2615页。
③ 《史记》卷126《滑稽列传》，第3213页。
④ 《睡虎地秦墓竹简·为吏之道》，第285页。
⑤ （清）孙星衍等辑：《汉官六种》，周天游点校，中华书局1990年版，第20页。
⑥ 《墨子·亲士》，第3—4页。
⑦ 《荀子·臣道》，第300页。
⑧ 《汉书》卷90《酷吏传》，第3672页。
⑨ 《说苑·政理》，第164页。
⑩ 《汉书》卷56《董仲舒传》，第2500页。

与孔子所言比而观之,只不过又多了一些天人感应的色彩。汉宣帝对这一点更是有明确体察,他在一则诏令中说:"夫决狱不当,使有罪兴邪,不辜蒙戮,父子悲恨,朕甚伤之。"①

需要指出的是,官民关系在一定程度上与君臣关系非常相似,"兴利"之于官,相当"德"之于君;"理讼"之于官,逼肖"明"之于君。韩非指出,当君做出"罪生甲,祸归乙"的行为时,就会使"伏怨乃结"②;当君做出"重不辜"的行为时,就会使"民怨国危"③。这都与"理讼"有相应之处,只不过官"明"侧重在"知事",君"明"侧重在"知人"。在理讼失平的背景下,民先怨官,继而有延伸到怨君的可能,《新序》所记载的一则李离与晋文公的对话颇可说明此点,此事亦见于《史记·循吏列传》等古籍,但以此书所载最为详尽,兹摘录如下:

> 晋文公反国,李离为大理,过杀不辜,自系曰:"臣之罪当死。"……文公曰:"子必自以为有罪,则寡人亦有过矣。"李离曰:"君量能而授官,臣奉职而任事,臣受印绶之日,君命曰:'必以仁义辅政,宁过于生,无失于杀。'臣受命不称,壅惠蔽恩,如臣之罪乃当死,君何过之有?且理有法,失生即生,失杀即死,君以臣为能听微决疑,故任臣以理,今离刻深,不顾仁义;信文墨不察是非,听他辞不精事实,掠服无罪,使百姓怨。天下闻之,必议吾君,诸侯闻之,必轻吾国。积怨于百姓,恶扬于天下,权轻于诸侯,如臣之罪,是当重死。"④

至于"教化"一责,夏、商、西周三代堪称君师政教合一,春秋伊始,随着王室衰落、井田瓦解、官学下移,政教亦开始分途。嬴秦通过"以法为教""以吏为师"等一系列举措,使政教合一得到了部分的恢复。即便是以焚书坑儒著称的秦始皇,亦凛然以教化之主体自居:"皇帝躬圣……夙兴夜寐。建设长利,专隆教诲";"黔首安宁……欢欣奉教,尽知法式";"大圣作治,建定法度……外教诸侯";"黔首改化,远迩同度,临古绝尤"。⑤ 无怪乎顾炎武说,"秦之任刑虽过,而其坊民正俗之意固未始

---

① 《汉书》卷23《刑法志》,第1102页。
② 《韩非子·用人》,第222页。
③ 《韩非子·难一》,第389页。
④ 《新序·节士》,第953—956页。
⑤ 《史记》卷6《秦始皇本纪》,第243、245、249、250页。

异于三王也。"① 尽管私家教授在两汉亦称兴盛,② 但从汉帝诏书、汉廷吏治来看,君臣亦将教化视为己任,由严延年之母所述可知,这一点得到了来自民间的高度认可。只不过在观念上,臣是此项责任的具体承担者,因此在没有履责尽义时,也就成为首当其冲的怨恨对象。

需要指出的是,臣对民履责本身也可以看作对君履责的一种表现,从为民兴利这一点就可略见端倪。臣不与下争利,不贪赃,固可以看作对民履责,但也不妨看作对君尽忠:《左传》的作者就这样评价季文子:"相三君矣,而无私积,可不谓忠乎?"③ 韩非亦称:"人臣有私心,有公义:修身洁白,而行公行正,居官无私,人臣之公义也;污行从欲,安身利家,人臣之私心也。"④ 而臣争利或贪赃,也一般会遭受来自君的惩处,公仪休"受鱼而免,谁复给我鱼"⑤ 的担心正说明了这一点,顾炎武"汉时赃罪被劾,或死狱中,或道自杀"⑥ 的概括点明了这种惩处在两汉时段的普遍性。正如刘泽华所说:"重民思想在局部问题上与专制君主虽有冲突,但从全局看,它不是对专制君主的否定,而是提醒君主注意自己存在的条件。……重民……为巩固君主地位的手段……是君主专制主义的一种补充。"⑦ 因之,臣对民履责在一定条件下可以看作是帮助君维护统治的一种努力,是一种尽忠的表现。

然而,臣对民履责与臣对君履责有时是矛盾的,这就要看臣的个体如何去抉择。这方面的例子以西汉的韩延寿最为典型。史载韩延寿在东郡太守任内,"试骑士,治饰兵车,画龙虎朱爵"。⑧ 余英时指出,韩延寿此举是在为"都试讲武"之礼,是因"好古教化"而推行礼乐。⑨ 这对应着上文所称的"教化";史又载韩延寿"取官钱帛,私假徭使吏"。⑩ 在余英时看来,这是一种爱民的德政。⑪ 这对应着上文所称的"兴利"。但在特殊背景下,韩延寿这两项举措,却坐实了"僭上不道""假公济私"这两项罪

---

① 《日知录》卷17《秦纪会稽山刻石》,第555页。
② 吕思勉:《吕思勉读史札记》,上海古籍出版社2005年版,第734—735页。
③ 《左传·襄公五年》,第1937页上栏。
④ 《韩非子·饰邪》,第137页。
⑤ 《史记》卷119《循吏列传》,第3102页。
⑥ 《日知录》卷17《除贪》,第577页。
⑦ 刘泽华主编:《中国传统政治思维》,吉林教育出版社1991年版,第305页。
⑧ 《汉书》卷76《赵尹韩张两王传》,第3214页。
⑨ 参见余英时《士与中国文化》,上海人民出版社2003年版,第146页。
⑩ 《汉书》卷76《赵尹韩张两王传》,第3214页。
⑪ 参见余英时《士与中国文化》,上海人民出版社2003年版,第146页。

名,最终被弃市。从其受刑时"延寿死无所恨"、"百姓莫不流涕"①的记载来看,较之于对君履责,韩延寿更看重的是对民尽义。因之刘泽华所谓"重民实重君"的观点固然不无深刻之处,但必须就具体的践行主体具体分析,不可一概而论。类似地,诸如"民为贵,社稷次之,君为轻"②、"天之立君,以为民也"③、"明王所以立谏诤者,皆为重民而求己失也"④等论述均可作如是观。

接下来,笔者拟论述一下臣对君的责任。

由表2-1可知,忠在臣对君的多项责任中处于核心地位,其余条目——行、共、义、敬、听、贤、直等均围绕着忠的责任,都可以看作是尽忠的一种表现。而其中的"共"在含义上则同"恭",与"敬"属于同一范畴,因上节已论,在此不赘。其中的"听"与"行"皆可做顺从解。接下来,笔者拟依次将"义""行""直""贤"等条目分别作为"忠"的某一表现方面来探析臣不履责所引发的怨恨。

不妨先对"忠"这一观念进行一下总体审视。先秦两汉诸子对忠观念达成了一定的共识,笔者在上节讨论"信"这一道德标准时曾征引过的诸子论及"忠信"的语句,足以为证。迨至两汉,忠的观念经由秦代的上层导向,得到了来自民间的普遍认同,成为一种约定俗成的社会意识。与此相印证的是,"忠"字广见于汉赋、汉碑及汉镜铭文。不宁唯是,验之于居延汉简及敦煌汉简,"忠"字还是使用频率最高的人名用字。⑤忠观念的影响异常深远,甚至到近代,辜鸿铭还把"忠诚"看作"正义法则",还把"忠诚的义务"看作"良民"信仰的"最高义务",还强调"男子必须无私地绝对地忠诚于他的君主、国王或皇帝。"⑥

在对"忠"观念进行总体审视的前提下,我们再将视角集中到臣这一角色上,作为臣的责任条目,忠在表2-1中被典籍强调了10次,可见其地位之重要。王符称:"人臣之誉,莫美于忠"⑦,洵实论也。为臣不忠,难免会引发臣之关系对方——君的怨恨,如卫献公对其臣大叔文子之怨:

---

① 《汉书》卷76《赵尹韩张两王传》,第3216页。
② 《孟子·尽心下》,第973页。
③ 《荀子·大略》,第595页。
④ 《白虎通·谏诤·记过徹膳之义》,第237页。
⑤ 参见王子今《秦汉社会意识研究》,商务印书馆2012年版,第81—119页。
⑥ 辜鸿铭:《中国人的精神》,李晨曦译,译林出版社2012年版,第8页。
⑦ 《潜夫论·明忠》,第356页。

寡人淹恤在外，二三子皆使寡人，朝夕闻卫国之言，吾子独不在寡人。古人有言曰"非所怨勿怨。"寡人怨矣。①

亦会引发作为关系第三方的自生型怨恨，一系列的口诛笔伐似可为证："为臣下而不忠人之大失也"②，"为人臣，不忠当死"③，"不忠者无名以立于世"④，"臣不可以不忠"⑤。

何谓"忠"，何又谓"不忠"，"不忠"又如何生"怨"？

第一，从"义"的方面来讲，专一事君为忠，反叛投敌为不忠。

齐人王蠋所谓"忠臣不事二君"⑥、刘邦所谓"为人臣用两心，非忠也"⑦、董仲舒所谓"心止于一中者，谓之忠；持二中者，谓之患"⑧ 等论述都是在强调"忠"的这一层含义。君臣之间的关系属于一种恩义伦理，这种恩义伦理在治世是自然形成的，而在乱世是经由君臣互择形成的，君臣名分一旦确定，彼此便当履责尽义，此即范晔所谓："夫变通之世，君臣相择，斯最作事谋始之几也。"⑨ "忠"的此层含义与上节所论及的"信"之标准的内涵有重合之处，但不完全等同。

在"义"这一方面来讲，臣若没有尽忠，乃是大节有亏，难以见容于世，其能引发自生型怨恨是理所当然之事，这种怨恨囊括了正式思想与民间思想两个层面。就正式思想层面而言，荀子称"事两君者不容"⑩，董仲舒亦称"是故君子贱二而贵一"⑪；就民间思想层面而言，盖之偏将邱子之妻因邱子在"戎伐盖，杀其君"的背景下反而偷生苟活就怨恨道："君亡不死，非忠也。……今君死而子不死，可谓义乎？……背故君而事强暴，可谓忠乎？……偷生苟活，妾等耻之，况于子乎！"⑫ 显然，作为臣的邱子没有履行忠的责任，对这一事实，邱子之妻表示难以接受，最终不惜以死明志。另如焦延寿在《焦氏易林》中写道："子长忠直，李陵为贼。祸及

---

① 《左传·襄公二十六年》，第1989页中栏。
② 《管子·形势解》，第1175页。
③ 《战国策·秦策一》，第21页。
④ 《史记》卷87《李斯列传》，第2553页。
⑤ 《春秋繁露·天地之行》，第461页。
⑥ 《史记》卷82《田单列传》，第2457页。
⑦ 《楚汉春秋·上败彭城》，《二十五别史》第6册，齐鲁书社2000年版，第4页。
⑧ 《春秋繁露·天道无二》，第346页。
⑨ 《后汉书》卷16《邓寇列传》，第607页。
⑩ 《荀子·劝学》，第10页。
⑪ 《春秋繁露·天道无二》，第347页。
⑫ 《列女传》卷5《节义传·盖将之妻》，第195—196页。

元嗣，司马失福。"① 子长即司马迁，之所以称李陵为"贼"，是因为其反叛投敌。

王子今指出："在与匈奴作战的背景下'忠'与'不忠'最尖锐的对比，莫过于苏武和李陵的不同的立场和表现。"② 因此，李陵"不忠"一事具有一定的代表性，在思想史的层面也不乏讨论的价值。汉武帝原本对李陵寄予很高的期望，因此，"闻陵降"后，便"怒甚"，在闻"李陵教单于为兵以备汉军"的讹传后，竟"族陵家"，使得李陵的"母弟妻子皆伏诛"。③ 这一"怒"一"诛"，传递出来的是君对不忠之臣的一种怨恨。尽管"教单于为兵以备汉军"之人是李绪，尽管李陵自称投降的目的是要"奋大辱之积志，庶几乎曹柯之盟"④，尽管司马迁也认为李陵投降是"欲得其当而报汉"⑤，尽管后世不惜伪造《与苏武书》来一抒李陵之胸臆⑥，但正如王夫之所说：

> 为将而降，降而为之效死以战，虽欲浣涤其污，而已缁之素，不可复白，大节丧，则余无可浣也。……李陵曰："思一得当以报汉"，愧苏武而为之辞也。其背逆也，固非迁之所得而文焉者也。⑦

关于这一点，从李陵自身的言行亦可见端倪。李陵自述其"始降"时，"忽忽如狂，自痛负汉"，而贺苏武还汉时，又说："今足下还归，扬名于匈奴，功显于汉室，虽古竹帛所载，丹青所画，何以过子卿！"⑧ 这一"痛"一"贺"，传递出来的是李陵对"忠"责任的认同以及对自身没有尽忠的怨恨。从"陇西士大夫以李氏为愧"⑨ 的记载来看，李陵在道义上明显处在被社会舆论谴责的一方。

事实上，由先秦至两汉，随着君主定于一尊，君的权力及威信得到进一步的巩固与提高，君对变节之臣的怨恨程度亦有所加强。汉高祖刘邦在

---

① 《焦氏易林·渐》，《易林汇校集注》，上海古籍出版社2012年版，第1962页。
② 王子今：《秦汉社会意识研究》，商务印书馆2012年版，第104页。
③ 《汉书》卷54《李广苏建传》，第2455、2457页。
④ 同上书，第2466页。
⑤ 《汉书》卷62《司马迁传》，第2730页。
⑥ 《史通》卷18《杂说下》，第177页。
⑦ 《读通鉴论》卷3《武帝》，第72页。
⑧ 《汉书》卷54《李广苏建传》，第2466页。
⑨ 同上书，第2457页。

被张良问及"上平生所憎,群臣所共知,谁最甚者"①的问题时,不假思索地给出"雍齿"这一答案。其中,一个很重要的原因乃在于雍齿叛服无常,史载:"雍齿雅不欲属沛公,及魏招之,即反为魏守丰。沛公攻丰,不能取。沛公还之沛,怨雍齿与丰子弟畔之。"②尽管后来雍齿因功多而不死,因形势需要而被封侯,但这实属侥幸,因为刘邦对此事久久不能释怀,直到晚年,仍对沛父兄恨恨道:"丰者,吾所生长,极不忘耳。吾特以其为雍齿故反我为魏。"③至于变节投敌向项羽告密的曹无伤,则没这么幸运,最终落得了个被刘邦立斩不赦的下场。④不宁唯是,在刘邦夺取天下后,为了表达其对"不忠"之臣的愤恨,以维护统治,其不惜以怨报德,史载:

> 丁公,为项羽将,逐窘高祖彭城西。短兵接,汉王急,顾谓丁公曰:"两贤岂相厄哉!"丁公引兵而还。及项王灭,丁公谒见高祖,以丁公徇军中,曰:"丁公为项王臣不忠,使项王失天下者也。"遂斩之,曰:"使后为人臣无效丁公也!"⑤

与汉高祖刘邦以怨报德适成对比的是汉光武帝刘秀的以德报怨,史载:

> 五月甲辰,拔其城,诛王郎。收文书,得吏人与郎交关谤毁者数千章。光武不省,会诸将军烧之,曰:"令反侧子自安。"⑥

但从"令反侧子自安"一句可知,反叛之臣本身亦认为君对其的怨恨乃是理所当然之事。需要指出的是,刘邦、刘秀的不同表现与其一"守"一"攻"之形势密切相关,无论是刘邦的"以怨报德",还是刘秀的"以德报怨",本质都是一种权术。但这一权术运作本身,从正面及侧面,彰显出了君对臣"不忠"的愤恨。

第二,从"行"的方面来讲,顺令、听令为忠,违上、凌上为不忠。

---

① 《汉书》卷40《张陈王周传》,第2032页。
② 《汉书》卷1上《高帝纪上》,第12页。
③ 《汉书》卷1下《高帝纪下》,第74页。
④ 《史记》卷7《项羽本纪》,第315页。
⑤ 《汉书》卷37《季布栾布田叔传》,第1979页。
⑥ 《后汉书》卷1上《光武帝纪上》,第14—15页。

这与楚国石奢所谓"不行君法，非忠也"①、西汉陆贾所谓"臣不凌君，则阴不侵阳"、② 扬雄所谓"在下，则顺而安其上"③ 等议论多有相应之处。臣若违上、凌上，则会生怨。但在先秦两汉的部分子书中，要求臣顺上、听命、从令，对于君来说，也有一定的要求。简言之，这一要求就是君主的意图或命令要正当且合乎道义，所谓"君正臣从谓之顺"④ "士逢有道之君则顺其令"⑤ "从命而利君谓之顺"⑥ 都是在强调这一点。而在君"不正"或"无道"的前提下，臣是可以违上的。"君命有所不受"⑦ 这一命题之所以能成立，也是因为在战场瞬息万变的情况下，君主的命令很可能并不是正确的。而此时"不受命"反倒可以看成一种"忠"的表现。这种情况倒不独军事方面为然，举凡政治、经济、文化各个方面的决策及管理均可作如是观。此即荀子所谓"逆命而利君谓之忠"⑧，亦即东汉荀悦所谓"违上顺道谓之忠臣"。⑨ 关于这一点，笔者拟在下一方面——"直"的方面再详细展开。

但"凌上"与"违上"并不等同，其程度要甚于"违上"。君虽"不正"，但只要没达到"极端无德"的状态，臣是不可以"凌上"的。这一观念发端于先秦，如韩非指出："人主虽不肖，臣不敢侵也"⑩，至两汉则有强化的趋势，甚至对"极端无德"之君是否可以"凌上"都成为一个存疑的问题，如汉景帝时辕固与黄生的一场辩论：

> 黄生曰："汤、武非受命，乃杀也。"固（辕固）曰："不然。夫桀、纣荒乱，天下之心皆归汤、武，汤、武因天下之心而诛桀、纣，桀、纣之民弗为使而归汤、武，汤、武不得已而立。非受命为何？"黄生曰："'冠虽敝必加于首，履虽新必贯于足。'何者？上下之分也。今桀、纣虽失道，然君上也；汤、武虽圣，臣下也。夫主有失行，臣

---

① 《韩诗外传》卷2《第十四章》，《韩诗外传集释》，中华书局1980年版，第48页：石奢，楚昭王之臣，作为法官放走了作为犯人的父亲，楚昭王欲赦免他，他说完包含本书引用文字的一段话之后，引颈自杀。
② 《新语·思务》，第168页。
③ 《法言·孝至》，第538页。
④ 《晏子春秋·内篇谏上》，第19页。
⑤ 《晏子春秋·内篇问上》，第178页。
⑥ 《荀子·臣道》，第294页。
⑦ 《孙子·九变》，第216页。
⑧ 《荀子·臣道》，第294页。
⑨ 《申鉴·杂言上》，第171页。
⑩ 《韩非子·忠孝》，第510页。

不正言匡过以尊天子，反因过而诛之，代立南面，非杀而何？"固曰："必若云，是高皇帝代秦即天子之位，非邪？"

这意味着，孟子"诛一夫"的理论不再是定论。两位学者的辩论将汉景帝置于一个两难境地，正如胡适所说："这两个学者都是太老实了。一个要正上下之分，故说汤武是造反弑君，却忘了汉朝天下也是从造反得来的。一个要替汉高祖辩护，故赞成革命，却又忘记了皇帝在面前，满肚子不愿意有人赞成革命。"① 无怪乎汉景帝最后以无解为解，给了一个"存而不论"式的回答：

食肉毋食马肝，未为不知味也；言学者毋言汤、武受命，不为愚。②

汉景帝想要对"汤武受命"这一问题"存而不论"，但其后对"臣是否可凌君"等相关问题却一论再论。董仲舒称："是故《春秋》君不名恶，臣不名善，善皆归于君，恶皆归于臣。臣之义比于地，故为人臣者，视地之事天也。"③《盐铁论》中的大夫亦称："君有非，则臣覆盖之。"④ 在东汉，这一观念被强调到极点，何休竟直接宣称："君虽不君，臣不可以不臣。"⑤ 黄朴民据此指出："何休为了一味强调'尊天子''大一统'，遂背弃了早期儒家的君臣观，而把臣对君主的驯服突出到不适当的地步。……由此可见，高度专制集权体制下的儒者，已完全丧失了独立人格，而成为统治者的绝对顺从者，这是儒学发展的自身悲哀。"⑥ 实际上，持有这种观点的绝非何休一人，例如东汉末年的伍孚便也对人坦言道："君虽不君，臣不可不臣。"⑦

笔者想要指出的是，如果"在'君不君'的前提下，臣不可以凌上"这一命题成立的话，那么，在"君君"的背景下，臣若违上、凌上，不难想象会招致怎样的怨恨。如果说董仲舒引《春秋》之言："人臣之行，贬主之位，乱国之臣，虽不篡杀，其罪皆宜死，比于此其云尔也"⑧ 表达了

---

① 胡适：《中国中古思想史长编》，安徽教育出版社2006年版，第63页。
② 辕固与黄生的辩论及汉景帝的回答均见《汉书》卷88《儒林传》，第3612页。
③ 《春秋繁露·阳尊阴卑》，第325—326页。
④ 《盐铁论·忧边》，第162页。
⑤ 《公羊传·宣公六年》，第2280页上栏。
⑥ 黄朴民：《文致太平——何休与公羊学发微》，岳麓书社2013年版，第113页。
⑦ 《三国志》卷6《董二袁刘传》，中华书局1959年版，第175页。
⑧ 《春秋繁露·楚庄王》，第5页。

对违上之臣的怨恨，那么汉元帝皇后王政君对其侄王莽的痛骂，则表达了其对凌上之臣的切齿痛恨：

> 而属父子宗族蒙汉家力，富贵累世，既无以报，受人孤寄，乘便利时，夺取其国，不复顾恩义。人如此者，狗猪不食其余，天下岂有而兄弟邪！①

王政君认为王莽篡位的行为违背了君臣之间的恩义伦理，不仅不配为臣，连人都不配做，这种怨恨已经到了无以复加的程度。而作为凌上之臣关系的对方——君，其对此类臣的怨恨亦可想而知，被董卓所凌的汉少帝刘辩的一则慷慨悲歌似可为证：

> 天道易兮我何艰！弃万乘兮退守蕃。逆臣见迫兮命不延，逝将去汝兮适幽玄！②

第三，从"直"的方面来讲，敢谏、善谏为忠，不谏、阿谀为不忠。

君主并非完人，其意图或命令难免有不正当或不合乎道义的时候，此时，臣可以逆命或违上，并应无畏君主的不悦，以进谏的方式来尽忠。此即子思所谓"恒称其君之恶者，可谓忠臣矣"③，亦即枚乘所谓"忠臣不避重诛以直谏"④，亦即《白虎通》所谓"臣所以有谏君之义何？尽忠纳诚也"。⑤ 而其反面则是不谏、阿谀，正如刘向所说："人主之所以离国家失社稷者，谄谀者众也。"⑥

需要指出的是，臣对君进谏，乃是一种尽忠的表现，但"忠言拂于耳"⑦，进谏行为往往会触发君主的不满。不待君主醒悟，进谏之臣可能已身首异处。而君主一旦醒悟，原本的不满就会转化为一种感激。例如，洞悉敌情的娄敬劝谏刘邦不可出兵匈奴，刘邦怒斥其为"齐虏"，称娄敬是"以舌得官"，认为其谏词是"妄言沮吾军"，于是"械系敬广武"，但遭

---

① 《汉书》卷98《元后传》，第4032页。
② 《后汉书》卷10下《皇后纪下》，第451页。
③ 《郭店楚简·鲁穆公问子思》，第177页。
④ 《汉书》卷51《贾邹枚路传》，第2359页。
⑤ 《白虎通·谏诤·谏诤之义》，第226页。
⑥ 《新序·杂事五》，第740页。
⑦ 《韩非子·外储说左上》，第288页。

第二章 怨恨发生逻辑的多角度省察（上）

遇白登之围后，刘邦便"赦敬"，对其说："吾不用公言，以困平城。吾已斩先使十辈言可击者矣。"并"封敬二千户，为关内侯，号建信侯。"① 这一"斩"一"封"，对应的是赏"谏"罚"谀"。但也不乏反例，如袁绍在战败后就处死了谏主尽忠的田丰，对此，田丰早有所料，史载：

> 及军还，或谓田丰曰："君必见重。"丰曰："公貌宽而内忌，不亮吾忠，而吾数以至言忤之。若胜而喜，必能赦我，战败而怨，内忌将发。若军出有利，当蒙全耳，今既败矣，吾不望生。"②

若田丰者，可谓知其君、忠其主矣，若袁绍者，可谓不"知人"，不明甚矣。可见，君与君相比，在对进谏之臣是否怨恨这一方面的表现是有一定差异的，荀子早就指明了这一点，即前文已征引过的"明君之所赏，暗君之所罚也；暗君之所赏，明君之所杀也"③ 的论述，引文中"明君""暗君"所赏罚的对象正是"谏争辅拂之人"。荀悦对这一点多有继承、发挥、总结，他说：

> 违上顺道谓之忠臣，违道顺上谓之谀臣。忠所以为上也，谀所以自为也。忠臣安于心，谀臣安于身。故在上者必察乎违顺，审乎所为，慎乎所安。广川王弗察，故杀其臣。楚恭王察之而迟，故有遗言。齐宣王其察之矣，故赏谏者。④

显而易见，荀悦是褒"谏"贬"谀"的。这彰显出对谀者的否定与批判。事实上，臣不谏或阿谀很少会引起君的怨恨，其所激发的怨恨一般是关系第三方的自生型怨恨，且这种怨恨并不是"立竿见影"的，往往表现为"秋后算账"，如：

> 越王杀太宰嚭，戮其妻子，以其不忠信。断绝吴之世。⑤
> 王（昌邑王）即位二十七日，卒以淫乱废。昌邑群臣坐陷王于恶不道，皆诛，死者二百余人，唯遂（龚遂）与中尉王阳以数谏争得减

---

① 《汉书》卷43《郦陆朱刘叔孙传》，第2121页。
② 《后汉书》卷74上《袁绍刘表列传上》，第2402页。
③ 《荀子·臣道》，第295页。
④ 《申鉴·杂言上》，第171页。
⑤ 《越绝书》卷10《越绝外传记吴王占梦》，第286—287页。

死，髡为城旦。①

事实上，在"诛昌邑王不谏之臣"一案中，除了龚遂与王阳，帝师王式亦免于一死，在被问及为什么不给昌邑王写谏书时，王式义正词严地回答道：

> 臣以《诗》三百五篇朝夕授王，至于忠臣孝子之篇，未尝不为王反复诵之也；至于危亡失道之君，未尝不流涕为王深陈之也。臣以三百五篇谏，是以亡谏书。②

顾颉刚曾指出《诗经》在两汉时段渐趋谏书化这一事实，③ 因之王式所为堪称"讽谏"，其得免一死，亦是顺理成章之事。需要进一步说明的是，臣敢于进谏固是尽忠的表现，但也要善于进谏，"善谏"的代表方式即是讽谏，因为这样能兼顾"敬"与"忠"的平衡，既不激怒君主，又使其能自悟过失。孔子曰："谏有五，吾从讽之谏。"④ 荀子称："以是谏非而怒之，下忠也"⑤，在不讳言"谏"为"忠"行的同时，又对这一行为进行了次位安置。而至韩非，则称："诈说逆法，倍主强谏，臣不谓忠。"⑥ 与此相类，西汉的董仲舒亦称："忠臣不显谏，欲其由君出也。"⑦ 由此可见，"强谏""显谏"等类似行为已经沦为"忠"的对立面，至汉成帝时的孔光，则称"显谏"行为不仅不是"忠"，反而还是"罪"："章主之过，以奸忠直，人臣大罪也。"⑧ 至东汉的应劭，对"显谏"这一行为的批判更为全面和深刻，他指出：

> 《礼》，谏有五，风为上，狷为下。故入则造膝，出则诡辞，善则称君，过则称己。暴谏露言，罪之大者……不即弹黜奸佞，而须于万人之中乃暴引之，是为陷君。君子不临深以为高，不因少以为多，况

---

① 《汉书》卷89《循吏传》，第3638页。王阳即王吉，字子阳，举贤良为昌邑中尉，其谏昌邑王之事详见《汉书》卷72《王贡两龚鲍传》，第3058页。
② 《汉书》卷58《儒林传》，第3610页。
③ 参见顾颉刚《秦汉的方士与儒生》，上海古籍出版社1998年版，第68—69页。
④ 《白虎通·谏净·五谏》，第236页。
⑤ 《荀子·臣道》，第300页。
⑥ 《韩非子·有度》，第38页。
⑦ 《春秋繁露·竹林》，第53页。
⑧ 《汉书》卷81《匡张孔马传》，第3354页。

第二章　怨恨发生逻辑的多角度省察(上)

创病君父,以为己功者哉?①

尽管应劭所论是由郅恽"显谏"欧阳歙一事而发,欧阳歙并非君主,但歙却是恽的上级,下谏上之义可以比于臣谏君之义。由应劭所论可知,谏或为忠,或为罪,区分为忠为罪的标准在于,以利君为目的则为忠,以利己之目的则为罪。无怪乎范晔这样评论道:"礼有五谏,讽为上。若夫托物见情,因文载旨,使言之者无罪,闻之者足以自戒,贵在于意达言从,理归乎正。曷其绞讦摩上,以衒沽成名哉?"②

综上可知,臣谏君是一种责任,是尽忠的表现,不谏或阿谀则是不忠的表现,在将君设定为"明"的前提下,这会激发关系对方以及第三方的怨恨,在事后会被问责。而一旦"谏"掺杂了成名、利己的目的,谏行就由"忠"沦为"罪",反而会失去价值认同。但利己的"显谏"与"利君"的"直谏"在形式上很难明确区分,因之,这反而给"不明"之君拒谏饰非提供了一个借口,蔡桓公所谓"医之好治不病以为功"③的感慨说明了这一点。这体现了"谏"与"怨"之间关系的多面性与复杂性,为清晰说明此点,笔者特编制下表,供参考:

表2-2　　　　　　　　谏怨关系分类讨论

君之类别	臣之用意	谏之方式	君是否怨	君臣关系第三方是否怨
明君	利君	讽谏	不怨	不怨
明君	利君	直谏	不怨	不怨
明君	利己	不谏	怨	怨
明君	利己	显谏	怨	怨
暗君	利君	讽谏	未必怨	不怨
暗君	利君	直谏	怨	不怨
暗君	利己	不谏	不怨	怨
暗君	利己	显谏	怨	怨

第四,从"贤"的方面来讲,尽职、荐贤为忠,渎职、自矜为不忠。

晏子认为,所谓"忠臣",应"尽善于君","有难而死"是"妄死","出亡而送"是"诈为",都不是"忠"的表现。④ 这与荀子对大忠、次

---

① 《风俗通义·过誉》,第173—174页。
② 《后汉书》卷57《杜栾刘李刘谢列传》,第1853页。
③ 《韩非子·喻老》,第172页。
④ 《晏子春秋·内篇问上》,第166页。

忠、下忠的定义颇有相应之处:"以德覆君而化之,大忠也;以德调君而辅之,次忠也;以是谏非而怒之,下忠也。"① 以德覆君如周公者、以德调君如管仲者是尽忠的楷模与典范,值得为臣知人仿效和学习,即使达不到周公、管仲那样的高度,最基本的职责——"知事",还是要尽心履行,否则会引发事端,构成怨恨发生的触媒:"凡吏胜其职则事治,事治则利生;不胜其职则事乱,事乱则害成也。"② "事乱害成"的同时,可能伴随着君的怨恨,亦可能伴随着民的怨恨,还一定会伴随着认同臣道的关系第三方的自生型怨恨。

不宁唯是,臣除了自身要尽职,还要摒弃自矜之心,荐贤于君。《战国策》引苏子谓楚王之言曰:"忠臣之于君也,必进贤人以辅之。今王之大臣父兄,好伤贤以为资,……非忠臣也。"③《大戴礼记》中称:"管仲者,桓公之雠也。鲍叔以为贤于己而进之桓公,七十言说乃听,遂使桓公除仇雠之心,而委之国政焉,桓公垂拱无事而朝诸侯,鲍叔之力也。"④ 之所以推崇鲍叔,是因为其能荐贤。无独有偶,孔子在对子贡"进贤为贤"的认识表示赞同时,亦推崇鲍叔,他说:"吾闻鲍叔之进管仲也,闻子皮之进子产也,未闻管仲、子产有所进也。"⑤ 因之,为臣自矜而不荐贤,难免也会引人指摘,这种指摘隐含着一丝抱怨,如楚庄王及其夫人樊姬的一则对话:

> 姬曰:"王之所谓贤者何也?"曰:"虞邱子也。"姬掩口而笑,王曰:"姬之所笑何也?"曰:"虞邱子贤则贤矣,未忠也。"王曰:"何谓也?"对曰:"妾执巾栉十一年,遣人之郑卫,求美人进于王。今贤于妾者二人,同列者七人。妾岂不欲擅王之爱宠哉!妾闻堂上兼女,所以观人能也。妾不能以私蔽公,欲王多见,知人能也。今虞邱子相楚十余年,所荐非子弟,则族昆弟,未闻进贤退不肖,是蔽君而塞贤路。知贤不进是不忠;不知其贤是不智也。妾之所笑,不亦可乎?"⑥

《三略》的作者更是直言不讳地表达了对蔽贤者的批判与对进贤者的

---

① 《荀子·臣道》,第300页。
② 《说苑·谈丛》,第383页。
③ 《战国策·楚策三》,第133页。
④ 《大戴礼记·保傅》,第65页。
⑤ 《说苑·臣术》,第38—39页。
⑥ 《列女传》卷2《贤明传·楚庄樊姬》,第59—60页。

赞美：

> 伤贤者，殃及三世。蔽贤者，身受其害。嫉贤者，其名不全。进贤者，福流子孙。故君子急于进贤，而美名彰焉。①

正是立足于这一角度，我们才能理解汉武帝诏令中的一则表述：

> 且进贤受上赏，蔽贤蒙显戮，古之道也。②

而臣如能进贤，即便小节有失，亦不致引起怨恨，不妨以西汉的韩安国为例：

> 安国（韩安国）为人多大略，知足以当世取舍，而出于忠厚。贪耆财利，然所推举皆廉士贤于己者。③

四

父的责任及子的责任。

由《社会角色及其对应责任表》可知，父的核心责任是"慈"，子的核心责任是"孝"。千百年来，父慈子孝的观念已经深入人心，难以动摇，所谓"慈者，父母之高行也；孝者，子妇之高行也"，④ 殆非虚词。钱穆曾这样感慨道："就中国人看，人由上帝创造，固该父慈子孝；人由动物变来，也该父慈子孝。"意即父慈子孝这一观念在中国人心中是根深蒂固的，不会随其他观念的改变而改变。在钱穆看来，父慈子孝是自然情感的一种流露："父慈可感子使孝，子孝亦能感父使慈。相亲斯能相感，相感则更能相亲"，这是在强调血缘伦理的情感属性。在情感属性的支配下，"父求慈，不求子之必孝；子求孝，不求父之必慈"。⑤ 但这只是一种理想状态，事实上，血缘伦理亦有着另外一种属性，即责任属性，父没有尽到慈的责

---

① 《三略·下略》，《黄石公三略今注今译》，台北商务印书馆1976年版，第108页。
② 《汉书》卷6《武帝纪》，第167页。
③ 《汉书》卷52《窦田灌韩传》，第2405页。
④ 《管子·形势解》，第1166页。
⑤ 以上所引钱穆论述分见钱穆《文化学大义》，九州出版社2011年版，第76、128、49页。

任、子没有尽到孝的责任，亦有可能会引发关系对方的怨恨，即韩非所谓的"人为婴儿也，父母养之简，子长而怨；子盛壮成人，其供养薄，父母怒而诮之"。① 亦即《太平经》所谓："为人君父，而使其臣子致怨，非慈父贤君也。"②

需要指出的是，"养"只是"慈"或"孝"的一个组成部分，父或子没有履责，亦在一定程度上会引发关系第三方的怨恨。下文将较为细致探讨"不慈""不孝"的具体表现以及由此引发的他生型怨恨和自生型怨恨。

"慈"泛指父对子的仁爱之心，钱穆即称："多爱近慈。"③ 因之，"不慈"即父对子缺少仁爱，其极端的表现便是杀子。杀子之父的代表是舜的父亲瞽叟，《列女传》中即称"父母欲杀舜，舜犹不怨"④，一个"犹"字，既说明了人子在这种情况下"不怨"的可贵，也反向说明了人子在这种情况下"怨"的可能。王充所谓："舜有瞽瞍，参有曾晳，孝立名成，众人称之。如无父兄，父兄慈良，无章显之效，孝弟之名，无所见矣。"⑤ 正说明了瞽叟行为的"不慈"。

不宁唯是，父杀子这一行为，亦会引起关系第三方的自生型怨恨。王充所谓"参有曾晳"一句，当指曾参被曾晳大杖击责而仆地一事，孔子闻知此事后，给予曾晳、曾参严厉批评：

> 汝不闻瞽叟有子名曰舜？舜之事父也，索而使之，未尝不在侧，求而杀之，未尝可得；小箠则待，大箠则走，以逃暴怒也。今子委身以待暴怒，立体而不去，杀身以陷父不义，不孝孰是大乎？汝非天子之民邪？杀天子之民罪奚如？⑥

在孔子看来，父杀子，不义，子陷父，不孝，其对曾晳、曾参父子所为，均有怨言。孔子将"子"定义为天子之民，从一个侧面反映了君权对父权的冲击。与此相印证的是《白虎通》中的一则表述："父煞其子当诛何？以为天地之性人为贵，人皆天所生也，托父母气而生耳。王者以养长

---

① 《韩非子·外储说左上》，第 295 页。
② 《太平经》卷 35《兴善止恶法》，第 40 页。
③ 钱穆：《素书楼馀瀋》，九州出版社 2011 年版，第 114 页。
④ 《列女传》卷 1《母仪传·有虞二妃》，第 2 页。
⑤ 《论衡·定贤篇》，第 1109 页。
⑥ 《说苑·建本》，第 61 页。

而教之，故父不得专也。"① 需要说明的是，君权对父权的冲击是存在一个渐进的历史过程的，瞿同祖就曾针对扶苏"父而赐子死，尚安敢复请"这则材料指出："君之于臣，父之于子，都是有生杀权的，到了后来则只适用于君臣而不适用于父子间了。法律制度发展到生杀权完全操纵在国家机构及国君手里，自不再容许任何一个人民能随意杀人，父亲对儿子，也不能例外。他只能扑责儿子，断不能杀死他，否则便要受国法的制裁了。"②

"父杀子不义"这一观念不仅在正式思想层面被反复强调，在民间思想层面也不乏现实回响，例如，东汉的崔钧就用孔子的话作为武器来回应父亲崔烈的击责：

> 烈（崔烈）怒，举杖击之。钧（崔钧）时为虎贲中郎将，服武弁，戴鹖尾，狼狈而走。烈骂曰："死卒，父极而走，孝乎？"钧曰："舜之事父，小杖则受，大杖则走，非不孝也。"烈惭而止。③

"惭而止"三字，说明"父杀子不义"这一观念对盛怒之下的崔烈有着极强的约束力。既是"不义"之行，难免招致认同"义"的关系第三方的自生型怨恨，王夫之对此总结道：

> 子之于父母，可宠、可辱，而不可杀。身者，父母之身也。故宠辱听命而不惭。至于杀，则父母之自戕其生，父不可以为父。④

需要说明的是，父"不慈"的具体表现并不只限于"杀子"一种，王夫之所提及的"辱子"亦堪称"不慈"之一例，但"杀子"是最极端也是最典型的"不慈"表现，在这一表现下，"舜犹不怨"的做法还是得到了价值认同，遑论其他。⑤ 也就是说，相对于"父对子"的责任，经典更强调"子对父"的责任，也就是钱穆所谓"孝子不能先求改造父母，所谓

---

① 《白虎通·诛伐·父煞子》，第216页。
② 瞿同祖：《中国法律与中国社会》，中华书局2003年版，第7页。
③ 《后汉书》卷52《崔骃列传》，第1731—1732页。
④ 《读通鉴论》卷2《文帝》，第34—35页。
⑤ 例如，孔子认为："事父母几谏，见志不从，又敬不违，劳而不怨。"（见《论语·里仁》，第270页。）另如，孟子认为舜的做法是"大孝"："不得乎亲，不可以为人；不顺乎亲，不可以为子。舜尽事亲之道而瞽瞍厎豫，瞽瞍厎豫而天下化，瞽瞍厎豫而天下之为父子者定，此之谓大孝。"（见《孟子·离娄上》，第535页。）

天下无不是的父母是也。即向各自之父母而善尽我孝，此之谓人道"。① 之所以呈现出子对父负责这种单向倾斜的状态，与"孝"观念被持续强化密切相关。

"孝"观念渊源甚古，参照查昌国的研究成果，《三代吉金文存》与《两周金文辞大系考释》中除去相重者，涉及"孝"的铭文共112则。② 但商周时期孝的对象更多地体现为宗族，春秋伊始至秦统一，随着公田私田化、公社农民小农化、礼法一体化、分封制度郡县化、世卿制度官僚化，原有的宗族结构逐步瓦解，将父母作为施孝对象的论述有所增加，且广见于先秦子书。

孔子"父母唯其疾之忧"③"父母在不远游，游必有方"④"父母之年，不可不知也"⑤ 等论述一方面表明父母是施孝的具体对象，另一方面也表明儒家对孝给予了充分的关注。这倒不独孔子为然，曾子、孟子、荀子对孝亦多有所论。道家批伪孝，但却反向印证了其对真孝的肯定；墨家倡兼爱，但子对父母之爱——孝当亦在兼爱的范围之内；法家注意到"孝"与"忠"在某些情况下的对立，但也倡导"子事父"⑥，在陈壁生看来，韩非的思想特色之一就在于把父从一种角色转化成一种权力，⑦这种转化不妨看作对"孝"强调方式的转化，即由伦理强调转化为政治强调。

事实上，儒家对"孝"也不乏政治强调，如孔子称："君子之事亲孝，故忠可移于君"⑧"求忠臣必于孝子之门"⑨，亦如曾子称："事父可以事君"⑩"事君不忠，非孝也"⑪，这种"移孝作忠""尽忠为孝"观念的影响堪谓深远，且已逐渐成为一种社会意识，如《太平经》中即称："传孝之家，无恶人也。不但自孝于家，并及内外。为吏皆孝于君，益其忠诚，常

---

① 钱穆：《文化学大义》，九州出版社2011年版，第129页。
② 查昌国：《西周"孝"义试探》，《中国史研究》1993年第2期。
③ 《论语·为政》，第83页。
④ 《论语·里仁》，第272页。
⑤ 同上书，第275页。
⑥ 《韩非子·忠孝》，第510页。
⑦ 参见陈壁生《经学、制度与生活——〈论语〉"父子相隐"章疏证》，华东师范大学出版社2010年版，第139页。
⑧ 《孝经·广扬名》，《十三经注疏》，中华书局1980年版，第2258页上栏。
⑨ 《孝经纬》，《七纬》，中华书局2012年版，第736页。
⑩ 《大戴礼记·曾子立事》，第78页。
⑪ 《大戴礼记·曾子大孝》，第83页。

在高职，孝于朝廷。"①

正是出于对忠孝一体理念的欣赏与支持，两汉统治者主动倡导、大力弘扬"孝"观念，"孝"观念在两汉时期遂逐步渗透至社会各个方面。主要表现为：1. 两汉共有21位皇帝谥号加"孝"字；② 2. 举孝廉成为选官制度；③ 3. 诏令中侧重"导民以孝"；④ 4.《孝经》成为汉代普及性最强的经书之一；⑤ 5. 孝子图广见于帝王宫殿之中、郡县街衢之交、家族墓地之内、日用器皿之上。⑥

无怪乎雷海宗把汉章帝"夫孝，百行之冠，众善之始也"的话看作此后二千年间唯孝主义的中心信条，并进一步引申道："孝的宗教，到东汉时可说已经成立。……至此孝已不只是善之一种，而成了万善之本。"⑦ 亦无怪乎李泽厚说："从汉代《孝经》宣告'孝'是天经地义，到历代小传统中关于孝和不孝的传奇故事，都说明'孝'曾经长久是中国人的'宗教性道德'。"⑧

在这一思想背景下，不孝之子，不仅会招致父母的怨恨，亦会被社会舆论置于风口浪尖，关系第三方对不孝子的道德谴责堪称是自生型怨恨的一种表现。

那么，何谓"不孝"？

检视经典所论，笔者认为，在不引入关系第三方进行讨论的前提下，单就父子双方进行讨论，"不孝"的具体表现可以概括为无后、不养、不

---

① 《太平经》卷114《某诀》，第593页。

② 分别为孝惠、孝文、孝景、孝武、孝昭、孝宣、孝元、孝成、孝哀、孝平、孝明、孝章、孝和、孝殇、孝安、孝顺、孝冲、孝质、孝桓、孝灵、孝献。

③ 严耕望认为《汉旧仪》中"高后选孝悌为郎"为选孝悌之始见。而孝廉制之确立，盖于武帝建元元年。(参见严耕望《中国政治制度史纲》，上海古籍出版社2013年版，第87页。)

④ 如西汉宣帝地节四年的诏令："导民以孝，则天下顺。今百姓或遭衰经凶灾，而吏徭事，使不得葬，伤孝子之心，朕甚怜之。自今诸有大父母、父母丧者勿徭事，使得收敛送终，尽其子道。"(见《汉书》卷8《宣帝纪》，第250—251页。)

⑤ 王国维指出："以后世之制明之，小学诸书者，汉小学之科目；《论语》、《孝经》者，汉中学之科目；而六艺，则大学之科目也。武帝罢传、记博士，专立五经，乃除中学科目于大学之中，非遂废中、小学也。……汉时《论语》、《孝经》之传，实广于五经，不以博士之废置为盛衰也。"(见王国维《王国维手定观堂集林》，黄爱梅点校，浙江教育出版社2014年版，第89—90页。)

⑥ 黄婉峰在《汉代孝子图与孝道观念》一书中对此做了很精细的考证，其在书后还编制了《汉代孝子图像遗存》一表，足资参考。(见黄婉峰《汉代孝子图与孝道观念》，中华书局2012年版，第46—50、250—255页。)

⑦ 雷海宗：《中国文化与中国的兵》，岳麓书社2012年版，第75页。

⑧ 李泽厚：《历史本体论·己卯五说》，生活·读书·新知三联书店2008年版，第56页。

敬、少陪、辱身五种。① 为论述的便利起见，笔者将论及此五种方式的代表性文献表列如下：

表 2-3　　　　　　　　　从经典文献看不孝的具体表现

不孝类别	文献依据一	文献依据二
无后	不孝有三，无后为大。 ——《孟子·离娄上》	绝灭无后，为大凶。 ——《太平经》卷 56—64《阙题》
不养	惰其四肢，不顾父母之养，一不孝也；博弈好饮酒，不顾父母之养，二不孝也；好货财，私妻子，不顾父母之养，三不孝也。…… ——《孟子·离娄下》	夫子何男何女，智贤力有余者，尚乃当还报复其父母功恩而供养之也。故父母不当随衣食之也。是者名为弱养强，不足筋力养有余也，名为逆政。 ——《太平经》卷 35《分别贫富法》
不敬	今之孝者，是谓能养。至于犬马，皆能有养，不敬，何以别乎？ ——《论语·为政》	君子重其礼，小人贪其养。 ——《盐铁论·忠孝》
少陪	父母在，不远游，游必有方。 ——《论语·里仁》	则交游乎外，久而不归者，非仁人之情也。 ——《中论·谴交》
辱身	身体发肤，受之父母，不敢毁伤，孝之始也。 ——《孝经·开宗明义》	父母全而生之，子全而归之，可谓孝矣。 ——《礼记·祭义》

表 2-3 中的无后、不养、不敬、少陪、辱身作为不孝的具体表现，是会招致父母的不满、他人的非议的，不满、非议严重到一定程度，就会演变为一种怨恨。表中涉及的部分文献即可为证，"大凶"表达了对"无后"者的憎恶；"逆政"表达了对"不养"者或"啃老族"的痛恨；"何以别犬马"相当于骂"不敬"父母者不是人；徐干则对"交游乎外，久而不归"的后果这样描述："父母怀茕独之思，室人抱东山之哀，亲戚隔绝，闺门分离，无罪无辜，而亡命是效。古者行役过时不反，犹作诗刺怨。故《四月》之篇，称'先祖匪人，胡宁忍予？'又况无君命而自为之者乎！"② 句中"犹作诗刺怨"的潜台词即是说明"少陪"者更容易激发怨恨。而上文所引孔子责曾子"陷父不义"，与"辱身"这一不孝之行也有一定联系，不妨也可以看作对"辱身"者的一种怨恨。这种怨恨虽多为父母及关系第

---

① 笔者在这里的观点适当参考了葛荃在《中国政治思想通史》（秦汉卷）一书中提出的"敬养、不辱、大孝"所谓"孝"的"三境界"说，不敢掠美，特注于此。[参见林存光主编《中国政治思想通史》（秦汉卷），中国人民大学出版社 2014 年版，第 392—394 页。] 此外，关于子为父复仇以尽孝一层，涉及了关系第三方，笔者拟置于下一章再进行讨论。

② 《中论·谴交》，第 240 页。

三方之怨,但也不乏"不孝"之子对自己没有尽孝的怨恨,如《说苑》中的丘吾子"少好学问,周遍天下",结果"还后"其"亲亡",于是发出了"子欲养乎亲不待"的怨声悔叹,最后自刎而死。①

需要指出的是,早期佛教在传入汉地时,其传播的最大阻力,正是佛教徒集"无后""不养""不敬""少陪""辱身"五则"不孝"行为于一身而招致的指摘与怨恨。鲁迅说:"人往往憎和尚,憎尼姑,憎回教徒,憎耶教徒,而不憎道士。懂得此理者,懂得中国大半。"②"憎回教徒""憎耶教徒"的原因暂不讨论,而"憎和尚、憎尼姑"却"不憎道士"的原因之一恐怕正在于道教对佛教"不孝"之行的批判:

> 第一曰不孝,第二曰不而性真,生无后世类。③
> 夫贞男乃不施,贞女乃不化也。阴阳不交,乃出绝灭无世类也。二人共断天地之统,贪小虚伪之名,反无后世,失其实核,此天下之大害也。汝向不得父母传生,汝于何得有汝乎?而反断绝之,此乃天地共恶之,名为绝理大逆之人也。④

这是针对"无后"之行的批判,"天地共恶""绝理大逆"诸词表达了对这一行为的痛恨。汤用彤指出:"(《太平经》中所谓)出家弃父母,不娶妻,无后嗣,自指浮屠之教。"⑤事实上,佛教的"不养""不敬""少陪""辱身"亦成为矛头所指:

> 盖以父之财乞路人,不可谓惠,二亲尚存,杀己代人,不可谓仁。今佛经云:"太子须大挐,以父之财,施与远人。国之宝象,以赐怨家,妻子自与他人。"不敬其亲而敬他人者,谓之悖礼。不爱其亲,而爱他人者,谓之悖德。须大挐不孝不仁,而佛家尊之,岂不异哉?⑥
> 《孝经》言:"身体发肤受之父母,不敢毁伤。"曾子临没,"启予手,启予足"。今沙门剃头,何其违圣人之语,不合孝子之道也。⑦

---

① 《说苑·敬慎》,第260—261页。
② 鲁迅:《而已集》,人民文学出版社1980年版,第128页。
③ 《太平经》卷117《天咎四人辱道诫》,第655页。
④ 《太平经》卷18—35《一男二女法》,第37页。
⑤ 汤用彤:《汉魏两晋南北朝佛教史》,武汉大学出版社2008年版,第70页。
⑥ 《牟子理惑论》,《中国佛教思想资料选编》第1卷,中华书局1981年版,第8页。
⑦ 同上书,第5页。

面对这些尖锐的批评，牟子以"父母度世"为由来证须大挈之孝，以"苟有大德，不拘于小"为由来回避"辱身"的指摘。可见其公开承认"孝"观念的主导地位，对这一观念并未否定且不敢质疑。沙门尚且如此，遑论俗世。

子无后、不养、不敬、少陪、辱身已然会招致怨恨，若其进一步害亲，其招致怨恨的程度会进一步加强，这在法律上亦有体现，《商书》"刑三百，罪莫重于不孝"①、《周礼》"以乡八刑纠万民，一曰不孝之刑"② 的记载说明不孝入刑的传统似发端于先秦，其至两汉则进一步加强，从程树德的一则梳理中，我们能感受到这一传统加强的趋势："按《孝经》五刑之属三千，而罪莫大于不孝。《公羊》文十六年何注，无尊上非圣人不孝者，斩首枭之。"③ 事实上，检视《二年律令》④ 可知，不养亲、不敬亲、害亲均会入刑。

因不养亲而入罪的法律条文如：

> 有生父而弗食三日，吏且何以论子？廷尉勃等曰：当弃市。⑤

因不敬亲而入罪的法律条文如：

> 夫父母死，未葬，奸丧旁者，当不孝，不孝弃市。⑥
> 子告父母，妻告威公，奴婢告主、主父母妻子，勿听而弃告者市。⑦

---

① 《吕氏春秋·孝行览·孝行》，第 307—308 页。
② 《周礼·大司徒》，《十三经注疏》，中华书局 1980 年版，第 707 页下栏。
③ 程树德：《九朝律考》，商务印书馆 2010 年版，第 121 页。
④ 陈壁生认为："张家山汉简的《二年律令》，主要是高祖朝、吕后二年，也就是汉文帝刑律改革之前的律令。这一时期的刑律，基本上是秦律的继承。"（见陈壁生《经学、制度与生活——〈论语〉"父子相隐"章疏证》，华东师范大学出版社 2010 年版，第 170 页。）
⑤ 《二年律令·奏谳书》第 21 例，见《张家山汉墓竹简》（第二四七号墓）（释文修订本），第 55 页。转引自黄婉峰《汉代孝子图与孝道观念》，中华书局 2012 年版，第 29 页。
⑥ 同上书，第 30 页。
⑦ 朱红林：《张家山汉简〈二年律令〉集释》，社会科学文献出版社 2005 年版，第 100 页。典例为《汉书》卷 44《淮南衡山济北王传》，第 2156 页；中衡山王刘赐之子刘爽因子告父不孝，被弃市。子告父母的对立表现之一即是"子为父隐"，这一做法在不乏价值认同，如"父为子隐，子为父隐，直在其中矣"，典出《论语·子路》，第 924 页；如"自今，子首匿父母、妻匿夫、孙匿大父母，皆勿坐"，典出《汉书》卷 8《宣帝纪》，第 251 页；如"子为父隐何法？法水逃金也"，典出《白虎通·五行·人事取法五行》，第 196 页。但瞿同祖指出："亲属相为容隐及干名犯义的法律，对于谋反、谋大逆、谋叛的大罪是不适用的。与此可见家族与国，忠与孝，（转下页）

因害亲而入刑的法律条文如：

> 子牧杀父母，殴詈泰父母、父母殴大母、主母、后母，及父母告子不孝，皆弃市。①

尽管"杀人者死"的刑罚是"百王之所同"②，但杀父母的罪名为大逆，恶劣程度要重于杀人。③不宁唯是，同为杀人者，杀父母的罪犯所遭受的惩处有时要更严酷一些，例如，王莽时对杀母之人毕康的惩处："燔烧其子尸，暴其罪于天下。"④笔者认为，对不孝之人定罪、惩罚的严酷表达了社会尤其是统治者对不孝者的一种痛恨。

值得注意的是，不孝者的不孝行为有时会超出立法者的想象，比如西汉时发生的一起不孝子"妻母"的恶性事件，不妨将此事的详情引述如下：

> 春正月，美阳女子告假子不孝，曰："儿常以我为妻，妒笞我。"尊（王尊）闻之，遣吏收捕验问，辞服。尊曰："律无妻母之法，圣人所不忍书，此经所谓造狱者也。"尊于是出坐廷上，取不孝子悬磔著树，使骑吏五人张弓射杀之，吏民惊骇。⑤

（接上页）在并行不悖或相成时，两皆维持，但在两者互相冲突而不能两全时，则国为重，君为重，而忠重于孝，所以普通的罪许子孙容隐，不许告讦，而危及社稷背叛君国的重罪，则为例外。"（见瞿同祖《中国法律与中国社会》，中华书局2003年版，第66页。）与此相印证的是陈恩林的一则议论："一般说来，父权是君权的基础，君权是父权的政治表现，两者相辅相成，互相统一。但是，一旦父权与君权、族权与政权有了矛盾冲突，父权要服从君权，族权要服从政权，这叫作'不以亲亲害尊尊'（《谷梁传》文公二年），或曰'不以家事辞王事，以王事辞家事。'（《公羊传》哀公三年）。"（见陈恩林《逸斋先秦史论文集》，吉林文史出版社2010年版，第151页。）笔者认为，《白虎通》所谓"不以父命废王父命，何法？法金不畏土而畏火"与此有相承之处。（见《白虎通·五行·人事取法五行》，第197页。）

① 朱红林：《张家山汉简〈二年律令〉集释》，社会科学文献出版社2005年版，第39页。
② 《荀子·正论》，第387页。
③ 《汉武故事》载汉武帝幼时答汉景帝问，颇可说明此点，现征引如下："防年继母陈杀父，因杀陈。依律，年杀母，大逆论。帝疑之，诏问太子。太子对曰：'夫继母如母，明其不及母也，缘父之爱，故比之于母耳。今继母无状，手杀其父，则下手之日，母恩绝矣。宜与杀人者同，不宜大逆论。'帝从之，年弃市。议者称善。"（见《汉武故事》，《汉魏六朝笔记小说大观》，上海古籍出版社1999年版，第166页。）
④ 《新论·谴非篇》，第25页。
⑤ 《汉书》卷76《赵尹韩张两王传》，第3227页。

"圣人所不忍书"的感慨、"悬磔著树""吏民惊骇"的记载无一不表明王尊对不孝之子的切齿痛恨。

五

上文以君、臣、父、子四个角色为序,依次从责任角度审视了怨恨的发生逻辑。当然,人的社会角色不单只有这四种,还至少包括表2-1中提及的"兄、弟、夫、妇、长、幼、师、徒、友"等九种,但在恩义伦理中,君臣角色最有代表性,在血缘伦理中,父子角色最有代表性。由前论可知,父这一角色在没尽到责任时,所引发的怨恨并不十分明显,之所以如此,与血缘伦理的情感属性密切相关。此类情况,笔者拟置于下一章专门讨论。

需要说明的是,因论证之需,上文在讨论君、臣、父、子等角色涉及具体人物时,人物一般只承担一个角色。但在社会实践中,每一人物都会扮演多重角色,都要承担多种责任。上文在探讨"父子相隐"时所涉及的"子",既是父之"子",又是君之"臣",在父意欲反君时,"隐"或"不隐"就意味着一种责任冲突。这种责任冲突的情况并不鲜见,兹举两例:

> [楚国申鸣之父为白公所劫持](白公)告申鸣曰:"子与吾,吾与子分楚国。子不与吾,子父则死矣。"申鸣流涕而应之曰:"始吾父之孝子也,今吾君之忠臣也。吾闻之也,食其食者死其事,受其禄者毕其能。今吾已不得为父之孝子矣,乃君之忠臣也,吾何得以全身?"援枹鼓之,遂杀白公,其父亦死。王赏之金百斤。申鸣曰:"食君之食,避君之难,非忠臣也。定君之国,杀臣之父,非孝子也。名不可两立,行不可两全也,如是而生,何面目立于天下?"遂自杀也。①

> 以到官明年,遣使迎母及妻子,垂当到郡,道经柳城,值鲜卑万余人入塞寇钞,苞(赵苞)母及妻子遂为所劫质,载以击郡。苞率步骑二万,与贼对阵。贼出母以示苞,苞悲号谓母曰:"为子无状,欲以微禄奉养朝夕,不图为母作祸。昔为母子,今为王臣,义不得顾私恩,毁忠节,唯当万死,无以塞罪。"母遥谓曰:"威豪,人各有命,

---

① 《说苑·立节》,第84页。

第二章 怨恨发生逻辑的多角度省察(上)

何得相顾,以亏忠义!昔王陵母对汉使伏剑,以固其志,尔其勉之。"苞即时进战,贼悉摧破,其母妻皆为所害。苞殡敛母毕,自上归葬。灵帝遣策吊慰,封鄗侯。苞葬讫,谓乡人曰:"食禄而避难,非忠也;杀母以全义,非孝也。如是,有何面目立于天下!"遂欧血而死。①

毋庸赘言,两则材料在情节、立意方面的高度相似说明责任冲突的两难性超越了时代的限制。其实,责任冲突的两难性亦超越了国别的限制。日本德川时代被誉为"日本莎士比亚"的近松门左卫门所创作的戏剧中多有个人处于互相矛盾的社会角色要求下以自杀解开死结的故事。② 有人问法国哲学家萨特:"到底某人是应反纳粹而牺牲,还是应养老母以自保?"萨特也无法回答这一问题。③ 从赵苞母引王陵母伏剑一事可知,赵苞母的行为并非"原生"行为,而是"衍生"行为,说明以"自杀"方式来解决责任冲突或避免责任冲突已经趋于模式化了。从"武氏左石室画像题字"④ 中对"王陵母伏剑"一事的记叙可知,这一模式不乏民间认同与渲染,使得"忠孝难两全"成为一种文学母题,《三国演义》中徐庶母斥子后自缢即为一例。

需要指出的是,责任冲突并不仅限于忠孝,但忠孝冲突在此类情况中最具代表性。不宁唯是,责任有时与具体的道德条目亦有冲突,典例如:

> 晋灵公暴,赵宣子骤谏,灵公患之,使鉏之弥贼之;鉏之弥晨往,则寝门辟矣,宣子盛服将朝,尚早,坐而假寐。之弥退,叹而言曰:"不忘恭敬,民之主也。贼民之主不忠,弃君之命不信。有一于此,不如死也。"遂触槐而死。⑤

在责任冲突或责任与道德冲突的情况下,主体没有完全履责尽义,是不会引起关系第三方的自生型怨恨的,若主体以自杀为解,反而会得到关系第三方的称赞,像上文所引的申鸣、鉏之弥,都是可以称之为"节士"

---

① 《后汉书》卷81《独行列传》,第2692—2693页。
② 参见孙隆基《中国文化的深层结构》,广西师范大学出版社2011年版,第423页。
③ 参见李泽厚《回应桑德尔及其他》,生活·读书·新知三联书店2014年版,第82页。
④ 题字中涉及王陵母伏剑死之事,残文如下:"楚将。王陵母。汉使者。王[陵之母],见获于楚。陵为汉将,与项相距。母见汉使,曰(汉)长者,因伏剑死,以免其子。"(见高文《汉碑集释》,河南大学出版社1997年版,第149页。)
⑤ 《说苑·立节》,第82—83页。

的，类似地，刘向将自杀以全忠孝的石奢亦置于节士中讨论①，《吕氏春秋》则将其归为"高义"，并称石氏所为"可谓忠且孝矣。"②

但在责任冲突或责任与道德冲突的情况下，反倒是主体自己，有时会对自己生怨："非忠非孝"的感慨蕴含着一种愧的心理成分，愧对应着关系的对方；"何面目立于天下"的喟叹蕴含着一种耻的心理成分，耻对应着关系的第三方；"欧血""伏剑""触槐""刎颈"等行为的毅然决然蕴含着一种怨恨的心理成分，怨恨对应的是关系的己方。这里，怨恨矛头指向的是主体自己，主体怨恨自己没有履责尽义，怨恨自己没有忠孝兼顾，怨恨自己没有两全其美，于是不惜自尽，使灵魂能够跳出愧与耻的深渊，使精神得以超脱怨与恨的羁绊。身死之时，愧也好，耻也罢，怨也好，恨也罢，全部清零。自尽本身意味着对责任伦理的虔诚与坚守，因之自尽主体的事迹会被认同责任伦理的后世笔而为史、引而为则、发而为歌、诵而为谚。

---

① 《新序·节士》，第949—952页："楚昭王有士曰石奢，其为人也，公正而好义，王使为理，于是廷有杀人者，石奢追之，则其父也，遂反乎廷曰：'杀人者，仆之父也。以父成政，不孝；不行君法，不忠。弛罪废法，而伏其辜，仆之所守也。'伏斧锧，曰：'命在君。'君曰：'追而不及、庸有罪乎？子其治事矣。'石奢曰：'不私其父，非孝也；不行君法，非忠也；以死罪生，非廉也。君赦之，上之惠也；臣不敢失法，下之行也。'遂不离鈇锧，刎颈而死于廷中。"

② 《吕氏春秋·离俗览·高义》对石奢事迹的记叙与上注《新序》中的记叙基本相同，只不过主人公名字为石渚。

第三章 怨恨发生逻辑的多角度省察(下)

第一节 情感角度

一

对人类而言，情感的重要性并不逊于道德，有研究表明，在通常情况下，人类道德判断和审美判断服从的往往并不是理，而是情。① 在俗世中，每一个人都有着一定的情感欲望，这种情感欲望大致体现在对亲情、恋情、友情、恩情、乡情的需要与渴求上。正如笔者在上一章所指出的那样，君臣、父子、夫妇、师徒、长幼、朋友等社会关系中，既有伦理的成分，又有情感的成分。举凡对情感欲望的人为破坏均会招致怨恨，检视先秦两汉典籍可知，人为破坏情感欲望招致的怨恨中，怨恨程度最深的计有三种，曰：杀父之仇、夺妻之恨、迁徙之怨。从西汉元帝时期的贾捐之的一则谏词中即可窥见这一点，"民众久困，连年流离，离其城郭，相枕席于道路。人情莫亲父母，莫乐夫妇。"② 可见，贾捐之对时政的批评正是指出统治者破坏了民众最迫切的情感需要，亲情、恋情、乡情。进一步讲，杀父是破坏血缘层面之亲情的极端表现，夺妻是破坏姻缘层面之恋情的极端表现，迁徙是破坏地缘层面之乡情的极端表现，杀父之仇、夺妻之恨、迁徙之怨均产生在他者破坏的前提下，因之，这三种怨恨更多地偏向于他生型怨恨。

首先来看杀父之仇。

父子之间血浓于水的骨肉亲情是人类最自然的情感之一，主体的父亲一旦被客体杀害，主体最基本的情感欲望便遭到了极端的破坏，主体对客

---

① 参见张隆溪《阐释学与跨文化研究》，生活·读书·新知三联书店 2014 年版，第 99 页。
② 《汉书》卷 64 下《严朱吾丘主父徐严终王贾传》，第 2823 页。

体的怨恨是最刻骨铭心的。当然，主体的亲、友、君、师被害，皆有可能激发主体的仇恨，但报杀父之仇却堪称是所有复仇行为中最突出的代表，儒家经典在言及复仇行为时，就明确地将为父复仇置于第一位。

孔子曰：

> 父之仇，弗与共戴天；兄弟之仇，不反兵；交游之仇，不同国。①

曾子曰：

> 父母之雠，不与同生；兄弟之雠，不与聚国，朋友之雠，不与聚乡，族人之雠，不与聚邻。②

孔子答子夏问：

> 子夏问于孔子曰："居父母之仇，如之何？"夫子曰："寝苫，枕干不仕，弗与共天下也。遇诸市朝，不反兵而斗。"曰："请问居昆弟之仇，如之何？"曰："仕弗与共国，衔君命而使，虽遇之不斗。"曰："请问居从父昆弟之仇，如之何？"曰："不为魁，主人能，则执兵而陪其后。"③

无怪乎《列子》所载来丹报父仇一事中，来丹之友亦将其对杀父仇人之怨称为"至怨"。④ 亦无怪乎樊於期在听完荆轲述及秦王嬴政对樊的杀父害亲之仇后，便仰天太息流涕曰："於期每念之，常痛于骨髓，顾计不知所出耳！"最终，樊於期甚至不惜自杀以利荆轲刺秦，从而达到复仇的目的。⑤

与正式思想及民间思想层面的议论相对应的，是史实层面，复父仇行为在所有复仇行为中所占据的比例排名第一。周天游曾遍检前四史及《华阳国志》等典籍对两汉复仇的史实进行了详尽的搜罗，制成《两汉复仇一

---

① 《礼记·曲礼上》，第1250页中栏。
② 《大戴礼记·曾子制言上》，第91页。
③ 《礼记·檀弓上》，第1284页下栏、1285页上栏。
④ 《列子·汤问》，《列子集释》，中华书局1979年版，第187页。
⑤ 《史记》卷86《刺客列传》，第2533页。

第三章 怨恨发生逻辑的多角度省察（下）

览表》。① 由此表可知，见于记载的复仇史实，两汉共计 103 例，其中有 27 例是为父复仇，有 11 例是为兄复仇，有 10 例是为友复仇，有 5 例是为母复仇，有 4 例是为弟复仇，有 3 例是为舅复仇，有 2 例是为叔复仇，有 2 例是为祖复仇，有 1 例是为夫复仇，其余诸例或为旁人，或所为不详。由上述统计可知，为父复仇的情况最为常见，所占比例为 26.21%，而为友复仇的 10 例中，有 3 例是为友复父仇，如将此 3 例与上述的 27 例合并，为父复仇的情况在 103 例复仇史实中所占比例则高达 29.12%，已接近 30%。②

杀父之仇所激发的怨恨是如此的刻骨，以至于可以成为激发战争或叛乱的缘由，伍子胥讨楚、夫差伐越、刘安反汉均可为证：

> 子胥、伯嚭鞭平王之尸以报父仇。③
>
> 阖庐使立太子夫差，谓曰："尔忘勾践杀汝父乎？"对曰："不敢！"三年，乃报越。④
>
> 父长以罪迁蜀严道，至雍道死。安嗣为王，恨父徙死，怀反逆之心，招会术人，欲为大事。⑤

无怪乎孟子大声疾呼："吾今而后知杀人亲之重也。杀人之父，人亦杀其父。"⑥ 子复父仇这一行为之所以广见于先秦两汉，当然与道德褒扬、伦理强化、舆论逼迫、利益诱惑、风俗浸染密切相关。⑦ 但最根本的因素，还在于主体情感欲望遭到破坏从而激发的怨恨。贾谊对这一点阐发得最为透彻：

---

① 参见周天游《古代复仇面面观》，陕西人民教育出版社 1992 年版，第 140—163 页。
② 中国台湾人类学家文崇一在《报恩与复仇：交换行为的分析》一文中亦做过类似的统计，但较之于周天游的《两汉复仇一览表》，要显得很粗糙，因其不甚完备。文崇一从战国到宋，共搜罗复仇史实 77 例，其中为父复仇 38 例，为父复仇的情况在 77 例复仇史实中所占比例高达 49.35%，已接近 50%。这在一定程度上，也可以为本文的论证提供支撑。（参见杨国枢主编《中国人的心理》，中国人民大学出版社 2012 年版，第 294—299 页。）
③ 《史记》卷 31《吴太伯世家》，第 1466 页。
④ 同上书，第 1468 页。
⑤ 《论衡·道虚篇》，第 319—320 页。
⑥ 《孟子·尽心下》，第 968 页。
⑦ 周天游曾撰《汉代复仇盛行的原因及其社会影响》一文，从"宗法传统与'孝道'""道德与法的冲突和协调""经济利益的诱惑""权欲的膨胀与争雄""社会风俗的诱导和地域文化特征的影响""气候、人口密度、迁徙、酒俗及其他"六个方面探讨复仇盛行的原因。（参见周天游《古代复仇面面观》，陕西人民教育出版社 1992 年版，第 70—102 页。）

今淮南子少，壮闻父辱状，是立悢焉泣沾衿，卧悢泣交项，肠至腰肘如缪维耳，岂能须臾忘哉？是而不如是，非人也。陛下制天下之命，而淮南王至如此极，其子舍陛下而更安所归其怨尔？特曰势未便，事未发，含乱而不敢言。若诚其心，岂能忘陛下哉？白公胜所为父报仇者，报大父与诸伯父、叔父也，令尹子西、司马子綦皆亲群父也，无不尽伤。昔者白公之为乱也，非欲取国代主也，为发愤快志尔。故欲皆首以冲仇人之匈，固为要俱糜而已耳，固非冀生也。①

"发愤快志、固为俱糜"一句，最能说明子复父仇在实施的那一瞬间，根本就没有什么道德、伦理、舆论、利益、风俗等方面的考量，主导复仇行为的，只有情感二字。② 惟其如此，方显出仇恨的纯粹——壮怀激烈后，愈益怒发冲冠，正如辜鸿铭所说："有一种力量比自然界的物质力量更可怕，那就是人心中的激情。自然的物质力量给人类造成的伤害，远不及人类的激情所带来的伤害。"③

因之，史不绝书的法禁不止的蹈死不顾的复仇行为，对应着主体情感欲望遭到破坏而激发的怨恨。省察这一行为，情感应该成为与伦理并存的一个视角。④

其次来看夺妻之恨。

夫妇彼此之间虽然并没有血缘关系，但夫妇关系却是所有社会关系中最先有的社会关系。《周易·序卦传》中讲："有天地然后有万物，有万物然后有男女，有男女然后有夫妇，有夫妇然后有父子，有父子然后有君臣。"⑤《礼记》中也不乏类似的表述："男女有别，而后夫妇有义；夫妇有义而父子有亲；父子有亲而后君臣有正"⑥；"君子之道，造端乎夫妇。"⑦

---

① 《新书·淮难》，第157页。
② 笔者并不想否认道德、伦理、舆论、利益、风俗对复仇行为的推动作用，但认为推动复仇的最根本的作用力，来自于情感。虽然道德、伦理、舆论、利益、风俗、情感对复仇行为的推动因个体的差异而异，不可一概而论，但笔者认为，情感推动复仇行为可以视为一般情况。
③ 辜鸿铭：《中国人的精神》，李晨曦译，译林出版社2012年版，第1页。
④ 需要说明的是，子复父仇与"报"观念亦密切相关。对子而言，父是最大的恩人，父一旦被害，子须以报仇的方式来报父之恩。这里也蕴含着情感的因素，即恩情。正如《淮南子》所说，"子之死父也……，世有行之者矣，非出死以要名也，恩心之藏于中而不能违其难也。"（见《淮南子·缪称训》，第720页。）关于"报"观念与怨恨的关系，笔者将在下一章详细探讨。
⑤ 《周易·序卦》，第96页上栏。
⑥ 《礼记·昏义》，第1681页上栏。
⑦ 《礼记·中庸》，第1626页下栏。

第三章　怨恨发生逻辑的多角度省察(下)

无怪乎冯友兰称"夫妇是人伦之始"。① 因之，夫妇之间所蕴含着的男女之情，对应着人类最基本的情感欲望，此通之古今而不谬、施之中西而不悖，《礼记》中即称："饮食男女，人之大欲存焉。"② 《孟子》亦称"食色，性也。"③ 《太平经》中亦称："不饮不食便死，是一大急也。……如男女不相得，便绝无后世。天下无人，何有夫妇父子君臣师弟子乎？以何相生而相治哉？天地之间无牝牡，以何相传，寂然便空，二大急也。"④ 弗洛伊德亦称"性欲是人的原始欲望之一"。⑤ 需要指出的是，人在男女之情方面的情感欲望，由性欲与情欲两部分组成。性欲对应着卢梭所谓的"生理方面的爱"——"野蛮人只知道生理上的爱"；情欲对应着卢梭所谓的"精神方面的爱"——"精神方面的爱是一种人为的感情，是由社会的习俗造成的。"由此，卢梭发现了一个无可争辩的事实："对异性的爱，同其他欲望一样，是在进入社会状态之后才发展到狂热的程度。"⑥ 之所以愈来愈狂热，正是因为在单纯性欲的基础上添加进情欲的缘故。汉代乐府诗中的《上邪》一诗颇可说明男女之间"情"成分的存在与炽烈：

> 上邪！我欲与君相知，长命无绝衰。山无棱，江水为竭，冬雷震震，夏雨雪，天地合，乃敢与君绝。⑦

彭卫指出："在封建社会中，由于家长权和夫权的层层压迫，是很难有真正的爱情可言。不过，汉代是封建社会早期，在下层人民当中，夫权和家长权的束缚相对较弱；加之，共同劳动的联系，共同面对社会的重压，爱慕之情会在一定程度下流露出来。"⑧ 与汉代相比，先秦时男女之间"情"成分的存在要更为普遍和多彩，从《诗经》中《关雎》《氓》诸诗中即可窥见一斑。

由性欲与情欲构成的情感欲望是如此强烈，以至于被孔子称为"人之大欲"之一，卢梭的一则表述为"饮食男女，人之大欲存焉"这一观点提

---

① 参见冯友兰《中国哲学史新编》（中），人民出版社2007年版，第92页。
② 《礼记·礼运》，第1422页下栏。
③ 《孟子·告子上》，第743页。
④ 《太平经》卷36《守三实法》，第43—44页。
⑤ 参见叶舒宪主编《文学与治疗》，社会科学文献出版社1999年版，第138页。
⑥ 参见［法］卢梭《论人与人之间不平等的起因和基础》，李平沤译，商务印书馆2007年版，第76—78页。
⑦ 沈德潜编选：《古诗源》，文学古籍刊行社1957年版，第70页。
⑧ 彭卫：《汉代婚姻形态》，中国人民大学出版社2010年版，第249页。

供了注脚：

> 在搅动人类心灵的诸多欲望中，有一种炽热的和狂躁的欲望使人感到需要一个异性。这一可怕的欲望，将使他做出不顾一切危险和障碍的举动。①

因之，若主体在男女之情方面的自然欲望遭到了妨碍或伤害，则难免会产生怨望的情绪。鲁迅的一则议论比较全面地反映出这一点：

> 至于因为不得已而过着独身生活者，则无论男女，精神上常不免发生变化。有着执拗猜疑阴险的性质者居多。欧洲中世的教士，日本维新前的御殿女中（女内侍），中国历代的宦官，那冷酷险狠，都超出常人许多倍。别的独身者也一样，生活既不合自然，心状也就大变，觉得世事都无味，人物都可憎，看见有些天真欢乐的人，便生恨恶。尤其是因为压抑性欲之故，所以于别人的性底事件就敏感，多疑；欣羡，因而妒嫉。其实这也是势所必至的事：为社会所逼迫，表面上不能不装作纯洁，但内心却终于逃不掉本能之力的牵掣，不自主地蠢动着缺憾之感的。②

对主体在男女之情方面的自然欲望最直接的破坏就是抢夺主体的妻子，此种情况会直接激发主体的夺妻之恨。③ 典例是郑国的游眅夺人妻而被杀一事：

> 郑游眅将归晋，未出竟，遭逆妻者，夺之以馆于邑。丁巳，其夫攻子明（即游眅），杀之，以其妻行。④

事件中的"其夫"即为夺妻之恨的主体，即便他杀了游眅，最后也免于追责，充分显示了报"夺妻之恨"这一行为的正义性：

---

① ［法］卢梭：《论人与人之间不平等的起因和基础》，李平沤译，商务印书馆2007年版，第76页。
② 鲁迅：《坟》，人民文学出版社1980年版，第257—258页。
③ 所谓"夺夫之恨"，一般体现在妻对夫其他配偶的妒或对夫本人的怨，下文再详细展开。
④ 《左传·襄公二十二年》，第1975页上栏。

· 120 ·

子展废良（游眅的儿子子良）而立大叔（游眅的弟弟游吉），曰："国卿，君之贰也，民之主也，不可以苟。请舍子明之类。"求亡妻者，使复其所。使游氏勿怨，曰："无昭恶也。"①

刘冬颖称："在古代中国，有两件理由，杀了人基本是可以免于死刑的，一个是'杀父之仇'，一个就是'夺妻之恨'。"② 正史中大量复父仇杀人而无罪释放的例子足以证明第一种情况③，而"其夫"杀游眅终无罪一事说明了第二种情况亦不乏史实支撑。

夺妻之恨是如此刻骨，即便贵为君主，夺臣下之妻，亦会生怨。例如，齐庄公夺其臣崔杼之妻，并羞辱崔杼，崔杼于是怨恨庄公，终使人杀之。④ 固然崔杼承担了"弑君"的罪名，但"弑君"之行却事出有因，无怪乎丁耀亢感慨道："齐太史书弑其君，然则杼过乎哉？"⑤ 简言之，把过错全部推给崔杼，恐失公允。无独有偶，针对齐懿公夺阎职之妻而使阎职为骖乘终死于阎职之手一事⑥，丁耀亢对齐懿公发出这样的感慨："夺其妻而近其夫，欲不亡得乎？"⑦ 正是出于对夺妻之恨的恐惧，卫宣公夺太子伋之妻后，欲废太子伋——"宣公自以其夺太子妻也，心恶太子，欲废之"⑧；楚平王夺太子建之妻后，愈疏太子建——"自无忌入秦女，太子怨，亦不能无望于王，王少自备焉"。⑨ 这两则材料反向表明了夺妻之恨在情感上以及逻辑上的成立。

先秦时期，夺妻之恨的主体较多地体现为个体，两汉时期，夺妻之恨的主体较多地体现为群体。之所以会发生这样的变化，与统治阶层霸占妇女数量的增加密切相关。孔子称："圣人在上，君子在位，则内无怨女，外无旷夫。"⑩ 孟子亦用"内无怨女，外无旷夫"来劝谏"好色"的梁惠王。⑪ 至西汉，扬雄认为"宫不女"是汉文帝有"德"的重要体现，

---

① 《左传·襄公二十二年》，第1975页上、中栏。
② 刘冬颖：《执子之手——〈诗经〉爱情往事》，中华书局2010年版，第208页。
③ 瞿同祖对此举证甚丰，参见瞿同祖《中国法律与中国社会》，中华书局2003年版，第85—88页。
④ 《左传·襄公二十五年》，第1982页下栏。
⑤ （清）丁耀亢著，宫庆山、孟庆泰校释：《〈天史〉校释》，齐鲁书社2009年版，第67页。
⑥ 《左传·文公十八年》，第1861页上栏。
⑦ （清）丁耀亢著，宫庆山、孟庆泰校释：《〈天史〉校释》，齐鲁书社2009年版，第65页。
⑧ 《史记》卷37《卫康叔世家》，第1593页。
⑨ 《史记》卷40《楚世家》，第1712—1713页。
⑩ 《孔丛子·论书》，第17页。
⑪ 《孟子·梁惠王下》，第139页。

所谓"宫不女"即"出宫人嫁之，令无怨旷。"① 至东汉，《白虎通》直接明言："明君人者，不当使男女有过时无匹偶也。"② 虽然在正式思想层面，先秦两汉诸子一再强调统治阶层要努力满足人们在男女之情方面的情感欲望，但在现实中，统治阶层的表现却每每与诸子的强调南辕北辙、大相径庭。

"沛公入秦，宫室帷帐狗马重宝妇女以千数"③ 的记载直观地反映出秦朝统治阶层霸占妇女的大致数量。"至高祖、孝文、孝景皇帝，循古节俭，宫女不过十余"④ 的记载表明汉兴之初确乎在这一方面吸取了秦朝灭亡的教训，但至武帝，其在霸占妇女数量方面较之秦廷却不遑多让。葛剑雄指出："武帝时已有后宫数千人，直到王莽败时，宫内还有宫女千余人。这数千人可说是个常数，死亡或缺少要随时补充。开始几帝死后还放出部分宫女，至武、昭、宣帝死后，后宫女全部置于陵园，终身不得出嫁了。"⑤ 不独君主唯是，整个统治阶层从上到下，都竞相霸占妇女："从皇帝、诸王、列侯、百官再加上地主豪富，庞大的统治阶级霸占了大批妇女，远远超过了他们的人口比例。而且由于习俗如此，一般平民只要有能力也会多妻，这就使原来就不太平衡的男女比例差距越来越大。"⑥

统治阶层霸占大量妇女，不仅使找不到配偶的单身男子生怨，亦会使被霸占的女子生怨。《诗经》中即有所谓"白华之怨"的说法，《诗经·白华》称："白华，周人刺幽后也，幽王取申女以为后。"⑦ 如果说先秦时期的"白华之怨"侧重于描述个体怨恨的话，那么，翦伯赞的一则议论可以

---

① 《法言·重黎》，第389页。
② 《白虎通·爵·庶人称匹夫》，第22页。
③ 《汉书》卷40《张陈王周传》，第2026页。
④ 《汉书》卷72《王贡两龚鲍传》，第3069页。
⑤ 葛剑雄：《西汉人口地理》，商务印书馆2014年版，第47—48页。
⑥ 同上书，第48页。葛剑雄指出，现代人口学的研究表明，不论何种种族、地区，婴儿的男女性比例一般为106∶100，大致是相等的。但西汉时杀婴或弃养的现象很普遍（见第四节），重男轻女之风很盛。如淳于公骂女儿："生子不生男，缓急非有益。"成帝皇后赵飞燕，"初生时，父母不举，三日不死，乃收养之"。东汉初班昭作《女诫》七篇："卑弱第一：古者生女三日，卧之床下……明其卑弱，主下人也。"对将来能传种接代、提供劳动力的男婴尚多杀死，杀死女婴就更多了。因此至少在成年前，人口的性构成中女少于男。（同上书，第47页。）笔者认为，这一时期因男女之情方面的自然欲望遭到了伤害而生怨的情况之所以发生，固然不排除人口性别比例失调的因素，较之"统治阶层霸占大量妇女而言，其当为次要因素。另彭卫称："据人口学研究，在正常的社会状况中，人口的男女比例一般是100∶102。"（见彭卫《汉代婚姻形态》，中国人民大学出版社2010年版，第125页。）这一数据虽与葛剑雄所引有细微出入，但就"男女比例大致相等"这一点而言，还是相一致的。
⑦ 《诗经·小雅·鱼藻之什·白华》，《十三经注疏》，中华书局1980年版，第469页上栏。

说描述两汉时期与此类似的群体怨恨，翦伯赞曾引《三辅黄图》来描述汉武的妃嫔所居之地——禁闼："武帝时，后宫八区，有昭阳、飞翔、增成、合欢、兰林、披香、凤凰、鸳鸯等殿。后又增修安处、常宁、范若、椒风、发越、蕙草等殿，为十四位。"翦伯赞认为这里既可以说是"美人窝"，也可以说是"怨女馆"。① 正如东汉的陈蕃在上疏汉桓帝时所言，"采女数千……聚而不御，必生忧悲之感"。②

与此相印证的是，《焦氏易林》中的一些占辞亦能体现出单身男女心中的怨气：

> 三十无室，长女独宿。心劳未得，忧在胸臆。③
> 鳏寡独宿，忧动胸臆，莫与笑食。④
> 三十无室，寄宿桑中。上官长女，不得来同，使我失期。⑤

前两则占辞反映出主体在男女之情方面的自然欲望遭到了伤害而生怨。第三则占辞反映出这一情况之所以会发生，原因之一是统治阶层不合理地霸占着大量妇女。

两汉时期，一些开明之士对主体在男女之情方面的自然欲望遭到了伤害而生怨的现象多有揭露，对统治阶层霸占大量妇女的行为多有批判：

《盐铁论》中的贤良说：

> 今诸侯百数，卿大夫十数，中者侍御，富者盈室。是以女或旷怨失时，男或放死无匹。⑥

贡禹劝谏汉元帝说：

> 取女皆大过度，诸侯妻妾或至数百人，豪富吏民畜歌者至数十人，是以内多怨女，外多旷夫。⑦

---

① 翦伯赞：《秦汉史十五讲》，中华书局2012年版，第83页。
② 《后汉书》卷66《陈王列传》，第2161页。
③ 《焦氏易林·临》，第732页。
④ 《焦氏易林·观》，第768页。
⑤ 《焦氏易林·艮》，第1930页。
⑥ 《盐铁论·散不足》，第354页。
⑦ 《汉书》卷72《王贡两龚鲍传》，第3071页。

郎顗劝谏汉顺帝说：

> 礼，天子一娶九女，嫡媵毕具。今宫人侍御，动以千计，或生而幽隔，人道不通，郁积之气，上感皇天，故遣荧惑入轩辕，理人伦，垂象见异，以悟主上。①

周举劝谏汉顺帝说：

> 陛下处唐虞之位，未行尧舜之政，近废文帝、光武之法，而循亡秦奢侈之欲，内积怨女，外有旷夫。今皇嗣不兴，东宫未立，伤和逆理，断绝人伦之所致也。非但陛下行此而已，竖宦之人，亦复虚以形势，威侮良家，取女闭之，至有白首殁无配偶，逆于天心。②

刘瑜劝谏汉桓帝说：

> 古者，天子一娶九女，娣侄有序，《河图》授嗣，正在九房。今女嬖令色，充积闺帷，皆当盛其玩饰，冗食空宫，劳散精神，生长六疾。此国之费也，生之伤也。且天地之性，阴阳正纪，隔绝其道，则水旱为并。《诗》云："五日为期，六日不詹。"怨旷作歌，仲尼所录。况从幼至长，幽藏殁身。又常侍、黄门，亦广妻娶。怨毒之气，结成妖眚。行路之言，官发略人女，取而复置，转相惊惧。孰不悉然，无缘空生此谤。邹衍匹夫，杞氏匹妇，尚有城崩霜陨之异；况乃群辈咨怨，能无感乎？③

通过以上材料，我们可以得出以下三点基本认识：

第一，统治阶层将妇女视作一种资源或玩物加以囤积，"取女皆大过度""充积闺帷，盛其玩饰"诸句即可为证，这就忽视了妇女作为人的情感需要。毋庸赘言，统治阶层对妇女"资源"一定是"满置而不能遍御"。"满置"会激发"无置"男子之怨，"不能遍御"则会激发"未御"女子之怨。

---

① 《后汉书》卷30下《郎顗襄楷列传》，第1061—1062页。
② 《后汉书》卷61《左周黄列传》，第2025页。
③ 《后汉书》卷57《杜栾刘李刘谢列传》，第1855—1856页。

第三章　怨恨发生逻辑的多角度省察(下)

第二,"竖宦之人""常侍黄门"娶妻的记载从一个侧面反映了东汉宦官势力膨胀的时代特点。作为"刑余之人"的宦官,娶妻行为既会引发无妻男子的不平,也会引发妻子的哀怨,从"逆于天心""怨毒之气"诸句中即可窥见一斑。

第三,在开明之士看来,旷夫怨女所积累的怨气激起了天人感应,固然其中有假借灾异之名增强劝谏力度的意图,但"郁积之气,上感皇天""群辈咨怨,能无感乎"的描述却也真确地反映出这种怨气的可畏。

综上可知,两汉时期自汉武帝起,主体在男女之情方面的自然欲望遭到伤害而生怨的情况长期存在,虽时有缓解,但总体上呈愈演愈烈之势,统治阶层霸占大量妇女是造成这一局势的"罪魁祸首"。

不宁唯是,即便是成婚的夫妻,如分居两地,亦无法满足彼此情感方面的需要,亦会生怨。汉桓帝时上计掾秦嘉与其妻徐淑彼此的赠诗很形象地说明了这一点。

秦嘉的赠诗云:"一别怀万恨,起坐为不宁。"①
徐淑的答诗云:"恨无兮羽翼,高飞兮相追。"②
秦嘉与徐淑分别的原因是徐淑"寝疾还家",在这种情况下,怨恨已然如是,遑论他者强制夫妻分离的情况。他者强制夫妻分离的情况最突出的例子是兵役、徭役旷日持久的实行,其所造成的怨恨,《盐铁论》言之甚详:

> 今商鞅之册任于内,吴起之兵用于外,行者勤于路,居者匮于室,老母号泣,怨女叹息。③

> 今山东之戎马甲士戍边郡者,绝殊辽远,身在胡、越,心怀老母。老母垂泣,室妇悲恨。④

> 宋伯姬愁思而宋国火,鲁妾不得意而鲁寝灾。今天下不得其意者,非独西宫之女。宋之老母也。《春秋》动众则书,重民也。宋人围长葛,讥久役也。君子之用心必若是。⑤

> 若今则徭役极远,尽寒苦之地,危难之处,涉胡、越之域,今兹往而来岁旋,父母延颈而西望,男女怨旷而相思,身在东楚,志在西

---

① 《先秦汉魏晋南北朝诗·汉诗卷六·秦嘉》,中华书局1983年版,第185页。
② 同上书,第187页。
③ 《盐铁论·非鞅》,第94页。
④ 《盐铁论·备胡》,第446页。
⑤ 同上书,第446—447页。

河，故一人行而乡曲恨，一人死而万人悲。①

　　古者，无过年之繇，无逾时之役。今近者数千里，远者过万里，历二期。长子不还，父母愁忧，妻子咏叹，愤懑之恨发动于心，慕思之积痛于骨髓。此《杕杜》、《采薇》之所为作也。②

通过以上材料，我们可以得出以下两点基本认识：

第一，因兵役、徭役旷日持久，从而破坏人情感欲望进而激发怨恨的情况，并不仅限于西汉，亦广见于先秦。《采薇》一诗、《春秋》书"宋人围长葛"一事均可为证。至东汉，《白虎通》亦称：

　　古者师出不逾时者，为怨思也。……逾时则内有怨女。外有旷夫。《诗》云："昔我往矣，杨柳依依；今我来思，雨雪霏霏。"《春秋》曰："宋人取长葛。"《传》曰："外取邑不书，此何以书？久也。"③

第二，兵役徭役旷日持久破坏的情感不仅仅限于姻缘层面的男女之情，还包括血缘层面的亲情，以及地缘层面的乡情。"怨女叹息""室妇悲恨""男女旷怨而相思""妻子忧叹"诸句反映的是男女之情遭到破坏而产生的怨恨；"老母号泣""老母垂泣""父母延颈而西望""父母愁忧"诸句反映的是亲情遭到破坏而产生的怨恨；"一人行而乡曲恨，一人死而万人悲"反映的是乡情遭到破坏而产生的怨恨。

最后来看迁徙之怨。

从情感角度来省察迁徙之怨离不开对乡情的分析。《诗经》中"于嗟阔兮，不我活兮。于嗟洵兮，不我信兮"④"祈父！予王之爪牙，胡转予于恤？靡所止居"⑤等悲鸣发生的原因中多少包含些乡情遭受破坏的成分。需要说明的是，中国古人对乡情的重视与陆居的地理环境密切相关。梁启超说："海也者，能发人进取之雄心者也。陆居者以怀土之故，而种种之系累生焉。"⑥就华夏先民内部而言，亦有海居与陆居之分，陆居者之乡情较之海居者，要更为浓厚，《越绝书》中伍子胥的一则感慨颇可证明此点：

---

① 《盐铁论·执务》，第456页。
② 《盐铁论·繇役》，第520页。
③ 《白虎通·三军·师不逾时》，第209页。
④ 《诗经·国风·邶风·击鼓》，第300页上栏。
⑤ 《诗经·小雅·鸿雁之什·祈父》，第433页中栏。
⑥ 梁启超：《地理与文明之关系》，《饮冰室合集》第2册，中华书局1989年版，第108页。

> 子胥闻之,即从横岭上大山,北望齐晋,谓其舍人曰:"去,此邦堂堂,被山带河,其民重移。"于是乃南奔吴。①

在伍子胥看来,偏于陆居的齐晋较之滨海而居的吴越,安土重迁的传统要更明显一些。

需要进一步说明的是,就陆居民族而言,又分为游牧民族与农耕民族两种,从生产方式上来讲,农耕民族播种于故土,耕作于故土,收获于故土;从生活方式上来讲,农耕民族生长于故土,交游于故土,安葬于故土。正如钱穆所说:"中国自古便成一农业社会,生于斯,长于斯,老于斯,葬于斯,人生与土地结不解缘。"② 亦如费孝通所说:"'生于斯、死于斯'把人和地的因缘固定了。"③ 因之,农耕民族之乡情较之于游牧民族,要更为浓厚。西汉时期的晁错就曾将乡情与农耕生产方式连结在一起,他说:"贫生于不足,不足生于不农,不农则不地著,不地著则离乡轻家。"④ 华夏先民在农业革命发生之前,亦经历过游牧阶段,从黄帝时"迁徙往来无常处"⑤ 的记载中即可窥见一斑。伴随着农业革命的发生,安土重迁的传统逐步形成。

在此背景下,则有可能发生破坏乡情的迁徙之怨。《史记》中所载的盘庚迁都致怨一事即为一例:"帝盘庚之时,殷已都河北,盘庚渡河南,复居成汤之故居,乃五迁,无定处。殷民咨胥皆怨,不欲徙。"⑥ 直到东汉末年,杨彪还援引此事力谏董卓迁都之举:"移都改制,天下大事,故盘庚五迁,殷民胥怨。"⑦

迁徙之怨发生的原因中,固然不排除主体利益受到损害的成分,但最基本的原因还是迁徙的行为破坏了主体的乡情。孔子所谓"君子怀德,小人怀土"⑧,《庄子》所谓"旧国旧都,望之畅然"⑨,从侧面反映了乡情存在的普遍性。两汉时期,对乡情的表达要更为直接,对安土重迁传统的体

---

① 《越绝书》卷1《越绝荆平王内传》,第18页。
② 钱穆:《灵魂与心》,广西师范大学出版社2004年版,第107页。
③ 费孝通:《乡土中国·生育制度》,北京大学出版社1998年版,第70页。
④ 《汉书》卷24上《食货志上》,第1131页。
⑤ 《史记》卷1《五帝本纪》,第6页。
⑥ 《史记》卷3《殷本纪》,第102页。
⑦ 《后汉书》卷54《杨震列传》,第1786页。
⑧ 《论语·里仁》。孔安国注曰:"重迁。"刘宝楠正义曰:"言小人以迁徙为重难也,亦怀居之意。"国学整理社编:《诸子集成》第1册《论语正义》,中华书局2006年版,第79—80页。
⑨ 《庄子·杂篇·则阳》,第876页。

察要更为明确，如：

汉高祖对沛父兄说道："游子悲故乡。吾虽都关中，万岁之后吾魂魄犹思沛。"①

汉元帝在诏书中写道："安土重迁，黎民之性；骨肉相附，人情所愿也。"②

汉元帝时的贡禹上疏时写道："不胜私愿，愿乞骸骨，及身生归乡里，死亡所恨。"③

王符在《潜夫论》中写道："且夫士重迁，恋慕坟墓，贤不肖之所同也。"④

崔寔在《政论》中写道："小人之情，安土重迁，宁就饥馁，无适乐土之虑。"⑤

祢衡在《鹦鹉赋》中称："想昆山之高岳，思邓林之扶疏。顾六翮之残毁，虽奋迅其焉如？心怀归而弗果，徒怨毒于一隅。"⑥

由上述材料可知，安土重迁与乡情密切相关，是一种较为普遍的人情，且在一定程度上超越了利害的得失，"宁就饥馁，无适乐土之虑"一句最能说明这一点。刘邦贵为天子，使其父移新居，新居虽较故居为优，但其父却不乐反怨，于是刘邦就"既作新丰，并移旧址"，使得"衢巷栋宇，物色惟旧，士女老幼，相携路首，各知其室，放犬羊鸡鸭于通途，亦竞识其家"。⑦ 通过这种方式，满足其父对乡情的渴求。虽然此事不见载于正史，但从刘邦"游子悲故乡"一句的感慨中，此事却很可代表当时人的心理史实，具有思想史层面上的真实性。

可见，迁徙纵使人得利，人亦可能生怨，遑论迁徙使人失利的情况了。在这一情况下，主体的怨恨要更为彻骨：

坏人冢墓，发人室庐，令幼弱怀土而思，耆老泣涕而悲。⑧
百姓远弃先祖坟墓，破业失产，亲戚别离，人怀思慕之心，家有

---

① 《汉书》卷1下《高帝纪下》，第74页。
② 《汉书》卷9《元帝纪》，第292页。
③ 《汉书》卷72《王贡两龚鲍传》，第3073页。
④ 《潜夫论·实边》，第281页。
⑤ 《政论·阙题九》，第175页。
⑥ 祢衡：《鹦鹉赋》，《全上古三代秦汉三国六朝文》，第942页。
⑦ 《西京杂记》，《汉魏六朝笔记小说大观》，上海古籍出版社1999年版，第89页。
⑧ 《汉书》卷65《东方朔传》，第2850页。

不安之意。①

　　远屯伊吾、楼兰、车师、戊己，民怀土思，怨结边域。传曰："安土重居，谓之众庶。"昔殷民近迁洛邑，且犹怨望，何况去中土之肥饶，寄不毛之荒极乎？且南方暑湿，障毒互生。愁困之民，足以感动天地，移变阴阳矣。陛下留念省察，以济元元。②

　　民之于徙，甚于伏法。伏法不过家一人死尔。诸亡失财货，夺土远移，不习风俗，不便水土，类多灭门，少能还者。代马望北，狐死首丘，边民谨顿，尤恶内留。虽知祸大，犹愿守其绪业，死其本处，诚不欲去之极。……当此之时，万民怨痛，泣血叫号，诚愁鬼神而感天心。③

可见，主体的迁徙之怨虽与自身失利有关，但更与乡情被破坏有关。"怀土而思""思慕之心""民怀土思""虽知祸大，犹愿守其绪业，死其本处"诸句均可为证。无怪乎王符大呼"民之于徙，甚于伏法"了。事实上，据程树德考证，迁徙至迟自秦代起，已成为一种刑罚，吕不韦迁蜀、陈汤徙边、马融髡徙朔方均为实例。④迁徙一刑如运用不当，将成为激发怨恨的触媒，如：

　　（王莽）又增法五十条，犯者徙之西海。徙者以千万数，民始怨矣。⑤

二

怨恨发生的逻辑起点是主体受到客体刺激，从情感角度而言，这一逻辑起点具体化为两种，第一种是客体破坏了主体的情感欲望，第二种是客体的表现或回应没有满足主体的情感欲望。第一种情况更多地对应着他生型怨恨，第二种情况更多地对应着自生型怨恨。上一小节笔者主要是在探讨第一种情况，本小节笔者拟针对第二种情况进行分析。

　　一般而言，亲情对应父子关系，恋情对应夫妇关系，友情对应朋友关

---

① 《汉书》卷9《元帝纪》，第292页。
② 《后汉书》卷48《杨李翟应霍爰徐列传》，第1597—1598页。
③ 《潜夫论·实边》，第282页。
④ 参见程树德《九朝律考》，商务印书馆2010年版，第64页。
⑤ 《汉书》卷99上《王莽传上》，第4077—4078页。

系，恩情对应主客关系。人们对亲情、恋情、友情、恩情的渴求通常体现在对关系对方的希冀上。如子盼父之慈爱，妇盼夫之宠爱，朋盼友之关爱，客盼主之垂爱，反之亦然。简言之，人们希望从关系对方身上感受到情的存在、体味到情的真诚、收获到情的回报，从而满足自己的情感欲望。《淮南子》中的"凡行戴情，虽过无怨；不戴其情，虽忠来恶"[①] 即是在强调"情"成分在化"怨"方面的重要性。反之，若人们没有从关系对方身上感受到情的存在，没有体味到情的真诚，没有收获到情的回报，则满足不了自己的情感欲望，进而会将关系对方作为怨恨的对象，此即所谓"因爱生恨"。正如西汉的杜邺所说："人情，恩深者其养谨，爱至者其求详。夫戚而不见殊，孰能无怨？此《棠棣》、《角弓》之诗所以为作也。"[②] 进一步讲，因爱生恨的关键正在于情的缺失，王符对此有着非常明确的认识：

> 且夫怨恶之生，若二人偶焉。苟相对也，恩情相向，推极其意，精诚相射，贯心达髓，爱乐之隆，轻相为死，是故侯生、豫子刎颈而不恨。苟相背也，心情乖互，推极其意，分背奔驰，穷东极西，心尚未快，是故陈余、张耳老相全灭而无感痛。从此观之，交际之理，其情大矣。非独朋友为然，君臣、夫妇亦犹是也。当其观也，父子不能间；及其乖也，怨雠不能先。是故圣人常慎微以敦其终。[③]

正如王符所说，"交际之理，其情大矣"。王符所言及的父子之情、夫妇之情、朋友之情、君臣之情分别对应着上文所称的亲情、恋情、友情、恩情。下面，笔者将依次从亲情、恋情、友情、恩情四个方面，史论结合地具体分析"因客体之表现或回应没有满足主体情感欲望而生怨"这一情况。

亲情方面。

不妨以"孟子答公孙丑问"来切入这一问题：

> 公孙丑问曰："高子曰'《小弁》，小人之诗也。'"孟子曰："何以言之？"曰："怨。"曰："固哉，高叟之为《诗》也？有人于此，越

---

① 《淮南子·缪称》，第 709 页。
② 《汉书》卷 85《谷永杜邺传》，第 3473 页。
③ 《潜夫论·交际》，第 342 页。

人关弓而射之，则己谈笑而道之无他，疏之也。其兄关弓而射之，则己垂泣而道之无他，戚之也。《小弁》之怨，亲亲也。亲亲，仁也。固矣夫，高叟之为《诗》也！"曰："《凯风》何以不怨？"曰："《凯风》，亲之过小者也。《小弁》，亲之过大者也。亲之过大而不怨，是愈疏也，亲之过小而怨，是不可矶也。愈疏，不孝也。不可矶，亦不孝也。孔子曰："舜其至孝矣！五十而慕。"①

文中的《小弁》一诗，载于《诗经·小雅》，通常认为，这是周幽王的太子宜臼，因谗被废，他的老师作了这首诗，以抒发哀怨。而《凯风》一诗，载于《诗经·国风·邶风》，通常认为是七子对母亲抚育劳苦的咏叹。冯友兰曾结合孟子这段话这样分析道："《小弁》的怨是'恨铁不成钢'的怨，如果不怨那倒是对于幽王的疏远，那就是不孝。这个怨是出于对于幽王的亲爱，是孝、是仁。"②

无独有偶，不妨再证以"苍唐答魏文侯问"：③

　　文侯曰："中山之君亦何好乎？"对曰："好《诗》。"文侯曰："于《诗》何好？"曰："好《黍离》与《晨风》。"文侯曰："《黍离》何哉？"对曰："彼黍离离，彼稷之苗。行迈靡靡，中心摇摇。知我者谓我心忧，不知我者谓我何求。悠悠苍天，此何人哉！"文侯曰："怨乎？"曰："非敢怨也，时思也。"文侯曰："《晨风》谓何？"对曰："'鴥彼晨风，郁彼北林。未见君子，忧心钦钦。如何如何，忘我实多。'此自以忘我者也。"于是文侯大悦，曰："欲知其子视其母，欲知其人视其友，欲知其君视其所使。中山君不贤，恶能得贤？"遂废太子诉，召中山君以为嗣。④

中山君吟《黍离》与《晨风》二诗所表达的幽怨情绪其实是对魏文侯的思念和关爱，由于苍唐把这一点阐述得非常清楚，既为自己赢得了"贤"的评价，也使得魏文侯理解了中山君对自己的这种爱。

"孟子答公孙丑问"以及"苍唐答魏文侯问"一方面表明对亲人之怨是因爱而生，另一方面也表明，较之旁人而言，主体对亲人的要求要略显

---

① 《孟子·告子下》，第817—820页。
② 冯友兰：《论孔丘》，人民出版社1975年版，第93页。
③ 魏文侯立幼子诉为嗣，而封长子击于中山，三年莫往来，击乃遣使苍唐至魏。
④ 《韩诗外传》卷8《第九章》，第281—282页。

"苛刻",作为客体的亲人没有给予主体充足的"情",将会招致怨恨,如鲁国人对同姓之晋国的怨恨:

> 公子庆父之乱,鲁危殆亡,而齐侯安之,于彼无亲,尚来忧我,如何与同姓而残贼遇我?诗云:"宛彼鸣鸠,翰飞戾天。我心忧伤,念彼先人。明发不昧,有怀二人。"人皆有此心也。今晋不以同姓忧我,而强大厌我,我心望焉。①

恋情方面。

男女之间在发生恋情时,彼此都希望从对方身上感受到情的存在、体味到情的真诚、收获到情的回报。一旦对方没有满足这种情感欲望,就会将对方视作怨恨的对象。《诗经·氓》中的女子年轻时与其夫"总角之宴,言笑晏晏",但婚后其夫却"士也罔极,二三其德",致使她发出"及尔偕老,老使我怨"的悲鸣。② 另如西汉时赵幽王刘友"以诸吕女为后,不爱,爱它姬",于是,诸吕女就向吕后进谗言陷害刘友,致使刘友最后被活活饿死。③ 无疑,诸吕女的报怨方式比《氓》中女要更激烈,但无论是《氓》中女,还是诸吕女,其生怨的原因均在于其夫没有给予其充分的情感投入,此可谓为"远"。

孔子称:"唯女子与小人为难养也,近之则不孙,远之则怨。"④ 东汉的杨震上疏安帝时亦称:"夫女子小人,近之喜,远之怨,实为难养。"⑤ 李泽厚认为,"近之则不孙,远之则怨"的表述"相当准确地描述了妇女性格的某些特征……应说它是心理学的某种事实"。⑥ 但事实上,抛开"近之则不孙"不谈,笔者认为,"远之则怨"道出的是基本的人情,不必过于强调性别之差异。南怀瑾就说:"世界上的男人,够得上资格免刑于'小人'罪名的,实在也少之又少。孔子这一句话,虽表面上骂尽了天下的女人,但是又有几个男人不在被骂之列。我们男士在得意之余,不妨扪心自问一番。"⑦ 与此相印证的是,钱锺书针对《左传》中"女德无极,妇

---

① 《春秋繁露·楚庄王》,第7页。
② 《诗经·国风·卫风·氓》,第325页上、中栏。
③ 事见《汉书》卷38《高五王传》,第1989页。
④ 《论语·阳货》,第1244页。
⑤ 《后汉书》卷54《杨震列传》,第1761页。
⑥ 李泽厚:《论语今读》,生活·读书·新知三联书店2008年版,第527页。
⑦ 南怀瑾:《论语别裁》,复旦大学出版社2011年版,第831页。

怨无终"一句亦说明道："恩德易忘，怨毒难消，人情皆然，无间男女。"① 因之，由被疏远而生怨的主体并不仅限于女性，王符即称："渐疏则贱者逾自嫌而日引，贵人逾务党而忘之。夫以逾疏之贱，伏于下流，而望日忘之贵，此《谷风》所为内摧伤，而介推所以赴深山也。"② 孔子所谓"远之则怨"中的"远"与墨子所谓"凡天下祸篡怨恨，其所以起者，以不相爱生也"③ 中的"不相爱"有一定相通之处，确切地说，"远"是"不相爱"的一种表现方式，进一步讲，"远之则怨"的情况也并不仅仅表现在恋情一个方面，举凡亲情、友情、恩情皆然，只不过在恋情方面表现得最为突出和普遍。

友情方面。

先秦两汉时期，朋友之间生怨的事例以张耳陈馀反目成仇一事最具代表性。此事见载于史籍，为便于问题的讨论及说明，不妨将二人反目的大致经过引述如下：

> 耳（张耳）与赵王歇走入巨鹿城，王离围之。馀（陈馀）北收常山兵，得数万人，军巨鹿北。……王离兵食多，急攻巨鹿。巨鹿城中食尽，耳数使人召馀，馀自度兵少，不能敌秦，不敢前。数月，耳大怒，怨馀，使张黡、陈释往让馀曰："始吾与公为刎颈交，今王与耳旦暮死，而公拥兵数万，不肯相救，胡不赴秦俱死？且什有一二相全。"馀曰："所以不俱死，欲为赵王、张君报秦。今俱死，如以肉委饿虎，何益？"张黡、陈释曰："事已急，要以俱死立信，安知后虑！"馀曰："吾顾以无益。"乃使五千人令张黡、陈释先尝秦军，至皆没。
>
> 当是时，燕、齐、楚闻赵急，皆来救。张敖亦北收代，得万余人来，皆壁馀旁。项羽兵数绝章邯甬道，王离军乏食。项羽悉引兵渡河，破章邯军。诸侯军乃敢击秦军，遂虏王离。于是赵王歇、张耳得出巨鹿，与馀相见，责让馀，问："张黡、陈释所在？"馀曰："黡、释以必死责臣，臣使将五千人先尝秦军，皆没。"耳不信，以为杀之，数问馀。馀怒曰："不意君之望臣深也！岂以臣重去将哉？"乃脱解印绶与耳，耳不敢受。馀起如厕，客有说耳曰："天予不取，反受其咎。今陈将军与君印绶，不受，反天不祥。急取之。"耳乃佩其印，收其

---

① 钱锺书：《管锥编》，生活·读书·新知三联书店2008年版，第314—315页。
② 《潜夫论·交际》，第336页。
③ 《墨子·兼爱中》，第101页。

麾下。馀还，亦望耳不让，趋出。耳遂收其兵。馀独与麾下数百人之河上泽中渔猎。由此有隙。①

之所以说此事具有代表性，是因为在两汉典籍中此事作为"友道"的重要事例被反复提及，如：

蒯通说韩信曰：

> 始常山王（张耳）、成安君（陈馀）故相与为刎颈之交，及争张黡、陈释之事，常山王奉头鼠窜，以归汉王。借兵东下，战于鄗北，成安君死于泜水之南，头足异处。此二人相与，天下之至驩也，而卒相灭亡者，何也？患生于多欲而人心难测也。②

司马迁论曰：

> 张耳、陈馀始居约时，相然信以死，岂顾问哉。及据国争权，卒相灭亡，何乡者相慕用之诚，后相倍之戾也！岂非以势利交哉？③

扬雄答人问：

> 或问："交？"曰："仁。"问："馀、耳？"曰："光初。"④

班固对《张耳陈馀传》的论赞基本袭用司马迁的评论，最后感叹道：

> 势利之交，古人羞之，盖谓是矣。⑤

东汉的王丹曰：

> 交道之难，未易言也。世称管、鲍，次则王、贡。张、陈凶其

---

① 《汉书》卷32《张耳陈馀传》，第1836—1837页。
② 《汉书》卷45《蒯伍江息夫传》，第2163页。
③ 《史记》卷89《张耳陈馀列传》，第2586页。
④ 《法言·重黎》，第392页。
⑤ 《汉书》卷32《张耳陈馀传》，第1843页。

终，萧、朱隙其末，故知全之者鲜矣。①

应劭曰：

> 陈馀、张耳携手遁秦，友犹父子。及据国争权，还为豺虎。自汉所称，王、贡弹冠，萧、朱结绶，博、育复隙其终，始以交为难，况容悦偶合而能申固其好者哉！②

王符曰：

> 苟相背也，心情乖互，推极其意，分背奔驰，穷东极西，心尚未快，是故陈馀、张耳老相全灭而无感痛。③

需要说明的是，上述引文中的"管、鲍"指管仲和鲍叔牙，"王、贡"指王吉和贡禹，此为交友以善相终的例子。文中的"萧、朱"指萧育和朱博，史载：

> （萧育）少与陈咸、朱博为友，著闻当世。……育与博后有隙，不能终，故世以交为难。④

萧育和朱博亦堪称朋友之间以怨相终的典例，但其代表性，较之张耳、陈馀反目成仇一事明显要稍逊一筹。

检视上述材料可知，陈馀对张耳之怨，怨在张对陈"不让"，张耳对陈馀之怨，怨在陈对张"不救"。当张耳在巨鹿被围时，燕、齐、楚、张敖、陈馀始皆作壁上观，张耳唯独对陈馀有怨气，正是因为将陈馀引为至交，寄友情于陈。从"刎颈之交""光初"诸句来看，我们不好否认二人之间曾有过真挚的情谊。但陈馀"竟以利害的计较，按兵不动"⑤，这一行为破坏了二人之间的友情。蒯通所谓"患生于多欲而人心难测"中的"多欲"，既可以解做朋友之间对彼此有着较多的情感欲望，也可以解做人们

---

① 《后汉书》卷27《宣张二王杜郭吴承郑赵列传》，第931—932页。
② 《风俗通义·穷通》，第345—346页。
③ 《潜夫论·交际》，第342页。
④ 《汉书》卷78《萧望之传》，第3290—3291页。
⑤ 张荫麟：《中国史纲》，上海古籍出版社1999年版，第169页。

在交友时可能会考量自身的利益欲望。而"人心难测"则充分说明交友状态因人而异，具有多面性与复杂性。但无论交友状态如何变幻，不变的一点规律就是，以利益相计较是破坏情谊的腐蚀剂，若朋以情待友，而友却以利相较，则朋会产生怨恨，此不独朋友之间的友情为然，主从之间的恩情亦如是，抛开君臣之别，友情与恩情在一定程度上是可以等量齐观的。

例如，孟尝君被废后，其食客三千，除冯驩外，皆背而去。当孟尝君复位后，就怨恨到欲唾回客之面的程度。[1] 又如，廉颇失势后，故客尽去，乃复用为将，客又复至，于是廉颇就发出"客退矣"的怨声。[2] 这种趋炎附势、见利忘义行为对情的破坏历代不乏典例，如西汉时：

> 先是下邽翟公为廷尉，宾客亦填门，及废，门外可设爵罗。后复为廷尉，客欲往，翟公大署其门，曰："一死一生，乃知交情；一贫一富，乃知交态；一贵一贱，交情乃见。"[3]

"一死一生，乃知交情；一贫一富，乃知交态；一贵一贱，交情乃见。"短短24个字，包含了翟公对世态炎凉、人情冷暖的多少感慨与怨恨！

出于对这句话的认同，刘向在《说苑·谈丛》中除了照录这24个字之外，又加了8个字："一浮一没，交情乃出。"[4] 而东汉的应劭对这24个字的评论——"自古患焉，非直今也"[5] 最能说明"以利益相计较破坏情谊从而激发怨恨"的情况超越了时代的限制，至少从先秦到两汉是一以贯之、数见不鲜的。无怪乎王符这样总结道："昔魏其（窦婴）之客，流于武安（田蚡）；长平（卫青）之吏，移于冠军（霍去病）；廉颇、翟公，载盈载虚。夫以四君之贤，藉旧贵之凤恩，客犹若此，则又况乎生贫贱者哉？"[6]

需要补充说明的是，利益与情感是两个不同的范畴，人与人的交往既可以以利相交，又可以以情相交。《庄子》中对这一点有明确体察："夫以利合者，迫穷祸患害相弃也；以天属者，迫穷祸患害相收也。"[7]

---

[1] 《史记》卷75《孟尝君列传》，第2362页。
[2] 《史记》卷81《廉颇蔺相如列传》，第2448页。
[3] 《汉书》卷50《张冯汲郑传》，第2325页。
[4] 《说苑·谈丛》，第396页。
[5] 《风俗通义·穷通》，第346页。
[6] 《潜夫论·交际》，第338页。
[7] 《庄子·外篇·山木》，第682页。

第三章 怨恨发生逻辑的多角度省察(下)

主体以情相交，客体却以利相较，这种做法不会满足主体的情感欲望，会使主体生怨。所谓"亲兄弟，明算账"，从利益角度来看，这有助于减少矛盾纠葛，具有一定的化怨效果，而从情感角度来看，"亲兄弟，明算账"的做法恰恰是招致怨恨的触媒，刘邦怨嫂一事颇可说明此点：

> 初，高祖微时，常避事，时时与宾客过其丘嫂食。嫂厌叔与客来，阳为羹尽，辚釜，客以故去。已而视鉴中有羹，繇是怨嫂。及立齐、代王，而伯子独不得侯。太上皇以为言，高祖曰："某非敢忘封之也，为其母不长者。"①

此后，应劭引太原郝子廉"明算账"一事对其中"利"对"情"破坏这层意思分析得非常清楚：

> 太原郝子廉，饥不得食，寒不得衣，一介不取诸人。曾过娣饭，留十五钱，默置席下去。每行饮水，常投一钱井中。谨按：《易》称："天地交，万物生；人道交，功勋成。"《语》："愿车马衣轻裘，与朋友共弊之，而无憾。"士相见之礼，赘用腒雉，受而不拒，而交答焉。唯祭饭然后拜之。孔子食于施氏，未尝不饱，何有同生之家而顾钱者哉！伤恩薄礼，弊之至也。②

应该说，这一观念的影响十分深远，直到1947年，费孝通在言及中国基层传统社会中之特具体系时还称："亲密社群中既无法不互欠人情，也最怕'算账'。'算账''清算'等于绝交之谓，因为如果相互不欠人情，也就无需往来了。"③

恩情方面。

这里所探讨的恩情，既包括主客之间的情谊，也包括君臣之间的情谊。一般而言，在主对客有引荐之恩、君对臣有知遇之恩的前提下，客对主、臣对君应有所报，受利则以利报，受情则以情报，若受利不报或受情却以利相较，则会激发主、君以及关系第三方的怨恨。这一点，上文已有所论，此处不再展开。此处拟进一步讨论的问题是，当客受主引荐之恩、

---

① 《汉书》卷36《楚元王传》，第1922页。
② 《风俗通义·愆礼》，第152—153页。
③ 费孝通：《乡土中国·生育制度》，北京大学出版社1998年版，第73页。

臣受君知遇之恩后，客对主或臣对君有时会产生恩义方面的感情，一旦主或君没有满足客或臣的这种情感欲望，就会招致客或臣的怨恨。

不妨先来分析客对主的上述类型怨恨。

例如，晏子为越石父赎身，越石父于是以晏子为知己。因之，在晏子于礼节上稍有怠慢之后，越石父就发出了这样的怨言：

> 士者诎乎不知己，而申乎知己，故君子不以功轻人之身，不为彼功诎身之理。吾三年为人臣仆，而莫吾知也。今子赎我，吾以子为知我矣。向者子乘，不我辞也，吾以子为忘；今又不辞而入，是与臣我者同矣。我犹且为臣，请鬻于世。①

为什么越石父能够不以旁人的误解、慢待为意，反而对晏子在礼仪上的疏忽指指点点呢？因为越石父已将晏子视为知己，其是以"情"交晏子，其对晏子有着一定的情感欲望，而晏子的表现没有满足越石父的这种情感欲望，因此招致了越石父的怨恨。另如宋玉通过举荐人介绍觐见楚襄王，襄王待之平常，宋玉就怨恨举荐人。举荐人觉得很委屈，不禁发出了"子之事王未耳，何怨于我"的疑问。于是宋玉以狡兔和良狗比喻自己，说明举荐人只是使襄王见到了自己，既没有像给兔子指引目标一样告知自己襄王的好恶，也没有像给良狗放开绳子一样给自己提供展示的平台，正因其视举荐人为友，所以有怨气。一番话使得举荐人连称："仆人有过，仆人有过。"②

接下来，我们来分析臣对君的上述类型怨恨。

需要说明的是，越石父对晏子的怨恨以及宋玉对举荐人的怨恨主要因情感欲望没有被满足，但越石父之怨亦有尊严欲望被破坏之由，宋玉之怨亦有利益欲望被破坏之由。笔者认为，满足人的尊严欲望或利益欲望，有时可以看作满足人情感欲望的一种表达方式，这在君臣之交中表现得尤为明显。

不妨以燕太子丹对秦王嬴政之怨为例，从"燕太子丹者，故尝质于赵，而秦王政生于赵，其少时与丹欢"的记载来看，燕太子丹与嬴政曾经是朋友关系，且不乏真挚的友情。但伴随着嬴政即位为秦王，燕太子丹亦入质于秦，二人的关系变为君臣的关系。但嬴政却不念昔日的友情，反而

---

① 《晏子春秋·内篇杂上》，第265—266页。
② 《韩诗外传》卷7《第十七章》，第259—260页。

"遇太子丹不善"，这破坏了燕太子丹的情感欲望，催生了其对秦王之怨。①

不妨再以韩信对刘邦之怨为例。韩信曾对蒯通言道："汉遇我厚，吾岂可见利而背恩乎！"②从韩信对"利"的拒斥来看，韩信与刘邦的君臣之交不乏"情"的成分，而刘邦后来对韩信褫夺兵权、徙为楚王、降为淮阴侯的做法，在破坏韩信尊严欲望、利益欲望的同时，也破坏了韩信原本存在的情感欲望。无怪乎史载韩信"由此日怨望，居常鞅鞅"。③

无独有偶，庞萌、彭宠对光武之怨亦可作如是观：

> 庞萌，山阳人。初亡命在下江兵中。更始立，以为冀州牧，将兵属尚书令谢躬，共破王郎。及躬败，萌乃归降，光武即位，以为侍中。萌为人逊顺，甚见信爱。帝常称曰："可以托六尺之孤，寄百里之命者，庞萌是也。"拜为平狄将军，与盖延共击董宪。时，诏书独下延而不及萌，萌以为延谮己，自疑，遂反。帝闻之，大怒，乃自将讨萌。与诸将书曰："吾常以庞萌社稷之臣，将军得无笑其言乎？老贼当族。其各厉兵马，会睢阳！"④

> 宠（彭宠）上谒，自负其功，意望甚高，光武接之不能满，以此怀不平。光武知之，以问幽州牧朱浮。浮对曰："前吴汉北发兵时，大王遗宠以所服剑，又倚以为北道主人。宠谓至当迎閤握手，交欢并坐。今既不然，所以失望。"浮因曰："王莽为宰衡时，甄丰旦夕入谋议，时人语曰：'夜半客，甄长伯。'及莽篡位后，丰意不平，卒以诛死。"光武大笑，以为不至于此。及即位，吴汉、王梁，宠之所遣，并为三公，而宠独无所加，愈怏怏不得志。叹曰："我功当为王；但尔者，陛下忘我邪？"⑤

从光武对庞萌"甚见信爱"，可知光武与庞萌君臣之交有"情"的成分；从彭宠希冀与光武"迎閤握手，交欢并坐"，可知彭宠对光武有着一定的情感欲望。在情感欲望没有满足的情况下，臣对君亦可能产生怨恨。

值得注意的是，客体之表现或回应没有满足主体情感欲望而产生的怨恨中，一方面包括主体对客体情感回报较少的恼恨，另一方面也包括主体对

---

① 《史记》卷86《刺客列传》，第2528页。
② 《汉书》卷45《蒯伍江息夫传》，第2163页。
③ 《汉书》卷34《韩彭英卢吴传》，第1876页。
④ 《后汉书》卷12《王刘张李彭卢列传》，第496页。
⑤ 同上书，第503页。

自身情感投入过多的悔恨。悔恨一层少见于亲情，却常见于恋情、友情及恩情。如《毛序》称："《氓》，刺时也。……男女无别，遂相奔诱，华落色衰，复相弃背。或乃困而自悔"①；如越石父称："我犹且为臣，请鬻于世"②；如韩信在临死前称："吾不用蒯通计，反为女子所诈，岂非天哉！"③

需要补充说明的是，客体因投入情感较少而激发主体的怨恨，随时间之推移，客体可能会幡然醒悟，对自己当初行为有所悔恨。例如，晋文公与介子推之交，始则"介子推至忠也，自割其股以食文公，文公后背之，子推怒而去，抱木而燔死"④，终则"介子忠而立枯兮，文君寤而追求。封介山而为之禁兮，报大德之优游。思久故之亲身兮，因缟素而哭之。"⑤

但这一"幡然醒悟"并不是在每一个情感投入较少者身上都会产生，这与客体自身经历、性情及境况密切相关，因其不具有普遍性，笔者拟论至此，不再展开。

第二节 利益角度

一

本节所要探讨的利益，究其内涵，既包括"利"，也包括"名"。检视先秦两汉典籍，"名利"二字连用的情况并不鲜见，不妨择拣子书中的代表性论述表列如下：

表 3-1　　　　　　　　子书中"名利"连用的代表性论述

"名利"连用的文句	出典
凡攻人者，非以为名，则案以为利也	《荀子·富国》
一曰争名，二曰争利	《吴子·图国》
君子怀德，小人怀土。贤士徇名，贪夫死利	《盐铁论·毁学》
遁名而名我随，逃利而利我追	《老子指归·名身孰亲篇》
乃义士且以徼其名、贪夫且以求其赏尔	《潜夫论·劝将》
今之交也为名利而已矣	《中论·谴交》

---

① 《诗经·国风·卫风·氓》，第 324 页中栏。
② 《晏子春秋·内篇杂上》，第 266 页。
③ 《汉书》卷 34《韩彭英卢吴传》，第 1878 页。
④ 《庄子·杂篇·盗跖》，第 991 页。
⑤ 《楚辞·九章·惜往日》，《楚辞补注》，中华书局 2015 年版，第 156 页。

由表 3-1 可知，名与利在一般的语境下，处在一种并列关系之中。名更多代表的是精神、政治层面的利益，利更多代表的是物质、经济层面的利益。因之，名的实质也是一种利。正如冯友兰所说："在普通言语中，利与名并称：例如说，'求名于朝，求利于市'，'名利双收'等。我们此所谓利，亦包括名。……一个人求增进他的名誉，其行为亦是为利。'求利于市'者，所求固是利；'求名于朝'者，所求亦是利。"[①] 如果主体以求名作为求利的手段，那么，名与利也可以看作一种递进关系，正如鲁迅所说："（升官发财）其实这两件事是不并列的，其所以要升官，只因为要发财，升官不过是一种发财的门径。"[②]

需要说明的是，上一章所论的敬、信、俭、让等道德条目以及明、忠、慈、孝等责任条目，均可以视作"名利"中"名"的具体呈现。但是本书第二章所论侧重在因客体不敬、不信、不俭、不让或不明、不忠、不慈、不孝而引发作为关系对方或关系第三方之主体的怨恨，本节所论侧重在因客体破坏了主体敬、信、俭、让、明、忠、慈、孝而引发的主体怨恨。这是本节与本书第二章在探讨"名"的问题上主要的区别所在。"名"在上一章更多地体现为道德或责任，而在本节则更多地体现为利益。

在论述人们因利益欲望遭到破坏或妨碍而产生的怨恨之前，我们不妨先回顾一下先贤对人们利益欲望之强烈的相关论述，为从利益角度省察怨恨的发生逻辑做一个大体的铺垫。

检视先秦两汉典籍，对好利人情的揭示可谓入木三分，对逐利世风的描摹可谓俯拾皆是：

> 利，所得而喜也……害，所得而恶也。[③]
> 民之情，莫不欲生而恶死，莫不欲利而恶害。[④]
> 好利恶害，夫人之所有也。[⑤]
> 凡人所以肯赴死亡而不辞者，非为趋利，则因以避害也。无贤鄙愚智皆然，顾其所利害有异尔。[⑥]
> 情之异者，刚柔舒急倨敬之间。至于趋利避害，畏死乐生，亦复

[①] 冯友兰：《新原人》，生活·读书·新知三联书店 2007 年版，第 84 页。
[②] 鲁迅：《南腔北调集》，人民文学出版社 1980 年版，第 139 页。
[③] 《墨子·经上》，第 314 页。
[④] 《管子·形势解》，第 1169 页。
[⑤] 《韩非子·难二》，第 402 页。
[⑥] 《潜夫论·劝将》，第 246 页。

均也。①
　　叟不远千里而来，亦将有以利吾国乎？②
　　天下熙熙，皆为利来；天下壤壤，皆为利往。③

　　由上述材料可知，对利益的追求是基本的欲望，对利益的向往是普遍的世态，无怪乎本章第一节所论及的孟尝君之食客、廉颇之故客、翟公之宾客一见主公失势，不再能给予其利益，便皆背去。在相似情况下，不背去之客可谓罕有，典例是西汉的任安。在卫青"日衰"而霍去病"日益贵"、"青故人门下多去事去病，辄得官爵"的情况下，任安还是对卫青不离不弃。④ 而史书对任安有始有终的大书特书恰恰反映了这种情况的难得，因为难得，所以可贵，也正因难得，恰恰反向印证了逐利之世风。⑤

　　人情好利，无论贤鄙愚智皆然，世风逐利，非独先秦两汉为然。由上文所引材料可知，先秦两汉诸子对这一点的洞察达成了一致性意见，尤以法家诸子的意见最深刻、最直接，从而也最具代表性。尽管孟子主张"何必曰利"⑥，"陈义甚高，持论甚正"，但在社会实践层面却曲高和寡，应者寥寥。超功利的行为可以自己做到，但不能要求人人做到。从孔子对子路、子赣的评价中，我们可以体悟到这一点：

　　子路撜溺而受牛谢，孔子曰："鲁国必好救人于患。"子赣赎人而不受金于府，孔子曰："鲁国不复赎人矣。"子路受而劝德，子赣让而止善。孔子之明，以小知大，以近知远，通于论者也。由此观之，廉有所在而不可公行也。故行齐于俗，可随也；事周于能，易为也。矜伪以惑世，伉行以违众，圣人不以为民俗。⑦

　　《淮南子》进一步强调道："故高不可及者，不可以为人量；行不可逮

---

① 《后汉书》卷48《杨李翟应霍爰徐列传》，第1615—1616页。
② 《孟子·梁惠王上》，第35页。
③ 《史记》卷129《货殖列传》，第3256页。
④ 《汉书》卷55《卫青霍去病传》，第2488页。
⑤ 类似任安之于卫青的例子，还有孔车之于主父偃，"偃方贵幸时，客以千数，及族死，无一人视，独孔车收葬焉。上闻之，以车为长者。"（见《汉书》卷64上《严朱吾丘主父徐严终王贾传上》，第2804页。）
⑥ 《孟子·梁惠王上》，第36页。
⑦ 《淮南子·齐俗训》，第766—767页。

者，不可以为国俗。"①

与"子赣赎人而不受金于府"一事相类，西汉时，卜式"愿输家财半助边"，毁家纾难却无欲无求，公孙弘就评论道："此非人情。不轨之臣不可以为化而乱法。"② 正如鲁迅所说："道德这事，必须普遍，人人应做，人人能行，又于自他两利，才有存在的价值。"③

自利意味着私利，自他两利意味着公利。事实上，泛指道德准则的"义"，正是公利的代名词，墨家对这一点的认识最为充分。冯友兰指出："'国家百姓人民之利'，乃墨子估定一切价值之标准。"④《墨子·经上》称："义，利也。"⑤ 胡适据此分析道："义是名，利是实。义是利的美名，利是义的实用。"⑥ 即便是"兼相爱"的主张，也不过是为了达到"交相利"的目的。公利并不排斥爱己或利己的行为，即所谓"爱人不外己，己在所爱之中"。⑦ 亦即荀子所谓"义与利者，人之所两有也。虽尧、舜不能去民之欲利，然而能使其欲利不克其好义也"。⑧ 因之，对孔子所谓"君子喻于义，小人喻于利"⑨的论断应做荀子式的解读，即有所侧重，而非完全对立。若将义与利完全对立起来，是不合人情的，也是站不住脚的，甚至会出现"道德标准越崇高，道德意识越沉沦"的尴尬现象。

饶有兴味的是，主张"正其谊不谋其利，明其道不计其功"的董仲舒亦是以大利喻义，进而来说明义利之间的区别的：

> 今握枣与错金，以示婴儿，婴儿必取枣而不取金也。握一斤金与千万之珠以示野人，野人必取金而不取珠也。故物之于人，小者易知也，其于大者难见也。今利之于人小而义之于人大者，无怪民之皆趋利而不趋义也，固其所暗也。⑩

不仅道德，甚至连学问的价值也可以被置于利益角度而加以衡量：

---

① 《淮南子·齐俗训》，第812页。
② 《汉书》卷58《公孙弘卜式儿宽传》，第2625页。
③ 鲁迅：《坟》，人民文学出版社1980年版，第112页。
④ 冯友兰：《中国哲学小史》，中国人民大学出版社2005年版，第11页。
⑤ 《墨子·经上》，第310页。
⑥ 胡适：《中国哲学史大纲》，东方出版社1996年版，第129页。
⑦ 《墨子·大取》，第405页。
⑧ 《荀子·大略》，第592页。
⑨ 《论语·里仁》，第267页。
⑩ 《春秋繁露·身之养重于义》，第264—265页。

荣（桓荣）初遭仓卒，与族人桓元卿同饥厄，而荣讲诵不息。元卿嗤荣曰："但自苦气力，何时复施用乎？"荣笑不应。及为太常，元卿叹曰："我农家子，岂意学之为利乃若是哉！"①

　　需要说明的是，第二章从道德角度、责任角度，本意第一节从情感角度省察怨恨的发生逻辑时，为论证的清晰及便利起见，笔者有意地将利益这一"变量"加以控制，只是在从责任角度省察怨恨的发生逻辑时适当的引入了利益这一"变量"来丰富讨论。但事实上，由以上论述可知，即便在相对独立的道德范畴，对人情好利这一事实的存在亦不可无视或忽视，遑论绕行了。不宁唯是，笔者在本章第一节探讨君臣关系、朋友关系、夫妇关系、父子关系所引发的怨恨时，更多的是从情感角度立论，但事实上，这些关系所引发的怨恨除了可以从情感角度来考量外，也可以从利益角度来考量。

　　就君臣关系而言，《管子》指出："人臣之行理奉命者，非以爱主也，且以就利避害也。"② 韩非亦指出："臣尽死力以与君市，君垂爵禄以与臣市。"③ 亦即君臣之交乃"市道"。而这一观点，在《盐铁论》中得到了充分的发挥，《盐铁论》中的大夫指出：

　　赵女不择丑好，郑姬不择远近，商人不愧耻辱，戎士不爱死力，士不在亲，事君不避其难，皆为利禄也。儒、墨内贪外矜，往来游说，栖栖然亦未为得也。④

　　一言以蔽之，其"栖栖然"所得者，名利而已矣，或因名而舍利，或因利而舍名，或名利双收，不否认有超功利主体的存在，不否认有以情待人之主体的存在，但君臣之间以利相交同样是无法否认的常态。

　　就朋友关系而言，孟尝君、廉颇、卫青、翟公诸人的遭遇颇可印证王符"夫交利相亲，交害相疏"⑤ 的观点。

　　就夫妇关系而言，妇之美色会被夫视为一种利、夫之财富会被妇视为一种利，正如韩非所说："夫妻者，非有骨肉之恩也，爱则亲，不爱则疏。……丈夫年五十而好色未解也。妇人年三十而美色衰矣。以衰美之

---

① 《后汉书》卷37《桓荣丁鸿列传》，第1252页。
② 《管子·明法解》，第1208页。
③ 《韩非子·难一》，第383页。
④ 《盐铁论·毁学》，第230—231页。
⑤ 《潜夫论·交际》，第337页。

第三章 怨恨发生逻辑的多角度省察(下)

妇人事好色之丈夫，则身死见疏贱，而子疑不为后，此后妃夫人之所以冀其君之死者也。"① 色衰而爱驰者，如周幽王宠褒姒而废申后，② 财尽而情断者，如朱买臣妻嫌夫贫而求离去。③ 这两种情况都是史不绝书、代不乏见的。

君臣关系、朋友关系、夫妇关系用韩非的话来说，都"非有骨肉之恩也"。真正存在"骨肉之恩"的是父母与子女之间的关系。但检视典籍可知，即便是这种血浓于水的社会关系，依然不乏以利害相较之心。

韩非所谓"产男则相贺，产女则杀之"④，秦始皇时民歌所谓"生男慎勿举，生女哺用脯"⑤，虽然前者、后者在对待男婴、女婴的态度上截然相反，但二者以利害之心相较的思路却有一定接近之处。事实上，职风俗、政策之由，韩非"因利杀子"的逻辑在先秦两汉时期亦不乏史实支撑，如战国时田婴就以"五月子者，长与户齐，将不利其父母"为由，欲抛弃新出生的儿子田文。⑥ 另如西汉的贡禹指出："古民亡赋算口钱，起武帝征伐四夷，重赋于民，民产子三岁则出口钱，故民重困，至于生子辄杀。"⑦ 另如东汉时贾彪的一段经历：

> 初仕州郡，举孝廉，补新息长。小民困贫，多不养子，彪（贾彪）严为其制，与杀人同罪。城南有盗劫害人者，北有妇人杀子者，彪出案发，而掾吏欲引南。彪怒曰："贼寇害人，此则常理，母子相残，逆天违道。"遂驱车北行，案验其罪。城南贼闻之，亦面缚自首。数年间，人养子者千数，佥曰"贾父所长"，生男名为"贾子"，生女名为"贾女"。⑧

正如笔者在第二章所指出的，父母杀子是不慈的极端表现，会招致关系第三方的憎恨，无怪乎贾彪"舍南而逐北"了。但从这一材料中亦可以发现，"小民"因"困贫"而杀子，又因"严制"而养子，这一杀一养的变化，彰显出来的正是以利害相较之心。

---

① 《韩非子·备内》，第123页。
② 《史记》卷4《周本纪》，第147页。
③ 《汉书》卷64上《严朱吾丘主父徐严终王贾传上》，第2791页。
④ 《韩非子·六反》，第455页。
⑤ 《先秦汉魏晋南北朝诗·先秦诗卷二·歌·秦始皇时民歌》，中华书局1983年版，第32页。
⑥ 《史记》卷75《孟尝君列传》，第2352页。
⑦ 《汉书》卷72《王贡两龚鲍传》，第3075页。
⑧ 《后汉书》卷67《党锢列传》，第2216页。

综上所述，人情好利，世风逐利，道德学问可用利来衡量，社会关系可用利来考量，因之，损害主体之利益会招致主体的怨恨——"厚藉敛于百姓，则万民怼怨"①；客体追名逐利有时会得到主体的谅解，如廉颇就被故客开解道："夫天下以市道交，君有势，我则从君，君无势则去，此固其理也，有何怨乎"②；不能使人得利的道德或学问往往会沦为怨恨的触媒，如苏秦之兄弟嫂妹妻妾对其的嗤笑："周人之俗，治产业，力工商，逐什二以为务。今子释本而事口舌，困，不亦宜乎！"③ 又如陈平之嫂对其"好读书，不事生产"的疾恨："有叔如此，不如无有！"④ 又如朱买臣之妻对其"好读书，不治产业"的恚怒："如公等，终饿死沟中耳，何能富贵"⑤；即便是处在密切的社会关系之中，亦有可能因利益之争而生发怨恨，张仪所谓"亲昆弟同父母，尚有争钱财"⑥，韩非所谓"故父母之于子也，犹用计算之心以相待也，而况无父子之泽乎"⑦，《说苑》所谓"父不能爱无益之子"，⑧ 均说明了这一点。

二

在对好利之人情、逐利之世风进行了基本的回顾后，现在我们可以深入地探讨一下利益与怨恨之间的关系。关于二者之间的关系，孔子有言简意赅的概括："放于利而行，多怨。"⑨ 关于文中的"怨"字，孔安国注曰："放，依也。每事依利而行，取怨之道。"刘宝楠正义曰："此为在位好利者箴也。利者，财货也。怨者，说文云恚也。"⑩

由此可见，"放于利而行，多怨"中的"怨"之起因，在于自己侵夺了他人的利益，因之，这种怨恨更多的是一种他生型怨恨。同时，笔者认为，孔子的这则概括并不仅仅局限于为"在位好利者"所箴，对不在位者亦有一定的警示作用。但在位者侵夺不在位者之利益要更为常见，故而刘

---

① 《管子·宙合》，第 231 页。
② 《史记》卷 81《廉颇蔺相如列传》，第 2448 页。
③ 《史记》卷 69《苏秦列传》，第 2241 页。
④ 《汉书》卷 40《张陈王周传》，第 2038 页。
⑤ 《汉书》卷 64 上《严朱吾丘主父徐严终王贾传》，第 2791 页。
⑥ 《史记》卷 70《张仪列传》，第 2285 页。
⑦ 《韩非子·六反》，第 455 页。
⑧ 《说苑·谈丛》，第 399 页。
⑨ 《论语·里仁》，第 253 页。
⑩ 国学整理社编：《诸子集成》第 1 册《论语正义》，中华书局 2006 年版，第 80 页。

第三章 怨恨发生逻辑的多角度省察(下)

宝楠所解指明了孔子所言的侧重点。

作为客体之在位者侵夺作为主体之民众的利益,究其主要方式而言,计有两种,一曰厚敛,二曰少予,这两种侵利方式均有可能会招致怨恨。

厚敛会招致怨恨这一点,在先秦两汉典籍特别是子书中被屡屡提及,如《国语》称:"贪者,怨之本也……厚贪则怨生"①;《礼记》称:"财聚则民散"②;《管子》称:"赋敛厚则下怨上矣"③;《吕氏春秋》中的宁国称:"夫陈,小国也,而蓄积多,赋敛重也,则民怨上矣"④;扬雄借批判桑弘羊与下争利亦含蓄地指出了这一点:

> 或曰:"弘羊权利而国用足,盖权诸?"曰:"譬诸父子,为其父而权其子,纵利,如子何?卜式之云,不亦匡乎?"⑤

在扬雄看来,在位者与民众争利,固然能有所得,但代价是将民众置于到对立一方,得不偿失。"如子何"一问意味着民众潜伏着怨恨。需要说明的是,如笔者在第二章所论,兴利于民本是在位者的责任,但很多在位者,不仅没有切实地履行好自己的责任,反而还在利益的诱惑下,背其道而行之,进而招致民众的怨恨。这一致怨逻辑用王充的话来说,即是"身虽拔进,利心摇动,则有下道侵渔之操矣。"⑥

事实上,厚敛即意味着聚利,在位者喜聚利,民众也喜聚利,正如司马迁所说:"自天子至于庶人,好利之弊何以异哉!"⑦ 但若聚利超出到一定限度,无论是在位者还是民众,都会招致他者的怨恨,身处险境,《焦氏易林》中的一则占辞就明确地指出了这一点:"义不胜情,以欲自营。觊利危躬,折角摧颈。"⑧ 王符所言:"人徒知彼之可以利我也,而不知我之得彼,亦将为利人也……无德而富贵者,固可豫吊也。"⑨ 亦与此相类。

厚敛意味着统治者用以自利,自利的焦点集中在衣、食、住、行、

---

① 《国语·晋语二》,第 81 页。
② 《礼记·大学》,第 1675 页上栏。
③ 《管子·权修》,第 49 页。
④ 《吕氏春秋·似顺论·似顺》,第 658 页。
⑤ 《法言·寡见》,第 241 页。
⑥ 《论衡·状留篇》,第 621 页。
⑦ 《史记》卷 74《孟子荀卿列传》,第 2343 页。
⑧ 《焦氏易林·复》,第 904 页。
⑨ 《潜夫论·遏利》,第 24 页。

性、健、寿、娱诸方面。这里拟仅就"住"层面上的厚敛进行分析,从典籍上看,一般情况下,统治者在住方面的厚敛所激发的怨恨是较为集中和彻骨的,因此具有一定的代表性。

住宅是人们社会地位最为直观的物质象征,战国时,作为门客,弹剑而歌的冯驩依次向孟尝君抱怨道"食无鱼""出无舆""无以为家"。孟尝君满足了冯驩的前两项要求,却对第三项要求表示不悦。即便如此,孟尝君还是将冯驩从传舍迁入幸舍,又从幸舍迁入代舍。① 可见,住宅的改善对应着身份的升迁。富贵者过分地营建、美化私宅的具体表现,以统治者修建宫室最富代表性。这种行为,既不符合"俭"的道德标准,同时,也会在利益范畴极大地刺激贫贱者,一方面最直观地昭示出贫富的反差,另一方面,通过敛财、征役等方式,最直接地剥夺贫贱者的利益,从而会引发憎恨与仇恨。晏子对此有明确地认识,他曾劝谏齐景公说:

> 古之人君,其宫室节,不侵生人之居;其台榭俭,不残死人之墓,故未尝闻请葬人主之宫者也。今君侈为宫室,夺人之居,广为台榭,残人之墓,是生者愁忧,不得安处,死者离易不得合骨。丰乐侈游,兼傲生死,非仁君之行也。遂欲满求,不顾细民,非存之道也。且婴闻之,生者不得安,命之曰蓄忧;死者不得葬,命之曰蓄哀。蓄忧者怨,蓄哀者危。②

一方面,富贵者"侈为宫室";另一方面,贫贱者"不得安处"。这种贫富反差实在太大,利益剥夺实在太多,可见,扩建及美化宫室的背后,蓄忧蓄哀,伏危伏怨。

但具有讽刺意味的是,从先秦至两汉,衮衮诸公对扩建及美化居室一事乐此不疲且情有独钟,张衡在《西京赋》所做的"虽斯宇之既坦,心犹凭而未摅。思比象于紫微,恨阿房之不可庐"③的感慨似在描述一种群体心理,因其不乏史实支撑:

> 昔有洛氏,宫室无常,圉池广大,人民困匮,商伐之,有洛以亡。④晋平公筑虒祁之室,石有言者。……(师旷曰):"……今宫室崇

---

① 《史记》卷75《孟尝君列传》,第2359页。
② 《晏子春秋·内篇谏下》,第108页。
③ 张衡:《西京赋》,《全上古三代秦汉三国六朝文》,第762页。
④ 《博物志》,《汉魏六朝笔记小说大观》,上海古籍出版社1999年版,第221页。

第三章 怨恨发生逻辑的多角度省察(下)

侈,民力屈尽,百姓疾怨,莫安其性。石言不亦可乎?"①

智襄子为室美,士茁夕焉。智伯曰:"室美夫!"对曰:"……今土木胜,臣惧其不安人也。"室成,三年而智氏亡。②

(商鞅)大筑冀阙。③

(梁孝王刘武)大治宫室,为复道,自宫连属于平台三十余里。④

冀(梁冀)乃大起第舍,而寿(孙寿,梁冀之妻)亦对街为宅,殚极土木,互相夸竞。⑤

览(侯览)贪侈奢纵,前后请夺人宅三百八十一所,田百一十八顷。起立第宅十有六区,皆有高楼池苑,堂阁相望,饰以绮画丹漆之属,制度重深,僭类宫省。⑥

由上述材料可知,有洛氏、晋平公、智襄子、商鞅、梁冀、侯览对扩建住宅、美化居室都用力颇多,然其最终败亡的下场却都是在为《黄帝四经》中"专利及削浴以大居者虚"⑦一句论断提供注脚。老子称:"使人复结绳而用之。甘其食,美其服,安其居,乐其俗。"⑧而富贵者扩建住宅、美化居室的代价,往往就是使贫贱者不能安其居,从"莫安其性""臣惧其不安人也"诸句即可看出这一点。而由"石有言者"一句可知,在古人看来,"住"层面上的厚敛所激发的怨恨亦可能会激起天人感应。"大宫室,多斩伐以逼山林……是以神民俱怨"⑨一句论述正可以为此提供旁证。

正因为"住"层面上的厚敛所激发的怨恨如此彻骨,与晏子对齐景公的劝谏相类似,先秦两汉时期,很多不满、批评都指向扩建住宅、美化居室的相关行为。

《左传》记载:

十五年春,宋向戌来聘,且寻盟。见孟献子,尤其室,曰:"子

---

① 《说苑·辨物》,第467页。
② 《国语·晋语九》,第145页。
③ 《史记》卷68《商君列传》,第2234页。
④ 《汉书》卷47《文三王传》,第2208页。
⑤ 《后汉书》卷34《梁统列传》,第1181页。
⑥ 《后汉书》卷78《宦者列传》,第2523页。
⑦ 《黄帝四经·十大经·三禁》,第298页。
⑧ 《老子·八十章》,第190页。
⑨ 《晏子春秋·内篇问上》,第147页。

· 149 ·

有令闻，而美其室，非所望也！"①

《汉书》记载：

　　二月，至长安。萧何治未央宫，立东阙、北阙、前殿、武库、大仓。上（刘邦）见其壮丽，甚怒，谓何曰："天下匈匈，劳苦数岁，成败未可知，是何治宫室过度也！"②
　　（东方朔谏汉武帝曰）夫殷作九市之宫而诸侯畔，灵王起章华之台而楚民散，秦兴阿房之殿而天下乱。③

《淮南子》记载：

　　鲁哀公为室而大，公宣子谏……曰："国小而室大，百姓闻之必怨吾君，诸侯闻之必轻吾国。"④
　　凡乱之所由生者，皆在流遁。流遁之所生者五。大构驾，兴宫室。⑤

《列女传》记载：

　　楚处庄侄者，楚顷襄王之夫人，县邑之女也。……王曰："何谓五患？"侄曰："宫室相望，城郭阔达，一患也。"⑥

《后汉书》记载：

　　康（刘康）遂多殖财货，大修宫室……国傅何敞上疏谏康曰：……楚作章华以凶，吴兴姑苏而灭。⑦

---

① 《左传·襄公十五年》，第1959页中栏。
② 《汉书》卷1下《高帝纪下》，第64页。
③ 《汉书》卷65《东方朔传》，第2851页。
④ 《淮南子·人间训》，第1303页。
⑤ 《淮南子·本经训》，第588页。流，放也。遁，逸也。
⑥ 《列女传》卷6《辩通传·楚处庄侄》，第271—272页。
⑦ 《后汉书》卷42《光武十王列传》，第1431页。

也正因为"住"层面上的厚敛所激发的怨恨如此彻骨,不乏开明之君与开明之士对这一行为进行自觉的抵制,如晋文公下令于国曰:"毋淫宫室,以妨人宅。"① 另如晏子拒绝齐景公为自己更换美宅的提议,即便齐景公趁晏子去晋国之际为其更宅,晏子回国后,"乃毁之,而为里室,皆如其旧。"② 另如子思,则明确宣称:"顾有惠百姓之心,则莫如除一切非法之事也,毁不居之室,以赐穷民,夺嬖宠之禄,以振困匮,无令人有悲怨,而后世有闻见,抑亦可乎?"③

这些开明之君与开明之士的做法反向印证了"住"层面上的厚敛会招致怨恨的现实。

事实上,非独上下级关系,凡是涉及利益纠葛的双方,其中一方"厚敛"意即侵夺了了另一方的利益,一般都会招致怨恨。

接下来,我们来分析因少予而招致怨恨的情况。

少予会招致怨恨这一点在逻辑上能成立的前提是上与下以市道交,在这一前提下,若上不予下以利,则交绝。《三略》所谓"夫用人之道,尊以爵,赡以财,则士自来",④ 即指明了这一点。因之,若士"来"后、"往"后,却无"财"、无"赏",则难免会发生怨恨,此即为因少予而致怨。

《新序》中所记大夫对燕相的批判颇能说明这一问题:

> 有君之不能养士,安有士之不足养者?凶年饥岁,士糟粕不厌,而君之犬马有余谷;隆冬烈寒,士短褐不完,四体不蔽,而君之台观帷帘锦绣,随风飘飘而弊。财者君之所轻,死者士之所重也。君不能施君之所轻,而求得士之所重,不亦难乎?⑤

韩信对项羽"少予"之行做出的描述可以与上述批判比而观之:"项王见人恭谨,言语呴呴,人有病疾,涕泣分食饮,至使人有功,当封爵,刻印刓,忍不能予,此所谓妇人之仁也。"⑥ 而郦食其则将这种"少予"之行与怨恨的生发做了如下的连结:

---

① 《说苑·建本》,第74页。
② 《左传·昭公三年》,第2031页下栏。
③ 《孔丛子·杂训》,第113页。
④ 《三略·上略》,第21页。
⑤ 《新序·杂事二》,第211—214页。
⑥ 《汉书》卷34《韩彭英卢吴传》,第1864页。

（项羽）于人之功无所记，于人之罪无所忘；战胜而不得其赏，拔城而不得其封；非项氏莫得用事；为人刻印，玩而不能授；攻城得赂，积财而不能赏。天下畔之，贤材怨之，而莫为之用。①

确切地说，项羽把"少予"发挥到了极致状态，即"不予"。较之项羽，王莽对手下要大方些，虽称不上"不予"，但各啬程度称之为少予，似不为过，结果也招致怨恨：

莽（王莽）拜将军九人，皆以虎为号，九曰"九虎"，将北军精兵数万人东，内其妻子宫中以为质。时省中黄金万斤者为一匮，尚有六十匮，黄门、钩盾、臧府、中尚方处处各有数匮。长乐御府、中御府及都内、平准帑藏钱帛珠玉财物甚众，莽愈爱之，赐九虎士人四千钱。众重怨，无斗意。②

事实上，非独上下级关系，凡是涉及利益交换的双方，一方对已付出利益的另一方少予，一般会招致怨恨。

如：

管仲束缚，自鲁之齐，道而饥渴，过绮乌封人而乞食，乌封人跪而食之，甚敬。封人因窃谓仲曰："适幸，及齐不死而用齐，将何报我？"曰："如子之言，我且贤之用，能之使，劳之论，我何以报子？"封人怨之。③

另如：

居无何，亚夫（周亚夫）子为父买工官尚方甲楯五百被可以葬者。取庸苦之，不与钱。庸知其盗买县官器，怨而上变告子，事连汙亚夫。④

不妨以《说苑》中的两则议论来总结这一点：

---

① 《汉书》卷43《郦陆朱刘叔孙传》，第2109页。
② 《汉书》卷99下《王莽传下》，第4188页。
③ 《韩非子·外储说左下》，第332—333页。
④ 《汉书》卷40《张陈王周传》，第2062页。

第三章 怨恨发生逻辑的多角度省察(下)

夫臣不复君之恩，而苟营其私门，祸之原也；君不能报臣之功，而惮行赏者，亦乱之基也。夫祸乱之原，基由不报恩生矣。①

怨生不报，祸生于福。②

若"上"对不同的"下"在同等条件下有所予、有所不予或有所多予、有所少予，那么，这种偏向所带来的反差往往会增加主体怨恨的创痛烈度，例如："郑伯之享王也，王以后之鞶鉴予之。虢公请器，王予之爵。郑伯由是始恶于王。"③ 郑伯之恶在于鞶鉴没有酒爵贵重。另如："中山君飨都士，大夫司马子期在焉。羊羹不遍，司马子期怨而走于楚，说楚王伐中山，中山君亡。……中山君喟然而仰叹曰：'……怨不期深浅，其于伤心。吾以一杯羊羹亡国。'"④ 中山君的经历反向印证了《国语》中"分均无怨"⑤ 的论断。孔子早有明言："不患寡而患不均，不患贫而患不安。"⑥ 墨子亦认为古者圣王"分财不敢不均"⑦，设若分财不均，那么必定是受了不肖之徒的蛊惑。《荀子》称："其使下也，均徧而不偏。"⑧《韩诗外传》亦称："君人者以礼分施，均徧而不偏。"⑨ 这些论述既为"分均无怨"这一认识提供了丰富的理论注脚，也为在予利问题上的偏向会引发怨恨这一事实提供了有力的逻辑铺垫。

需要指出的是，"上"对不同的"下"在同等条件下有所予、有所不予或有所多予、有所少予，遭遇不予或少予的"下"既会对"上"产生怨恨，也会对接受予或多予的"下"产生怨恨。前一种怨恨意味着一种不满的心理，后一种怨恨意味着一种嫉妒的心理。需要说明的是，前一种怨恨之所以会发生，既有基于利益、情感的考量，也有基于道德、责任的思虑，罗尔斯的一则议论着重指出了这一点："一定不要把妒忌和不满等同起来。因为不满是一种道德情感。如果我们因我们获得的少于他人而不满，这一定是由于我们认为他们境遇好是不公正的制度或他们的不公正的行为的结果。那些表达不满的人一定打算说明为什么某种制度是不公正的

---

① 《说苑·复恩》，第117页。
② 《说苑·谈丛》，第391页。
③ 《左传·庄公二十一年》，第1774页中栏。
④ 《战国策·中山策》，第328页。
⑤ 《国语·周语上》，第11页。
⑥ 《论语·季氏》，第1137页。
⑦ 《墨子·尚同中》，第82页。
⑧ 《荀子·君道》，第276页。
⑨ 《韩诗外传》卷4《第十一章》，第140页。

· 153 ·

或他人的行为如何地伤害了他们。"①

从罗尔斯议论中的"伤害"一词,我们可以发现,意味不满心理的怨恨更多地偏向于他生型怨恨,意味嫉妒心理的怨恨更多地偏向于自生型怨恨。

三

现在,让我们来重新审视孔子"放于利而行,多怨"② 这句话。上文结合孔安国、刘宝楠的注解已经指出,"放于利而行,多怨"中的"怨"之起因,在于自己侵夺了他人的利益,因之,这种怨恨更多的是一种他生型怨恨,从方向上说,是他人对自己的怨恨。但钱穆对此却有不同的看法,钱穆指出:"惟《论语》教人,多从自己一面说。若专在利害上计算,我心对外将不免多所怨。孔子曰:'求仁而得仁,又何怨?'若行事能依仁道,则不论利害得失,己心皆可无怨。此怨字,当指己心对外言。"③ 依据钱穆的理解,"放于利而行,多怨"中的"怨"之起因,在于自己总以利害之心相较,免不了会怨恨他人,因之,这种怨恨更多的是一种自生型怨恨,从方向上说,是自己对他人的怨恨。笔者认为,钱穆的解读固然与通行的解读有异,但在逻辑上亦可成立,甚至不乏现代心理学的佐证。如意大利心理学家柯洛特指出:"自私自利的因素可能……导致一些心理上的痛苦……成为存在性的焦虑和反对世界的仇恨之根源。"④

而检视先秦两汉典籍,一些类似的文句用钱穆的解读逻辑都可以解释得通,如《逸周书》中的"令之有求,遂以生尤"⑤,不妨解读为令其有求利之心,于是其本身就会产生怨尤。另如下面的一些文句:

> 匠人成棺,不憎人死,利之所在。⑥
>
> 人不死则棺不买,情非憎人也,利在人之死也。故后妃、夫人、太子之党成而欲君之死也,君不死,则势不重,情非憎君也,利在君

---

① [美]约翰·罗尔斯:《正义论》,何怀宏等译,中国社会科学出版社1988年版,第536页。
② 《论语·里仁》,第253页。
③ 钱穆:《论语新解》,生活·读书·新知三联书店2005年版,第95页。
④ 李绍崑:《欧洲的心理学界》,商务印书馆2007年版,第150页。
⑤ 《逸周书·酆保解》,第96页。
⑥ 《慎子·逸文》,第83页。

第三章 怨恨发生逻辑的多角度省察(下)

之死也。①

故治狱吏，皆欲入死，非憎人也，自安之道，在人之死。②

今之狱吏，上下相驱，以刻为明，深者获功名，平者多后患。谚曰："鬻棺者欲岁之疫。"非憎人欲杀之，利在于人死也。今治狱吏欲陷害人，亦犹此矣。③

按照钱穆的解读逻辑，对上述文句可以做出如下分析，他者本身并不能引起自己的怨恨，但自己的求利之心却每每成为生发怨恨的触媒，甚至不惜置人于死地。这种分析在逻辑上是成立的。司马迁所谓"利诚乱之始也！夫子罕言利者，常防其原也"④，亦可以从"己心对外言"这一逻辑来分析。《淮南子》所谓"故君子不入狱，为其伤恩也；不入市，为其俴廉也；积不可不慎者也"⑤，正可以与上述文句比而观之，似可理解为劝导主体摒弃以利害相较之心。

而征诸史籍，因自身求利而怨恨他者的史实代不乏见，本节中的第一小节对此已有所举例，而这种情况却渊源甚古，晁福林就曾指出："（新石器时代后期）日益频繁的氏族部落的战争已经主要不是为了报复，而是其他氏族的物质财富所激起的人们的贪欲，特别是氏族贵族的贪欲和权势欲，成了战争的契机。"⑥

因之，笔者认为，钱穆的解读与通行的解读只是立论角度不同，并不矛盾，可以并存。这种差异似乎也从一个侧面证明了笔者将怨恨分为他生型怨恨与自生型怨恨两类来讨论这一做法具有一定的合理性。

"放于利而行，多怨"所蕴含的自生型怨恨，其怨恨对象是妨碍自身利益的客体，上文所述及的匠人、商人、妻子、狱吏欲作为他者的"人"死，皆因此"人"直接妨碍了其利益。需要指出的是，充斥逐利之心的主体往往会将拥利聚利的客体视作怨恨对象，而客体拥利聚利这一行为，并不一定会直接妨碍主体的利益。即便不直接妨碍主体的利益也会招致怨恨，遑论直接妨碍的情况。这种怨恨主要体现为一种嫉妒心理，且这种心理并没有过多的中西之别。

---

① 《韩非子·备内》，第123—124页。
② 《说苑·贵德》，第103—104页。
③ 《汉书》卷23《刑法志》，第1110页。
④ 《史记》卷74《孟子荀卿列传》，第2343页。
⑤ 《淮南子·说山训》，第1157页。
⑥ 晁福林：《天玄地黄——中国上古文化溯源》，巴蜀书社1990年版，第103页。

作为参照,不妨先检点西哲所言。

叔本华认为:

> 当人们看到别人享受着自己所没有的东西时就会感到不快,这是天性,也是无法避免的。但这不应该引起对比自己快乐的人的仇恨,而嫉妒却恰恰形成了这样一种仇恨。①

舍勒认为:

> "妒嫉"源于无能感,而无能感与对某一财富的追求对立,因为这一财富已为别人占有。不过,这种追求同这种无力之间的张力需在对这一财富的占有者采取一种仇视举动或一种仇恨行动时,才转化为妒嫉,这时,产生了一种错觉,以为别人及其财产是我们(痛苦万分的)一无所有的原因。②

罗尔斯认为:

> 真正的妒忌,和我们自由地表达的温和的妒忌作为对比,是一种怨恨的形式,它既会伤害它的对象又会伤害它的主体。③

回视先秦两汉典籍,就贫贱者对富贵者的嫉妒、怨恨这一点而言,先贤所论与西哲所言颇有相近之处,仅就狐丘丈人对楚相孙叔敖的一则告诫即可略见一斑。这则告诫在先秦两汉子书中被广泛征引,虽文字略有出入,但主旨却并无不同。

《荀子》中的记载为:

> 处官久者士妒之,禄厚者民怨之,位尊者君恨之。④

《列子》中的记载为:

---

① [德] 叔本华:《探寻人生痛苦之源》,杨珺译,商务印书馆 2010 年版,第 48 页。
② [德] 舍勒:《舍勒选集》,刘小枫选编,上海三联书店 1999 年版,第 407—408 页。
③ [美] 约翰·罗尔斯:《正义论》,何怀宏等译,中国社会科学出版社 1988 年版,第 536 页。
④ 《荀子·尧问》,第 651 页。

· 156 ·

第三章 怨恨发生逻辑的多角度省察(下)

> 爵高者,人妒之;官大者,主恶之;禄厚者,怨逮之。①

《文子》中的记载为:

> 爵高者人妒之,官大者主恶之,禄厚者人怨之。②

《淮南子》中的记载为:

> 爵高者士妒之,官大者主恶之,禄厚者怨处之。③

《韩诗外传》中的记载为:

> 夫爵高者,人妒之。官大者,主恶之。禄厚者,怨归之。④

《说苑》中的记载为:

> 身已贵而骄人者,民去之;位已高而擅权者,君恶之;禄已厚而不知足者,患处之。⑤

笔者认为,这些文句广见于先秦两汉子书这一事实本身,可以表明狐丘丈人所论——贫贱者对富贵者的怨恨引起了先秦两汉诸子的关注与重视。⑥ 很多议论都可以与狐丘丈人所论比而观之,如李克对魏文侯说:"夫贵者则贱者恶之,富者则贫者恶之,智者则愚者恶之。"⑦ 钱穆指出:"中国人之人品观,则为一种人生内部之不平等。即从人生外部言,亦有其不平等。一是贫富不平等,一是贵贱不平等。"⑧ 结合李克所论,笔者认为,

---

① 《列子·说符》,第259页。
② 《文子·符言》,第204页。
③ 《淮南子·道应训》,第870页。
④ 《韩诗外传》卷7《第十二章》,第254页。
⑤ 《说苑·敬慎》,第252页。
⑥ 需要说明的是,文句中的"主""君"对官大者的怨恨更多的是从臣没有履责尽义而致怨这一角度立论,《说苑》所谓"位已高而擅权利"即说明了这一点。而所谓"身已贵而骄人者"则是从"不让"致怨这一角度立论。上章已论,此不赘述。
⑦ 《韩诗外传》卷8《第三十四章》,第304页。
⑧ 钱穆:《中国史学发微》,生活·读书·新知三联书店2009年版,第111页。

贫富不平等、贵贱不平等属于外部不平等，智愚不平等不妨归于内部不平等，三者分别指向经济范畴、政治范畴及才能范畴，三种不平等均在一定程度上意味着逐利拥利的反差，因之，均有可能会引发嫉妒式的怨恨。因贫富、贵贱这两种不平等特别是贫富不平等在逐利拥利上的反差较之智愚不平等要更为直接和明显，所以先贤对前两种不平等特别是第一种不平等会引发逐利主体的嫉妒式怨恨这一点关注得要更多一些。

孔子"贫而无怨难"①的感慨反向印证了"贫而有怨"的普遍，吴子"上富而骄，下贫而怨，可离而间"②这一战术在应用上亦不乏普遍性。贫而怨，其所怨对象不外天、时、人、己，即怨天、伤时、尤人、恨己，四种情况之中，以怨人这一情况最为普遍。尹文子对此就有所发挥，他说："贫则怨人，贱则怨时，而莫有自怨者，此人情之大趣也，然则不可以此是人情之大趣，而一概非之，亦有可矜者焉，不可不察也。"③需要说明的是，尹文子所谓"莫有自怨者"指向的只是一般的情况，上文所引桓元卿的自怨自艾——"我农家子，岂意学之为利乃若是哉"恰恰为"莫有自怨者"提供了一个反例。而尹文子所谓"贫则怨人"中的"人"则指的是一般意义上的富人。他进一步分析道："能同算钧，而彼富我贫，能不怨则美矣；虽怨，无所非也。才钧智同，而彼贵我贱，能不怨则美矣；虽怨，无所非也。"④看来，尹文子就贫贱者对富贵者的怨恨不乏了解与同情，而其同情却是有条件的，即贫贱者与富贵者在才能范畴上"能同算钧"、"才钧智同"。先秦两汉时期，就贫贱者会对富贵者怨恨，特别是就贫者会对富者怨恨这一点，很多议论都与尹文子所论有一定的相应之处。如楚令尹子常问楚大夫斗且积聚财货和马匹的事，斗且据此分析子常必定败亡。"蓄聚不厌，其速怨于民多矣。积货滋多，蓄怨滋厚，不亡何待？……"果不出斗且所料，"期年，乃有柏举之战，子常奔郑，昭王奔随"。⑤不妨再来检点一下西汉刘德、疏广的事迹和言论：

> 德（刘德）宽厚，好施生，每行京兆尹事，多所平反罪人。家产过百万，则以振昆弟宾客食饮，曰："富，民之怨也。"⑥

---

① 《论语·宪问》，第907页。
② 《吴子·论将》，《先秦兵书通解》，天津人民出版社2002年版，第102页。
③ 《尹文子·大道下》，《诸子集成》第6册，中华书局2006年版，第10页。
④ 同上。
⑤ 《国语·楚语下》，第163—164页。
⑥ 《汉书》卷36《楚元王传》，第1928页。

广（疏广）既归乡里，日令家共具设酒食，请族人故旧宾客，与相娱乐。数问其家金余尚有几所，趣卖以共具。居岁余，广子孙窃谓其昆弟老人广所爱信者曰："子孙几及君时颇立产业基阯，今日饮食，费且尽。宜从丈人所，劝说君买田宅。"老人即以闲暇时为广言此计，广曰："吾岂老悖不念子孙哉？顾自有旧田庐，令子孙勤力其中，足以共衣食，与凡人齐。今复增益之以为赢余，但教子孙怠惰耳。贤而多财，则捐其志；愚而多财，则益其过。且夫富者，众人之怨也；吾既亡以教化子孙，不欲益其过而生怨。又此金者，圣主所以惠养老臣也，故乐与乡党宗族共飨其赐，以尽吾余日，不亦可乎！"于是族人说服。皆以寿终。①

刘德所谓"富，民之怨也"与疏广所谓"夫富者，众人之怨也"在思虑上并无二致、如出一辙，从"族人说服"一句来看，这一想法不乏一定的社会认同。东汉的王符就疏广散财一事进一步分析道：

疏广不遗赐金。子孙若贤，不待多富，若其不贤，则多以征怨。故曰：无德而贿丰，祸之胎也。②

可见，王符亦不忘强调能力范畴中"贤或不贤"这一条件，这与尹文子所论是相契合的。

聚集过多财富不仅会招致人的怨恨，同时也是一种"不合于天"的表现。老子称"天之道，损有余而补不足"③，按照这一逻辑，聚财者将成为被"损"的对象，即"多藏必厚亡"④。与此相类，庄子亦借盗跖之口说："尧舜有天下，子孙无置锥之地；汤武立而天子，而后世绝灭。非以其利大故邪？"⑤ 而事实上，就聚财者将招致"天"怨这一点，两汉思想界对老庄上述言论所蕴含的致怨逻辑多有展开。

《说苑》中讲：

---

① 《汉书》卷71《隽疏于薛平彭传》，第3040页。
② 《潜夫论·遏利》，第30页。
③ 《老子·七十七章》，第186页。
④ 《老子·四十四章》，第122页。
⑤ 《庄子·杂篇·盗跖》，第987页。

> 天道布顺，人事取予，多藏不用，是谓怨府。故物不可聚也。①

《老子道德经河上公章句》中讲：

> 生多藏于府库，死多藏于丘墓。生有攻劫之忧，死有掘冢探柩之患。②

《老子指归》中讲：

> 多藏金玉，畜积如山……道所不佑，神所不在，天所不覆，万物所怨。有人若此，丧之受祸，生之受患，身苟不获，事及子孙。③

《潜夫论》中讲：

> 且夫利物，莫不天之财也。天之制此财也，犹国君之有府库也。赋赏夺与，各有众寡，民岂得强取多哉？故人有无德而富贵，是凶民之窃官位盗府库者也，终必觉，觉必诛矣。盗人必诛，况乃盗天乎，得无受祸焉？④

《太平经》中讲：

> 或积财亿万，不肯救穷周急，使人饥寒而死，罪不除也。或身即坐，或流后生。所以然者，乃此中和之财物也，天地所以行仁也，以相推通周足，令人不穷。今反聚而断绝之，使不得遍也，与天地和气为仇。……
>
> 或有遇得善富地，并得天地中和之财，积之乃亿亿万种，珍物金银亿万，反封藏逃匿于幽室，令皆腐涂。见人穷困往求，骂詈不予；既予不即许，必求取增倍也；而或但一增，或四五乃止。赐予富人，绝去贫子，令使其饥寒而死，不以道理，反就笑之。与天为怨，与地为咎，与人为大仇，百神憎之。所以然者，此财物乃天地中和所有，

---

① 《说苑·谈丛》，第 385 页。
② 《老子道德经河上公章句》卷 3《立戒》，第 175 页。
③ 《老子指归》卷 3《行于大道篇》，第 52 页。
④ 《潜夫论·遏利》，第 26 页。

以共养人也。此家但遇得其聚处，比若仓中之鼠，常独足食，此大仓之粟，本非独鼠有也；少内之钱财，本非独以给一人也；其有不足者，悉当从其取也。愚人无知，以为终古独当有之，不知乃万尸之委输，皆当得衣食于是也。爱之反常怒喜，不肯力以周穷救急，令使万家之绝，春无以种，秋无以收，其冤结悉仰呼天。天为之感，地为之动，不助君子周穷救急，为天地之间大不仁人。人可求以祭祀，尚不给与，百神恶之，欲使无世；乡里祝固，欲使其死；盗贼闻之，举兵往趋，攻击其门户，家困且死而尽，固固不肯施予，反深埋地中，使人不睹。无故绝天下财物，乏地上之用，反为大壮于地下，天大恶之，地大病之，以为大咎。中和之物隔绝日少，因而坐之不足，饥寒而死者众多，与人为重仇。夫天但好道，地但好德，中和好仁。凡物职当居天下地上，而通行周给。①

综览上论可知，无论在正式思想层面还是在民间思想层面，两汉思想界都有意识地将聚财这一行为与违反天道这一罪名进行连结，尤以《太平经》言之最详、论之最切——"与天为怨，与地为咎，与人为大仇，百神憎之。"在冯友兰看来，《太平经》的上述议论是对富人的谴责；② 在高尚志、冯君实看来，《太平经》的上述议论是对富有者的诅咒。③ 在上述具有"仇富情结"的相关议论中，《太平经》之所以能成为"章章尤著者"，乃是因为《太平经》更多地代言了东汉下层民众的思想，下层民众对贫富不均感触最深，对为富不仁者恨之最切。上文所引的"多藏不用""积财亿万，不肯救穷周急"均可以看作为富不仁的表现。

需要补充说明的是，"仇富情结"之所以在两汉思想界被屡屡提及，与两汉贫富不均的社会现实密切相关。关于这一点，钱穆言之甚详，不妨引为参照。就西汉的贫富不均，钱穆总结道："（西汉时）政治上实际问题，最大者厥为社会贫富之不均"，"贫富之不均，社会经济所形成之阶级，起而代古者封建贵族之世袭。惟此一事，厥为西汉二百年最大待决之问题。贾晁董生极论于前，王贡诸儒深唏于后。而汉之诸帝，实鲜有能注意及此。"④ 就东汉的贫富不均，钱穆援引崔寔《政论》中论及"富者席余而日炽，贫者蹑短而岁蹙"的相关材料，进一步总结道："庄园内的地

---

① 《太平经》卷67《六罪十治诀》，第242、246、247页。
② 参见冯友兰《中国哲学史新编》（中），人民出版社2007年版，第304页。
③ 参见高尚志、冯君实《秦汉魏晋南北朝史》，辽宁人民出版社1984年版，第161页。
④ 钱穆：《秦汉史》，生活·读书·新知三联书店2005年版，第109、327页。

主与佃农，常是同姓或同宗，表面上是宗族姻亲，但事实上贫富极为悬殊。这仍是西汉以来所无法解决的社会问题。"①

综览上论可知，先秦两汉时期，贫贱者对富贵者的嫉妒式怨恨是一种普遍的人情与世态，正如罗尔斯所说："引起妒忌的环境有时具有如此的诱惑性，以至按照人们的本性，要求一个人去克服他的怨恨情感必是不合理的。"② 在谈及妒忌带着敌意而爆发的条件时，罗尔斯指出："一个人自己和他人之间的差别被那个社会的结构和生活方式昭然于众目之下，因而不幸境遇常常使不幸者自惭形秽，并常常引导他们对自己本身及其生活方式作更低的估价。"③ 这种昭然于众目之下的差别可以是经济范畴上的贫富差别，可以是政治范畴上的贵贱差别，也可以是才能范畴上的智愚差别。前文所引李克"夫贵者则贱者恶之，富者则贫者恶之，智者则愚者恶之"④一句已说明这一点。然而，昭然于众目之下的差别绝不仅仅限于上述三种，至少还包括容貌范畴上的美丑差别、道德范畴上的忠奸差别等。

荀子称：

> 生而有疾恶焉，顺是，故残贼生而忠信亡焉。⑤

邹阳称：

> 女无美恶，入宫见妒；士无贤不肖，入朝见嫉。⑥

《盐铁论》中的大夫称：

> 淑好之人，戚施之所妒也；贤知之士，阘茸之所恶也。……功如丘山，名传后世。世人不能为，是以相与嫉其能而疵其功也。⑦

王充称：

---

① 钱穆：《中国经济史》，北京联合出版公司2014年版，第109页。
② [美] 约翰·罗尔斯：《正义论》，何怀宏等译，中国社会科学出版社1988年版，第537页。
③ 同上书，第538页。
④ 《韩诗外传》卷8《第三十四章》，第304页。
⑤ 《荀子·性恶》，第513页。
⑥ 《汉书》卷51《贾邹枚路传》，第2346页。
⑦ 《盐铁论·非鞅》，第95—96页。

第三章 怨恨发生逻辑的多角度省察(下)

弦者思折伯牙之指，御者愿摧王良之手。何则？欲专良善之名，恶彼之胜己也。①

王符称：

循善则见妒，行贤则见嫉，而必遇患难者也。……上圣大贤犹不能自免于嫉妒，则又况乎中世之人哉？……夫国不乏于妒男也，犹家不乏于妒女也。近古以来，自外及内，其争功名妒过己者岂希也？②

毋庸赘言，贫者对富者的嫉恨、贱者对贵者的嫉恨是基于利益的考量，但事实上，从上述材料中"嫉其能而疵其功""欲专良善之名，恶彼之胜己也""争功名，妒过己"等文句可知，愚者对智者的嫉恨、丑者对美者的嫉恨、奸者对忠者的嫉恨，又何尝不是基于利益的思忖？王符说嫉妒之人"岂希也"，验诸史籍，王符所言不虚，郑袖忧秦女人而释张仪③、庞涓恐能不及而刑孙膑④、李斯嫉才不如而毁韩非⑤、吕后妒戚氏宠而做人彘⑥、梁后惭不能孕而害宫人⑦、董卓恨谋不中而忌皇甫嵩⑧诸事均可以看成为王符之论所做的注脚。

需要指出的是，在道德范畴内，奸者对忠者的怨恨，虽然也是基于利益的谋虑，但这种利益常常体现为一种名誉，用王符的话说，即是"争功名，妒过己"，而正如笔者在本节伊始所分析的那样，以利益为基点的名誉其实质仍是利益。为形象说明这一问题，不妨再举例分析：

建昭中，上（汉元帝）幸虎圈斗兽，后宫皆坐。熊佚出圈，攀槛欲上殿。左右贵人傅昭仪等皆惊走，冯婕妤直前当熊而立，左右格杀

---

① 《论衡·累害篇》，第13页。
② 《潜夫论·贤难》，第39、40、44页。
③ 《史记》卷40《楚世家》，第1725页。
④ 《史记》卷65《孙子吴起列传》，第2162页。
⑤ 《史记》卷63《老子韩非列传》，第2155页。
⑥ 《汉书》卷97上《外戚传上》，第3938页。
⑦ 时太后秉政而梁冀专朝，故后（汉桓帝梁皇后）独得宠幸，自下莫得进见。后藉姊兄荫势，恣极奢靡，宫幄雕丽，御服珍华，巧饰制度，兼倍前世。及皇太后崩，恩爱稍衰。后既无子，潜怀怨忌，每宫人孕育，鲜得全者。帝虽迫畏梁冀，不敢谴怒，然见御转稀。至延熹二年，后以忧恚崩，在位十三年，葬懿陵。其岁，诛梁冀，废懿陵为贵人冢焉。（见《后汉书》卷10下《皇后纪下》，第444页。）
⑧ 《后汉书》卷71《皇甫嵩朱俊列传》，第2305页。

· 163 ·

熊。上问:"人情惊惧,何故前当熊?"倢伃对曰:"猛兽得人而止,妾恐熊至御坐,故以身当之。"元帝嗟叹,以此倍敬重焉。傅昭仪等皆惭。①

就道德范畴来分析,冯氏与傅氏存在忠奸之别。而傅氏担心自己失宠,基于利益,嫉恨冯氏。此事发生在汉元帝建昭年间,即便在时间过去了近30年之后的汉哀帝之世,傅氏对冯氏的怨恨依然如故,史载"太后即傅昭仪也,素常怨冯太后",而怨恨的起因,正在于多年之前的"当熊"一事,从傅氏指使的史立对冯氏的审讯中即可看出这一点:"熊之上殿何其勇,今何怯也!"对此,冯氏自己亦心知肚明:"此乃中语,前世事,吏何用知之?是欲陷我效也!"②

他者在道德范畴内超过了自己,哪怕是有利于自己的至亲,有时亦反而会生怨,如:

> 文帝尝病痈,邓通常为上嗽吮之。上不乐,从容问曰:"天下谁最爱我者乎?"通曰:"宜莫若太子。"太子入问疾,上使太子龁痈。太子龁痈而色难之。已而闻通尝为上龁之,太子惭,由是心恨通。及文帝崩,景帝立,邓通免,家居。③

王符针对此事评论道:"邓通其行所以尽心力而无害人,其言所以誉太子而昭孝慈也。太子自不能尽其称,则反结怨而归咎焉。"他进一步指出:"今世俗之人,自慢其亲而憎人敬之,自简其亲而憎人爱之者不少也。岂独品庶,贤材时有焉。"④ 这种怨恨的发生逻辑从道德角度、责任角度、情感角度来审视都会显得不可思议,而从利益角度来审视则显得顺理成章。

综上所述,从利益角度来省察先秦两汉时期怨恨的发生逻辑,我们发现,只要有利益冲突的地方,就潜伏着怨恨。这种怨恨可能是他生型怨恨,也可能是自生型怨恨。需要补充说明的是,在交通尚不便利的古代,一般而言,越是临近的地域,其利益冲突就越激烈,其生发怨恨的可能性

---

① 《汉书》卷97下《外戚传下》,第4005页。
② 同上书,第4006页。
③ 《汉书》卷93《佞幸传》,第3723页。
④ 《潜夫论·贤难》,第41页。

第三章 怨恨发生逻辑的多角度省察(下)

也就越大,所谓"大武远宅不涉"①"邻国有圣人,敌国之忧也"②"邻之厚,君之薄也"③"(吴与越)接地邻境,道径通达,仇雠敌战之邦"④"仇雠不远,必将受其戮辱者也"⑤ 均说明了这一点。而所谓远交近攻,正是基于这样的认识,"王不如远交而近攻,得寸则王之寸也,得尺亦王之尺也"。⑥ 远交近攻这一提法虽自范雎始,但其传统却渊源甚古,龚自珍就指出:"夫葛何罪?罪在近。后世之阴谋,有远交而近攻者,亦祖汤而已矣。"⑦ 这在汉代亦不乏继承与展现,如《盐铁论》中的文学称:"夫万里而攻人之国,兵未战而物故过半,虽破宛得宝马,非计也。"⑧ 因之,远交近攻这一谋略斤斤计较的,正是利益,这一计较本身,进一步说明了"有利益冲突的地方,就潜伏着怨恨"这一论断。

---

① 《战国策·秦策四》,第58页。
② 《史记》卷5《秦本纪》,第193页。
③ 《左传·僖公三十年》,第1831页上栏。
④ 《越绝书》卷5《越绝请籴内传》,第127页。
⑤ 《太玄·断》,《太玄集注》,中华书局1998年版,第61页。
⑥ 《史记》卷79《范雎蔡泽列传》,第2409页。
⑦ (清)龚自珍:《龚自珍全集》,上海人民出版社1975年版,第124页。
⑧ 《盐铁论·西域》,第501页。

第四章　报与直：怨恨实施的观念基础与规范原则

本书的第二章和第三章分别从道德角度、责任角度、情感角度、利益角度省察了怨恨的发生逻辑。一般而言，主体在生发怨恨后，会将这种怨恨具体化为一种行为实施到所怨对象身上，而促使主体将怨恨行为付诸实施的观念基础，则是本章所要探讨的主题——报观念。探讨先秦两汉时期报观念与怨恨实施二者之间的关系，首先，需要立足于原典，对报观念的渊源及内涵做一个大体的分析与梳理。

作为观念的报，起源甚早。从字源学的角度上看，王国维在《殷卜辞中所见先公先王考》《殷卜辞中所见先公先王续考》两文中，对"报"的甲骨文古字进行了一些推测。[1]杨联陞赞同王国维的推测，并据此指出："'报'原意为祭祀，系由象征郊宗石室（指葬地祭地）而引申为祭祀。"[2]而在金文中，"報"的写法已经初具雏形，左半部分像手铐一类的刑具，右半部分像人跪踞而有手按抑，表示服从治罪。所以《说文》释"报"为"当罪人也"。[3]

由此可见，报字的古义，兼涉"礼""刑"两个层面。笔者认为，"礼"意味着对恩的回报，"刑"则意味着对怨的回报，"礼"也好，"刑"也罢，报的中心意思是回报。正如杨联陞所说，"中文'报'字作为动词有许多意思，包括'报告'，'回报'，'报答'，'报复'和'报应'。这些意思的中心是'回报'或'报答'，是中国社会关系的基础。中国人相信人与人之间的行为的相互性（爱与恨，赏与罚），实际上是人与超自然力

---

[1] 参见王国维《王国维手定观堂集林》，浙江教育出版社2014年版，第217、237页。
[2] 杨联陞：《中国文化中"报""保""包"之意义》，贵州人民出版社2009年版，第4页。
[3] "报"的金文结构说明及《说文》解释参见汤可敬《说文解字今释》，岳麓书社1997年版，第1422页。

量之间的相互性，应该如因果关系一样确定。"①

需要指出的是，杨联陞的上述议论，一方面是在概括报字的含义，另一方面则是在强调报观念的宗教意义及社会意义。概括地说，报观念的宗教意义，在于为人们提供并强化了鬼神报祭、天人感应、因果报应的相关信仰；报观念的社会意义，在于为中国人提供了主导社会关系的价值基石——礼无不答，报施德怨。

前者是从天人关系角度来立论的，后者是从人际关系角度来立论的。

职是之由，当被要求将"报"字译成英文时，杨联陞选择了 Retribution、Reciprocate 两词。② Retribution 一词的意思偏重在"报应"，而 Reciprocate 一词的意思则偏重在作为回报的"报答—报复"。笔者认为，杨氏所译甚当。检视先秦两汉典籍可知，就报观念的内涵而言，确实是 Retribution、Reciprocate 两词的合体。为论证的便利起见，笔者将意思偏重于 Retribution 之义的报观念称为"报应观"，将意思偏重于 Reciprocate 之义的报观念称为"报答—报复观"。

显而易见，从表面上看，较之于"报应观"，"报答—报复观"与怨恨实施之间的关系要更为密切。但深入分析之后，我们会发现，"报应观"有时亦可以成为将怨恨付诸实施的观念基础，甚至"报应观"本身亦往往会成为怨恨发生的价值诱因。下文的前两节将依次从"报应观"与"报答—报复观"两个角度来阐明其与怨恨实施之间的关系。

第一节 "报应观"与怨恨

一

探讨"报应观"与怨恨之间的关系，有必要对"报应观"的渊源及内涵做一个基本的检讨。通俗地讲，"报应观"的含义可以简单地概括为人们平常所说的"善有善报，恶有恶报"八个字。今日之国人言及因果报应，多半会掺杂进很多佛教的影响因子，但事实上，"善有善报，恶有恶报"这一观念并不是伴随佛教而至的舶来品，早在佛教来华之前，就已在正式思想及民间思想两个层面潜滋暗长了。

---

① [美]费正清编：《中国的思想与制度》，郭晓兵等译，世界知识出版社 2008 年版，第 324 页。
② 杨联陞：《中国文化中"报""保""包"之意义》，贵州人民出版社 2009 年版，第 3 页。

就正式思想层面而言，《尚书》《周易》等反映早期先民思想的经典对"报应观"有明确、完整的表述，如《尚书》就中有"天道福善祸淫"①"上天孚佑下民、罪人黜伏"②"惟上帝不常，作善降之百祥，作不善降之百殃"③"皇天无亲，惟德是辅"④ 等文句，另如《周易》中也有"积善之家，必有余庆；积不善之家，必有余殃"⑤ 的提法。值得注意的是，促使善者能有善报、恶者能有恶报的主导力量是一种超自然的神秘存在——"天道"、"上天"、"上帝"、"皇天"。而所谓"余庆"、"余殃"或者应在自己，或者应在子孙身上。"善有善报，恶有恶报"的观念、上天主宰报应的观念、报应应承在自己身上或子孙身上的观念在先秦两汉的子书中多有呈现：

就"善有善报，恶有恶报"的观念而言：
孔子称：

> 吾于《高宗肜日》，见德之有报之疾也。⑥

陆贾称：

> 怀德者应以福，挟恶者报以凶。⑦

就上天主宰报应的观念而言：
老子称：

> 天道无亲，常与善人。⑧

贾谊称：

> 楚惠王食寒菹而得蛭，因遂吞之，腹有疾而不能食。令尹入问

---

① 《尚书·汤诰》，第162页上栏。
② 同上书，第162页中栏。
③ 《尚书·伊训》，第163页下栏。
④ 《尚书·蔡仲之命》，第227页中栏。
⑤ 《周易·坤文言》，第19页上栏。
⑥ 《孔丛子·论书》，第18页。
⑦ 《新语·术事》，第43页。
⑧ 《老子·七十九章》，第188页。

曰："王安得此疾？"王曰："我食寒菹而得蛭，念谴之而不行其罪乎，是法废而威不立也，非所闻也；谴而行其诛，则庖宰、监食者，法皆当死，心又弗忍也。故吾恐蛭之见也，遂吞之。"令尹避席，再拜而贺曰："臣闻：'皇天无亲，惟德是辅。'王有仁德，天之所奉也，病不为伤。"是昔也，惠王之后而蛭出，故其久病心腹之积皆愈。故天之视听，不可谓不察。①

刘向称：

> 为善者天报以德，为不善者天报以祸。②

就报应应承在自己身上或子孙身上的观念而言：
河上公称：

> 其德如是，乃有余庆及于来世子孙。③

应劭称：

> 燕召公奭，与周同姓，武王灭纣，封召公于燕；成王时，入据三公，出为二伯，自陕以西，召公主之。当农桑之时，重为所烦劳，不舍乡亭，止于棠树之下，听讼决狱，百姓各得其所。寿百九十余乃卒。后人思其德美，爱其树而不敢伐，《诗·甘棠》之所作也。九世称侯，八世称公，十世称王。到王喜，为秦所灭。燕外迫蛮、貊，内笮齐、晋，崎岖强国之间，最为弱小，几灭者数矣。然社稷血食者八九百载，于姬姓独后亡：非盛德之遗烈，岂其然乎！④

由此可见，"善有善报，恶有恶报"的观念、上天主宰报应的观念、报应应承在自己身上或子孙身上的观念从先秦至两汉可谓一脉相承，这倒不独正式思想层面为然，民间思想层面亦如是，许多论述都可以与子书中的论述相互印证。并且常常将"善有善报，恶有恶报"的观念、上天主宰

---

① 《新书·春秋》，第 246 页。
② 《说苑·谈丛》，第 393 页。
③ 《老子道德经河上公章句》卷 3《修观》，第 207 页。
④ 《风俗通义·皇霸》，第 30 页。

报应的观念、报应应承在自己身上或子孙身上的观念合并到一起进行整体阐释。

就"善有善报"的方面而言：上文所引楚惠王不忍庖宰、监食受死而吞蛭终病愈一事颇可验证善有善报这一观念。此外，贾谊所引述的孙叔敖杀两头蛇一事亦很能说明问题：

>孙叔敖之为婴儿也，出游而还，忧而不食。其母问其故，泣而对曰："今日吾见两头蛇，恐去死无日矣。"其母曰："今蛇安在？"曰："吾闻见两头蛇者死，吾恐他人又见，吾已埋之也。"其母曰："无忧，汝不死。吾闻之，有阴德者，天报以福。"人闻之，皆谕其能仁也。及为令尹，未治而国人信之。①

上述材料中，孙叔敖母沉着镇定地安慰其子："无忧，汝不死。"这种态度从一个侧面表明当时"有阴德者，天报以福"的观念已经深入人心，只不过尚为婴儿的孙叔敖还不曾知晓罢了。"有阴德者，天报以福"，所报的对象可以是有阴德者本人，亦可以是有阴德者的子孙。检视两汉时期的民间思想层面，古人对这一点的认识应该说非常自觉与明确，如：

>始，定国父于公，其闾门坏，父老方共治之。于公谓曰："少高大闾门，令容驷马高盖车。我治狱多阴德，未尝有所冤，子孙必有兴者。"②
>
>上（汉宣帝）忧吉（丙吉）疾不起，太子太傅夏侯胜曰："此未死也。臣闻有阴德者，必飨其乐以及子孙。今吉未获报而疾甚，非其死疾也。"后病果愈。③
>
>后（邓后，汉和帝皇后）叔父陔（邓陔）言："常闻活千人者，子孙有封。兄训为谒者，使修石臼河，岁活数千人。天道可信，家必蒙福。"初，太傅禹（邓禹）叹曰："吾将百万之众，未尝妄杀一人，其后世必有兴者。"④
>
>顺烈梁皇后讳妠，大将军商之女，恭怀皇后弟之孙也。后生，有

---

① 《新书·春秋》，第250页。
② 《汉书》卷71《隽疏于薛平彭传》，第3046页。
③ 《汉书》卷74《魏相丙吉传》，第3144页。
④ 《后汉书》卷10上《皇后纪上》，第419页。

第四章 报与直:怨恨实施的观念基础与规范原则

光景之祥。少善女工。好《史书》,九岁能诵《论语》,治《韩诗》,大义略举。常以列女图画置于左右,以自监戒。父商深异之,窃谓诸弟曰:"我先人全济河西,所活者不可胜数。虽大位不究,而积德必报。若庆流子孙者,倘兴此女乎?"①

陈临字子然,为苍梧太守。人遗腹子报父怨。捕得盘狱。伤其无子,令其妻入狱,遂产得男。人歌曰:"苍梧陈君恩广大,令死罪囚有后代,德参古贤天报施。"②

由上可知,丙吉是善报在己身,而于公、邓陟、梁商则是坚信行善会惠及子孙,陈临行善而使人作歌一事,最能证明舆论就善有善报一事已达成共识。而上述材料称及"阴德""天道""天",则是在强调上天主宰报应这一观念。

另如《焦氏易林》中的一些占辞亦能反映善有善报这一观念:

积善有征,终身无祸。③
常德自如,不逢祸灾,乐只君子,福禄自来。④

与此相类,从先秦至两汉,就恶有恶报这一观念,民间思想层面亦不乏体察。笔者认为,在反映上述体察的相关材料中,秦之名将白起与蒙恬的临终悔悟具有一定的代表性。

(白起)引剑将自刭,曰:"我何罪于天而至此哉?"良久,曰:"我固当死。长平之战,赵卒降者数十万人,我诈而尽坑之,是足以死。"⑤
蒙恬喟然太息曰:"我何罪于天,无过而死乎?"良久,徐曰:"恬罪固当死矣。起临洮属之辽东,城堑万余里,此其中不能无绝地脉哉?此乃恬之罪也。"⑥

值得注意的是,无论是白起,还是蒙恬,在自杀前都反问了一句"我

---

① 《后汉书》卷10下《皇后纪下》,第438页。
② (清)王文台辑:《七家后汉书》,河北人民出版社1987年版,第110页。
③ 《焦氏易林·泰》,第435页。
④ 《焦氏易林·大畜》,第986页。
⑤ 《史记》卷73《白起王翦列传》,第2337页。
⑥ 《史记》卷88《蒙恬列传》,第2570页。

· 171 ·

何罪于天",而且都思考了"良久",因之,二者最终的"大彻大悟"——"我固当死"可以看作他们对"天会对恶人进行恶报"这一观念的认同,后世之恶人临终前良心发现,大呼"报应,报应"的哀鸣似可与白起、蒙恬的"大彻大悟"——"我固当死"等量齐观。

固然恶行分很多种,但白起所犯的"杀降"与蒙恬所犯的"绝地脉"分别隶属于人际关系范畴、天人关系范畴,且在各自的范畴内部都具有一定的代表性。

"杀降"为恶行且会遭天报这一观念,绝不仅仅是白起一个人的个体认识,先秦两汉时期不乏一些类似的旁证,西汉名将李广与术士王朔的一则答问正可以与白起自责一事比而观之:

> 广(李广)与望气王朔语云:"自汉击匈奴,广未尝不在其中,而诸妄校尉已下,材能不及中,以军功取侯者数十人。广不为后人,然终无尺寸功以得封邑者,何也?岂吾相不当侯邪?"朔曰:"将军自念,岂尝有恨者乎?"广曰:"吾为陇西守,羌尝反,吾诱降者八百余人,诈而同日杀之,至今恨独此耳。"朔曰:"祸莫大于杀已降,此乃将军所以不得侯者也。"①

王朔所谓"祸莫大于杀已降",表明杀降行为乃是众多恶行之中的"章章尤著者",其将"杀降"一事与"李广不得侯"一事连结在一起并构建了一个因果关系,恰恰能够为"恶有恶报"这一观念提供注脚。

针对白起、李广杀降一事,胡文辉认为:"西洋人将杀俘视为战争罪,而中国人自古也以杀俘为忌。所谓'杀降不祥',表面上只是一种迷信,其深层意义当是以背信弃义为耻。"② 可见,胡文辉所论侧重于批判白起、李广的诈行,正如笔者在本书第二章所论,不信将会招致怨恨,哪怕在"兵不厌诈"的军事领域,亦会招致关系对方的怨恨,因之,胡文辉所论不无合理之处。然而,笔者认为,胡文辉从"诈"这一角度来分析"杀降不祥"这一观念的深层意义,这种论述思路还有待商榷。在笔者看来,分析"杀降不祥"这一观念的深层意义,较之从"诈"这一角度来分析,从"杀"这一角度来分析似更为妥当。如秦二世时某客对王翦之孙王离为将一事评论道:"夫为将三世者必败。必败者何也?必其所杀伐多矣,其后

---

① 《汉书》卷 54《李广苏建传》,第 2446 页。
② 胡文辉:《拟管锥编》,中华书局 2012 年版,第 79 页。

受其不祥。"① 文中也言及"不祥",但并不涉及"诈行",之所以不祥,乃在于"杀伐多矣"。另如班固说:"苟任诈力,以快贪残,急城杀人盈城,争地杀人满野。孙、吴、商、白之徒,皆身诛戮于前,而国灭亡于后。报应之势,各以类至,其道然矣。"② 文中虽然言及"诈力",更多处言及"杀人"。另如其他一些能够反映"杀降不祥"这一观念的材料,亦侧重于从"杀"这一角度来立论,如《吴越春秋》中的吴王夫差就赦免越王勾践一事宣称:"吾闻诛降杀服,祸及三世。吾非爱越而不杀也,畏皇天之咎,教而赦之。"③ 其中的"畏皇天之咎",其意则为畏惧上天会对杀降行为的主体进行报复,而其中的"祸及三世"则表明这种报复很可能会应承在自己子孙的身上。除此之外,《汉武帝内传》的作者对武帝恶行的批判亦与此相类,"乃兴起台馆,劳弊百姓,坑杀降卒,远征夷狄,路盈怨叹,流血皋城。每事不从王母之深言,上元夫人之妙诫,二真遂不复来也"。④ 无怪乎丁耀亢就"白起坑卒"一事论曰:"诛降杀顺,大不义也。弱鸟投人,犹为依依。一日而坑四十万,为造物忌必矣"⑤;就"李广终身不侯"一事论曰:"报怨杀降,福量固不宏哉!……天之报广,若或过焉。然而三世为将,道家所忌,君子已言之矣。"⑥ 其所论亦侧重在"杀"字,而非"诈"字。

"杀降"为恶行且会遭天报这一观念至东汉,亦不乏历史呈现,如虞诩在临终前对他的儿子虞恭说:"吾事君直道,行己无愧,所悔者为朝歌长时杀贼数百人,其中何能不有冤者。自此二十余年,家门不增一口,斯获罪于天也。"⑦

同样,"绝地脉"为恶行且会遭天报这一观念,也绝不仅仅是蒙恬一个人的个体认识,胡适就认为这体现了此一时代的"宗教心理"。⑧ 尽管司马迁认为蒙恬之罪在于"轻百姓力",而不在于"绝地脉",⑨ 尽管王充将

---

① 《史记》卷73《白起王翦列传》,第2341—2342页。
② 《汉书》卷23《刑法志》,第1089页。
③ 《吴越春秋》卷7《勾践入臣外传》,《吴越春秋辑校汇考》,上海古籍出版社1997年版,第121页。
④ 《汉武帝内传》,《汉魏六朝笔记小说大观》,上海古籍出版社1999年版,第159页。
⑤ (清)丁耀亢:《〈天史〉校释》,宫庆山、孟庆泰校释,齐鲁书社2009年版,第98—99页。
⑥ 同上书,第110页。
⑦ 《后汉书》卷58《虞傅盖臧列传》,第1873页。
⑧ 胡适:《中国中古思想史长编》,安徽教育出版社2006年版,第170页。
⑨ 《史记》卷88《蒙恬列传》,第2570页。

蒙恬自咎与白起自非、王朔之说归为一类，① 但将"绝地脉"之类的破坏自然环境的行为视为恶行且认为其将会遭天报的观念不乏典籍支撑。楼宇烈在称引荀子"养长时则六畜育，杀生时则草不殖""草木荣华滋硕之时，则斧斤不入山林，不夭其生，不绝其长也。……斩伐养长不失其时，故山林不童，而百姓有余材也"等文句后，进一步指出："防止人类有为活动的随意干预，积极尊重自然法则的无为思想，是儒道'二家'一致认同的。"② 就儒家而言，孔子所谓"刳胎杀夭则麒麟不至郊，竭泽涸渔则蛟龙不合阴阳，覆巢毁卵则凤皇不翔"③，孟子所谓"不违农时，谷不可胜食也。数罟不入洿池，鱼鳖不可胜食也。斧斤以时入山林，材木不可胜用也"④，均可佐证"防止人类有为活动的随意干预"这一主张。就道家而言，老子"人法地，地法天，天法道，道法自然"⑤ 的见解即"积极尊重自然法则"的无为思想。但最与蒙恬所论相契合的，还是代表民间思想的《太平经》中《起土出书诀》一节的相关议论：

  人乃甚无状，共穿凿地，大兴起土功，不用道理，其深者下著黄泉，浅者数丈。母内独愁恚，诸子大不谨孝，常苦忿忿悒悒，而无从得通其言。古者圣人时运未得及其道之，遂使人民妄为，谓地不疾痛也，地内独疾痛无訾，乃上感天，而人不得知之，愁困其子不能制，上悒人于父，悒之积久，复久积数，故父怒不止，灾变怪万端并起，母复不说，常怒不肯力养人民万物。父母俱不喜，万物人民死，不用道理，咎在此。后生所为日剧，不得天地意，反恶天地言不调，又共疾其帝王，言不能平其治内，反人人自得过于天地而不自知，反推其过以责其上，故天地不复爱人也。视其死亡忽然，人虽有疾，临死啼呼，罪名明白，天地父母不复救之也，乃其罪大深过，委顿咎责，反在此也。其后生动之尤剧乃过前，更相仿效，以为常法，不复拘制，不知复相禁止，故灾日多，诚共冤天地。天地，人之父母也，子反共害其父母而贼伤病之，非小罪也。故天地最以不孝不顺为怨，不复赦之也；人虽命短死无数者，无可冤也，真人岂晓知之邪？

  穿地皆下得水，水乃地之血脉也。今穿子身，得其血脉，宁疾不

---

① 《论衡·祸虚篇》，第279页。
② 楼宇烈：《十三堂国学课》，北京大学出版社2008年版，第54页。
③ 《史记》卷47《孔子世家》，第1926页。
④ 《孟子·梁惠王上》，第54—55页。
⑤ 《老子·二十五章》，第64页。

第四章 报与直:怨恨实施的观念基础与规范原则

邪?今是一亿井者,广从凡几何里?子自详计之。天下有几何亿井乎哉?故人为冤天地已明矣。子贼病其母,为疾甚剧,地气漏泄,其病人大深,而人不爱不怜之,反自言常冤天地,何不纯调也,此不反邪,是尚但记道诸井耳。今天下大屋丘陵冢,及穿凿山阜,采取金石,陶瓦竖柱,妄掘凿沟渎,或闭塞壅阏,当通而不得通有几何乎?今是水泉,或当流,或当通,又言闭塞穿凿之几何也?今水泉当通,利之乃宣,因天地之利渎,以高就下。今或有不然,妄凿地形,皆为疮疡;或有塞绝,当通不通。王治不和,地大病之,无肯言其为疾病痛者。地之精神,上天告愬不通,日无止也。天地因而俱不说喜,是以太和纯气难致也,真人宁解不邪?①

在《太平经》作者看来,天为父,地为母,人"穿凿地"的行为会使天地皆怨。

当然,恶行绝不仅仅是杀降、绝地脉两种,在古人看来,举凡有损阴德之事,均会引起果报。正如西汉的陈平所言:"我多阴谋,道家之所禁。吾世即废,亦已矣,终不能复起,以吾多阴祸也。"与此相印证的史实是:"其后曾孙陈掌以卫氏亲戚贵,愿得续封,然终不得也。"②

综上所述,在古人看来,有阴德者,有善报,损阴德者,有恶报。能使他人活命、维护人际关系平衡是有阴德的重要体现,残害他人性命、破坏天人关系平衡是损阴德的极端体现。报的主体是神秘的存在——天,报的对象是现实的存在——己或子孙。其中,恶报的过程可以看作是怨恨实施的过程。应该说,这种源自先秦的善恶有报的观念为汉代天人感应说的广泛流行提供了重要的理论先导。

固然不排除先贤存在劝人为善、神道设教、保护环境之主观意图的可能,③

---

① 《太平经》卷45《起土出书诀》,第119页。
② 《汉书》卷40《张陈王周传》,第2050页。
③ 就劝人为善这一意图而言,王充说:"徒见行事有其文传,又见善人时遇福,故遂信之,谓之实然。斯言或时贤圣欲劝人为善,著必然之语,以明德ications;或福时遇,遇者以为然。如实论之,安得福佑乎?"(见《论衡·福虚篇》,第261页。)汉代的孙翱说:"死生有命,非他人之所致也,若积善有庆,行仁得寿,乃教化之义,诱人而纳于善之理也。"(见《中论·夭寿》,第268页。)就神道设教这一意图而言,葛兆光以墨子为例,分析道:"墨子就曾经忧虑,如果相信儒家敬鬼神而远之的态度,用儒家祭神如神的方式,当上天与鬼神都失去了临鉴示警的作用时,很可能人们已经失去了最后的敬畏,从而无法挽救精神的堕落。"(见葛兆光《中国思想史·第一卷》,复旦大学出版社1998年版,第503页。)就保护环境这一意图而言,蒋庆认为,天人感应说可以为解决环境污染问题提供一宝贵的思想资源。(见蒋庆《公羊学引论》,辽宁教育出版社1995年版,第219页。)

但越到后来,善恶有报的观念越为人们所接受,以至成为一种约定俗成的社会意识,"世论行善者福至,为恶者祸来。福祸之应,皆天也,人为之,天应之。阳恩,人君赏其行;阴惠,天地报其德。无贵贱贤愚,莫谓不然"①,正可以看作对上述社会意识的一种描述。伴随着东汉末期道教的兴起,善恶有报这一观念被赋予了绝对而且普遍甚至不乏精细的承诺,如《太平经》中称:"行之司命注青录,不可司录记黑文。黑文者死,青录者生。生死名簿,在天明堂。天道无亲,唯善是与。"②另如《老子想尔注》中亦称:"人为仁义,自当至诚,天自赏之;不至诚者,天自罚之;天察必审于人,皆知尊道畏天,仁义便至诚矣。"③早期道教理论家甚至用农业生产方式的劳动经验来论证"报应观"的合理性:"种禾得禾,种麦得麦,其用功力多者,其稼善。何况天哉?"④"比若人种刈,种善得善,种恶得恶。耕用力,分别报之厚。"⑤这种朴素的连结使得"报应观"这种奠定世界上几乎所有宗教之理论基础的社会意识凸显了以农耕民族为主体的中国特色。

葛兆光认为:"在道教那里保存着古代中国最古老、最深刻的智慧,也保存了最原始、最普遍的欲望,在道教中,我们可以了解到中国尤其是汉民族的许多文化特性"⑥,"(道教)是土生土长的中国宗教,至今中国人的生死观念和幸福观念,好像还在古代道教的延长线上"。⑦笔者认为,善恶有报这一观念经由道教的强化确已成为汉民族的文化特性之一,且极大地影响了中国人的生死观念和幸福观念。⑧鲁迅在撰写《中国小说史略》一书时,对《三侠五义》《永庆升平》等小说的主题十分留意:"善人必获福报,恶人总有祸临,邪者定遭凶殃,正者终逢吉庇,报应分明,昭彰不爽,使读者有拍案称快之乐,无废书长叹之时。"

鲁迅进一步指出:"中国人不大喜欢麻烦和烦闷,现在倘在小说里叙了人生底缺陷,便要使读者感着不快。所以凡是历史上不团圆的,在小说里往往给他团圆;没有报应,给他报应,互相欺骗。——这实在是关于国

---

① 《论衡·福虚篇》,第 261 页。
② 《太平经》卷 1—17《太平经钞甲部》,第 4 页。
③ 《老子想尔注》,第 24 页。
④ 《太平经》卷 37《试文书大信法》,第 56 页。
⑤ 《太平经》卷 48《三合相通诀》,第 149 页。
⑥ 葛兆光:《中国经典十种》,中华书局 2008 年版,第 146 页。
⑦ 葛兆光:《古代中国文化讲义》,复旦大学出版社 2012 年版,第 3 页。
⑧ 需要说明的是,在先秦两汉时期,道教对报应观的强化作用要远大于佛教,从报应应在本人或子孙这一点即可见端倪。

民性的问题。"①

二

所谓中国"国民性",即中国人的"集体人格"。"集体人格"在心理学意义上是否存在,姑且不论。但从"报应分明"能使读者"拍案称快"的事实以及"没有报应"也要"给他报应"甚至不惜"互相欺骗"的做法中,我们不难看出国人对善恶有报的信仰与渴望。事实上,善恶有报这一"报应观"是国人德福配称的"公正观"的价值内核。《司马法》中的一则议论颇能反映出这一点:"赏不逾时。欲民速得为善之利也;罚不迁列,欲民速睹为不善之害也。"② 赏罚得当是"公正观"的最直接体现,而按照《司马法》的把握,只有赏"善"罚"不善"才算赏罚得当,进一步讲,公正的价值内核是赏"善"罚"不善"。《司马法》虽然是先秦的一部兵书,但书中的上述观点在两汉时期颇受重视,被西汉、东汉的统治者或学者一再征引:

刘向称:

《司马法》曰"军赏不逾月",欲民速得为善之利也。③

王莽在一则诏令中说:

《司马法》不云乎?"赏不逾时"。欲民速睹为善之利也。④

徐干称:

故《司马法》曰:"赏罚不逾时,欲使民速见善恶之报也。"逾时且犹不可,而况废之者乎?⑤

刘美红指出:"怨愤者常常是自居正义者,怨愤心态的背后总是潜藏

---

① 鲁迅:《中国小说史略》,人民文学出版社 1973 年版,第 250、251、284 页。
② 《司马法·天子之义》,《先秦兵书通解》,天津人民出版社 2002 年版,第 123 页。
③ 《汉书》卷 70《傅常郑甘陈段传》,第 3017 页。
④ 《汉书》卷 84《翟方进传》,第 3436 页。
⑤ 《中论·赏罚》,第 357 页。

着某种特定的公正观,根据这种公正观,他们对某种东西的相望是合乎情理的。因此,当这种相望遭遇挫折时,他们便产生出强烈的不公正感,即认为公正的规则被侵犯了,他们受到了不公正的待遇。……可以说,将挫折和苦难释义为'不公正'是怨愤心态的导火索。"① 刘美红进一步将怨恨与善恶有报这一"报应观"及德福配称这一"公正观"进行了连结,指出:"只要想象一下那些自以为义的人在面对挫折和苦难时所怀的怨愤不平之情,我们就不难发现这种善恶报应、德福配称的道德宇宙所起的作用。"② 笔者认为,刘美红所说的基于"不公正"这一导火索而产生的"怨愤心态"更多地对应本书所谓的自生型怨恨,又由于"报应观"是"公正观"的价值内核,所以说报应观是促使自生型怨恨实施的观念基础。

实际上,将善恶有报这一"报应观"与德福配称这一"公正观"进行连结的思维倾向并不独见于中国。英国历史学家汤因比也曾指出:"某一社会在特定时期的伦理水平,取决于该社会成员各自的因果报应的结算情况,也取决于各成员(积极也好,消极也好)在伦理上的相对影响。……给生活带来福利和幸福,或者相反带来悲惨和不幸的因素,实际上不是科学和技术进步,而是因果报应。"③ 放眼古今中外,上述所称及的自生型怨恨实施之前提乃在于善无善报、恶无恶报情况的发生,不幸的是,这种情况在历史中屡屡呈现,甚至不乏善有恶报、恶有善报的例子。对这一点,德国社会学家马克斯·韦伯在批评佛斯特在政治方面的态度时有着十分明确的认识,他说:

> 我的同事佛斯特心志的诚笃不容怀疑,对他的人格,因此我有最高的尊敬;但我必须要说,我完全不能同意他在政治方面的态度。佛斯特相信,在他的书里,他已经回避了上述的难题,因为他提出了一个简单的论点:善因必有善果,而恶因必有恶果。这样一来,我们所说的难题自然就不会存在了。在《奥义书》之后二千五百年,居然还有这种说法出现,也实在令人愕然。不要说整套世界史的过程,就是日常经验每一次没有保留的检验,都明白显示,真相正是其反面。世界上所有宗教的发展,基础都在这个事实上。神义论的古老难题所要

---

① 刘美红:《先秦儒学对"怨"的诊断与治疗》,中山大学出版社2010年版,第62—63页。
② 同上书,第65页。
③ [英] A. J. 汤因比、[日] 池田大作:《展望二十一世纪——汤因比与池田大作对话录》,荀春生等译,国际文化出版公司1985年版,第410页。

第四章 报与直：怨恨实施的观念基础与规范原则

问的，正是这个问题：一个据说既无所不能而慈爱的力量，是怎么回事，居然创造出了一个这样子的无理性世界，充满着无辜的苦难、没有报应的不公、无法补救的愚蠢？全能和仁慈两者中必定缺一；要不然就是生命遵循的乃是完全另外一套补偿和报应的原则——一套我们只能从形而上学来说明的原则、甚至一套始终不容我们的解释近身的原则。人对于世界之无理性的这种经验，是所有宗教发展背后的推动力量。印度的业论、波斯的二元论、原罪说、预定说、隐藏的神，都起自这种经验。连古代的基督徒也很清楚，这个世界是魔神所统治的，知道卷入政治的人——就是取权力和武力为手段的人——和魔鬼的力量缔结了协议，知道这类人的行动而言，"善因必有善果，恶因必有恶果"绝对不是实情；反之，情况往往正好相反。不了解这一点，在政治上实际是个幼童。[①]

古代中国人亦不乏与韦伯类似的认识，如南北朝时期南朝宋范晔在写作《后汉书》时便质疑道：

> 语曰："活千人者子孙必封。"史弼颉颃严吏，终全平原之党，而其后不大，斯亦未可论也。[②]

另如北朝东魏的杨衒之针对尔朱兆弑君杀臣、纵兵劫掠一事的感慨：

> 昔光武受命，冰桥凝于滹水；昭烈中起，的卢踊于泥沟，皆理合于天，神祇所福，故能功济宇宙，大庇生民。若兆者，蜂目豺声，行穷枭獍，阻兵安忍，贼害君亲，皇灵有知，鉴其凶德，反使孟津由膝，赞其逆心。《易》称天道祸淫，鬼神福谦，以此验之，信为虚说。[③]

与韦伯在做出如上论断时所表现出的犀利、冷静不同，范晔的质疑颇有些困惑，而杨衒之的感慨则多少带有些失望、愤怨的色彩。事实上，回溯至先秦两汉时期，因善恶无报或善恶反报所激发的自生型怨恨可谓屡现

[①] [德]韦伯：《学术与政治》，钱永祥等译，广西师范大学出版社2004年版，第265页。
[②] 《后汉书》卷64《吴延史卢赵列传》，第2112页。
[③] 《洛阳伽蓝记》卷1《城内》，《洛阳伽蓝记校释》，中华书局2010年版，第29—30页。

迭出，从子书中的记载来看，孔子、墨子都曾被问及善恶为何无报或善恶为何反报这一问题：

> 孔子困于陈蔡之间，居环堵之内，席三经之席，七日不食，藜羹不糁，弟子皆有饥色，读《诗》、《书》治礼不休。子路进谏曰："凡人为善者，天报以福；为不善者，天报以祸。今先生积德行为善久矣，意者尚有遗行乎？奚居之隐也？"①
>
> 有游于子墨子之门者，谓子墨子曰："先生以鬼神为明知，能为祸人哉福，为善者富之，为暴者祸之。今吾事先生久矣，而福不至，意者，先生之言有不善乎？鬼神不明乎？我何故不得福也？"……
>
> 子墨子有疾，跌鼻进而问曰："先生以鬼神为明，能为祸福，为善者赏之，为不善者罚之。今先生圣人也，何故有疾？意者，先生之言有不善乎？鬼神不明知乎？"②

由上述材料可知，子路、游于子墨子之门者、跌鼻之问皆指向善恶无报或善恶反报的情况。尽管孔子谓报之主体为天，墨子谓报之主体为鬼神，但天也好，鬼神也罢，就其存在的神秘性而言，并无太多的不同。然而，无论孔子还是墨子，皆不能对这一问题给予有力的解答。具体解答笔者将在本书第六章第二节进行阐述。

比如颜回，是孔子最为器重的弟子，但却不幸早夭，这一史实成为了以善恶有报为内涵的"报应观"的有力反证。因之，颜回早夭一事常常被信仰"报应观"的古人拿出来反复咏叹，借以抒发对"善恶无报"这一现实的愤懑与怨恨。太史公司马迁堪称是这方面最典型的代表人物，他在《伯夷列传》篇尾针对"天道无亲，常与善人"这一观念进行了如下的评论：

> 若伯夷、叔齐，可谓善人者非邪？积仁洁行如此而饿死！且七十子之徒，仲尼独荐颜渊为好学。然回也屡空，糟糠不厌，而卒早夭。天之报施善人，其何如哉？盗跖日杀不辜，肝人之肉，暴戾恣睢，聚党数千人横行天下，竟以寿终。是遵何德哉？此其尤大彰明较著者也。若至近世，操行不轨，专犯忌讳，而终身逸乐，富厚累世不绝。

---

① 《说苑·杂言》，第422页。
② 《墨子·公孟》，第462、463页。

第四章 报与直:怨恨实施的观念基础与规范原则

或择地而蹈之,时然后出言,行不由径,非公正不发愤,而遇祸灾者,不可胜数也。余甚惑焉,倘所谓天道,是邪非邪?①

需要说明的是,司马迁对于善恶有报这一观念只是质疑,并没有完全否定,汪高鑫对此有着精到的分析,他说:"在《韩世家》中,司马迁甚至认为韩国之所以能传国十余世,是其祖先韩厥'积阴德'的结果。这里司马迁所宣扬的'报德'思想,显然是与其在《伯夷列传》中对天'乐善好施'所发出的质问相矛盾的,由此也可以看出,司马迁还没有从根本上去否定天道。"② 但笔者认为,司马迁在《韩世家》中的论述与在《伯夷列传》中的论述并不矛盾,前者表达了其对"报应观"的信仰,后者表达了他对信仰破灭的愤怨。司马迁在这里大声疾呼"倘所谓天道,是邪非邪",与其人生经历密切相关,正如朴宰雨所说:"司马迁经过冤屈的李陵之祸,对不公平且不合理的人间事,颇持疑惑。……故甚至于对天道提出怀疑。"③ 因之,笔者认为,在上述引文中,司马迁是借伯夷、叔齐、颜回为题,直抒胸臆,发泄怨气,与"屈平之作《离骚》,盖自怨生也"④ 的为文逻辑如出一辙。而使司马迁实施怨恨的观念基础则是善恶有报的"报应观",无怪乎《西京杂记》的作者这样写道:"司马迁发愤作《史记》百三十篇,先达称为良史之才。其以伯夷居列传之首,以为善而无报也。"⑤

尽管王充在论及"世间不行道德,莫过桀、纣;妄行不轨,莫过幽、厉。桀、纣不早死,幽、厉不夭折"⑥ 这种现象时较之犀利、冷静的韦伯亦不遑多让,但多数人在质疑"报应观"时,总不免如司马迁一般,多少带有些愤怨的情绪。这种愤怨情绪的发生,既有可能是因境遇不公,也有可能是因信仰破灭,还有可能是因"报应观"言之凿凿的许诺没有兑现,是因"不信"而生怨。如下面的三则材料:

(邹阳狱中上书曰:)臣闻忠无不报,信不见疑,臣常以为然,徒

---

① 《史记》卷61《伯夷列传》,第2124—2125页。
② 汪高鑫:《董仲舒与汉代历史思想研究》,商务印书馆2012年版,第71—72页。
③ [韩]朴宰雨:《〈史记〉〈汉书〉比较研究》,中国文学出版社1994年版,第42页。
④ 《史记》卷84《屈原贾生列传》,第2482页。
⑤ 《西京杂记》,《汉魏六朝笔记小说大观》,上海古籍出版社1999年版,第103页。
⑥ 《论衡·辨祟篇》,第1009页。

虚语耳。①

或问："寿可益乎？"曰："德。"曰："回、牛之行德矣，曷寿之不益也？"②

或问：孔子称"仁者寿"，而颜渊早夭；"积善之家必有余庆"，而比干、子胥身陷大祸，岂圣人之言不信而欺后人耶？③

由上述的三则材料亦可以看出，从先秦至两汉，对善恶为何无报或善恶为何反报这一问题的质问从来都没有消解过。先秦两汉思想界从多种角度陆续不断地回应这一质问，竭力维护以善恶有报为内涵的"报应观"。构成上述回应的相关理论研讨，一方面使"报应观"的理论构架变得更为复杂与严密，另一方面也在一定程度上纾解了人们心中的困惑与怨气。笔者将在本书第六章"怨恨的调节、疏导与治疗"中对这些理论研讨进行梳理与论述，在此不赘。

第二节 "报答—报复观"与怨恨

一

笔者在第一节所讨论的"报应观"，是从天人关系角度来立论的。而本节所要探讨的"报答—报复观"则将要从人际关系角度来立论。"报应观"中将报的主体神化为"天"，即是将人与人的关系升华为人与超自然力量的关系，在客观上，可以起到劝人行善、禁人行恶的教化作用。正如赵汀阳所说："报复和报答都具有建构生活的能力，正因为人们能够进行报复，恶行才可能被限制或消除，而因为人们有可能报答，善行才得以盛行。"④ 由此可见，"报应观"与"报答—报复观"二者之间存在着紧密的联系，行善之所以有善报，往往是因为受惠之人感恩图报，报的主体通常是现实的"人"，而并非神秘的"天"。上文所引孙叔敖杀两头蛇一事就很能说明问题，从其得"善报"的结果来看，更多体现的是"人"的回报："人闻之，皆谕其能仁也。及为令尹，未治而国人信之。"⑤ 相

---

① 《汉书》卷51《贾邹枚路传》，第2343页。
② 《法言·君子》，第372页。文中的"回"指颜回，"牛"指冉耕。
③ 《中论·夭寿》，第264页。
④ 赵汀阳：《第一哲学的支点》，生活·读书·新知三联书店2013年版，第144页。
⑤ 《新书·春秋》，第250页。

应的，行恶之所以有恶报，亦可作如是观。行善即对人施恩，行恶即对人施怨。受恩之人对行善者的回报即报答，受怨之人对行恶者的回报即报复，此乃"报答—报复观"的题中应有之义。但较之于此，"报答—报复观"的内涵要更为丰富和复杂一些，探讨这一观念与怨恨之间的关系，与第一节的行文思路类似，首要的工作还是要对"报答—报复观"的内涵进行检讨。

由笔者在本章伊始就"报"字之古义进行的爬梳可知，"报"字的含义兼涉"礼""刑"两个层面，事实上，较之于刑，礼与"报答—报复观"之间的关系要更为密切。楼宇烈指出："周人强调礼仪的教化，强调以人事为本，以人文教化、礼乐教化为本，就形成中国文化最基本的格局、最根本的特点。……礼就是以各种各样祭祀仪式为主的祭祀活动……这些仪式是一种礼仪规范、道德规范，这里就体现出一个重要的观念——报恩、报本。"① 由此可见，礼这一形式之于报这一观念，是表之于里的关系。这种关系，经由孔子的倡导，得到了进一步的强化，孔子曰："太上贵德，其次务施报。礼尚往来，往而不来，非礼也；来而不往，亦非礼也。"② 由此可见，孔子有意识地将"报答—报复观"与礼进行连结，并表达了对施报的高度重视，康有为说："孔子最重报施，礼无不答"③，良有以也。至汉，董仲舒继承了孔子的这一观念，称："礼无不答，施无不报，天之数也。"④ 无论是孔子，还是董仲舒，都将"施""报"并举，正如杨联陞所说："中国人的'报'，注重人的来往关系，总必先有两人；我可以先施，你后报；或你施我报，其中缺一不可。"⑤ 所谓"先有两人"，即意味着关系的己方和对方，"施""报"的循环往复正可以巩固这种社会关系，《淮南子》所谓"君臣之施者，相报之势也"⑥，《申鉴》所谓"君降其惠，民升其功，此无往不复，相报之义也"⑦，均可以说明这一点。而所谓"我可以先施，你后报；或你施我报"则是在强调就"施报"这一双向行为而言，有时是以关系之己方为先施的一方，有时又是以关系之对方为先施的一方。

---

① 楼宇烈：《宗教研究方法讲记》，北京大学出版社2013年版，第55页。
② 《礼记·曲礼上》，第1231页下栏。
③ 康有为：《万木草堂口说（外三种）》，中国人民大学出版社2010年版，第5页。
④ 《春秋繁露·楚庄王》，第6页。
⑤ 杨联陞：《中国文化中"报""保""包"之意义》，贵州人民出版社2009年版，第3—4页。
⑥ 《淮南子·主术训》，第648页。
⑦ 《申鉴·政体》，第38页。

检视先秦两汉典籍可知，以关系之己方为先施者而言，"报答—报复观"内涵可以概括为为，"我对人施恩，不在于求人能报答，我绝不主动对人施仇，以免人对我报复"；而以关系之对方为先施者而言，"报答—报复观"的内涵则可以概括为"人施恩于我，我便报答人；人施仇于我，我便报复人。"下文将依次从以上两个角度来论证上述对"报答—报复观"内涵的概括，相应地，也将依次论述其与怨恨之间的关系。

二

在"施报"这一双向行为中，当关系之己方为先施者时，要力戒向关系之对方施仇。从"人施仇于我，我便报复人"的相关论述中可以看到施仇后果的严重。关于这一点，笔者将置于下文讨论。这里所要讨论的是这样一种意识，即当关系之己方为先施者时，即便向关系对方施恩，也不要贪图对方的报答。不妨将这种意识称之为"施恩不图报"。施恩不图报这一意识在先秦两汉子书中多有呈现，且随着时间的推移，越来越不乏认同与遵循。

较早提出施恩不图报这一意识的，是老子。他说："圣人执左契，而不责于人。"[1] 高明认为"执左契"应当从帛书甲本作"执右契"为是，并进一步指出："右契位尊，乃贷人者所执。左契位卑，为贷于人者所执。圣人执右契而不以其责于人，施而不求报也。"高亨以"吉事尚左，凶事尚右"为据，认为老子必以左契为尊，并进一步指出："凡贷人者执左契，贷于人者执右契。贷人者可执左契以责贷于人者令其偿还。'圣人执左契而不责于人'，即施而不求报也。"[2] 抛开右契位尊还是左契位尊这一具有争议性的问题不谈，二者均认为老子的上述文句反映的是施恩不图报的意识。作为道家后学的《庄子》一书亦称："施于人而不忘，非天布也。"[3]

孔子对施恩不图报的意识也有所论述，他在《易传》中称："劳而不伐，有功而不德，厚之至也。"[4] "有功"即意味着对别人施恩，"不德"即不自以为恩德，这意味着施恩者不求回报。孔子还称："故君子南面临官，大城而公治之，精知而略行之，合是忠信，考是大伦，存是美恶，而

---

[1]《老子·七十九章》，第 188 页。
[2] 高明、高亨对老子文句的解读均引自董平《老子研读》，中华书局 2015 年版，第 277 页。
[3]《庄子·杂篇·列御寇》，第 1047 页。
[4]《周易·系辞上》，第 79 页下栏。

第四章　报与直：怨恨实施的观念基础与规范原则

进是利，而除是害，而无求其报焉。"① 较之上一则材料而言，这则材料对施恩不图报这一意识的反映要更为明显。

迨至两汉，《说苑》中所谓"夫施德者贵不德，受恩者尚必报；是故臣劳动以为君，而不求其赏，君持施以牧下，而无所德"②；《越绝书》中所谓"天道盈而不溢，盛而不骄者也。地道施而不德，劳而不矜其功者也"③ 的观点都渊源于孔子。扬雄从正反两个方面对这一意识进行了总结："君子好人之好，而忘己之好；小人好己之恶，而忘人之好。"④

需要指出的是，两汉时期，在论述施恩不图报这一意识上，对老子思想继承和发挥的最全面的子书，当首推《老子道德经河上公章句》。其对施恩不图报这一意识，连篇累牍而数致志焉，甚至不避文句的重复。

《养身》篇注"为而不恃"一句时称：

> 道所施为，不恃望其报也。⑤

《韬光》篇注"天地所以能长且久者，以其不自生"一句时称：

> 天地所以独长且久者，以其安静，施不求报。⑥

《能为》篇注"能无为"一句时称：

> 治身者呼吸精气，无令耳闻；治国者布施惠德，无令下知也。⑦

《象元》篇注"人法地"、"地法天"两句时分称：

> 人当法地安静和柔，种之得五谷，掘之得甘泉，劳而不怨，有功而不置也。

---

① 《大戴礼记·子张问入官》，第138页。
② 《说苑·复恩》，第116页。
③ 《越绝书》卷3《越绝吴内传》，第82页。
④ 《法言·君子》，第511页。
⑤ 《老子道德经河上公章句》卷1《养身》，第7页。此句又见于本书卷1《能为》、卷3《养德》，分见第36、197页。
⑥ 《老子道德经河上公章句》卷1《韬光》，第25页。
⑦ 同上书，第35页。

· 185 ·

天澹泊不动，施而不求报，生长万物，无所收取。①

《任德》篇注"圣人皆孩之"一句时称：

圣人爱念百姓如孩婴赤子，长养之而不责望其报。②

《天道》篇注"是以圣人为而不恃"一句时称：

圣人为德施［惠］，不恃［望］其报也。③

从先秦至两汉，施恩不图报这一意识不仅在代表正式思想的子书中被屡屡强调，其也不乏来自民间的价值认同，故而成为一种社会意识。

春秋晚期，帮助伍子胥渡江逃难的渔父，拒不接受百金剑的馈赠，并称："楚国之法，得伍胥者赐粟五万石，爵执珪，岂徒百金剑邪！"④ 战国时，唐且对信陵君称："人之有德于我也，不可忘也；吾有德于人也，不可不忘也。"⑤ 秦汉之交，一连数十日给韩信送饭的漂母在听到韩信"吾必重报母"的许诺后，反而大怒道："大丈夫不能自食，吾哀王孙而进食，岂望报乎！"⑥ 东汉时，崔瑗将"施人慎勿念，受施慎勿忘"⑦ 的警句作为自己的座右铭。陈重暗自替人偿还债务后，却"终不言惠"，并对所帮之人称："非我之为，将有同姓名者。"⑧《太平经》更是直接宣称："守一之法，外则行仁施惠为功，不望其报。"⑨

耐人寻味的是，从历史上看，施恩不图报者往往能得报。如送饭给韩信的漂母被赐之千金⑩，另如为人深厚、不伐善、绝口不道前恩的丙吉被汉宣帝"大贤之"⑪。而施恩不图报终能得报最突出的代表当首推西汉初年

---

① 《老子道德经河上公章句》卷2《象元》，第102—103页。
② 《老子道德经河上公章句》卷3《任德》，第190页。
③ 《老子道德经河上公章句》卷4《天道》，第295页。
④ 《史记》卷66《伍子胥列传》，第2173页。
⑤ 《战国策·魏策四》，第245页。
⑥ 《汉书》卷34《韩彭英卢吴传》，第1861页。
⑦ 崔瑗：《座右铭》，《全上古三代秦汉三国六朝文》，第718页。
⑧ （清）王文台辑：《七家后汉书》，河北人民出版社1987年版，第101页。
⑨ 《太平经》佚文，《太平经合校》，第743页。
⑩ 《汉书》卷34《韩彭英卢吴传》，第1875页。
⑪ 《汉书》卷74《魏相丙吉传》，第3144页。

的朱家：

>朱家，鲁人，高祖同时也。鲁人皆以儒教，而朱家用侠闻。所臧活豪士以百数，其余庸人不可胜言。然终不伐其能，饮其德，诸所尝施，唯恐见之。振人不赡，先从贫贱始。家亡余财，衣不兼采，食不重味，乘不过钩牛。专趋人之急，甚于己私。既阴脱季布之厄，及布尊贵，终身不见。自关以东，莫不延颈愿交。①

"诸所尝施，唯恐见之""及布尊贵，终身不见"二句最能说明朱家施恩不图报的作风，而其结果却使得"自关以东，莫不延颈愿交"。后世之扬雄亦对"朱家之不德"一事念念不忘，认为朱家所为不失长者之风。②

吊诡的是，如果施恩者主观上过于贪图受恩者的回报，特别是将对回报的渴望直白地表达给受恩者时，那么，受恩者不仅可能会不回报，甚至可能会恩将仇报，《淮南子》指出："今世之为礼者，恭敬而忮；为义者，布施而德。君臣以相非，骨肉以生怨，则失礼义之本也，故构而多责。"③所谓"布施而德"，即是施恩图报，这是违反施恩不图报这一意识的，所以说其"失礼义之本"。由本书第二章、第三章所论可知，"君臣相非、骨肉生怨、构而多责"的具体原因不外乎道德非难、责任失范、情感纠葛、利益冲突，而察其端始，作为组成"报答—报复观"一部分的施恩不图报这一意识，有时可以成为怨恨实施的观念基础。笔者在第三章曾征引过的"管仲答封人问"一事就很能说明这一问题，为了论述的方便，不妨再回顾一下此事：

>管仲束缚，自鲁之齐，道而饥渴，过绮乌封人而乞食，乌封人跪而食之，甚敬。封人因窃谓仲曰："适幸，及齐不死而用齐，将何报我？"曰："如子之言，我且贤之用，能之使，劳之论，我何以报子？"封人怨之。④

---

① 《汉书》卷92《游侠传》，第3699—3700页。
② 参见《法言·重黎》，第400页："问：'长者？'曰：'蔺相如申秦而屈廉颇，栾布之不倍，朱家之不德，直不疑之不校，韩安国之通使。'"所谓"朱家之不德"，即不以恩德自居，施而不求报。
③ 《淮南子·齐俗训》，第760页。
④ 《韩非子·外储说左下》，第332—333页。

封人帮助了管仲，却没有得到回报，所以生怨。其怨恨管仲的基点在于利益的失衡，第三章论之已详，此不赘。这里所要探讨的是管仲的态度。从"生我者父母，知我者鲍子也"①的表态来看，管仲并非忘恩负义之人。但为什么对施恩于自己的封人冷言相向呢？原因即是封人施恩是为了贪图回报，而且直言不讳地将这一点向管仲挑明。贪图回报这种行为在一定程度上是可以被讥之为小人之行的："小人朝为而夕求其成，坐施而立望其反。"②封人怨管仲，但从"如子之言，我且贤之用，能之使，劳之论，我何以报子"的回复来看，管仲又何尝不怨封人？管仲对封人怨恨的观念基础即源自对施恩不图报这一观念的认同。

与此相类，刘邦之所以对韩信恩将仇报，其中，一个很重要的原因正在于韩信施而求报的意图太过明显，关于这一点，王夫之的分析十分精当：

> 韩信数项羽之失曰："有功当封爵者，印刓敝，忍不能予。"繇斯言也，信之所以徒任为将而不与闻天下之略，且以不保其终者，胥在是矣。……羽不惜屈己以下人，而靳天爵，何遽非道而必亡乎？汉高天下既定之后，侈于封矣，反者数起，武帝夺之而六寓始安。承六王之散，人思为君，而亟予之土地人民以恣其所欲为，管、蔡之亲不相保，而况他人乎！以天下市天下而己乃为天子，君臣相贸，而期报已速，固不足以一朝居矣。
>
> 抑信之为此言也，欲以胁高帝而市之也。故齐地甫定，即请王齐，信之怀来见矣。挟市心以市主，主且窥见其心，货已雠而有余怨。云梦之俘，未央之斩，伏于请王齐之日，而几动于登坛之数语。刀械发于志欲之妄动，未有爽焉者也。信之言曰："以天下城邑封功臣，何所不服。"为人主者可有是心，而臣子且不可有是语。况乎人主之固不可以是心市天下乎！③

在王夫之看来，韩信"以天下城邑封功臣，何所不服"的言语折射出其施而求报之心，之后的"云梦之俘，未央之斩"等一系列祸难，都发端于登坛拜将时的"妄语"。如笔者第三章所论，韩信对刘邦不乏以情相交

---

① 《史记》卷62《管晏列传》，第2132页。
② 《中论·修本》，第53页。
③ 《读通鉴论》卷2《汉高帝》，第9页。

第四章 报与直:怨恨实施的观念基础与规范原则

的成分,但韩信此语,反映的乃是其对功名利禄的追求。刘邦对韩信的杀心,不排除韩信功高震主威胁其统治、损害其利益的因素,但察其端始,乃在于韩信昭然于外的施恩求报之贪念。

勾践诛文种一事正可以与刘邦忌韩信一事比而观之。此事尤以《史记》《吴越春秋》所记为详。较之《史记》所载,《吴越春秋》对此事情节多有铺陈,其中,就本书的论证而言,有两处添加堪称可圈可点,不妨将两则文本的记述比对如下:

《史记》载:

> 种(文种)见书,称病不朝。人或谗种且作乱,越王乃赐种剑曰:"子教寡人伐吴七术,寡人用其三而败吴,其四在子,子为我从先王试之。"种遂自杀。①

《吴越春秋》载:

> 大夫种(文种)内忧,不朝,人或谗之于王曰:"文种弃宰相之位,而令君王霸于诸侯,今官不加增,位不益封,乃怀怨望之心,愤发于内,色变于外,故不朝耳。"……越王复召相国,谓曰:"子有阴谋兵法,倾敌取国。九术之策,今用三已破强吴,其六尚在子所,愿幸以余术,为孤前王于地下谋吴之前人。"于是种仰天叹曰:"嗟乎!吾闻大恩不报,大功不还,其谓斯乎?吾悔不随范蠡之谋,乃为越王所戮。吾不食善言,故哺以人恶。"②

检视上述两则材料,抛开"七术""九术"这一区别不谈,值得注意的区别有两点。第一点,是后者对谗毁文种的具体话语进行了补充,"今官不加增,位不益封,乃怀怨望之心"反映出来的正是文种的施恩求报之心。第二点,是后者添加了对文种临死前悲叹的记述,一句"吾闻大恩不报,大功不还,其谓斯乎"正可表明文种既是以施恩者自许的,也是以功臣自居的。由此可见,谗毁文种的具体话语并非空穴来风。谗毁文种之语的天然功能即在于刺激勾践,以加深其对文种的怨恨,因而,文种的这种施恩求报之念,在驱使他走向死亡的道路上,至少起到了推波助澜

---

① 《史记》卷41《越王勾践世家》,第1746—1747页。
② 《吴越春秋》卷10《勾践伐吴外传》,第172、176页。

的作用。

　　需要补充说明的是，谗毁文种的具体话语以及文种临死前的悲叹是否真的如《吴越春秋》所记述的一般，现在已无从考证。但从上文所述及的"管仲答封人问"和"渔父拒百金剑"诸事来看，施恩不图报在文种时似已成为一种社会意识，而文种恰恰犯了这一忌讳。从时代上看，从社会意识上看，从情感上看，从怨恨实施的观念基础上看，《吴越春秋》的添加很可能复原了历史的真实。即便《吴越春秋》所添加的内容为虚构，考虑其成书于东汉且晚于《史记》，这种有意识地虚构恰恰表明从先秦至两汉，人们对施恩不图报这一意识能成为怨恨实施观念基础这一事实的体察愈益自觉与明确。总之，说这两处添加具有思想史层面上的真实意义，恐不为过。

　　类似文种、韩信一般"鸟尽弓藏"的例子在历史上并不鲜见，笔者并无意否认主上猜疑或臣下功高震主、威胁主上统治、损害主上利益是导致功臣最终被杀的最重要原因，正如蒯通所言："勇略震主者身危，功盖天下者不赏。"① 而只是想说明，功臣也是施恩者，若施恩而求报的意图太过明显，有时反而会助长受恩者的怨恨，这不失为分析史不绝书的"鸟尽弓藏"现象的一个观察角度。当然，王夫之所论亦稍嫌绝对，因为，从历史上看，若施恩者以开玩笑的方式索要一些受恩者并不十分在意的回报，并不一定会引起怨恨，有时反而还会让受恩者安心。如下面的一则材料：

> 　　于是王翦将兵六十万人，始皇自送至灞上。王翦行，请美田宅园池甚众。始皇曰："将军行矣，何忧贫乎？"王翦曰："为大王将，有功终不得封侯，故及大王之向臣，臣亦及时以请园池为子孙业耳。"始皇大笑。王翦既至关，使使还请善田者五辈。或曰："将军之乞贷，亦已甚矣。"王翦曰："不然。夫秦王怛而不信人。今空秦国甲士而专委于我，我不多请田宅为子孙业已自坚，顾令秦王坐而疑我邪？"②

　　受恩者之所以会安心，是因为觉得已经做出了回报，不用担心施恩者会索取更多的回报。老谋深算的王翦并未如"平定齐地便要做齐王"的韩信一般"漫天要价"，甚至都不奢望封侯，只不过请些良田美宅而已。于

---

① 《汉书》卷45《蒯伍江息夫传》，第2163页。
② 《史记》卷73《白起王翦列传》，第2340页。

是，猜忌多疑的秦王也没有"就地还钱"，"大笑"之后，随即应允。但倘若王翦提出"平定楚地便要做楚王"的回报条件，恐怕秦王就笑不出来了。从刘邦听闻"韩信自请立为齐王"这一要求后的愤怒，不难想象上述情境中的秦王会产生怎样的忌恨：

> 汉王大怒，骂曰："吾困于此，旦暮望而来佐我，乃欲自立为王！"①

需要指出的是，刘邦的愤怒固然离不开"楚方急围汉王于荥阳"② 的背景，但韩信昭然于外的施恩求报之贪念也是重要一因。

虽然如此，由"王翦向秦王请田宅"一事，我们还是能知晓，"施恩不图报"这一意识并不能成为促使怨恨发生的具体原因，而只是为认同这一意识的受恩者实施怨恨提供了一个重要的观念基础。需要指出的是，施恩者施恩图报，常常伴随着居功自傲，"自傲"即意味着"不让"，如本书第二章所论，这会激发关系对方或关系第三方的怨恨。老子就这一点对人们早有告诫："自伐者无功，自矜者不长。"③ 另如西汉时张安世对一官员的批评：

> 有郎功高不调，自言，安世应曰："君之功高，明主所知。人臣执事，何长短而自言乎！"绝不许。已而郎果迁。④

与下场悲惨的文种、韩信适成对比的是范蠡、张良，范蠡与文种一样侍奉于勾践，张良与韩信一样立功于刘邦，范蠡、张良的急流勇退，固然不乏明哲保身的考虑，但也不失为对施恩不图报这一意识的一种践行。被河上公用"施恩不图报"之意一再注解的"为而不恃"一句，在《老子》一书中，完整的表述为"生而不有，为而不恃，功成而弗居。夫唯弗居，是以不去。"⑤ 范蠡、张良的全身而退，文种、韩信的戮身以终，分别从正面和反面为老子这句话提供了生动的历史注脚。

---

① 《汉书》卷34《韩彭英卢吴传》，第1874页。
② 同上书，第1873页。
③ 《老子·二十四章》，第60页。
④ 《汉书》卷59《张汤传》，第2650页。
⑤ 《老子·二章》，第6—7页。

三

在"施报"这一双向行为中,当关系之对方为先施者时,"报答—报复观"的内涵可以简单地概括为"人施恩于我,我便报答人;人施仇于我,我便报复人。"报答多指报恩,报复多指报仇。无论是正式思想层面,还是民间思想层面,对"报答—报复观"都不乏称述与认同。正如李泽厚所说:"无论大小传统,中国人都讲'报恩':报天地生长之恩,报父母养育之恩,报夫妻互助之恩,报兄弟扶携之恩,报师生朋友交往得益之恩。"[①] 其实,检视先秦两汉典籍,我们也可以仿照李泽厚的句式说:"无论大小传统,中国人都讲'报仇':报国仇,报家仇,报君父之仇,报师友之仇,报辱身之仇,代人报仇。"

《诗经》中即有"无言不仇,无德不报"[②] 这一提法。荀子、墨子、《礼记》、西汉宣帝的诏书、东汉明帝的诏书都曾征引、肯定过这一提法,[③] 这种征引、肯定在一定程度上体现了先秦两汉正式思想层面以及民间思想层面对"报答—报复观"的关注与认同。[④]

实际上,从先秦到两汉,发迹后的"成功人士",往往都要"快意恩仇",对施恩者进行报答的同时也往往对施仇者进行报复,由于事迹高度相似,甚至成为一种屡见于史书的"叙事模式"。

苏秦,在佩戴六国相印后,便:

> 遍报诸所尝见德者。其从者有一人独未得报,乃前自言。苏秦曰:"我非忘子。子之与我至燕,再三欲去我易水之上。方是时,我困,故望子深。是以后子。子今亦得矣。"[⑤]

范雎,在被拜为秦相之后,便:

[①] 李泽厚:《李泽厚近年答问录2004—2006》,天津社会科学院出版社2006年版,第230页。
[②] 《诗经·大雅·荡之什·抑》,第555页中栏。
[③] 参见《荀子·富国》、《墨子·兼爱下》、《礼记·表记》、《汉书》卷8《宣帝纪》、《后汉书》卷2《显宗孝明帝纪》。孙平原指出,墨子把《诗经·大雅》中"无言而不售,无德而不报"的诗句看作"兼爱"思想的"本原"。(见孙中原《墨子说粹》,生活·读书·新知三联书店1995年版,第198页。)
[④] 诏书的下达会对民间思想起到一定的引领作用,从下文所征引的一些事件,可证民间对这一观念是有所认同的。
[⑤] 《史记》卷69《苏秦列传》,第2262页。

第四章 报与直:怨恨实施的观念基础与规范原则

散家财物,尽以报所尝困厄者。一饭之德必偿,睚眦之怨必报。①

韩信,在被封为楚王后,便:

召所从食漂母,赐千金。及下乡亭长,钱百,曰:"公,小人,为德不竟。"召辱己少年令出跨下者,以为中尉,告诸将相曰:"此壮士也。方辱我时,宁不能死?死之无名,故忍而就此。"②

栾布,在"为燕相,至将军"后,便:

称曰:"穷困不能辱身,非人也;富贵不能快意,非贤也。"于是尝有德,厚报之;有怨,必以法灭之。③

朱买臣,在被拜为会稽太守后,便:

悉召见故人与饮食诸尝有恩者,皆报复焉。④

主父偃,在被拜为齐相后,便数曰:

始吾贫时,昆弟不我衣食,宾客不我内门。今吾相齐,诸君迎我或千里。吾与诸君绝矣,毋复入偃之门!⑤

刘询,在登基成为汉宣帝后,便下诏称:

朕微眇时,御史大夫丙吉,中郎将史曾、史玄、长乐卫尉许舜、

---

① 《史记》卷79《范雎蔡泽列传》,第2415页。
② 《汉书》卷34《韩彭英卢吴传》,第1875页。需要说明的是,韩信对"辱己少年令出跨下者"的处理是一种以德报怨的做法,关于这种做法,笔者将在下一节专门讨论。
③ 《汉书》卷37《季布栾布田叔传》,第1981页。吕思勉指出,栾布的这一做法,是"当时人人所有之想"。(见吕思勉《秦汉史》,上海古籍出版社2005年版,第640页。)实际上,这种做法在生物界也具有普遍性,达尔文在《人类的由来》一书中写道:"我认为现已揭示:人与较高等的尤其是灵长类动物拥有某几种共同的本能。……他们……睚眦必报。"(见[美]迈克尔·E.麦卡洛《超越复仇》,陈燕、阮航译,中国人民大学出版社2013年版,第10页。)
④ 《汉书》卷64上《严朱吾丘主父徐严终王贾传上》,第2793页。
⑤ 同上书,第2803页。

侍中光禄大夫许延寿皆与朕有旧恩。及故掖庭令张贺辅导朕躬，修文学经术，恩惠卓异，厥功茂焉。《诗》不云乎？"无德不报。"封贺所子弟子侍中中郎将彭祖为阳都侯，追赐贺谥曰阳都哀侯。吉、曾、玄、舜、延寿皆为列侯。故人下至郡邸狱复作尝有阿保之功，皆受官禄田宅财物，各以恩深浅报之。①

窦宪，在得势后，便：

睚眦之怨莫不报复。初，永平时，谒者韩纡尝考劾父勋狱，宪遂令客斩纡子，以首祭勋冢。②

曹操在写给孔融的信中，对这种模式化的事迹有着明确的体察：

后世德薄……及至其敝，睚眦之怨必仇，一餐之惠必报。故晁错念国，遘祸于袁盎；屈平悼楚，受谮于椒（子椒）、兰（子兰）；彭宠倾乱，起自朱浮；邓禹威损，失于宗（宗歆）、冯（冯愔）。由此言之，喜怒怨爱，祸福所困，可不慎与！③

上述材料中人们对"报答—报复观"的"忠实"甚至不乏"精细"地践行表达了其对"报答—报复观"的认同与遵循。两汉事迹与先秦事迹的高度相似，说明这种认同并没有因时代更替而改变。事实上，不仅人与人之间的关系如此，国与国之间也是一样。"以报某某之役"的字样在《左传》《史记》中的反复出现即可说明这一点。《说苑》所谓"积德无细，积怨无大，多少必报，固其势也"④，《昌言》所谓"人爱我，我爱之；人憎我，我憎之"⑤，良有以也。

应该说，"报答—报复观"中的"报复观"为怨恨的实施提供了最为直接的观念基础，这毋庸赘言。本书第三章论证伊始，在议及"杀父之仇"时，所征引过的孔子、曾子论复仇的文句都是"报复观"的具体体现，此处不再重复。睚眦之怨尚且要报，况于杀父害亲之仇乎？这里所想

---

① 《汉书》卷8《宣帝纪》，第257页。
② 《后汉书》卷23《窦融列传》，第813页。
③ 《后汉书》卷70《郑孔荀列传》，第2272—2273页。
④ 《说苑·谈丛》，第401页。
⑤ 《昌言·佚文》，第423页。

第四章　报与直：怨恨实施的观念基础与规范原则

要探讨的问题是，"报答—报复观"中的"报答观"如何为怨恨的实施提供观念基础。实际上，这里涉及的是一个恩怨传递的过程，简单地说，甲施仇于乙，乙施恩于丙，丙为报答乙，便要报复甲。也就是说，甲并没有直接对丙施仇，但丙还是要将怨恨实施到甲的身上。这一怨恨实施的观念基础，即是"报答—报复观"中的"报答观"。这方面最为典型的例子，是赵襄子施仇于智伯，智伯施恩于豫让，豫让为报答智伯，便要报复赵襄子。赵汀阳据此提出了"豫让规则"这一概念①，可见此事在同类事件中具有一定的代表性。豫让为智伯报仇一事广见于先秦两汉典籍，其中，《战国策》言之甚详，《淮南子》解之甚切。

《战国策》云：

> 赵襄子面数豫让曰："子不尝事范中行氏乎？知伯灭范中行氏，而子不为报仇，反委质事知伯。知伯亦已死，子独何为报仇之深也？"豫让曰："臣事范中行氏，范中行氏以众人遇臣，臣故众人报之；知伯以国士遇臣，臣故国士报之。"②

《淮南子》云：

> 昔者豫让，中行文子之臣。智伯伐中行氏，并吞其地，豫让背其主而臣智伯。智伯与赵襄子战于晋阳之下，身死为戮，国分为三。豫让欲报赵襄子，漆身为厉，吞炭变音，擿齿易貌。夫以一人之心而事两主，或背而去，或欲身徇之，岂其趋舍厚薄之势异哉？人之恩泽使之然也。③

不必再枚举其他典籍对此事的记载和评论，我们已然知晓，豫让向赵襄子报仇，乃是智伯对其的恩泽使然，支撑豫让报仇的观念基础恰恰是报恩。类似地，专诸向吴王僚报仇，为的是报公子光之恩；聂政向韩相侠累报仇，为的是报严仲子之恩；荆轲向秦王嬴政报仇，为的是报燕太子丹之恩。汉代的"武梁祠堂画像题字"的内容为"赵襄子。豫让杀身以报知己"④，这在一定程度上反映了豫让因报恩而报仇一事在汉代民间的流传状

---

① 参见赵汀阳《天下体系：世界制度哲学导论》，中国人民大学出版社 2011 年版，第 56 页。
② 《战国策·赵策一》，第 165 页。
③ 《淮南子·主术训》，第 648 页。
④ 高文：《汉碑集释》，河南大学出版社 1997 年版，第 127 页。

况。固然周天游依据司马迁在《史记·货殖列传》中"闾巷少年……任侠并兼,借交报仇,篡逐幽隐,不避法禁,走死地如鹜者,其实皆为财用耳"一句记述指出:"被汉代人视作神圣高尚事业的复仇义举、也不可避免地散发着铜臭的浊气"①,但"财用"的赠予有时也意味着恩情,不妨来看王莽执政时期的一则材料:

> 天凤元年,琅邪海曲有吕母者,子为县吏,犯小罪,宰论杀之。吕母怨宰,密聚客,规以报仇。母家素丰,赀产数百万,乃益酿醇酒,买刀剑衣服。少年来酤者,皆赊与之,视其乏者,辄假衣裳,不问多少。数年,财用稍尽,少年欲相与偿之。吕母垂泣曰:"所以厚诸君者,非欲求利,徒以县宰不道,枉杀吾子,欲为报怨耳。诸君宁肯哀之乎!"少年壮其意,又素受恩,皆许诺。其中勇士自号猛虎,遂相聚得数十百人,因与吕母入海中,招合亡命,众至数千。吕母自称将军,引兵还攻破海曲,执县宰。诸吏叩头为宰请。母曰:"吾子犯小罪,不当死,而为宰所杀。杀人当死,又何请乎?"遂斩之,以其首祭子冢,复还海中。②

由上述材料可知,少年接受吕母在财用方面的馈赠正是"受恩"的一种表现,正因为受了吕母之恩,所以才帮助吕母去"报怨"。此事与豫让为报智伯之恩所以要向赵襄子报怨一事,在恩怨传递的逻辑上是完全一致的。孔子所谓"父之仇,弗与共戴天;兄弟之仇,不反兵;交游之仇,不同国"③,固然更多的是从伦理角度立论,但正如本书第三章所论证的那样,这句话及类似的文句也可以从情感角度去分析。实际上,从恩怨传递的角度去分析,也未尝不可。正是为报父母之恩、兄弟之恩、朋友之恩,所以才要去报仇,报仇正是报恩的一种方式。因之,无论在学理上,还是在实践上,"报答—报复观"为怨恨行为的实施提供了一个重要的观念基础。

---

① 参见周天游《古代复仇面面观》,陕西人民教育出版社1992年版,第86页。
② 《后汉书》卷11《刘玄刘盆子列传》,第477页。
③ 《礼记·曲礼上》,第1250页中栏。

第三节 关于"以德报怨"

一

笔者在上文已经指出"施报"这一双向行为中当关系之对方为先施者时"报答—报复观"的内涵。简单地说，这一内涵即是以德报德，以怨报怨。不妨将以德报德、以怨报怨这两种回报方式称为"对等型回报"。与"对等型回报"相反的，是"非对等型回报"，其具体方式也有两种，即以怨报德，以德报怨。就"对等型回报"与"非对等型回报"而言，孔子赞同的是前者，反对的是后者，最直接表达他这一态度的，是《礼记》中的一则材料，孔子说：

> 以德报德，则民有所劝；以怨报怨，则民有所惩。
> 以德报怨，则宽身之仁也；以怨报德，则刑戮之民也。①

所谓"民有所劝""民有所惩"，意即"以德报德""以怨报怨"的做法足以劝善惩恶。而所谓"刑戮之民"，意即"以怨报德"之人当被绳之于法、置之于刑。比较难以理解的是"宽身之仁"，对此，郑玄注曰："宽，犹爱也。爱身以息怨，非礼之正也。"② 孔颖达疏曰："若以直报怨，是礼之常也。今以德报怨，但是宽爱己身之民，欲苟息祸患，非礼之正也。"③ 刘宝楠在《论语正义》中在言及"以直报怨"时，亦对"宽身之仁"注解道："宽身之仁，所谓厚于仁者也。虽是宽仁而不可为法。"④ 综合上述意见，可知"宽身之仁"，语含贬义，用作说明对"以德报怨"做法的否定。

可以说，孔子对"以德报德、以怨报怨"的赞同即意味着对"报答—报复观"的认同。而无论是以怨报德，还是以德报怨，孔子却都持反对的态度，且都不乏相应的理由。

对以怨报德这一做法，反对者并不独孔子为然。例如，春秋时期，富

---

① 《礼记·表记》，第1639页上栏。
② 同上。
③ 同上书，第1639页中栏。
④ 《论语·宪问》，国学整理社编：《诸子集成》第1册《论语正义》，中华书局2006年版，第321页。

辰在劝谏周襄王时亦称："以怨报德，不仁。"①

而关于以德报怨这一做法，并不是所有人都如孔子一样持反对的态度，比如，老子就讲："大小多少，报怨以德。"② 董平对老子这句话做了如下的解读：

> "报怨以德"，也即是"以德报怨"，是用来化解或超越"德怨"之相对性的方式。而从这一句式结构来看，它其实是隐括了如何处理前面的"大小"、"多少"这两对相对关系的方式的，也即是"报小以大"、"报少以多"。"德"、"怨"的相对性最为显著，在常人那里也最难超越，所以特为揭示"报怨以德"。若能"报怨以德"，则"报小以大"、"报少以多"，自然无难。……"报小以大"，则"大"、"小"得以超越；"报少以多"，则"多"、"少"得以超越；"报怨以德"，则"德"、"怨"得以超越。超越即是解构，即是相对关系及其相对价值的根本消解。因有这种消解，事物存在才可能还归其本然的真实状态，才有可能实现道的视域之下的一切万物的真实平等。③

笔者认为，董平从超越怨恨、解构怨恨、消解相对关系及其相对价值这一角度来解读老子"报怨以德"的主张，具有一定的合理性。"善者吾善之；不善者吾亦善之；德善。信者吾信之；不信者吾亦信之；德信"，④这一文句所表达的意思亦符合董平的上述解读逻辑，即要超越善、不善、信、不信这些相对价值。回到怨恨这一命题本身来看，老子本人对怨恨的顽固性是深有体察的，他说："和大怨，必有余怨，安可以为善？"⑤ 只是调和，并不能化解怨恨，化解怨恨的唯一途径就是超越怨恨，以德报怨就是超越怨恨的做法。与此相类，刘笑敢在论及老子"杀人众""而以丧礼处之"等主张时，亦指出："（这）是超于常人的襟怀，是跨越历史的远见。这样做，不仅高扬了人文主义精神的理想旗帜，而且可以避免散播仇恨的种子，防止激化和延续矛盾，有利于社会与人类的长久和谐。"⑥ 刘笑

---

① 《国语·周语中》，第 12 页。
② 《老子·六十三章》，第 164 页。
③ 董平：《老子研读》，中华书局 2015 年版，第 238 页。
④ 《老子·四十九章》，第 129 页。
⑤ 《老子·七十九章》，第 188 页。
⑥ 刘笑敢：《诠释与定向——中国哲学研究方法之探究》，商务印书馆 2009 年版，第 339 页。

第四章 报与直:怨恨实施的观念基础与规范原则

敢指出,"价值的中立性或道德的超越性,提倡超越常规价值追求的终极关切"是"道家式责任感"的特点之一。① 这颇可以支撑董平对"报怨以德"的解读逻辑。在刘笑敢看来,在"报怨以德""恩怨不分"的态度背后,似乎隐含着"众生天然平等并值得同样尊重的思想"。② 由此可见,无论董平,还是刘笑敢,其对老子以德报怨这一主张均持有一定的赞赏态度。

与老子以德报怨主张相类似的,是墨子的兼爱思想。正如傅斯年所说:"兼爱例如'报怨以德'之说,墨子以为人类之间无'此疆彼界'。"③ 除兼爱之外,佛教的度魔成佛④、基督教的爱敌如己⑤、伊斯兰教的以善待仇⑥等主张亦可与以德报怨一说比而观之。

墨家思想以及世界三大宗教的相关主张对以德报怨说的照应,既说明了以德报怨之说不乏一定的支持与认同,也在一定程度上说明了此说具有一定的合理性。实际上,现代博弈论中相关的研究成果亦可为以德报怨这一主张提供学理支撑。一般认为,在长期博弈中,最为成功的是"回应性"模式,即首先采取与他人合作的策略,但以后的每个行为步骤都模仿他人的上一个步骤以回应他人。⑦ 这种"回应性模式"又被称为"一报还一报"的策略,研究人员迈克尔·E. 麦卡洛对这一策略的特点进行了如下的分析:

"一报还一报"具有四个特点。其一,它是一种善良的策略:它

---

① 刘笑敢:《诠释与定向——中国哲学研究方法之探究》,商务印书馆2009年版,第338页。
② 同上书,第344页。
③ 傅斯年:《"战国子家"与〈史记〉讲义》,天津古籍出版社2007年版,第40页。
④ 佛经载:释迦佛在山中修行,歌利王入山猎兽,问佛兽何在?佛不忍伤生,不应。歌利王怒,截落佛左手,又问,不应,又截落右手。佛是时即发愿曰:"我若成佛,先度此人,无令枉害众生。"其后成佛,即先度之。引自罗大经《鹤林玉露》丙编卷4,载上海古籍出版社编《宋元笔记小说大观》,上海古籍出版社2007年版,第5354页。
⑤ 丘镇英指出:"基督精神……力主谦卑,与老氏懦弱谦下相似……耶稣教人不特要谦卑,而且要逆来顺受,以德报怨。《路加福音》第六章二七—三十节载:'你们的仇敌要爱他,恨你们的,要待他好。咒诅你们的要为他祝福,凌辱你们的要为他祷告,有人打你这边的脸,连那边的脸也由他打,有人夺你的外衣,连里衣也由他拿去。凡求你的,就给他。有人夺你的东西去,不用再要回来。'"(见丘镇英《西洋哲学史》,岳麓书社2011年版,第10—11页。)
⑥ 《古兰经》称:"他们是为求得主的喜悦而坚忍的,是谨守拜功的,是秘密地和公开地分舍我所赐给他们的财物的,是以德报怨的。"又称:"善恶不是一律。你应当以最优美的品行去对付恶劣的品行,那么,与你相仇者,忽然间会变得亲如密友。"(见马坚译《古兰经》,中国社会科学出版社1996年版,第185、359页。)
⑦ 参见赵汀阳《天下体系:世界制度哲学导论》,中国人民大学出版社2011年版,第56页。

总是以合作开始博弈。因此，只要玩伴拿出相似的姿态，"一报还一报"策略总是乐意以相互合作的方式受益。其二，它是一种报复的策略：如果玩伴在某一轮背叛，那么"一报还一报"就会在下一轮以报复作为回应。这样一来，它就可以防止卑鄙利用它的善良。其三，它是一种宽恕的策略：如果玩伴在背叛之后又恢复合作，那么"一报还一报"也会在下一轮恢复合作。其四，它是一种清晰的策略：它以友善的方式开始博弈，而后不断重复上一轮其玩伴之所为。也就是说，玩伴友善，它就友善；玩伴作弊，它就报复；玩伴改正其作弊方式，它就宽恕。①

所谓"玩伴友善它就友善"，即是以德报德；所谓"玩伴作弊它就报复"，即是以怨报怨。也就是说，"一报还一报"的策略遵循的是"对等型回报"，可以看作对"报答—报复观"的一种践行。但是，"一报还一报"的策略并不是十全十美的策略，一旦出现"仇仇相报"的"回声效应"，其就导致人们陷入了一种恶性循环：

> 玩家 A 想要合作但其所为却损害了玩家 B，或者是玩家 B 误读了玩家 A 的合作意图。在其中任何一种情况下，B 接下来都会背叛 A，以作为（在 B 看来）正当的报复行动。而 A 所使用的也是"一报还一报"，因而将在下一轮背叛以作为对 B 背叛的回应。依次类推，两个玩家以黄金规则开始博弈，最终却陷入了相互报复的无尽循环。阿克赛尔罗德将这一荒谬的场景成为回声效应。他认识到，一旦可能出现回声效应，"一报还一报"策略就不够宽恕。②

那么，在出现"回声效应"后，如果想要摆脱"回声效应"，总是需要有一方，能够主动放下仇恨。孔子所谓"不念旧恶，怨是用希"③，着意点正在于宽恕，但仅仅止步于宽恕，并不足以打破"冤冤相报何时了"这一局面。总是要有一方主动向另一方示好，才有可能变恶性循环为良性循环。东汉的荀悦即称："君子有常交，曰义也，有常誓，曰信也，交而后亲，誓而后故，狭矣。"孙启治注曰："交而后亲，誓而后故，皆有待于人

---

① ［美］迈克尔·E. 麦卡洛：《超越复仇》，陈燕、阮航译，中国人民大学出版社 2013 年版，第 87 页。
② 同上书，第 88 页。
③ 《论语·公冶长》，第 345 页。

之交已，非己先待人以亲厚、信义，故曰'狭'。"①也就是说，荀悦是在强调："主动示好，应由己方先行。"在"仇仇相报"的背景下，己方先向对方主动示好的表现，便是老子所谓的"以德报怨"。

二

检视先秦两汉典籍可知，以德报怨的做法对避免出现仇仇相报局面或打破"冤冤相报何时了"局面而言，确有一定的效果。贾谊在《新书》所称及的"梁大夫宋就以德报怨"一事就很能说明这一点，此事大致经过如下：

> 梁大夫宋就者，为边县令，与楚邻界。梁之边亭与楚之边亭皆种瓜，各有数。梁之边亭劬力而数灌，其瓜美。楚窳而希灌，其瓜恶。楚令固以梁瓜之美，怒其亭瓜之恶也。楚亭恶梁瓜之贤己，因夜往，窃搔梁亭之瓜，皆有死焦者矣。梁亭觉之，因请其尉，亦欲窃往，报搔楚亭之瓜。尉以请。宋就曰："恶！是何言也！是进怨分祸之道也。恶！何称之甚也！若我教子，必诲莫令人往，窃为楚亭夜善灌其瓜，令勿知也。"于是梁亭乃每夜往，窃灌楚亭之瓜，楚亭旦而行瓜，则此已灌矣。瓜日以美，楚亭怪而察之，则乃梁亭也。楚令闻之大悦，具以闻。楚王闻之，恕然丑以志自惛也。告吏曰："微搔瓜，得无他罪乎？"说梁之阴让也，乃谢以重币，而请交于梁王。楚王时则称说梁王以为信，故梁、楚之欢由宋就始。语曰："转败而为功，因祸而为福。"老子曰："报怨以德。"此之谓乎。②

此事还被刘向收入《新序》③，足见其代表性。从上文篇尾的总结可知，贾谊述及此事的学理背景，正在于老子"报怨以德"一说的影响。此事中的宋就深知梁亭"报搔楚亭之瓜"的做法是"构怨召祸之道"，为避免出现仇仇相报的局面，乃令梁亭"窃灌楚亭之瓜"，而梁楚结欢的最终结局正说明了以德报怨这一做法行之有效，报怨以德一说所言不虚。

不宁唯是，以德报怨这种"非对等型回报"常常意味着施恩于人，人为

---

① 《申鉴·杂言下》，第213—214页。
② 《新书·退让》，第284页。
③ 《新序·杂事四》，第543—553页。

报己之恩，常常愿效死力。对于这一点，《说苑》中所载的齐桓公、秦缪公深得其中三昧。齐桓公讨伐山戎、孤竹，鲁国君臣表面上答应帮助，实际上却没有出兵。但齐桓公却并没有对鲁国进行报复，反而听从了管仲的建议将征战所得的山戎宝器进献给了鲁国的周公之庙，这可谓是以德报怨。因此，次年齐国起兵伐莒时，鲁国便"丁男悉发，五尺童子皆至"。① 秦缪公骏马丢失后，被人杀而食肉。秦缪公不仅没有惩罚杀马者，反而赠酒给杀马者，使得杀马者"皆惭而去"。后来，当秦缪公身陷晋国之围时，这些杀马者为报答"以德报怨"的秦缪公的恩德，纾难解困，终使秦缪公反败为胜。②

需要指出的是，上文中，无论是鲁国君臣还是杀马者，在回报恩人时都不乏惭愧的心理成分。以德报怨所以能够避免或打破仇仇相报的局面，根本的原因在于这种做法是对怨恨的超越，直接的原因就是这种"非对等型回报"往往会激发对方的惭愧心理。为进一步说明这一点，不妨再以发生在西汉、东汉的两则史实为例：

> 九江太守戴圣，《礼经》号小戴者也，行治多不法，前刺史以其大儒，优容之。及武（何武）为刺史，行部录囚徒，有所举以属郡。圣曰："后进生何知，乃欲乱人治！"皆无所决。武使从事廉得其罪，圣惧，自免，后为博士，毁武于朝廷。武闻之，终不扬其恶。而圣子宾客为群盗，得，系庐江，圣自以子必死。武平心决之，卒得不死。自是后，圣惭服。武每奏事至京师，圣未尝不造门谢恩。③

> 盗尝夜往劫之，咨（赵咨）恐母惊惧，乃先至门迎盗，因请为设食，谢曰："老母八十，疾病须养，居贫，朝夕无储，乞少置衣粮。"妻子物余，一无所请。盗皆惭叹，跪而辞曰："所犯无状，干暴贤者。"言毕奔出，咨追以物与之，不及。由此益知名。④

---

① 《说苑·权谋》，第 325 页。
② 《说苑·复恩》，第 125 页。
③ 《汉书》卷 86《何武王嘉师丹传》，第 3482—3483 页。
④ 《后汉书》卷 39《刘赵淳于江刘周赵列传》，第 1313 页。东汉的姜肱、陈嚣、钟南严对盗贼以德报怨一事亦与此相类，不妨记于此，以资参考："肱（姜肱）尝与季江谒郡，夜于道遇盗，欲之。肱兄弟更相争死，贼遂两释焉，但掠夺衣资而已。既至郡中，见肱无衣服，怪问其故，肱托以它辞，终不言盗。盗闻而感悔，后乃就精庐，求见征君。肱与相见，皆叩头谢罪，而还所略物。肱不受，劳以酒食而遣之。"（见《后汉书》卷 53《周黄徐姜申屠列传》，第 1749 页。）"会稽陈嚣，少时于郭外水边捕鱼，人有盗取之者。嚣见，避于草中，追以鱼遗之，盗惭不受，自后无复盗其鱼。""汝南钟南严海君，少时乡人有入其园窃菜者，明日拔菜，悉遗乡里。乡里人相约，无复取菜者。"［见（清）王文台《七家后汉书》，河北人民出版社 1987 年版，第 124、147 页。］

第四章 报与直:怨恨实施的观念基础与规范原则

从"圣惭服""盗皆惭叹"的记述可知,何武、赵咨以德报怨的做法激发了对方的惭愧心理。何武通过以德报怨打破了仇仇相报的局面,赵咨通过以德报怨避免了仇仇相报的局面。

但需要说明的是,以德报怨这一做法就避免或打破仇仇相报这一局面而言只是具有一定的效力,并不能保证"百发百中"。为便于对这一问题的讨论,笔者将实施以德报怨的人称之为以德报怨的主体,将接受以德报怨的人称之为以德报怨的对象。

就以德报怨实施的对象而言,有些对主体怀有刻骨仇恨的人是无法被感化的。例如,《吴越春秋》中,吴王夫差饶恕了杀父仇人越王勾践,并放其归国,说夫差以德报怨,似不为太过。太宰嚭对夫差说:"臣闻无德不复。大王垂仁恩加越,越岂敢不报哉?"① 夫差亦自许:"勾践国忧,而寡人给之以粟,恩往义来,其德昭昭,亦何忧乎?"② 越灭吴前夕,夫差遣使乞和,自请为臣。从勾践"不忍其言,将许之成"以及"不忍对其使者"③ 的记载来看,勾践亦有一定的惭愧心理。但从最终灭吴这一结果和之前的以蒸粟还吴这一手段来看,勾践并没有忘记对吴的怨恨。关于这一点,伍子胥早就告诫过夫差:"臣闻狼子有野心,仇雠之人不可亲。"④

就以德报怨实施的主体而言,实施以德报怨的前提是自身必须要有以怨报怨的能力。韩信、韩安国的以德报怨正可以说明这一点:

(韩信)召辱已少年令出跨下者,以为中尉,告诸将相曰:"此壮士也。方辱我时,宁不能死?死之无名,故忍而就此。"⑤

其后,安国(韩安国)坐法抵罪,蒙狱吏田甲辱安国。安国曰:"死灰独不复然乎?"甲曰:"然即溺之。"居无几,梁内史缺,汉使使者拜安国为梁内史,起徒中为二千石。田甲亡。安国曰:"甲不就官,我灭而宗。"甲肉袒谢,安国笑曰:"公等足与治乎?"卒善遇之。⑥

以韩信、韩安国当日炙手可热的权势而言,其若欲报仇,易如反掌。

---

① 《吴越春秋》卷7《勾践入臣外传》,第121—122页。
② 《吴越春秋》卷9《勾践阴谋外传》,第149页。
③ 《吴越春秋》卷10《勾践伐吴外传》,第170页。
④ 《吴越春秋》卷9《勾践阴谋外传》,第149页。
⑤ 《汉书》卷34《韩彭英卢吴传》,第1875页。
⑥ 《汉书》卷52《窦田灌韩传》,第2395页。

但韩信、韩安国并没有这样做,反而还善待了仇人,惟其如此,方显出以德报怨者襟怀的宽广。类似地,上文所引述的宋就、齐桓公、秦缪公、何武、赵咨诸君也同韩信、韩安国一样,并不是不能报复对方——"(杀马者)皆惧而起""圣自以子必死"等文句皆可以说明这一点,而是能报复却不报复,这才使得对方惭愧、感恩。相反,若自身没有以怨报怨的能力却对施仇一方以德报怨,在一般情况下,这种做法就是在示人以弱,只会令对方得寸进尺,丝毫无益于仇仇相报局面的避免及破解。《盐铁论》中的大夫对这一点言之甚明:"昔徐偃王行义而灭,鲁哀公好儒而削。知文而不知武,知一而不知二。故君子笃仁以行,然必筑城以自守,设械以自备,为不仁者之害己也。"①

实际上,现代博弈论中的相关研究,也能为"实施以德报怨的前提是自身必须要有以怨报怨的能力"这一命题提供学理支撑。研究人员迈克尔·E. 麦卡洛指出:

> 你要想在合作中取得成功,就不能做老好人,否则你就会马上成为所有人的欺侮对象,从而承受降低适应度的后果。要是邻人背叛了你,你得敲打他。……但你也不能对所有人在任何时候都报以恶意和仇恨。你得对你的社交圈中的某些人表示不计前嫌的意愿,因为长久地看,懂得如何合作的有机体比只知道报复的有机体要活得更好。在短期的自利与合作的长期受益相对立的社会困境之中,进化有利于这样的有机体:它们在需要报复时能够报复,在需要宽恕时可以宽恕,而这需要智慧来理解其区别。②

文中所谓"老好人",即是上文所称无报复之能力却热衷于以德报怨的人,从"马上成为所有人的欺侮对象"的结果来看,"无报复之能力却热衷于以德报怨"这一做法并不可取。真正可取的做法是"需要报复时能够报复,在需要宽恕时可以宽恕",此即笔者在上文所征引的先秦两汉时期诸多以德报怨人物的具体做法,即先要使自身具备以怨报怨的能力,然后辨别对象,有针对性地以德报怨。

---

① 《盐铁论·和亲》,第 513 页。
② [美] 迈克尔·E. 麦卡洛:《超越复仇》,陈燕、阮航译,中国人民大学出版社 2013 年版,第 77 页。

三

尽管以德报怨这一主张在避免或打破仇仇相报这一局面上可以发挥一定的有效作用,但它毕竟是"非对等型回报"的一种,从先秦至今,反对的意见屡屡出现:

《论语》载:

> 或曰:"以德报怨,何如?"子曰:"何以报德?以直报怨,以德报德。"①

《尸子》载:

> 夫龙门,鱼之难也;太行,牛之难也;以德报怨,人之难也。②

宋代的罗大经称:

> 夫以德报怨,可谓慈悲广大,孤高卓绝,过人万万矣。然夫子不取者,谓其不可通行于世也。③

明代的李贽称:

> 若曰"以德报怨",则有心矣,作伪矣,圣人不为也。④

近代的康有为称:

> 以德报怨之或人,兼爱之墨子,皆失中,故改制而不能行于世。
> 小人专指创异教之人,非恶劣之小人也。或云"以德报怨",自以为中庸。墨子三月服,亦可以为中庸。棘子成尚言质,亦自为中

---

① 《论语·宪问》,第1017页。
② 《尸子》卷下,华东师范大学出版社2009年版,第81页。
③ 罗大经:《鹤林玉露》丙编卷4,载上海古籍出版社编《宋元笔记小说大观》,上海古籍出版社2007年版,第5354页。
④ (明)李贽:《〈焚书〉〈续焚书〉》,岳麓书社1990年版,第158页。

庸。凡此皆小人。

《说苑》谓"以德报怨为老子说",则与孔子并时改制之人也。其道不近人情,自难行。①

现代的蒋梦麟称:

以直报怨,以德报德。自然,更高的理想应该是爱敌如己。但是历史上究竟有多少人能爱敌如己呢?这似乎要把你的马车赶上天边的一颗星星;事实上,那是达不到的。以直报怨则是比较实际的想法。所以中国人宁舍理想而求实际。②

当代的赵汀阳称:

以德报怨的伦理原则其实缺乏充分理由,正如孔子所反驳的:"何以报德?以直报怨,以德报德。"③

日本的新渡户稻造称:

老子教导以德报怨,然而教导以正义[直]报怨的孔子的声音却远比他响亮。④

检视上述材料可知,很多反对"以德报怨"的意见其实都源自孔子。而孔子之所以反对"以德报怨",正在于"以德报怨"这一回报方式的"非对等性"。综合上述反对意见可知,"以德报怨"这一回报方式,既不符合"报答—报复观",又不符合人情,还近于作伪,因此,流于空想,难以践行。应该指出,尽管老子"以德报怨"的主张不失一定的合理性,但与孔子"以直报怨"的主张相比,后者要更易为人接受和赞同。正如鲁迅所说:"被毁则报,被誉则默,正是人情之常,谁能说人的左颊既受爱人

---

① 康有为:《万木草堂口说(外三种)》,中国人民大学出版社2010年版,第55、65、66、70页。
② 蒋梦麟:《西潮》,吉林出版集团有限责任公司2012年版,第314页。
③ 赵汀阳:《第一哲学的支点》,生活·读书·新知三联书店2013年版,第147页。
④ [日]新渡户稻造:《武士道》,张俊彦译,商务印书馆1993年版,第74页。

接吻而不作一声,就得援此为例,必须默默地将右颊给仇人咬一口呢?"① 不妨再以发生在东汉的一则史实为例进一步说明这一点:

> 翟酺字子超,广汉雒人也。四世传《诗》。酺好《老子》,尤善图纬、天文、历算。以报舅仇,当徙日南,亡于长安,为卜相工,后牧羊凉州。遇赦还。仕郡,征拜议郎,迁侍中。②

由此可见,翟酺虽然好《老子》一书,却并没有接受"以德报怨"这一主张,该报仇还是报仇。翟酺一例虽是个案,但却颇具代表性,且很能说明问题,好《老子》一书者尚且如是,况于不好《老子》或不读《老子》或不闻《老子》一书者乎?我们可以从中管窥"以德报怨"说对民间思想的实际影响。

总之,"以德报怨"这一主张对"报答—报复观"的冲击十分有限,可以明确地说,"报答—报复观"可以为怨恨实施提供观念基础这一事实并不因"以德报怨"这一主张的提出而改变。

第四节 关于"以直报怨"

一

由本章第三节所论可知,相对于老子"以德报怨"的主张,孔子"以直报怨"的主张要更易为人接受和赞同。实际上,"直"在这里,不仅是用来指代报怨的方式,更意味着对报怨手段所进行的一种规范。例如,南北朝时期梁朝的皇侃疏《论语》"以直报怨"一句时即称:"言与我有怨者,我宜用直道报之。"③"直道"二字中,"道"字的含义侧重在方式,而"直"字的含义则侧重在规范。笔者认为,怨恨实施的规范原则正可以用一个"直"字来概括。

那么,何谓"直"?朱熹指出:"于其所怨者,爱憎取舍,一以至公而无私,所谓直也"④,并认为"以直云者,不以私害公,不以曲胜直,当报则报,不当则止"。针对"当报"与"不当报",朱熹进一步解释道:

---

① 鲁迅:《华盖集续编》,人民文学出版社1980年版,第76页。
② 《后汉书》卷48《杨李翟应霍爰徐列传》,第1602页。
③ (梁)皇侃撰:《论语义疏》,高尚榘校点,中华书局2013年版,第378页。
④ (宋)朱熹:《四书章句集注》,中华书局2012年版,第158页。

"《周礼》有之，'杀人而义者，令勿仇，仇之则死。'此不当报者也。《春秋传》曰：'父不受诛，子复仇可也。'此当报者也。当报而报，不当报而止，是即所谓直也。"① 钱穆认为："以直道报怨者，其实则犹以仁道报怨也，以人与人相处之公道报怨也。此人虽于我有私怨，我未尝以我之私怨而报之，直以人与人相处之公道处之而已。公道即直道也。"② 辜鸿铭将"直"解为"正义的行为"。③ 李泽厚在《论语今读》中将"直"译为"公正"。④

这些意见都是就《论语·宪问》"以直报怨"一节本身而提出，应该说，这为我们理解"以直报怨"中"直"字的含义提供了重要的参考。实际上，跳出《论语·宪问》这一文本，《论语》的其他篇章、除《论语》之外的其他典籍中"直"字的含义正可以与"以直报怨"中"直"字的含义相互佐证。这方面，学界已经做了较为充分的研讨，⑤ 由相关研究成果可知，"直"除了有正义、公正之义外，还有诚实、合宜之义。

综合上述意见，笔者认为，"直"的具体含义可以从"正""当""公"三个方面来把握："正"侧重于强调方式上的"直"，其反面为"邪"；"当"侧重于强调分寸上的"直"，其反面为"甚"；"公"侧重于强调领域上的"直"，其反面为"私"。本节的行文即在探求"直"的文化特性及其解读之道，但笔者认为，这一探求必须置于报怨行为的具体场景下才能有效地展开，而"正""当""公"正可以作为观察这一具体场景的三个角度。

---

① 朱熹：《论语或问》，《朱子全书》第 6 册，安徽教育出版社 2010 年版，第 837、838 页。
② 钱穆：《四书释义》，九州出版社 2010 年版，第 64 页。
③ 辜鸿铭：《辜鸿铭论语心得》，张超编译，重庆出版社 2015 年版，第 210 页。
④ 李泽厚：《论语今读》，生活·读书·新知三联书店 2008 年版，第 434 页。
⑤ 如钱穆，据《论语》中《雍也》《颜渊》《宪问》《子路》《公冶长》《卫灵公》《泰伯》《阳货》诸篇涉及"直"的文句专论"直"的含义，指出"直"的含义有诚、仁、公、由中、称心之义（见钱穆《四书释义》，九州出版社 2010 年版，第 63—67 页）；另如王立，结合《尚书·舜典》《周易·坤》《国语·周语中》《左传·襄公七年》《诗经·小雅·小明》《国语·晋语九》《新唐书·袁滋传》、章太炎《复仇是非论》等典籍中"直"字的含义，指明"以直报怨"中"直"字的含义是公正不阿、严循正义（见王立、刘卫英《传统复仇文学主体的文化阐释及中外比较研究》，北京师范大学出版社 2011 年版，第 15 页）；另如刘美红，结合郭店竹简《五行》篇、马王堆帛书《五行》之《说》中关于"直"字含义的分析，指出"直"具有两种基本意蕴：其一，"直"首先意味着"从心所欲"，意味着"直率""诚实"，即如实地反映、呈现主体心灵的真实状态；其二，"直"又意味着"不逾矩"，意味着"正直""合宜"，即思想和行为符合"义"的要求（见刘美红《先秦儒学对"怨"的诊断与治疗》，中山大学出版社 2010 年版，第 102 页）。

第四章 报与直：怨恨实施的观念基础与规范原则

二

先秦两汉典籍中不乏对具体报怨行为的褒扬与贬斥，这些褒扬与贬斥往往是侧重于报怨方式、报怨分寸、报怨领域而立论的，为避免行文的重复，笔者首先拟就侧重于报怨方式而进行的褒扬与贬斥展开讨论。虽然报怨方式因报怨主体的不同而不同，难以穷举，但不妨将其大致归为"正""邪"两类。笔者认为，报怨方式若能赢得褒扬，则在一定程度上说明此方式可以归为"正"类，符合直的规范；报怨方式若招来贬斥，则在一定程度上说明此方式可以归为"邪"类，不符合直的规范。

检视先秦两汉典籍，就能赢得褒扬的报怨方式而言，其背后大体遵循着一套行事原则，这一套行事原则从先秦至两汉并无过多地变化，周天游将其概括为"不掩人无备""不乘人之危"两点，并以汉代的寇恂、赵憙不杀生病的仇人而杀病愈的仇人为例佐证第一点，以盖勋在报怨时自称"乘人之危，非仁也"来佐证第二点。① 笔者赞同周天游的观点，但需要补充说明的是，第一，正如盖勋对"不乘人之危"这点原则有自觉认同一样，古人对"不掩人无备"这点原则也不乏自觉认同，例如东汉的郅恽在成为将兵长史后，便宣称要："无掩人不备。"② 第二，"不掩人无备""不乘人之危"这两点原则在战时的情况下均须从权，孙子所谓"攻其无备，出其不意"③ 正可以说明这一点。

但在非战时的一般情况下，笔者认为周天游的总结为我们从方式上衡量报怨行为是否符合"直"的规范提供了一个基本的思路。由于周天游对符合直规范的报怨方式论之已详，笔者不再重复。这里拟指出的是不符合直规范的报怨方式，笔者认为，谗毁这一方式可以作为"邪"类报怨方式的一个代表进行探讨。

所谓谗毁，即是指用言语中伤来进行毁谤。谗毁这一行为往往是基于报怨的目的，因此可以看作报怨方式的一种。相关案例从先秦至两汉不胜枚举，班固在《蒯伍江息夫传》篇尾的论赞对这方面的代表性案例搜集得较为全面，不妨引为参考：

---

① 周天游：《古代复仇面面观》，陕西人民教育出版社1992年版，第43—44页。
② 《后汉书》卷29《申屠刚鲍永郅恽列传》，第1026页。
③ 《孙子·计》，第24页。

《书》放四罪,《诗》歌《青蝇》,春秋以来,祸败多矣。昔子翚谋桓而鲁隐危,栾书构郤而晋厉弑。竖牛奔仲,叔孙卒;邴伯毁季,昭公逐;费忌纳女,楚建走;宰嚭谗胥,夫差丧;李园进妹,春申毙;上官诉屈,怀王执;赵高败斯,二世缢;伊戾坎盟,宋痤死;江充造蛊,太子杀;息夫作奸,东平诛:皆自小覆大,繇疏陷亲,可不惧哉!可不惧哉![1]

固然,班固所论侧重于强调听谗所造成的祸败,但其所举诸例,如"宰嚭谗胥""上官诉屈""赵高败斯"等中的"谗""诉""败"等行为之所以会发生,正在于前者对后者的怨恨。为形象直观地说明这一问题,笔者再举两例。如战国时,赵国名将廉颇的仇家郭开为了向廉颇报怨,就贿赂使者,请其在赵王面前毁谤廉颇,使者照做后,廉颇便失去了再次为将的机会。[2] 另如西汉时,诸吕女为了向赵王刘友报怨,便向吕后进谗言,陷害赵王刘友,致使赵王刘友在发出"我妃既妒兮,诬我以恶;谗女乱国兮,上曾不寤"的悲鸣后活活饿死。[3]

韩东育指出:"中国式谗嫉的最显著特点,是一个'毁'字"[4],洵为实论。而毁的目的想要达成,常常伴随着掩人无备的算计、乘人之危的阴险,从上述郭开、诸吕女的谗毁方式中我们可以体悟到这一点。因之,作为一种报怨方式,谗毁常常遭到贬斥:

《诗经》称:

　　取彼谮人,投畀豺虎。豺虎不食,投畀有北,有北不受,投畀有昊。[5]

荀子称:

　　小人……不能则妒嫉怨诽以倾覆人。[6]

---

[1] 《汉书》卷45《蒯伍江息夫传》,第2189页。
[2] 《史记》卷81《廉颇蔺相如列传》,第2448—2449页。
[3] 《汉书》卷38《高五王传》,第1989页。
[4] 韩东育:《道学的病理》,商务印书馆2007年版,第22页。
[5] 《诗经·小雅·节南山之什·巷伯》,第456页下栏。
[6] 《荀子·不苟》,第47页。

扬雄称：

> 妄毁，义之贼也。……贼义近乡讪。①

《焦氏易林》称：

> 君子伤谗，正害善人。②

由此可见，谗毁这一行为是恶行、是小人之行、是不忠之行、是不信之行，因此作为报怨方式而言，谗毁当可归入"邪"类。这一方式本身是基于怨恨，同时也会招致怨恨，例如，上官桀为人向霍光求官，霍光不许，上官桀就怨恨霍光，其党羽就在汉昭帝面前毁谤霍光，于是汉昭帝大怒，说："大将军忠臣，先帝所属以辅朕身，敢有毁者坐之。"③ 如果说屈原、贾谊被毁后的愤怨更多的是指向谗毁者④，那么，汉昭帝的愤怨则更多地指向谗毁这一方式本身。

综上所述，谗毁这一报怨方式是不符合直的规范的，不妨借用东汉马援的一句话来说明这一点："怨仇可刺不可毁。"⑤

除了谗毁之外，祝诅这一方式也可以称得上是"邪"类报怨方式的一个代表。所谓祝诅，"包括诅咒、巫蛊、媚道，指以某种技术使仇人遭到祸殃或使自己达到目的"。⑥ 这些技术中最为常见的，当推"针刺仇偶术"。林惠祥指出：

> 针刺一个当作仇敌的偶人，则仇敌也真的受伤，倒转物件则命运也因而改变。这类魔术我国民间的传说及小说中也常说及，虽未必是真的，但总有这种观念。如《封神榜》里姜子牙拜死赵公明、《杨文广平南蛮十八洞》中金精娘娘射草人都是，而后一种更与上述的相似：金精娘娘将草人当作杨怀恩把草人拜了7昼夜，最后一夜用3枝箭射他。先射左目，同时在远处的杨怀恩左目便瞎了，再射右目，右

---

① 《法言·渊骞》，第490页。
② 《焦氏易林·恒》，第1195页。
③ 《汉书》卷68《霍光金日䃅传》，第2936页。
④ 《史记》卷84《屈原贾生列传》，第2481—2504页。
⑤ 《后汉书》卷24《马援列传》，第832页。
⑥ 葛兆光：《中国思想史·第一卷》，复旦大学出版社1998年版，第471页。

· 211 ·

目也瞎，第三射直贯草人的心部，而真的人也大叫一声痛死了！汉朝盛行的巫蛊常用偶像，现在我国民间的魔术还多用纸人做替身，写上仇人的姓名八字拿来施术。①

"针刺仇偶术"所反映出来的观念就是"凡相类似而可互为象征的事物，能够在冥冥中互相影响"。② 也就是弗洛伊德所说的"当一个人获得敌人的头发、指甲、废物或一小片衣服时，以某种残暴的方式对待它们，那么，对物件所做的任何伤害都将好像真的会发生在敌人身上。"③ 这种观念在先秦两汉时期也不乏呈现。

先秦时期：

> 豫让为知伯报仇，为襄子所得。使兵环之，让愿请其衣而击之。襄子义之，脱附身之衣以与之。让拔剑三跃，呼天击之，衣尽出血："而可以报知伯矣！"遂伏剑而死。襄子回车，车轮未周而亡。④

西汉时期：

> 兴（夜郎王兴）等不从命，刻木象汉吏，立道旁射之。⑤

王莽新朝时期：

> 伯升（刘伯升）遂进围宛，自号柱天大将军。王莽素闻其名，大震惧，购伯升邑五万户，黄金十万斤，位上公。使长安中官署及天下乡亭皆画伯升像于塾，旦起射之。⑥

东汉时期：

---

① 林惠祥：《文化人类学》，上海古籍出版社 2013 年版，第 235—236 页。
② 同上书，第 235 页。
③ [奥] 弗洛伊德：《图腾与禁忌》，文良文化译，中央编译出版社 2009 年版，第 104 页。
④ （明）董斯张：《广博物志》卷 18《人伦一》引《琐语》、《史索隐》条，载李剑国《唐前志怪小说史》，人民文学出版社 2011 年版，第 101 页。
⑤ 《汉书》卷 95《西南夷两粤朝鲜传》，第 3843—3844 页。
⑥ 《后汉书》卷 14《宗室四王三侯列传》，第 550 页。

第四章　报与直：怨恨实施的观念基础与规范原则

> 瓒（公孙瓒）常与善射之士数十人，皆乘白马，以为左右翼，自号"白马义从"。乌桓更相告语，避白马长史。乃画作瓒形，驰骑射之，中者咸称万岁。①

可以明显地看出，祝诅这一方式与"不掩人无备""不乘人之危"这两点原则完全是背道而驰的，因之也不符合直的规范。据《战国策》记载，秦欲使齐破宋的理由便是："宋王无道，为木人以写寡人，射其面，寡人地绝兵远，不能攻也。王苟能破宋有之，寡人如自得之。"② 由此可见，祝诅这一方式乃是"无道"之行。此外，汉武帝、汉成帝时期对"巫蛊之祸"的大力镇压，也表达了对这种方式的憎恶，不妨以汉武帝废黜陈皇后的诏令来结束本小节的讨论：

> 皇后失序，惑于巫祝，不可以承天命。其上玺绶，罢退居长门宫。③

三

上文已述，符合直这一规范的报怨分寸可以用"当"来形容，不符合直这一规范的报怨分寸可以用"甚"来形容。关于报怨分寸的把握，孔子的一则意见值得注意，他说："人而不仁，疾之已甚，乱也。"④ 也就是说，如果怨恨得太过分了，就会酿成祸乱。《盐铁论》中的贤良对孔子这句话又做了一定的引申和发挥："君子嘉善而矜不能，恩及刑人，德润穷夫，施惠悦尔，行刑不乐也。"⑤ 意即怨则怨矣，但亦要有怜悯之心。

而发生在东汉的一则史实颇可为孔子所论提供注脚：

> 左原者，陈留人也，为郡学生，犯法见斥。林宗（郭太，字林宗）尝遇诸路，为设酒肴以慰之。谓曰："昔颜涿聚梁甫之巨盗，段干木晋国之大驵，卒为齐之忠臣，魏之名贤。蘧瑗、颜回尚不能无

---

① 《后汉书》卷73《刘虞公孙瓒陶谦列传》，第2359页。
② 《战国策·燕策二》，第296页。
③ 《汉书》卷97上《外戚传上》，第3948页。
④ 《论语·泰伯》，第533页。
⑤ 《盐铁论·后刑》，第420页。

· 213 ·

过,况其余乎？慎勿恚恨,责躬而已。"原纳其言而去。或有讥林宗不绝恶人者。对曰："人而不仁,疾之已甚,乱也。"原后忽更怀怨,结客欲报诸生。其日林宗在学,原愧负前言,因遂罢去。后事露,众人咸谢服焉。①

从上述材料中,我们可得出的结论是,孔子关于控制报怨分寸的意见对后世发挥着一定的影响。从左原"愧负前言,因遂罢去"的结果来看,郭太的处理不愧"当"字的评价,孔子的意见自有其合理性。需要指出的是,孔子关于控制报怨分寸的意见与其推崇中庸的思维进路是一致的。中庸,即意味着适中取优,对应到报怨分寸上,即意味着不为已甚。吕思勉指出,中庸是最为深入国民心坎的思想之一,受其影响,中国人最不固执;最容易改革;凡事不走极端;不主张强为。② 因之,对应到报怨分寸上,即意味着中国人也应该不走极端,适可而止。

然而,关于中庸,与吕思勉的正面体悟适成对比的,是鲁迅的一则反面洞察,鲁迅说："我中华民族虽然常常的自命为爱'中庸',行'中庸'的人民,其实是颇不免于过激的。譬如对于敌人罢,有时是压服不够,还要'除恶务尽',杀掉不够,还要'食肉寝皮'。……然则圣人为什么大呼'中庸'呢？曰：这正因为大家并不中庸的缘故。人必有所缺,这才想起他所需。"③ 笔者认为,鲁迅的洞察发人深省,且颇具历史感,检视先秦两汉典籍可知,报怨分寸至"甚"的具体表现,正主要集中在"除恶务尽""食肉寝皮"这两点上。第一点对应的是报怨分寸的扩大化,第二点对应的是报怨分寸的残忍化。

首先来看"除恶务尽"。

所谓"除恶务尽",不仅是置仇敌于死地,还常常意味着置仇敌的后代于死地,即斩草除根。例如,据《尚书》,商王盘庚曾言："乃有不吉不迪,颠越不恭,暂遇奸宄,我乃劓殄灭之,无遗育,无俾易种于兹新邑。"④ 伍子胥认为这是"商之所以兴"的原因,⑤ 他在劝谏吴王夫差灭越时进一

---

① 《后汉书》卷68《郭符许列传》,第2227—2228页。
② 参见吕思勉《中国政治思想史》,中华书局2014年版,第118页。上文所引的"郭太与左原"一则事例颇可验证吕思勉的上述观点。
③ 鲁迅:《南腔北调集》,人民文学出版社1980年版,第95—96页。
④ 《尚书·盘庚中》,第171页中、下栏。
⑤ 《史记》卷66《伍子胥列传》,第2179页。

第四章 报与直：怨恨实施的观念基础与规范原则

步指出："树德莫如滋，去疾莫如尽。"① 另如钱穆指出："秦王仇燕太子丹，或尽灭其后，故其时独燕无裔戚。"② 从《论衡》中"始皇二十年，燕使荆轲刺秦王，秦王觉之，体解轲以徇，不言尽诛其间。彼或时诛轲九族，九族众多，同里而处，诛其九族，一里且尽，好增事者，则言町町也"③ 的文句来看，钱穆的推测很可能是事实。另如项羽，在杀死仇敌宋义后，便"使人追宋义子，及之齐，杀之"。④ 至汉，始自于秦的族诛成为一种定制，彭越、韩信、主父偃、郭解皆被族诛。⑤

为什么一定要"除恶务尽"呢？最主要的原因，恐怕是为了防止仇敌或仇敌后代的报复。伍子胥在谈及"去疾莫如尽"时，所举的例子正是少康复国。伍子胥正是为了防止勾践的报复，所以才劝夫差灭掉越国。⑥ 夫差没有听伍子胥的建议，最终身死国灭。然而，"除恶务尽"这一行为有时恰恰是激发新一轮报怨的导火索。例如，在屠岸贾"杀赵朔、赵同、赵括、赵婴齐，皆灭其族"⑦ 的背景下，赵氏遗孤赵武最终"攻屠岸贾，灭其族"。⑧ 正如吕思勉所说："夫族诛之酷，不过虑报复耳；安知不有因此而引起自危之念，益坚其报复之心，而终不得戡者邪！"⑨

为什么一定要置仇人的后代于死地呢？除了为防止仇人后代报复这一思虑之外，"后代是生命的延续"这一认识可以为"置仇人的后代于死地"这一做法提供观念上的诱因。楼宇烈指出，与佛教认为生命的延续是个体自身的轮回、再生不同，中国人认为子女是人类生命延续的一种方式。前者是个体生命延续，后者是族类生命延续。⑩ 不宁唯是，楼宇烈还将"后代是生命的延续"这一认识与"父债子还"这一观念进行了逻辑上的连

---

① 《左传·哀公元年》，第2154页中栏。
② 钱穆：《秦汉史》，生活·读书·新知三联书店2005年版，第36页。
③ 《论衡·语增篇》，第357页。
④ 《汉书》卷31《陈胜项籍传》，第1803页。
⑤ 参见程树德《九朝律考》，第62—63页。
⑥ 《左传·哀公元年》，第2154页中栏。
⑦ 《史记》卷43《赵世家》，第1783页。
⑧ 同上书，第1785页。
⑨ 吕思勉：《吕思勉读史札记》（增订本），上海古籍出版社2005年版，第975页。
⑩ 参见楼宇烈《宗教研究方法讲记》，北京大学出版社2013年版，第35页。辜鸿铭的一则议论可以为楼宇烈的上述议论提供旁证，辄记于此，以资参考："一个中国人，当他死的时候，使他得到慰藉的不是他相信会有来生，而是相信他的孩子、孙子、曾孙，所有这些他最亲近的人，都会记住他、想念他、热爱他，直到永远。"（见辜鸿铭《中国人的精神》，李晨曦译，译林出版社2012年版，第32页。）需要说明的是，之所以会形成"后代是生命的延续"这一认识，与本章第一节所论的"报应观"有一定联系。正如笔者在本章第一节所指出的那样，"报应观"中"善报"可以报在子孙身上，"恶报"也可以报在"子孙"身上。

· 215 ·

结:"在中国,子女跟父母之间的关系是血浓于水的血缘关系,而且你身上所有的东西都是父母遗留给你的,你的生命就是父母的遗留。在这种生命观念中,'父债子还'就顺理成章了。"① 实际上,《太平经》中所言及的"承负"说可以与楼宇烈的上述连结比而观之:"力行善反得恶者,是承负先人之过,流灾前后积来害此人也。其行恶反得善者,是先人深有积畜大功,来流及此人也。"② 既然父债子还顺理成章、承负先人之过理所应当,那么,向仇人的后代寻仇就不乏观念上的诱因了。这一诱因至迟在《周易》提出"积善之家,必有余庆;积不善之家,必有余殃"③ 时即已存在,且很早就开始发挥作用,例如,西周厉王时,国人因厉王暴虐侈傲,便进行暴动,厉王逃跑后,其子宣王便成了报复对象——"宣王在邵公之宫,国人围之。"④ 需要说明的是,当时宣王并未即位,并不存在报复能力,且其即位后也并未对国人进行报复,国人之所以向其寻仇,更多的是把他看成厉王的替代品。另如发生在西汉、东汉的三则事例也可以说明这一点:

> 顷之,宣帝崩。元帝初即位……敞(张敞)所诛杀太原吏,吏家怨敞,随至杜陵刺杀敞中子璜。⑤
> 公孙(公孙述)僭号,使使聘之。皓(王皓)乃自刎,以头付使者。述(公孙述)惭怒,诛其妻子。⑥
> (苏不韦)傍达暠(苏不韦仇人李暠)之寝室,出其床下。值暠在厕,因杀其妾并及小儿,留书而去。……不韦知暠有备,乃日夜飞驰,径到魏郡,掘其父阜(李阜)冢,断取阜头,以祭父坟。⑦

应该说,张敞之子张璜、王皓之妻及子、李暠之妾及小儿特别是李暠之父李阜之尸首是没有任何报复能力的,之所以或被戮或被僇,乃是被当成了一种怨恨的替代品。这种报怨的思维方式可以这样表述,我可能报复不了你,但我可以报复和你有关且弱于你的人或事物。需要指出的是,这

---

① 楼宇烈:《中国传统文化的当代意义》,载东北师范大学党委宣传部主编《文蕴东师·论谈》,吉林人民出版社2009年版,第284页。
② 《太平经》卷18—34《解承负诀》,第22页。
③ 《周易·坤文言》,第19页上栏。
④ 《国语·周语上》,第4页。
⑤ 《汉书》卷76《赵尹韩张两王传》,第3226页。
⑥ 《华阳国志》卷10上《先贤士女总赞》,齐鲁书社2010年版,第137页。
⑦ 《后汉书》卷31《郭杜孔张廉王苏羊贾陆列传》,第1108页。

种报怨的思维方式并不独见于古代中国,甚至并不独见于人类社会。例如,美国当代著名历史学家、普林斯顿大学教授罗伯特·达恩顿对发生在18世纪30年代巴黎的圣塞佛伦街印刷所的屠猫事件这样分析道:"杀猫之举表达了全体工人普遍对于资产阶级所怀的恨意:'师傅爱猫,于是工人恨猫。'"① 另如,研究人员迈克尔·E. 麦卡洛指出:

> 日本猴有着严格的对下属具有威慑力的统治等级区分。地位低的个体在受到伤害之时,往往不会直接找地位比它高的个体复仇。一些灵长类动物学家猜测,其寻仇方式或许是攻击迫害者的亲属,而不是直接攻击迫害者。
>
> 别低估我伤害你的能力。或许你强过我,但是,我强过你的儿女、侄子、侄女,并且我知道如何在你对此无能为力之时逮住他们。日本猴在实施复仇(尽管是错位的)之时,通过展示其施暴能力以力图阻止再次成为受害者。这与人类何其相似。②

综上所述,向仇人后代报复,固然与"后代是生命的延续"这一诱因有关,但这一行为本身也是一种迁怒的表现。迁怒这一行为,意味着报怨范围的扩大化,在分寸上也可以用"甚"字来形容。例如:

> 初,曹操父嵩避难琅邪,时谦别将守阴平,士卒利嵩财宝,遂袭杀之。初平四年,曹操击谦,破彭城傅阳。谦退保郯,操攻之不能克,乃还。过拔取虑、睢陵、夏丘,皆屠之。凡杀男女数十万人,鸡犬无余,泗水为之不流,自是五县城保,无复行迹。③

甚矣,曹操之复父仇!曹操报父仇本无可厚非,但因此迁怒于无辜之百姓,则难免后世的口诛笔伐。类似地,秦惠王因怨恨商鞅就怨恨同为辩士的苏秦④,齐王因怨恨苏秦就怨恨苏秦的弟弟苏厉⑤,刘邦因怨恨雍齿就

---

① [美]罗伯特·达恩顿:《屠猫狂欢:法国文化史钩沉》,吕健忠译,商务印书馆2014年版,第101页。
② [美]迈克尔·E. 麦卡洛:《超越复仇》,陈燕、阮航译,中国人民大学出版社2013年版,第72—73页。
③ 《后汉书》卷73《刘虞公孙瓒陶谦列传》,第2367页。
④ 《史记》卷69《苏秦列传》,第2242页。
⑤ 《战国策·燕策一》,第289页。

延后封赏与雍齿相善的王陵①，段颎因怨恨张奂就怨恨张奂的朋友苏不韦②，这些行为都属于一种迁怒行为。而被迁怒之人往往以怨恨对象的亲属为主，族诛一制似可证之，例如：

> 莽（王莽）尽坏义（翟义）第宅，污池之。发父方进（翟方进）及先祖冢在汝南者，烧其棺柩，夷灭三族，诛及种嗣，至皆同坑，以棘五毒并葬之。③

而亲属之中，尤以怨恨对象的后代为主，上文"诛及种嗣"一句即有体现，而个中缘由如前所论。

"除恶务尽"这种报怨行为在分寸把握上并不适当，故而从先秦至两汉，反对的声音屡现迭出。

《左传》中的臾骈引《前志》之言称：

> 敌惠敌怨，不在后嗣。④

《公羊传》称：

> 九世犹可以复雠乎？虽百世可也。家亦可乎？曰："不可！"⑤
> 君子……恶恶也短。恶恶止其身。⑥
> 复雠不除害。⑦

《盐铁论》中的文学称：

> 闻恶恶止其人，疾始而诛首恶，未闻什伍而相坐也。⑧

何休注"复雠不除害"一句时称：

---

① 《汉书》卷40《张陈王周传》，第2047页。
② 《后汉书》卷31《郭杜孔张廉王苏羊贾陆列传》，第1109页。
③ 《汉书》卷84《翟方进传》，第3439页。
④ 《左传·文公六年》，第1845页上栏。
⑤ 《公羊传·庄公四年》，第2226页中栏。
⑥ 《公羊传·昭公二十年》，第2325页上栏。
⑦ 《公羊传·定公四年》，第2337页下栏。
⑧ 《盐铁论·周秦》，第585页。

取仇身而已，不得兼仇子复将恐害己而杀之。①

许慎引古《周礼》称：

> 复雠可尽五世之内。五世之外，施之于己则无义，施之于彼则无罪。所复者惟谓杀者之身，及在被杀者子孙，可尽五世得复之。②

需要说明的是，百世之仇为国仇，其与家仇之区别不可混淆。就家仇而言，则不可向仇人之后代报复。而就迁怒这一行为而言，孔子、子贡的两则表述值得注意：

> （孔子曰）有颜回者好学，不迁怒，不贰过。③
> （子贡曰）不迁怒，不探怨，不录旧罪，是冉雍之行也。④

上述材料意味着对"除恶务尽"这一行为的贬斥，因之，"除恶务尽"这一报怨行为在分寸上不符合直的规范。

其次来看"食肉寝皮"。

所谓"食肉寝皮"，亦可称"刑尸泄愤"，即是指在杀死仇敌后，对仇敌的尸身进行僇辱。这种残忍的行为从先秦至两汉，代不乏见：

周武王伐商后，便：

> 斩纣头，悬之［大］白旗。⑤

《新书》就纣王被僇尸一事，亦载：

> 纣之官卫舆纣之躯，弃之玉门之外。民之观者皆进蹴之，蹈其腹，蹶其肾，践其肺，履其肝。周武王乃使人帷而守之。……夫势为

---

① 《公羊传·定公四年》，第 2337 页下栏。
② （清）陈寿祺：《五经异义疏证》，上海古籍出版社 2012 年版，第 206—207 页。
③ 《论语·雍也》，第 365 页。
④ 《大戴礼记·卫将军文子》，第 108 页。
⑤ 《史记》卷 3《殷本纪》，第 108 页。笔者以为，仅斩首，并不算辱尸，而悬之白旗一举，用辱尸来形容，似不为过。

民主，直与民为仇，殃咎若此！①

伍子胥对待仇人楚平王：

  掘楚平王墓，出其尸，鞭之三百，然后已。②

赵襄子对待仇人智伯：

  漆其头为饮器。③

西汉时，匈奴对待仇敌月氏王：

  以其头为饮器。④

西汉时，诛杀盗贼甚多的官吏尹齐在病死后，其仇家便：

  欲烧其尸。⑤

新朝末年，军人、百姓对待王莽的尸身：

  军人分裂莽（王莽）身，支节肌骨脔分，争相杀者数十人。……传莽首诣更始，悬宛市，百姓共提击之，或切食其舌。⑥

东汉初年，赤眉军对待吕后的尸身：

  赤眉贪财物，复出大掠。……至阳城、番须中，逢大雪，坑谷皆满，士多冻死，乃复还，发掘诸陵，取其宝货，遂污辱吕后尸，凡贼

---

① 《新书·连语》，第197—198页。
② 《史记》卷66《伍子胥列传》，第2176页。
③ 《史记》卷86《刺客列传》，第2519页。
④ 《汉书》卷61《张骞李广利传》，第2687页。
⑤ 《汉书》卷90《酷吏传》，第3689页。
⑥ 《汉书》卷99下《王莽传下》，第4191—4192页。

所发，有玉匣殓者率皆如生，故赤眉得多行淫秽。①

关于赤眉军僇辱吕后尸体的原因，日本学者鹤间和幸的一则意见可资参酌：

> 赤眉军并非偶然发现吕后尸体。他们明显是有目的地盗掘吕后陵的。因为赤眉集团所信仰的城阳景王祠，正是吕太后的仇敌。城阳景王乃高祖的孙子刘章，是位在宴会上公然抨击吕太后一族专朝的人物。
> 进入长安的赤眉军于公元26年放火烧毁长安城，盗掘了西汉皇帝陵甚至发生了凌辱吕后尸体的事件，也许可以理解为出于感怀城阳景王刘章的泄愤之举吧。②

东汉时，司隶校尉李暠在其仇敌苏谦私至洛阳后，便：

> 收谦（苏谦）诘掠，死狱中……又因刑其尸，以报昔怨。③

东汉末年，董卓在被吕布杀死后，其尸体的遭遇为：

> 乃尸卓（董卓）于市。天时始热，卓素充肥，脂流于地。守尸吏然火置卓脐中，光明达曙，如是积日。④

检视上述材料可知，僇辱仇人尸体这一行为贯穿先秦两汉时段的始终。正如王立所说："借助于复仇形式的残忍，对已经丧失生命的仇人的作践，复仇者伸冤泄愤的情绪冲动的确得到了充分的派遣，怨愤之怀得到了补偿平衡，胜利的炫耀中还使自尊心、好胜心乃至兽性、野性得到了相当程度的满足宣泄……中国古人对超出分寸的复仇，有一种相当明显的热衷追求倾向，这种倾向延续的时间非常持久。"⑤ 在王立看来，"复仇逻辑

---

① 《后汉书》卷11《刘玄刘盆子列传》，第483—484页。
② ［日］鹤间和幸：《始皇帝的遗产：秦汉帝国》，马彪译，广西师范大学出版社2014年版，第176、363页。
③ 《后汉书》卷31《郭杜孔张廉王苏羊贾陆列传》，第1107页。
④ 《后汉书》卷72《董卓列传》，第2332页。
⑤ 王立：《中国古代复仇文学主题》，东北师范大学出版社1998年版，第190页。

中正义伦理所激发的情感化趋向,使复仇火焰在人们心中熊熊燃烧,报复的手段是残忍而多样化的。不用说,这种非理智的野蛮行为通常是不受任何谴责的"①,王立进一步指出:"在古代中国,类似像伍子胥鞭尸楚王平报父兄大仇的,并未受到什么责难。……众多有仇必报、刑尸泄愤等故事在古代中国每被广为流播大加渲染,而缺少对复仇的必要性、分寸手段的反思深省。"②

上文共征引了王立的三则议论,笔者认同第一则议论,这则议论指明僇尸这一报怨行为具有情感宣泄的功效与"长时段"的特征,应该承认,这一把握是十分精当而准确的。但笔者认为,王立的后两则议论,还可以进一步商榷与探讨。"伍子胥鞭尸楚平王报父兄大仇",果真如王立所说"并未受到什么责难"吗?答案显然是否定的。在此事刚刚发生后,申包胥就马上明确表达了对伍子胥的"责难":"子之报仇,其以甚乎!吾闻之,人众者胜天,天定亦能破人。今子故平王之臣,亲北面而事之,今至于僇死人,此岂其无天道之极乎!"③ 可以看出,申包胥对伍子胥"责难"的重点正在于"僇尸"这一行为。王立认为,刑尸泄愤从丧悼文化上讲是说不通的,但从复仇逻辑上来讲则是说得通的。④ 但按照申包胥的"责难",这从复仇逻辑上来讲,也是说不通的,因为没有把握好报怨的分寸——"子之报仇,其以甚乎!"尽管《越绝书》曾这样来为伍子胥辩护:

> 问曰:"笞墓何名乎?""子之复仇,臣之讨贼,至诚感天,矫枉过直。乳狗哺虎,不计祸福;大道不诛,诛首恶。子胥笞墓不究也。"⑤

但即便如此,《越绝书》的作者也坦承伍子胥的报怨行为是"矫枉过直"。这恰恰说明了伍子胥没有把握好报怨分寸,其行为并不完全符合直的规范。

实际上,对伍子胥鞭尸一行表示否定的,并不只申包胥一人。例如,扬雄也表达过反对意见:

---

① 王立:《中国古代复仇文学主题》,东北师范大学出版社1998年版,第186页。王立在与刘若英合著的《传统复仇文学主题的文化阐释及中外比较研究》一书中继续沿用这一说法。(见王立、刘若英《传统复仇文学主题的文化阐释及中外比较研究》,北京师范大学出版社2011年版,第54页。)
② 同上书,第18页。
③ 《史记》卷66《伍子胥列传》,第2176页。
④ 王立:《中国古代复仇文学主题》,东北师范大学出版社1998年版,第404页。
⑤ 《越绝书》卷15《越绝篇叙外传记》,第385页。

胥（伍子胥）也，俾吴作乱，破楚人郢、鞭尸、藉馆，皆不由德。①

与伍子胥鞭尸复仇可以比而观之的是东汉苏不韦的掘墓复仇：

> 不韦（苏不韦）知暠（李暠）有备，乃日夜飞驰，径到魏郡，掘其父阜冢，断取阜头，以祭父坟，又标之于市曰"李君迁父头"。暠匿不敢言，而自上退位，归乡里，私掩塞冢椁。捕求不韦，历岁不能得，愤恚感伤，发病欧血死。②

此事发生后，最先招致的正是议者的众多"责难"：

> 士大夫多讥其发掘冢墓，归罪枯骨，不合古义。③

所谓"不合古义"，正可说明这种"责难"古已有之，由来已久了。尽管郭太这样来为苏不韦辩护：

> 分骸断首，以毒生者，使暠（李暠）怀忿结，不得其命，犹假手神灵以毙之也。力惟匹夫，功隆千乘，比之于员（伍子胥），不以优乎？④

但其更多的是从复仇目的的达成——"以毒生者"来立论，并没有明确对"分骸断首"这一行为本身表示肯定。从前文所述来看，郭太是颇为赞同孔子"人而不仁，疾之已甚，乱也"⑤ 这一主张的，范晔甚至这样评价郭太——"终亨时晦，徇徇善导，使士慕成名，虽墨、孟之徒，不能绝也"⑥，很难想象一位堪与兼爱之墨子相比肩的人物会鼓励人们去刑尸泄愤！事实上，不仅苏不韦掘墓、伍子胥鞭尸会引来众多的非议，即便是"周武王悬纣王首"这样看似"正义"的事件亦曾被讥之为分寸失当：

> 君子恶，不恶其身。纣尸赴于火中，所见凄怆，非徒色之觳觫，

---

① 《法言·重黎》，第330页。
② 《后汉书》卷31《郭杜孔张廉王苏羊贾陆列传》，第1108页。
③ 同上。
④ 同上书，第1108—1109页。
⑤ 《论语·泰伯》，第533页。
⑥ 《后汉书》卷68《郭符许列传》，第2231页。

祖之暴形也。就斩以钺，悬乎其首，何其忍哉！高祖入咸阳，阎乐诛二世，项羽杀子婴，高祖雍容入秦，不戮二尸。光武入长安，刘圣公已诛王莽，乘兵即害，不刃王莽之死。夫斩赴火之首，与贯被刃者之身，德虐孰大也？岂以羑里之恨哉！以人君拘人臣，其逆孰与秦夺周国，莽鸩平帝也？邹伯奇论桀、纣之恶不若亡秦，亡秦不若王莽。然则纣恶微而周诛之痛，秦、莽罪重而汉伐之轻，宽狭谁也？①

王充指出，纣的罪过较之秦朝及王莽而言，相对较轻，但周武王为报父亲文王"囚羑里"之仇竟至"悬纣王"首。在王充看来，周武王这一做法是心胸狭隘的表现，至少是有失分寸的。② 而这一分寸，借用王充的概括，就是"君子恶，不恶其身"。这一概括正可以看作对"刑尸泄愤"行为的一种"责难"。无独有偶，桓谭对王莽的僇尸暴行亦极力批判：

> 王翁（王莽）之残死人，无损于生人。生人恶之者，以残酷示之也。③

即便是后世的范晔在撰写《后汉书》时亦情不自禁地感慨道："阳球磔王甫之尸，张俭剖曹节之墓。若此之类，虽厌快众愤，亦云酷矣！"④ 一个"酷"字鲜明地传递出"磔尸剖墓"这一报怨行为，在分寸把握上是有所失当的。

需要说明的是，僇尸只是残忍化的报怨方式之一，举凡迫害、虐杀等野蛮行为均可归入此类。而此类行为在分寸把握上是可以称之为"甚"的，也往往会招致谴责，例如，吕后怨恨戚夫人，在赵翼看来，本无可厚非："盖嫉妒者，妇人之常情也。然其所最妒亦只戚夫人母子，以其先宠幸时几至于夺嫡，故高帝崩后即杀之。"⑤ 但吕后报怨行为过于残忍，她把

---

① 《论衡·恢国篇》，第 828 页。
② 与此相印证的是，王立曾引《新五代史·张全义传》中的一则材料："初，庄宗灭梁，欲掘梁太祖墓，斫棺戮尸，全义以谓梁虽仇敌，今已屠杀其家，足以报怨；剖棺之戮，非王者以大度示天下也。庄宗以为然，铲去墓阙而已。"并指出："对有着一定地位身分的复仇主体讲，这样做（引者按，即刑尸报复）仍不免被视为不够大度的表现。"（见王立《中国古代复仇文学主题》，东北师范大学出版社 1998 年版，第 406 页。）笔者认为，王立的这则议论，与笔者所要与其进行商榷的前两则议论有一定矛盾之处。
③ 《新论·言体篇》，第 14 页。
④ 《后汉书》卷 77《酷吏列传》，第 2488 页。
⑤ 《廿二史札记》卷 3《吕武不当并称》，第 39 页。

戚夫人迫害成手足俱断、眼盲、耳聋、口哑的"人彘",以致汉惠帝刘盈一见"人彘",便"大哭,因病,岁余不能起",他说:"此非人所为。臣为太后子,终不能复治天下!"① 这可以看作刘盈对吕后分寸失当的报怨行为的一种"责难"。

综上所述,在中国古代,至少在笔者所重点关注的先秦两汉时段,从两汉子书的相关表述来看,残忍的报复手段、非理智的野蛮行为,譬如刑尸泄愤,通常是要遭受谴责的,也并不乏对报怨的必要性、分寸手段的反思深省。王立所谓"非理智的野蛮行为通常是不受任何谴责的"这一论断稍嫌绝对,所谓"缺少对复仇的必要性、分寸手段的反思深省"这一论断也只能是"相对而言"。

需要我们反思的是,为什么在刑尸泄愤屡遭谴责、报怨分寸常被反思的情况下,食肉寝皮之类的事件还是屡现迭出呢?笔者认为,在认清上述事实的基础上,王立从情感宣泄、丧悼文化等角度提出的解答思路就颇值得我们珍视与参考。关于丧悼文化,李学勤的一则概括简洁明了:"在传统观念中,中国人最痛恨'偷坟掘墓'。在传统的刑法里,对挖坟的人都要处以最高刑罚。"② 偷坟掘墓的反面即是"泽及枯骨",这一行为常常能起到"暖心"之效,例如:

> 周文王作灵台,及为池沼,掘地得死人之骨,吏以闻于文王。文王曰:"更葬之。"吏曰:"此无主矣。"文王曰:"有天下者,天下之主也;有一国者,一国之主也。寡人固其主,又安求主?"遂令吏以衣棺更葬之。天下闻之,皆曰:"文王贤矣,泽及朽骨,又况于人乎?"或得宝以危国,文王得朽骨以喻其意,而天下归心焉。③

关于此事,桓谭亦评论道:

> 文王葬枯骨,无益于众庶,众庶悦之者,其恩义动人也。④

刘邦亦有与周文王一样的做法,收到的效果也相似:

---

① 《汉书》卷97上《外戚传上》,第3938页。
② 李学勤:《中国古代文明十讲》,复旦大学出版社2003年版,第6页。
③ 《新序·杂事五》,第664—666页。
④ 《新论·言体》,第14页。

汉王下令：军士不幸死者，吏为衣衾棺敛，转送其家。四方归心焉。①

与"泽及枯骨"这一恩惠能"暖"人"心"相对应的，正是"偷坟掘墓"这一行为能"寒"人"心"。田单曾利用这一点向作为敌人的燕军散布传言——"吾惧燕人掘吾城外冢墓。僇先人，可为寒心"，于是便促成了燕军的暴行——"尽掘垄墓，烧死人"，最终激发了齐军的斗志——"即墨人从城上望见，皆涕泣，俱欲出战，怒自十倍"。②仇敌越愤恨的，报怨的人为了宣泄情感便越要去做，丧悼文化的盛行正提供了一种宣泄的途径。《吴越春秋》中记载孙武与伍子胥的一则对话就很能说明问题：

孙武曰："吾以吴干戈西破楚，逐昭王而屠荆平王墓，割戮其尸，亦已足矣。"子胥曰："自霸王以来，未有人臣报仇如此者也。行去矣！"③

"亦已足矣""未有人臣报仇如此者"二句最能说明伍子胥是把"割戮其尸"这一行为看成一种宣泄情感的途径。亦由此可见，怨恨主体的情感是不可控的，一旦发泄起来，脑海中的所有规范会瞬间全部清零，关于这一点，笔者在本书第三章已有所论，此处不再赘述。

需要说明的是，笔者无意否认王立从情绪失控、丧悼文化角度对上述问题的所做出的尝试性解答，应该说，这些解答恰恰在"刑尸泄愤屡遭谴责、报怨分寸常被反思"这一前提下更显得深刻，然而，有没有约束与约束力强不强毕竟是两码事。总之，就"食肉寝皮"这种报怨行为而言，其在分寸的把握上是失当的，众多的非议亦表明其并不符合直的规范。

四

下面，笔者将从报怨的角度来讨论直这一规范。

朱熹《论语或问》曰："以直云者，不以私害公，不以曲胜直，当报则报，不当则止。"④ 笔者认为这一概括比较全面地从报怨的角度诠释出了直规范的大致内容。笔者认为，这一规范的内容可以分为两个层次，第一

---

① 《汉书》卷1上《高帝纪上》，第46页。
② 《史记》卷82《田单列传》，第2454页。
③ 《吴越春秋》卷4《阖闾内传》，第64页。
④ 程树德：《论语集释》，中华书局1990年版，第1017页。

第四章 报与直:怨恨实施的观念基础与规范原则

个层次为"不当则止",就是在公义面前,要尽量辟除私怨;第二个层次为"当报则报",但即便如此,也要做到"不以私害公"。

首先来看第一个层次。笔者认为,齐桓公不计管仲前仇却委以重任堪称是"辟除私怨"的一个典例,当时鲍叔牙正是以"贤君无私怨"一语来劝谏齐桓公。① 人臣各为其主,管仲射中齐桓公带钩正是对公子纠忠心的一种表现,从这一角度来讲,管仲是在行公事,其对齐桓公本人也无私怨,所以也能使齐桓公对其无私怨。齐桓公对管仲辟除私怨一事,应该说,为后世提供了一个群相师法楷模,奉晋惠公之命追杀重耳的宦者履鞮正是引用齐桓公赦管仲一事来为自己辩护:

> 臣刀锯之馀,不敢以二心事君倍主,故得罪于君。……管仲射钩,桓公已霸。今刑馀之人以事告而君不见,祸又且及矣。②

从最终结果来看,晋文公没有计较宦者履鞮的"斩袪"之仇。类似地,汉高祖刘邦赦免"数窘"于己的季布、赦免劝说韩信造反的蒯通也都是基于同样的缘由:

> (朱家曰)季布何罪?臣各为其主用,职耳。项氏臣岂可尽诛邪?今上始得天下,而以私怨求一人,何示不广也?③

> (蒯通曰)狗各吠非其主。当彼时,臣独知齐王韩信,非知陛下也。且秦失其鹿,天下共逐之,高材者先得。天下匈匈,争欲为陛下所为,顾力不能,可殚诛邪!④

不宁唯是,令读史之人倍感困惑的"项羽赦章邯"一事似也可以从"辟除私怨"这一角度来理解。

史载:

> 梁(项梁)尝有栎阳逮,请蕲狱掾曹咎书抵栎阳狱史司马欣,以故事皆已。
>
> 秦果悉起兵益章邯,夜衔枚击楚,大破之定陶,梁(项梁)死。

---

① 《列子·力命》,第 197 页。
② 《史记》卷 39《晋世家》,第 1661 页。
③ 《汉书》卷 37《季布栾布田叔传》,第 1975 页。
④ 《汉书》卷 45《蒯伍江息夫传》,第 2165 页。

> 邯（章邯）使使见羽（项羽），欲约。羽召军吏谋曰："粮少，欲听其约。"军吏皆曰："善。"羽乃与盟洹水南殷虚上。已盟，章邯见羽流涕，为言赵高。羽乃立章邯为雍王，置军中。使长史欣（司马欣）为上将，将秦军行前。①

为什么以残暴著称的项羽会放过有杀叔之仇的章邯？史书未置一词。由引文来看，可以成立的破解思路计有两点，一是形势需要——"粮少，欲听其约"，二是人情需要——与项氏有交情的司马欣的作用。但笔者认为，形势需要只能缓冲仇恨，人情需要只能减轻仇恨，唯有对"辟除私怨"这一规范的认同才能真正消解仇恨。

饶有兴味的是，成书于明代的《西汉演义》正是从"辟除私怨"这一角度对"项羽赦章邯"一事进行了精彩的演绎与铺陈：

> 羽（项羽）大怒，拍案大呼曰："邯（章邯）杀吾季父，千载之恨，百世之仇，正欲砍首以为溺器，方可泄吾之恨，岂容其归附于吾左右耶？"陈稀冷笑不止。羽益怒曰："汝冷笑，欲试吾宝剑耶？"稀曰："吾笑将军所为者小，所失者大也。且大丈夫为国忘家，用贤略仇。彼邯之行兵，乃各为其主耳，此人臣之忠，而智者所必取也。将军何拘滞于心，而示人以不广耶？"范增曰："且令陈稀暂在帐外管待，某有一言以告将军。"羽呼稀曰："汝权且暂出帐外酒饭，容吾思之。"稀遂出帐，羽令人管待不题。增乃进言曰："公威势甚大，而持兵日久，不得入关者，以其有章邯为之藩篱也。今邯为二世赵高疑忌，欲遣使赐死，逼迫甚急，以致邯进无所往，退无所归，两难之际，不得已而仰附于将军。诚使将军不念旧仇，抚之以恩，结之以义，连属其心，而俯纳之，彼必感恩图报，虽蹈汤赴火，而卒为将军用也。且秦之所恃者，邯也；苟邯去，则藩篱撤，而国无所倚重矣。盖国无主将，是谓无国。将军乘其虚，而鼓兵以进，破秦如建瓴之易耳。今苟舍此，拒而不纳，使邯据兵以投他国，结连为援，以图大事，是秦未亡，而又增一秦矣。古人云'三军易得，一将难求。天与不取，反受其咎。'将军宜舍私仇，速赐刚断，忘小仇而成大谋，天下之豪杰也。"羽闻增言，遂悟曰："军师之言，诚确论也。"即召陈稀上帐曰："吾熟思子之言，始恨章邯有杀季父仇，本不容降，但以

---

① 《汉书》卷31《陈胜项籍传》，第1796、1801、1807页。

第四章 报与直:怨恨实施的观念基础与规范原则

国家用人,不怀旧恨;季父之仇,一人之私也,国家用人,天下之公也,岂可区区以报仇为念,而忘用人之大公乎?如邟果有实心向我,姑免旧怨,准彼来降。就传吾言,可速斩秦使,统领本部人马,赴漳南来见。如能建立功勋,他日灭秦之后,富贵当与共之。"①

尽管《西汉演义》是小说家言,未可取信,但从上文所引齐桓公、晋文公、刘邦诸例来看,小说的铺陈不失思想史层面的真实性。与此相类,"刘秀赦朱鲔"一事亦可作如是观,史载:

鲔(朱鲔)曰:"大司徒(刘秀之兄,刘伯升)被害时,鲔与其谋,又谏更始无遣萧王北伐,诚自知罪深。"彭(岑彭)还,具言于帝(刘秀)。帝曰:"夫建大事者,不忌小怨。鲔今若降,官爵可保,况诛罚乎?河水在此,吾不食言。"
(刘秀)拜鲔为平狄将军,封扶沟侯。鲔,淮阳人,后为少府,传封累代。②

刘秀所谓"大事"即是"公义",所谓"小怨"即是"私怨"。对于这一点,王夫之论之甚详:

鲔(朱鲔)起于平林,先光武以举事,与伯升未有交也;奉更始而为更始谋杀伯升者,亦范增之愚忠耳。……于事君之义,立身之耻,殆庶几焉。藉令光武以怨轶(李轶)者怨鲔而拒戮之,则以私怨而废天下之公,且将奖人臣之操异志以介从违,而何以劝忠乎?子曰:"以直报怨。"直者,理而已矣,于轶何可忘,而于鲔何容芥蒂也。③

可见,王夫之不仅指出刘秀的做法是"不以私怨废天下之公",而且还将这一点与"以直报怨"进行连结,这在某种程度上亦说明了笔者从报怨领域这一角度来探讨直这一规范具有一定的合理性与必要性。

事实上,按照直这一规范的要求,不仅仅是"上位角色"对"下位角色"要辟除私怨,"下位角色"对"上位角色",以及"等位角色"彼此

---

① (清)清远道人、(明)甄伟编:《东西汉演义》,华夏出版社1995年版,第230—231页。
② 《后汉书》卷17《冯岑贾列传》,第665页。
③ 《读通鉴论》卷6《光武》,第130—131页。

之间都要辟除私怨。

就"下位角色"对"上位角色"而言,《公羊传》明确指出:"父不受诛,子复仇可也。父受诛,子复雠,推刃之道也。"① 也就是说,即便是"父仇"这样的不共戴天之仇,若父亲因公事被杀,子是不可以复仇的。例如,舜因鲧治水不力,将其诛杀,禹并没有因此向舜寻仇。② 而东汉的段颎正是立足于这一逻辑,对为父报仇的苏不韦发难:"追咎不韦(苏不韦)前报暠(李暠)事,以为暠表治谦(苏谦)事,被报见诛,君命天也,而不韦仇之。"③

就"等位角色"彼此之间而言,墨子的一则议论值得注意:"守入临城,必谨问父老、吏大夫,请有怨仇雠不相解者,召其人。明白为之解之,守必自异其人而藉之,孤之,有以私怨害城若吏事者,父母、妻子皆断。"④ 简言之,墨子的中心意思是在公义面前,"等位角色"彼此之间要辟除私怨。因公义而辟除私怨的例子首推蔺相如之于廉颇,蔺相如"先国家之急而后私仇"的处世原则终使其与廉颇化敌为友。⑤ 无独有偶,东汉初年的寇恂正是奉蔺相如的处世原则为圭臬来对待仇敌贾复:"昔蔺相如不畏秦王而屈于廉颇者,为国也。区区之赵,尚有此义,吾安可以忘之乎?"与廉颇、蔺相如类似,寇恂与贾复最终也是"并坐极欢,遂共车同出,结友而去"。⑥ 饶有兴味的是,东汉末年公孙瓒又引用寇恂、贾复和解的典故来与袁绍讲和:"昔贾复、寇恂争相危害,遇世祖解纷,遂同舆并出。衅难既释,时人美之。"最终,袁绍也"引军南还"。⑦ 从蔺相如之于廉颇到寇恂之于贾复再到公孙瓒之于袁绍,我们直接而形象地发现"辟除私怨"这一观念的历史传承。

其次,辟除私怨有时只是一种理想化的追求,想要彻底辟除是不太符合人之常情的。这时,若能做到不以私害公,也可以看作符合直的规范。这种情况常常体现在人才举荐上,孔子将其规范为一种原则,即是"外举不避怨"⑧,体现这一原则的事件从先秦至两汉屡现迭出:

---

① 《公羊传·定公四年》,第 2337 页下栏。
② 《史记》卷 2《夏本纪》,第 50 页。
③ 《后汉书》卷 31《郭杜孔张廉王苏羊贾陆列传》,第 1109 页。
④ 《墨子·号令》,第 606—607 页。
⑤ 参见《史记》卷 81《廉颇蔺相如列传》,第 2443 页。
⑥ 《后汉书》卷 16《邓寇列传》,第 623—624 页。
⑦ 《后汉书》卷 74 上《袁绍刘表列传上》,第 2381 页。
⑧ 《礼记·儒行》,第 1670 页中栏。

第四章 报与直：怨恨实施的观念基础与规范原则

范氏之臣王生，恶张柳朔，言诸昭子，使为柏人。昭子曰："夫非而仇乎？"对曰："私仇不及公，好不废过，恶不去善，义之经也，臣敢违之。"①

祁奚请老，晋侯问嗣焉，称解狐，其仇也。②

初，伯乐与尹铎有怨，以其赏如伯乐氏，曰："子免吾死，敢不归禄！"辞曰："吾为主图，非为子也。怨若怨焉。"③

解狐荐其雠于简主以为相，其雠以为且幸释己也，乃因往拜谢。狐乃引弓迎而射之，曰："夫荐汝公也，以汝能当之也；夫雠汝吾私怨也，不以私怨汝之故拥汝于吾君。"故私怨不入公门。④

魏文侯问于解狐曰："寡人将立西河之守，谁可用者？"解狐对曰："荆伯柳者贤人，殆可。"文侯曰："是非子之仇也？"对曰："君问可，非问仇也。"……荆伯柳往见解狐而谢之……解狐曰："言子者公也，怨子者私也。公事已行，怨子如故。"⑤

高祖崩，何（萧何）事惠帝。何病，上亲自临视何疾，因问曰："君即百岁后，谁可代君？"对曰："知臣莫如主。"帝曰："曹参何如？"何顿首曰："帝得之矣，何死不恨矣！"……始参微时，与萧何善，及为宰相，有隙。至何且死，所推贤唯参。⑥

盖勋字元固，敦煌广至人也。家世二千石。初举孝廉，为汉阳长史。时武威太守倚恃权势，恣行贪横，从事武都苏正和案致其罪。凉州刺史梁鹄畏惧贵戚，欲杀正和以免其负，乃访之于勋。勋素与正和有仇，或劝勋可因此报隙。勋曰："不可。谋事杀良，非忠也；乘人之危，非仁也。"乃谏鹄曰："夫绁食鹰鸢欲其鸷，鸷而亨之，将何用哉？"鹄从其言。正和喜于得免，而诣勋求谢。勋不见，曰："吾为梁使君谋，不为苏正和也。"怨之如初。⑦

王元仕郡为主簿，在朝正色，举善不避仇怨。⑧

需要说明的是，东汉的盖勋虽然没有举荐仇人苏正和，但却并没有公

---

① 《左传·哀公五年》，第 2159 页上栏。
② 《左传·襄公三年》，第 1930 页中栏。
③ 《国语·晋语九》，第 142 页。
④ 《韩非子·外储说左下》，第 331 页。
⑤ 《韩诗外传》卷 9《第十一章》，第 315—316 页。
⑥ 《汉书》卷 39《萧何曹参传》，第 2012、2019 页。
⑦ 《后汉书》卷 58《虞傅盖臧列传》，第 1879 页。
⑧ （清）王文台辑：《七家后汉书》，河北人民出版社 1987 年版，第 282 页。

报私仇，可以与上述事例比而观之。值得注意的是，上述材料中的怨恨主体并没有辟除掉对仇人的私怨，"怨若怨焉""怨子如故""怨之如初"等文句的强调一再说明这一点，但怨恨主体并没有因为私怨的存在而妨碍公事，可以说，材料中怨恨主体之行当得上"不以私害公"这样的评价。

正如上述材料所说明的那样，不以私害公除了表现在"外举不避仇"上之外，还表现在不公报私仇上。《说苑》中有这样一则材料：

> 吴王阖庐为伍子胥兴师，复仇于楚。子胥谏曰："诸侯不为匹夫兴师。且事君犹事父也，亏君之义，复父之仇，臣不为也。"于是止。其后因事而后复其父仇也。如子胥可谓不以公事趋私矣。①

可见，刘向对伍子胥的肯定正在于其不以私害公。实际上，除了《说苑》一书，此事在先秦两汉典籍中被广为记载，仅就笔者目力所及，至少《公羊传》《谷梁传》《左传》《史记》《越绝书》《吴越春秋》等六部典籍都言及此事。② 值得注意的是，在《说苑》《公羊传》《谷梁传》《越绝书》《吴越春秋》诸书中，强调不以私害公的是伍子胥，在《左传》《史记》中，强调不以私害公的是公子光。陈恩林就曾指出，"'亏君之义，复父之仇，臣不为也'，这不是伍员的思想，而是《公羊传》的思想。"③ 笔者无意考证，究竟是伍子胥还是公子光强调了"不以私害公"这一观念，笔者只是想指出，这一观念从先秦至两汉是颇被重视和认可的。可以为此提供旁证的，是西汉韩安国的一则议论："夫圣人以天下为度者也，不以己私怨伤天下之功。"④

笔者在上文指出辟除私怨有时只是一种理想化的追求，但事实上，验诸史籍，不以私害公又何尝不具有理想化的特质？正是因为以私害公的例子数不胜数，上述不以私害公的事迹才会被大书特书。与伍子胥不以私害公例子可相对比的是发生在西汉时期的一件事："吴王子驹（刘驹）亡走闽粤，怨东瓯杀其父，常劝闽粤击东瓯。"⑤ 不宁唯是，本节第二小节所言及的谗毁这一报怨方式，亦可以看作以私害公的表现。谗毁毕竟还是侧重

---

① 《说苑·至公》，第361页。
② 参见《公羊传·定公四年》、《谷梁传·定公四年》、《左传·昭公二十年》、《史记》卷31《吴太伯世家》、《越绝书》卷3《越绝吴内传》、《吴越春秋》卷3《王僚使公子光内传》。
③ 陈恩林：《逸斋先秦史论文集》，吉林文史出版社2010年版，第154页。
④ 《汉书》卷52《窦田灌韩传》，第2400页。
⑤ 《汉书》卷95《西南夷两粤朝鲜传》，第3860页。

于借助第三方力量报复的一种形式,而假公济私的报怨主体常常凭借自己的特权就能名正言顺地公报私仇,例如,西汉武帝时期的酷吏周阳由,"所爱者,挠法活之;所憎者,曲法灭之"。[1] 又如,王莽,"附顺者拔擢,忤恨者诛灭"。[2] 又如,东汉的宦官,"其阿谀取容者,则因公褒举,以报私惠;有忤逆于心者,必求事中伤,肆其凶忿"。[3] 然而,最典型也是最极端的例子,莫过于发生在东汉时期的党锢之祸:"自此诸为怨隙者,因相陷害,睚眦之忿,滥入党中。又州郡承旨,或有未尝交关,亦离祸毒。其死徙废禁者,六七百人。"[4]

总结上文,本小节所论及的报怨领域中的"公",上一小节所论及的报怨分寸的"当",以及前一小节所论及的报怨方式的"正",都是所谓"以直报怨"中的直规范的具体组成部分。但不正的报怨方式、"甚矣"的报怨分寸、以私害公的报怨行为却屡屡出现,呈现为一种"常态"。这种"常态"的呈现是对直规范的莫大嘲讽,但并不能说明直规范本身没有意义,或许,正因为如此,直规范更值得我们倍加珍视。当然,对于其在约束上的乏力,我们也应给予基本的注意。正如周天游所说:"对于没有受过儒学教育的平民,以及权贵和恶霸来说,这些道义原则是毫无意义和愚蠢的,所以它不具有任何的约束力。"[5] 看来,对于怨恨这一心理及行为,仅仅用"直"这一抽象的原则来规范是远远不够的。在古人看来,对于他生型怨恨而言,要去体察、消除和控制;对于自生型怨恨而言,要去调节、疏导和治疗。

---

[1] 《汉书》卷90《酷吏传》,第3650页。
[2] 《汉书》卷99上《王莽传上》,第4045页。
[3] 《后汉书》卷54《杨震列传》,第1774页。
[4] 《后汉书》卷67《党锢列传》,第2188页。
[5] 周天游:《古代复仇面面观》,陕西人民教育出版社1992年版,第44页。

第五章 怨恨的体察、消除与控制

第一节 体察怨恨的途径：下情上达

一

本书第一章指出，怨恨是主体受到客体刺激之后心情的一种委屈不平的抑郁状态，这种抑郁状态潜伏着敌意与报复欲，这种敌意与报复欲催动怨恨付诸实施，即怨恨主体对怨恨对象实施报怨行为。本书的第二章和第三章主要是从多角度省察古代中国生怨的逻辑，本书第四章主要探讨古代中国报怨的观念基础和规范原则。需要指出的是，从生怨到报怨这一逻辑递进中，存在一个怨恨的隐忍期。隐忍意味着怨恨的隐藏与主体的忍耐，这体现了怨恨的隐蔽性与顽固性，《夏书》中"怨岂在明，不见是图"[1]及《诗经》里"中心藏之，何日忘之"[2] 等文句颇可用来形容怨恨的上述特征。典例如《吴越春秋》中，越王勾践表面事吴，讨好夫差，其实却"怨吴，深于骨髓"。甚至子贡对这一做法都曾表示过认同："有报人之意而使人知之，殆也。"[3] 如西汉的杜周，"少言重迟，而内深次骨"[4]，又如东汉的董卓之于朱俊，"外甚亲纳而心实忌之"。[5] 由此可见，在古代中国，人与人在交往时，表面上的一团和气有时只是一种策略，一种遮盖，一种掩藏，一种假象，暗地里的切齿痛恨才是最终的目的，才是本心，才是实情，才是真相。不宁唯是，怨恨从隐忍到实施是有一个渐进的过程的，在

---

[1] 《国语·晋语九》，第 145 页。
[2] 《诗经·小雅·鱼藻之什·隰桑》，第 495 页下栏。
[3] 《吴越春秋》卷 5《夫差内传》，第 74、75 页。
[4] 《汉书》卷 60《杜周传》，第 2659 页。
[5] 《后汉书》卷 71《皇甫嵩朱俊列传》，第 2311 页。

第五章　怨恨的体察、消除与控制

这一渐进的过程中，如果怨恨对象没有及时体察怨恨主体对自己的怨恨，很有可能会继续刺激主体，使主体的怨恨变得更加彻骨。《周书》中"怨不在大，亦不在小"① 及《老子》中"和大怨，必有余怨，安可以为善？"② 等文句均表达了对"小怨"的警惕，而究其缘由，正在于"小怨"极有可能演变为"大怨"，《淮南子》中所谓"壹恨不足以成非，积恨而成怨"③ 道出了一定的历史事实，而对这一点阐发得较为透彻的当推西汉的扬雄，他在《太玄》中写道：

次六：闵而绵而，作大元而，小人不戒。测曰：闵绵之戒，不识微也。④

宋代的司马光注曰：

六在敛家，过中而当夜，敛怨者也。怨始于小而至于大，小人不戒，故怨及之而不自知也。⑤

郑万耕注曰：

闵，伤怨。……此句意谓：贪敛之事，小而至大，民之哀怨，微而渐长，小人不知戒惧，必至祸端。⑥

由司马光、郑万耕的注释可知，扬雄的意思是说，如果对"小怨"不加以及时体察，势必会遭受祸殃。扬雄"大失小，祸由微"⑦ 的思想可谓与此相类。

正是出于对怨情滋长会产生祸乱的恐惧，先秦两汉诸子一再强调，要"在乱事刚刚萌芽时就采取适当措施"，将怨恨消灭在初始状态。

老子称：

---

① 《国语·晋语九》，第 145 页。
② 《老子·七十九章》，第 188 页。
③ 《淮南子·缪称训》，第 754 页。
④ 《太玄·敛》，第 73 页。
⑤ 同上。
⑥ 郑万耕：《太玄校释》，中华书局 2014 年版，第 108—109 页。
⑦ 《太玄·大》，第 94 页。

为之于未有，治之于未乱。①

孔子称：

恶不积不足以灭身。……小人……以小恶为无伤而弗去也，故恶积而不可掩，罪大而不可解。②

《管子》称：

唯有道者，能备患于未形也，故祸不萌。③

河上公注《老子》"为之于未有，治之于未乱"一句时称：

欲有所为，当于未有萌芽之时，［豫］塞其端也。
治身治国，［当］于未乱之时，豫闭其门也。④

贾谊称：

当夫轻始而傲微，则其流而令于大乱也，是故子民者谨焉。⑤

司马相如称：

明者远见于未萌，而知者避危于无形，祸固多藏于隐微而发于人之所忽者也。⑥

《盐铁论》中的文学称：

---

① 《老子·六十四章》，第 165 页。
② 《周易·系辞下》，第 88 页上、中。
③ 《管子·牧民》，第 17 页。
④ 《老子道德经河上公章句》卷 4《守微》，第 249 页。
⑤ 《新书·审微》，第 73 页。
⑥ 《汉书》卷 57 下《司马相如传下》，第 2590—2591 页。

第五章　怨恨的体察、消除与控制

治未形，睹未萌者，君子也。①

桓谭称：

良医医其未发，而明君绝其本谋。②

"小而至大""微而渐长"等文句生动地描绘出怨恨的演变趋向。而致使怨恨"小而至大"、"微而渐长"的原因即在于没有对怨恨给予及时的体察，没有洞悉怨情的发生，亦即"下情"没有"上达"。此即《管子》所谓"理不上通，则下怨其上；下怨其上，则令不行矣"③；亦即《吕氏春秋》所谓"上下不相知，则上非下，下怨上矣"。④ 没有及时体察怨恨已经会滋长怨情恨意，设若进一步压制怨恨，人为杜绝怨声的发作，则后果更加严重。据《吕氏春秋》记载，周武王、太公望一直在等待伐纣的时机，观察殷商的政治祸乱，较之"谗慝胜良""贤者出走"，周武王、太公望更看重"百姓不敢诽怨"这一境况，太公望指出："百姓不敢诽怨，命曰刑胜，其乱至矣，不可以驾矣。"⑤ 或许，正是基于殷商灭亡的教训，周公明确地将"明怨"作为一种准则告诫周成王。⑥ 并指出圣王当闻知"小人怨汝詈汝"时，则"皇自敬德"。⑦ 陈来对此的解释是："不仅不应向人民发怨，而且应更加恭谨，努力察知政治的得失。"⑧ 然而可惜的是，姬姓的后世子孙如周厉王，不仅没有遵循这一原则，甚至还反其道而行之。《国语》中对此事记之甚详：

厉王虐，国人谤王。邵公告曰："民不堪命矣！"王怒，得卫巫，使监谤者。以告，则杀之。国人莫敢言，道路以目。王喜，告邵公曰："吾能弭谤矣，乃不敢言。"

邵公曰："是障之也。防民之口，甚于防川。川壅而溃，伤人必

---

① 《盐铁论·大论》，第604页。
② 《新论·见征篇》，第16页。
③ 《管子·权修》，第88页。
④ 《吕氏春秋·似顺论·慎小》，第672页。
⑤ 《吕氏春秋·慎大览·贵因》，第387页。
⑥ 《逸周书·成开解》，第230页。
⑦ 《尚书·无逸》，第223页上栏。
⑧ 陈来：《古代宗教与伦理：儒家思想的根源》，生活·读书·新知三联书店2009年版，第196页。

多。民亦如之。是故为川者决之使导，为民者宣之使言。……

王不听，于是国人莫敢出言，三年，乃流王于彘。①

"川壅而溃，伤人必多"一句形象地描绘出怨情滋长的可怖，造成"流王于彘"这一结果的"罪魁祸首"正是周厉王本人，因为他极力压制怨情，没有使下情及时上达，没有合理地疏导怨情这一"洪水猛兽"，最终淹没于怨情这一"汪洋大海"之中。

正是出于对怨情反弹会加剧祸乱的恐惧，先秦两汉时期不乏如上文所引述的邵公一样的开明之士，主张对社会怨情严肃对待，疏导之、宣泄之——"为川者决之使导，为民者宣之使言"。如《新序》中所记载的"叔向答晋平公问"一事，与上文所征引的"邵公谏厉王止谤"一事正好形成了一种鲜明的对比：

晋平公问于叔向曰："国家之患孰为大？"对曰："大臣重禄而不极谏，近臣畏罪而不敢言，下情不上通，此患之大者也。"公曰："善。"于是令国曰："欲进善言，谒者不通，罪当死。"②

尽管"邵公谏厉王止谤"一事是从反面立论，"叔向答晋平公问"一事是从正面立论，但无论是邵公，还是叔向，都强调要使下情能及时上达。"下情不上通，此患之大者"，洵实论也。杜维明指出："任何一个社会不管多干净、多完美、多有效率，总还是有很多弊病。怕的是弊病没有办法通过群体批判的自我意识来面对，把它掩饰了，或不闻不问，或掉以轻心，慢慢地这个弊病就变成了顾忌，顾忌太多，那必会危害政治体质（body politic），后果堪虑。"③ 笔者认为，杜维明所论可以看作为"下情不上通，此患之大者"一句提供的注脚，而上文所述及的商、周破灭与衰亡之事又可以看作为杜维明所论提供的注脚。

陈来进一步指出："邵公的这些思想即使在现在也仍然是开明的政治智慧，西周就已产生出这样先进的政治思想，确实难得。人民的不满和意见，必须使之能得以宣泄和表达，否则，这些不满和意见的长久积聚就会

---

① 《国语·周语上》，第2—3页。
② 《新序·杂事五》，第724页。
③ 联合早报编：《第四座桥——跨世纪的文化对话》，新世界出版社1999年版，第191页。

演变成巨大的冲突而爆发。"① 在笔者看来,陈来所谓"邵公的这些思想即使在现在也仍然是开明的政治智慧"的评价并不是过誉之词,在这里,不妨引入兴起于 20 世纪 50 年代的"冲突理论"来进一步说明问题。主张"冲突理论"的科塞认为:"在一定条件下,社会冲突具有保证社会连续性、减少对立两极产生的可能性、防止社会系统的僵化、增强社会组织的适应性和促进社会的整合等正功能。"科塞进一步指出:"必须建立'安全阀'机制,通过合法的制度化的机制,使各种社会紧张情绪得以释放,避免灾难性冲突的最终出现,使社会系统保持均衡与和谐的状态。"②

事实上,科塞所谓的"安全阀"机制在古代中国很早便已初现端倪。如果说邵公所谓"为川者决之使导,为民者宣之使言"是对建立"安全阀"机制的一种呼吁,那么,"子产不毁乡校"一事则可以看作建立"安全阀"机制的一种尝试。子产指出:"夫人朝夕退而游焉,以议执政之善否。其所善者,吾则行之。其所恶者,吾则改之。是吾师也。若之何毁之?我闻忠善以损怨,不闻作威以防怨。岂不遽止,然犹防川,大决所犯,伤人必多,吾不克救也。不如小决使道,不如吾闻而药之也。"③ 这与科塞的"冲突理论"何其相似!固然子产不毁乡校却杀了邓析,但正如刘泽华所言:"参加乡校议论的都是贵族,议论的问题在原则上可能无多大分歧。邓析的情况就不同了。他思考问题的方向与子产发生了冲突,他的言论和行动又引起了民众的响应。即所谓'郑国大乱,民口谨哗'。子产为了维持政治局面,不惜动用屠刀。"④ 笔者认为,这与科塞的"冲突理论"并不矛盾,因为科塞亦指出:"在众多社会冲突中,那些不涉及基本价值观和信仰、频繁且剧烈程度较低的冲突能够促使人们反思和重新组织他们的行为,通过合理的渠道释放紧张甚至敌对的情绪,使之不至于极端化。"⑤ 显然,邓析一事所对应的情况当为"涉及基本价值观和信仰、频繁且剧烈程度较高的冲突",因之子产所为正完全符合"冲突理论"的内在要求。笔者无意考证科塞"冲突理论"的提出是否受到子产不毁乡校、杀邓析等事的启示,笔者只是认为,西方现代社会学理论能与中国先秦时期的治国理政原则高度相似,在某种程度上似可唤起我们对中国传统思想资

---

① 陈来:《古代思想文化的世界:春秋时代的宗教、伦理与社会思想》,生活·读书·新知三联书店 2009 年版,第 298 页。
② 参见周裕琼《当代中国社会的网络谣言研究》,商务印书馆 2012 年版,第 265 页。
③ 《左传·襄公三十一年》,第 2016 页上栏。
④ 刘泽华:《先秦士人与社会》,天津人民出版社 2004 年版,第 24—25 页。
⑤ 参见周裕琼《当代中国社会的网络谣言研究》,商务印书馆 2012 年版,第 265 页。

源的重视与省思。

需要说明的是,陈来在论及"邵公谏厉王止谤"一事时,进一步指出:"要使人民的意见和不满得以上达,需要一些制度性的管道,即各级官员、各类职业的人们都各以一种适合于其职业的方式提出对君主和政治的意见。"① 笔者认为,所谓"各级官员"即对应着臣的角色,所谓"各类职业的人们"更多地对应着民的角色。所谓下情上达,更多的是在强调倾听民声,即便是臣子进谏,有时也可以解为"为民请命"。而关于臣应向君进谏、君应纳臣之谏笔者在本书第二章已有所论,在此不赘。这里想要集中探讨的问题是君主以及统治阶层对民声的倾听与对民情的洞察。鹖子所谓"王者取吏不忘,必使民唱,然后和。民者,吏之程也,察吏于民,然后随"。② 即在强调重视民众的反应,班固所谓"古有采诗之官,王者所以观风俗,知得失,自考正也"③ 自有所本,意即"采诗之官"设立的目的正在于使下情特别是其中的怨情能够上达。上文所述及的邵公、子产之言均围绕倾听民声、洞察民情这一点来立论。实际上,就倾听民声、洞察民情这一点而言,在子产之后,并不乏实践者与强调者。如《战国策》中的齐威王就曾下令:"群臣吏民,能面刺寡人之过者,受上赏;上书谏寡人者,受中赏;能谤议于市朝,闻寡人之耳者,受下赏。"④

二

上文所论及的商、周之破灭与衰亡都与"下情不上达"一因息息相关,董仲舒曾言:"桀纣暴谩,谗贼并进,贤知隐伏,恶日显,国日乱,晏然自以如日在天,终陵夷而大坏。夫暴逆不仁者,非一日而亡也,亦以渐至,故桀、纣虽亡道,然犹享国十余年,此其浸微浸灭之道也。"⑤ 由此可见,商之前的夏代,其覆亡似亦无法脱离"下情不上达"之因。实际上,不独夏商周三代唯是,之后的朝代,其覆亡之因也往往与"下情不上达"关联至深。

---

① 陈来又援引《国语》中卫国的卫武公、晋国的范文子、郑国的子产、楚国的左史倚相等人的言论来说明纳谏的重要性。(参见陈来《古代思想文化的世界:春秋时代的宗教、伦理与社会思想》,生活·读书·新知三联书店 2009 年版,第 298—301 页。)
② 《鹖子·择吏》,《鹖子校理》,中华书局 2010 年版,第 1 页。
③ 《汉书》卷 30 《艺文志》,第 1708 页。
④ 《战国策》卷 8 《齐策一》,第 74 页。
⑤ 《汉书》卷 56 《董仲舒传》,第 2517 页。

第五章 怨恨的体察、消除与控制

唐代杜牧的《阿房宫赋》脍炙人口，而其主旨乃在于总结秦朝灭亡的教训，其中一句颇堪玩味，"天下之人，不敢言而敢怒。独夫之心，日益骄固。戍卒叫，函谷举。楚人一炬，可怜焦土"。"不敢言"即意味着"下情不上达"，"敢怒"即意味着怨恨的隐忍，"戍卒叫"即意味着怨恨滋长、反弹到一定程度且已付诸实施，"楚人一炬"即意味着王朝的覆灭。笔者认为，在中国历史上，因内乱而覆灭的中国王朝一般都要经历上述的"四部曲"。无怪乎李天纲这样评价杜牧："杜牧是诗人，不是理论家，但他讲出了大道理：长期朕'一人'，宫城内外的百姓和皇帝，富贵贫贱，奢侈穷困，差别太大。没有中间阶级的斡旋、社会关系的沟通、舆论批评的发泄，鄙野之人，平日里固然魏阙仰望，敢怒不敢言。可一旦有人揭竿，那些看似老实委琐，委屈成奴，油嘴滑舌的平民，必'趁火打劫'，必要上金銮殿、九龙床过把皇帝瘾而后快。"[①] 正如许倬云所说："中国王朝的覆灭，不是经过内乱就是经过外患。……政府不知道在乱事刚刚萌芽时就采取适当措施，当然是因为信息反馈的系统出了问题，也可能因为神经系统不知道怎么应付反馈的信息。"[②]

例如，在陈胜、吴广揭竿而起后：

> 谒者使东方来，以反者闻二世（秦二世）。二世怒，下吏。后使者至，上问，对曰："群盗，郡守尉方逐捕，今尽得，不足忧。"上悦。[③]

追至西汉初年，鉴于"秦亡于二世"的惨痛教训，一些士人在言及下情上达的必要性时，往往以秦为喻，如汉文帝时，贾山言治乱之道的《至言》一文中，有这样的议论："古者圣王之制，史在前书过失，工诵箴谏，瞽诵诗谏，公卿比谏，士传言谏，庶人谤于道，商旅议于市，然后君得闻其过失也。"显然，这是在强调下情上达，然后，贾山笔锋一转，剑指秦廷：

> 秦皇帝以千八百国之民自养，力罢不能胜其役，财尽不能胜其求。一君之身耳，所以自养者驰骋弋猎之娱，天下弗能供也。劳罢者不得休息，饥寒者不得衣食，亡罪而死刑者无所告诉，人与之为

---

① 李天纲：《历史活着》，生活·读书·新知三联书店2015年版，第208页。
② 许倬云：《大国霸业的兴衰》，上海文化出版社2012年版，第60页。
③ 《史记》卷6《秦始皇本纪》，第269页。

怨，家与之为仇，故天下坏也。秦皇帝身在之时，天下已坏矣，而弗自知也。①

正是出于对贾山所言的"嘉纳"，汉文帝颁布了这样一则诏令：

> 古之治天下，朝有进善之旌，诽谤之木，所以通治道而来谏者也。今法有诽谤、妖言之罪，是使众臣不敢尽情而上无由闻过失也，将何以来远方之贤良！其除之！②

与贾山类似，汉武帝时的徐乐在强调下情上达时，亦是以秦朝为例，并提出了饶有兴味的"土崩瓦解说"：

> 臣闻天下之患，在于土崩，不在瓦解，古今一也。何谓土崩？秦之末世是也。陈涉无千乘之尊、尺土之地，身非王公大人名族之后，无乡曲之誉，非有孔、曾、墨子之贤，陶朱、猗顿之富也。然起穷巷，奋棘矜，偏袒大呼，天下从风，此其故何也？由民困而主不恤，下怨而上不知，俗已乱而政不修，此三者陈涉之所以为资也。此之谓土崩。故曰天下之患在乎土崩。何谓瓦解？吴、楚、齐、赵之兵是也。七国谋为大逆，号皆称万乘之君，带甲数十万，威足以严其境内，财足以劝其士民，然不能西攘尺寸之地，而身为禽于中原者，此其故何也？非权轻于匹夫而兵弱于陈涉也。当是之时先帝之德未衰，而安土乐俗之民众，故诸侯无竟外之助。此之谓瓦解。故曰天下之患不在瓦解。③

在徐乐看来，"土崩"的情况之所以会发生，有三个条件，分别是"民困而主不恤""下怨而上不知""俗已乱而政不修"，其中，"下怨而上不知"即是在强调"下情未上达"。正是在这一背景下，外表强大的秦王朝才"一夫作难而七庙隳"，这种事出偶然且猝不及防的灭亡用"土崩"一词来形容，真是再贴切不过了。

贾山、徐乐等人以秦为喻所揭示出的道理不乏深刻之处，但由于制度

---

① 《汉书》卷51《贾邹枚路传》，第2332页。
② 《资治通鉴》卷13《汉纪五》太宗孝文皇帝上二年，第453—454页。
③ 《汉书》卷64上《严朱吾丘主父徐严终王贾传上》，第2804—2805页。

第五章 怨恨的体察、消除与控制

性的局限,"不明"之君、"不忠"之臣代不乏见,职是之由,一些开明之士不再剑指秦廷,而是针砭时弊。

如汉成帝时的谷永称:

> (内乱)萌在民饥馑而吏不恤,兴于百姓困而赋敛重,发于下怨离而上不知。①

另如汉成帝时的梅福,亦在其上书中直言不讳地指出:

> 今欲致天下之士,民有上书求见者,辄使诣尚书问其所言,言可采取者,秩以升斗之禄,赐以一束之帛。若此,则天下之士发愤懑,吐忠言,嘉谋日闻于上,天下条贯,国家表里,烂然可睹矣。……
> 今陛下既不纳天下之言,又加戮焉。……愚者蒙戮,则知士深退。……
> 天下以言为戒,最国家之大患也。②

由"天下条贯,国家表里,烂然可睹""天下以言为戒,最国家之大患也"二句可知,梅福把下情上达提至决定国家兴衰存亡的高度,可惜的是,汉成帝并没有听进去。

迨至王莽,在"下情不上达"这一致命的问题上,更是重蹈了秦廷的覆辙,史载:

> 莽(王莽)意以为制定则天下自平,故锐思于地里,制礼作乐,讲合《六经》之说。公卿旦入暮出,议论连年不决,不暇省狱讼冤结民之急务。③

不宁唯是,在秦丰、迟昭平率众起事后:

> 莽(王莽)召问群臣禽贼方略,皆曰:"此天囚行尸,命在漏刻。"故左将军公孙禄征来与议,禄曰:"……说符侯崔发阿谀取容,令下情

---

① 《汉书》卷85《谷永杜邺传》,第3470页。
② 《汉书》卷67《杨胡朱梅云传》,第2920—2922页。
③ 《汉书》卷99中《王莽传中》,第4140页。

不上通。宜诛此数子以慰天下！"……莽怒，使虎贲扶禄出。……于是群下愈恐，莫敢言贼情者，亦不得擅发兵，贼由是遂不制。①

需要指出的是，西汉的察举制度对提升政府团体的开放度、增强地方讯息反馈的有效度发挥着至关重要的作用。但王莽对此却有所忽视，正如许倬云所说："（王莽）并没有理解汉代设计这套讯息内馈系统的功能，以为只要中央不断地下命令，就可以将一个设计好的'新政'落实成儒家思想向往的理想国家。"② 应该说，没有解决好下情上达这一问题是导致王莽失败的一个重要原因。

东汉初期，有鉴于上述"惊心动魄"的"前言往行"，不乏开明之君自身对"下情"以及"下情上达"的重要性有着自觉认识，例如，赵翼就将"光武多免奴婢"一事与"光武洞悉下情"一因做了如下连结：

莽（王莽）时奴婢之受害实甚。其后兵乱时，良民又多被掠为奴婢，光武初在民间亲见之，故曲为矜护也。③

由本书第一章可知，他生型怨恨一般是因为他人"害人所应得"，基点是伤害。因之，"受害实甚"的奴婢必有极深的怨情，光武"在民间亲见之"当可解为对怨情的一种体察，"曲为矜护"的做法似可释为对怨情的一种化解。

又如，汉光武帝之后的汉明帝：

孝明皇帝尝问："今旦何得无上书者？"左右对曰："反支故。"帝曰："民既废农远来诣阙，而复使避反支，是则又夺其日而冤之也。"乃敕公车受章，无避反支。④

所谓"反支日"，即有禁忌之日，一般认为，反支日不宜上书。⑤ 汉明

---

① 《汉书》卷99下《王莽传下》，第4170—4171页。
② 许倬云：《大国霸业的兴衰》，上海文化出版社2012年版，第18页。
③ 《廿二史札记》卷4《光武多免奴婢》，第60页。
④ 《潜夫论·爱日》，第221页。
⑤ 汪继培笺："本传注云：'凡反支日，用日朔为正，戌亥朔一日反支，申酉朔二日反支，午未朔三日反支，辰巳朔四日反支，寅卯朔五日反支，子丑朔六日反支。见《阴阳书》也。"（彭铎：《潜夫论笺校正》，中华书局1985年版，第221页。）

第五章　怨恨的体察、消除与控制

帝不以禁忌之日为意，执着于体察民之怨情，无怪乎被王符称之为"上明圣主"。① 无独有偶，汉明帝之臣张禹的行事风格与汉明帝如出一辙，史载：

> （张禹）当过江行部，中土人皆以江有子胥之神，难于济涉。禹将度，吏固请不听。禹厉言曰："子胥如有灵，知吾志在理察枉讼，岂危我哉？"遂鼓楫而过。历行郡邑，深幽之处莫不毕到，亲录囚徒，多所明举。吏民希见使者，人怀喜悦，怨德美恶，莫不自归焉。②

由上述材料可知，张禹并不以"江有子胥之神"为意，专志于"理察枉讼"。从"吏民希见使者，人怀喜悦，怨德美恶，莫不自归焉"一句可知，一方面，张禹成功做到了使"下情"得以"上达"，另一方面，官吏和百姓也特别希望将自己之包括怨、恶在内的实情告之上级，以期由上级主持公道。实际上，这种希冀广见于先秦两汉，《诗经》中的"忧心如醒，谁秉国成？不自为政，卒劳百姓"③ 一诗，以及《焦氏易林》占辞中的"东上泰山，见尧自言。申理我冤，以解忧患"④ 一句均表达了希冀由上级主持公道这一情结。

汉明帝之后的汉章帝对下情上达的重要性亦有明确体察，他在一则诏令中即明确宣称："久议沉滞，各有所志。盖事以议从，策由众定，闾闾衎衎，得礼之容，寝嘿抑心，更非朝廷之福。"⑤ 不宁唯是，他还从除怨的角度来体察"巡守之制"，他说："朕惟巡狩之制，以宣声教，考同遐迩，解释怨结也。"⑥ 饶有兴味的是，成书于汉章帝在位时期的《白虎通》一书，亦称："王者所以太平乃巡守何？王者始起，日月尚促，德化未宣，狱讼未息，近不治，远不安，故太平乃巡守也。"⑦ 因之，两则材料可谓互为注脚，不妨比而观之。固然如秦始皇者亦知巡视全国以获取地方讯息，但正如许倬云所说，秦朝的"内建系统，传达命令效率很高，得到神经末梢回馈讯息的效率却有所不足"。⑧ 否则，贾山也不会感慨道："秦皇帝身在之时，天下已坏矣，而弗自知也"了。从其闻知"始皇帝死而地分"一

---

① 《潜夫论·爱日》，第 221 页。
② 《后汉书》卷 44《邓张徐张胡列传》，第 1497 页。
③ 《诗经·小雅·节南山之什·节南山》，第 441 页中栏。
④ 《焦氏易林·讼》，第 227 页。
⑤ 《后汉书》卷 45《袁张韩周列传》，第 1519 页。
⑥ 《后汉书》卷 3《肃宗孝章帝纪》，第 154 页。
⑦ 《白虎通·巡守·太平乃巡守义》，第 298 页。
⑧ 许倬云：《大国霸业的兴衰》，上海文化出版社 2012 年版，第 17 页。

· 245 ·

石之后的表现——"遣御史逐问,莫服,尽取石旁居人诛之"① 即可知,秦始皇对下怨只是强行地压制,并未及时地予以疏导。相比之下,同样注重巡守之制、同样位居权力之巅的汉章帝从除怨角度对制度本身所进行的体察,就显得尤为可贵了。

汉章帝之后,伴随着外戚、宦官交替掌权,东汉的政治开始走下坡路。正如钱穆所说:"汉光武自身是一好皇帝,明帝、章帝都好,然而只是人事好,没有立下好制度。因此皇帝好,事情也做得好。皇帝坏了,而政治上并不曾有管束皇帝的制度,这是东汉政治制度上的一个大问题。"② 笔者认为,就"下情上达"这一层面来看,钱穆所言洵为实论。因考诸史籍,东汉中后期诸帝在"下情上达"这一层面上的所作所为较之东汉初期的光武、明帝、章帝而言确实有较大退步。这里,不妨以汉顺帝为例进行分析,史载:

> 先是宁阳主簿诣阙,诉其县令之枉,积六七岁不省。主簿乃上书曰:"臣为陛下子,陛下为臣父。臣章百上,终不见省,臣岂可北诣单于以告怨乎?"帝(汉顺帝)大怒,持章示尚书,尚书遂劾以大逆。诩(虞诩)驳之曰:"主簿所讼,乃君父之怨;百上不达,是有司之过。愚蠢之人,不足多诛。"帝纳诩言,答之而已。诩因谓诸尚书曰:"小人有怨,不远千里,断发刻肌,诣阙告诉,而不为理,岂臣下之义?君与浊长吏何亲,而与怨人何仇乎?"闻者皆惭。③

由上述材料,我们可以得出以下四点认识。第一,"诣阙诉枉、积岁不省"不仅是下情没有上达的一种表现,而且也是下情难以上达的一种表现;第二,主簿上书的言辞一方面表达了由君上主持公道的希冀,另一方面也说明了在下情难以上达的境况下,怨恨会转而指向统治者,此即虞诩所谓"君父之怨";第三,下情难以上达,君固然有一定责任,而主理有司之职的臣亦难辞其咎;第四,官官相护很可能是导致下层民众怨情不能上达的具体原因之一。

实际上,上述材料中所反映的下情难以上达的情况于东汉中后期而言绝不是个别现象,应该说,是广为存在的普遍现象。例如汉顺帝在位时

---

① 《史记》卷6《秦始皇本纪》,第259页。
② 钱穆:《中国历代政治得失》,生活・读书・新知三联书店2005年版,第28页。
③ 《后汉书》卷58《虞傅盖臧列传》,第1872页。

期,张纲在劝降广陵贼寇张婴后,张婴的一则自白就很能说明问题,不妨征引如下:

> 婴(张婴)闻,泣下,曰:"荒裔愚人,不能自通朝廷,不堪侵枉,遂复相聚偷生,若鱼游釜中,喘息须臾间耳。今闻明府之言,乃婴等更生之辰也。既陷不义,实恐投兵之日,不免孥戮。"①

由此可见,张婴之所以沦为贼寇,乃是因为不堪忍受"多肆贪暴"的"前后二千石"之"侵枉",又因为"不能自通朝廷",所以才铤而走险。从这则饱蘸血泪的自白中,不难体察出张婴造反的无奈、辛酸与恐惧,不难体察出张婴对下情上达的希冀、渴望与企盼。笔者认为,张婴的这则自白表达出了同类群体中相当一部分人的心声,具有一定的普遍性。同时,这则自白也从一个侧面反映出当时下情得以上达的艰难、复杂与曲折。

另如汉灵帝时期,益州计曹掾程包为叛乱的板楯声辩道:

> 板楯七姓,以射白虎为业,立功先汉,本为义民。……长吏乡亭,更赋至重;仆役过于奴婢,箠楚降于囚房;至乃嫁妻卖子,或自到割。陈冤州郡,牧守不理;去阙庭遥远,不能自闻。含怨呼天,叩心穷谷,愁于赋役,困乎刑酷,邑域相聚,以致叛戾。非有深谋至计,僭号不轨。②

"含冤呼天"却因"去阙庭遥远"以致"不能自闻",颇能反映出东汉末年怨情不能上达的政治状态。

正是在这样的背景下,东汉后期的王符、《太平经》的作者对下情难以上达的政治弊端进行了毫不客气的批评。他们的批评意见大致可以归结为以下两点:

第一,下情得以上达这一过程是极其艰难的。在王符看来,艰难之因在于途径不够畅达且效率极其低下。王符认为:"细民冤结,无所控告,下土边远,能诣阙者,万无数人,其得省治,不能百一。"③ 途径不够畅达的原因与距离、交通有一定关系,而效率低下则是有司的有意推诿与拖

---

① 《后汉书》卷56《张王种陈列传》,第1818—1819页。
② 《华阳国志》卷1《巴志》,第8页。
③ 《潜夫论·三式》,第208页。

延:"郡、县既加冤枉,州司不治,令破家活,远诣公府。公府不能照察真伪,则但欲罢之以久,困之资,故猥说一科令:'此注百日,乃为移书。'其不满百日,辄更造数。"王符愤怒地称这样的"公府"为"诵《诗》三百,授之以政,不达;虽多亦奚以为者"。① 《太平经》的作者认为下情上达需要君、臣、民的共同努力,其亦对有司的有意推诿与拖延表达不满:

> 君宜善开导其下,为作明令示敕,教使民各居其处而上书,悉道其所闻善恶。因却行,亦可但寄便足,亦可寄商车载来,亦可善自明姓字到,为法如此,则天下善恶毕见矣。君导天气而下通,臣导地气而上通,民导中和气而上通。……其上书急者,人命至重,不可须臾。人且复啼呼冤,今复结增怪变,疾解报之。②

而在《太平经》的作者看来,"下情上达"之所以艰难,难在"下"对"上"的畏惧,难在"上"对"下"言事的打压,难在中层力量对"下"言事的加害:

> 夫四境之内,有严帝王,天下惊骇,虽去京师大远者,畏诏书不敢语也;一州界有强长吏,一州不敢语也;一郡有强长吏,一郡不敢语也;一县有刚强长吏,一县不敢语也;一间亭有刚强亭长,尚乃一亭部为不敢语。此亭长,尚但吏之最小者也,何况其臣者哉?皆恐见害焉,各取其解免而已,虽有善心意,不敢自达于上也,使道断绝于此。今但一里有刚强之人,常持一里之正者,一里尚为其不敢语,后恐恨之得害焉。但一家有刚强武气之人常持政,尚一家为其不敢语也。一家尚亲,自共血脉,同种类而生,尚乃相厌畏如此,何况异世乎?今太上中古以来,多失道德,反多以威武相治,威相迫协,有不听者,后会大得其害,为伤甚深,流子孙。故人民虽见天灾怪咎,骇畏其比近所属,而不敢妄言,为是独积久,更相承负。到下古尤益剧,小有欲上书言事,自达于帝王者,比近持其命者辄杀之;不即时害伤,后会更相属托而伤害之。故民臣悉结舌杜口为暗,虽见愁冤,睹恶不敢上通。故今帝王聪明绝也,而天变日多,是明证效也。今民

---

① 《潜夫论·爱日》,第214页。
② 《太平经》卷48《三合相通诀》,第152、153页。

第五章　怨恨的体察、消除与控制

亲得生于父母，受命于天地。以天地为父母，见其有灾变善恶，是天地之谈语，欲有此言也。人尚皆骇畏，且见害于比近所系属者，不敢语言泄事，乃相敕教，共背天地，与共断绝，不通皇天后土所欲言也。共蔽冤天地，乃使其辞语不通，天地长怀恨悒而不达。今帝王虽神圣，一人之源，乃处百重人之内，万里之外。百重之内，虽欲往通言，迫胁于比近，不得往达也。①

由上述材料亦可知，《太平经》的作者还从天人感应这一角度来探讨下情上达的重要性，这种探讨除了见于上述所征引的《三合相通诀》《来善集三道文书诀》之外，亦见于《经文部数所应诀》，文云：

帝王比若中极星，默常居其处，而众星共往奏事也。大者居前，中者居中，小者居后。一星不得，辄有绝气，天行为伤。夫星者，乃人民凡物之精光。故一人不得通于帝王，一星亦不得通也。故天气辄为乖错，地气为其逆也。故教其吏民大小，俱共上书，以通天气，以安星历，以除天病，以解帝王承负之责。②

第二，造成下情难以上达成为一种"常态"的"祸首"是"不明"之君与"不忠"之臣。

不妨先来看王符的论述。首先，王符将"君明"与"下情上达"进行了连结：

君之所以明者兼听也；其所以暗者偏信也。是故人君通必兼听，则圣日广矣；庸说偏信，则愚日甚矣。《诗》云："先民有言：询于刍荛。"……

圣王表小以厉大，赏鄙以招贤，然后良士集于朝，下情达于君也。③

其次，王符以赵高为例，将"臣不忠"与"下情不上达"进行了连结：

当涂之人，恒嫉正直之士得一介言于君以矫其邪也，故饰伪辞以

---

① 《太平经》卷86《来善集三道文书诀》，第314—316页。
② 《太平经》卷102《经文部数所应诀》，第466—467页。
③ 《潜夫论·明暗》，第54、57页。

障主心，下设威权以固士民。赵高乱政，恐恶闻上，乃豫要二世曰："屡见群臣众议政事，则黩，黩且示短，不若藏己独断，神且尊严。天子称朕，固但闻名。"二世于是乃深自幽隐，独进赵高。赵高入称好言以说主，出倚诏令以自尊。天下鱼烂，相帅叛秦。赵高恐惧，归恶于君，乃使阎乐责而杀。愿一见高不能而死。①

最后，王符从官民关系的角度指出臣的不作为与乱作为会给"下情上达"造成阻力。在王符看来，行贿受贿现象的存在会导致上层枉法、下层蒙冤、怨气不得伸张："怨家务主者，结以货财，故乡亭与之，为排直家，后反复时，吏坐之，故共枉之于庭。以羸民与豪吏讼，其势不如也。是故县与部并。"由此可见，在这一背景下，行贿者与官员结成了利益共同体，更可怕的是，这一利益共同体像滚雪球一样越来越大，甚至形成了官官相护一景："后有反覆，长吏坐之，故举县排之于郡。以一人与一县讼，其势不如也，故郡与县并，后有反覆，太守坐之，故举郡排之于州。以一人与郡讼，其势不如也。故州与郡并，而不肯治，故乃远诣公府尔。"在行贿受贿、官官相护、行政推诿的合力打击下，下情上达只能沦为一种空想："公府不能察，而苟欲以钱刀课之，则贫弱少货者终无以旷旬满祈；豪富饶钱者，取客使往，可盈千日，非徒百也。治讼若此，为务助豪猾而镇贫弱也，何冤之能治？"②

不妨再来看《太平经》的论述：

> 臣有忠善诚信而谏正其上也，君不听用，反欲害之，臣骇因结舌为瘖，六方闭不通。贤儒又畏事，因而蔽藏，忠信伏匿，真道不得见。君虽圣贤，无所得闻，因而聋盲，无可见奇异也。日以暗昧，君聋臣瘖，其祸不禁；臣昧君盲，奸邪横行；臣瘖君聋，天下不通，善与恶不分别，天灾合同，六极战乱，天下并凶，可不慎乎哉？③

由此可见，使"下情不上达"成为一种"常态"的"祸首"有二，一是臣的"畏事"，即"不忠"，二是君的"昏庸"，即"不明"。

综览上论可知，能否使下情上达直接关系着统治者统治地位是否稳

---

① 《潜夫论·明暗》，第58页。
② 《潜夫论·爱日》，第217页。
③ 《太平经》卷43《大小谏正法》，第102页。

第五章　怨恨的体察、消除与控制

固,因此,在先秦两汉典籍中,能否使下情上达成为衡量君明或不明、臣忠或不忠的一项重要标准,由上文所引《潜夫论》《太平经》中的相关材料即可略见端倪。需要说明的是,笔者在本书第二章结合先秦两汉子书明确指出,君明重在识人、用人,臣忠重在进谏、进贤。其实,识人、用人也好,进谏、进贤也罢,其目的正在于使下情能够上达,上文所引《潜夫论》《太平经》对此已论之甚详。

实际上,除却《潜夫论》、《太平经》之外,将"君明"与"下情上达"进行连结,将"臣不忠"与"下情不上达"进行连结的议论在先秦两汉这一时段并不鲜见。如作于先秦时的《成相杂辞》①一诗这样写道:

> 主之孽,谗人达,贤能遁逃国乃蹷。愚以重愚,暗以重暗成为桀。忠不上达,蒙揜耳目塞门户。门户塞,大迷惑,悖乱昏莫不终极。……上壅蔽,失辅势,任用谗夫不能制。②

结合诗句的表述可知,"谗夫"使"忠"不能"上达","谗夫"是作为"忠"对立面出现的,而"壅蔽"之君在"门户塞,大迷惑"的境况下,"悖乱昏莫不终极",很显然是作为"明"的对立面出现的。与此可以比而观之的是《焦氏易林》中屡次出现的一则占辞:"葛虆蒙棘,华不得实,谗佞为政,使恩壅塞。"③

东汉的窦武在劝谏汉桓帝时更是明确指出:"明主不讳讥刺之言,以探幽暗之实;忠臣不恤谏争之患,以畅万端之事。"④这可谓直接地将"君明""臣忠"与"下情上达"连结到了一起。不宁唯是,这种连结亦存在于一些出土资料中,例如,王子今对出土的汉代铜镜铭文"心忽扬而愿忠,然壅塞而不泄"做出了这样的分析:"'壅塞'与'愿忠'相联系,应当理解为忠情不能畅达,忠志不能施展。"⑤

综览上论可知,上述"连结"从先秦至两汉是一种并不乏见的思维倾向,甚至很可能是一种广泛存在的社会意识。正如本书第二章所论,君不

---

① 成相,是用一种叫"相"的乐器给歌曲打拍子,进行说唱的赋体。其句式结构一般为3+3+7+4+7,最后两句又可解析为4+4+3,前4与后4有时对仗。(见李零《兰台万卷——读〈汉书·艺文志〉》,生活·读书·新知三联书店2013年版,第138—139页。)
② 《先秦汉魏晋南北朝诗·先秦诗卷四·杂辞·成相杂辞》,中华书局1983年版,第53—54页。
③ 《焦氏易林·泰》、《焦氏易林·蛊》、《焦氏易林·节》,第432、706、2188页。
④ 《后汉书》卷69《窦何列传》,第2239页。
⑤ 王子今:《秦汉社会意识研究》,商务印书馆2012年版,第99页。

明、臣不忠会引发关系对方、关系第三方的怨恨,因之,下情不上达这一现象的存在便意味着多重怨恨的潜伏,放任之则滋长甚速,打压之则反弹甚烈,一旦滋长、反弹至揭竿而起的状态,一个朝代的丧钟便被预先敲响,上文所述及的秦及两汉均可为证。

需要指出的是,《潜夫论》《太平经》对下情上达这一问题如此关注,论述如此详尽,绝不是兴之所至的偶然,其与东汉中后期的政治背景息息相关,其意乃在于针砭时弊,当可视为对东汉末年恶政的一种抨击。尤其是《太平经》的相关主张,为后来张角组织、发动黄巾起义提供了最直接的理论基础与最充分的思想动员。

需要补充说明的是,承担传递地方讯息这一重任的察举制度在东汉中后期亦趋于变质以致失去原本应有的作用,一方面,累世经学、累世公卿的形成使察举、征辟的群体趋于固化,越来越囿于有限的门第。① 相应地,其所洞察的下情也就越来越狭隘与单一。另一方面,与垄断权力的群体并存的群体是进入太学学习而终无一官半职的学生,也就是说社会中层本身发生了断裂。为什么宦官、外戚会成为东汉中后期政治的大害,不排除继位之君年龄偏小需要有所倚仗的缘故,但社会中层的断裂也是其中一因。在许倬云看来,东汉政府"不断训练中层的贤才,但却不用他,于是这些贤才就成了另外一派,攻击政权,造成继续不断的政治斗争……上层的斗争和中层的断裂,合并在一起就构成了三分之二东汉的不安与混乱,……上中下结构有毛病,上层和中层之间发生了问题,下层既没有人管,也没被照顾,训练和选拔断了层,力量没有办法吸收、传达上来,这是东汉的大病所在"。② 也就是说,东汉的人才选拔制度没有在下情上达这一问题上发挥应有的作用。不待曹丕建魏,东汉政权伴随着党锢之祸、太学风潮、黄巾起义等一系列打击便早已名存实亡了。从某种程度上来讲,东汉重蹈了秦及西汉的覆辙。无怪乎许倬云将延续了四百多年的秦代和两汉三个阶段当做一个大帝国来看。③ 东汉覆灭所带来的纷乱扰攘之长期性与剧烈性是秦及西汉的覆灭所无法比拟的,之所以长期纷乱、剧烈扰攘,与当时气候转寒、胡人内迁关系至密,然而,东汉政权覆灭的缘由却更多的是自身所导致的,其中,中后期下情不能上达当是导致其覆灭的重要一因。东汉中后期的下情不能上达这一情况在整个先秦两汉时段都不失典型性,极端产生

---

① 参见钱穆《中国历代政治得失》,生活·读书·新知三联书店2005年版,第30—31页。
② 许倬云:《历史分光镜》,上海文艺出版社1998年版,第224—225页。
③ 许倬云:《大国霸业的兴衰》,上海文化出版社2012年版,第24页。

深刻,最不幸的时代产生最高尚的道德,因之围绕其而进行的议论尤其值得我们在理论上进一步总结与反思。

基于这种总结和反思,笔者认为,从先秦至两汉,关于下情上达这一问题,思想界对其的关注与重视是一以贯之的,制度上也不乏尝试性地探索与建设,但为什么在政治运作上总是出现低谷与反复呢?为什么下情不能上达这一现象在先秦两汉期间的历朝历代一再上演呢?一言以蔽之,即好的人事与制度得不到保障。单纯依赖君明臣忠,无法规避人亡政息的风险;一味迷信制度调节,难以防备变质走样的可能。钱穆指出:"制度是一种随时地而适应的,不能推之四海而皆准,正如其不能行之百世而无弊。"[①] 卢梭亦指出:"假如我们想要建立一种持久的制度的话,就千万不要梦想使它成为永恒。"[②] 然而,历史在昭示出穷、变、通、久运动规律的同时,也见证着中国古典文明的卓越与非凡,先秦两汉时期人们对下情上达的省思至少有望唤起人们对当时政治弊病进行疗治的注意,哪怕放到今天来看,这些省思也并没有完全过时,因而更值得我们去体悟与珍视。

第二节 消除怨恨的方式:损己利人

一

本章第一节就体察怨恨的途径——下情上达进行了相关研讨。需要说明的是,这种研讨更多的是立足于统治阶层或强势集团的。统治阶层对被统治阶层的压迫,强势集团对弱势群体的侵犯是很容易激起被压迫者的愤怒、被侵犯者的怨恨的。这种愤怒、怨恨所催生的报复行为,其冲击力之巨、破坏力之强适足令人瞠目。先秦两汉思想界对这一危害有着直观而清醒的把握,基于"闭祸在除怨"[③] 的考虑,他们站在强势集团的立场上,就如何消除弱势群体的怨恨这一问题,提出了一系列具体的认识与看法,形成了先秦两汉时期的"除怨观"。在笔者看来,这一除怨观的核心要义不妨概括为"损己利人"。本节将集中探讨这一问题。

强势集团与弱势群体的差别,一般而言,主要变现为现实地位的不平

[①] 钱穆:《中国历代政治得失》,生活·读书·新知三联书店2005年版,第4页。
[②] [法]卢梭:《社会契约论》,何兆武译,商务印书馆1980年版,第112页。
[③] 《管子·版法》,第128页。

等。这种不平等主要分为政治层面与经济层面，前者对立的双方通常被界定为"贵"与"贱"，后者对立的双方通常被界定为"富"与"贫"。富贵者——"己"想要避免被贫贱者——"人"怨恨，可行的做法首先是化贵为贱——"损己"与以富济贫——"利人"。此即魏国李克所谓"贵而下贱，则众弗恶也。富而分贫，则穷士弗恶也。"① 在这一观念的实施过程中，现实的不平等将会趋向于相对的平等。即便这种相对平等只是部分地在形式上或想象上实现，亦会收到一定的除怨效果。

为讨论的清晰及便利起见，笔者拟先探讨损己这一除怨方式。

君主，站在强势集团的权力之巅，从其对自己称呼的选择上，我们即可发现以损己为要义的除怨观的存在。老子称："人之所恶，唯孤寡不穀，而王公以为称。故物，或损之而益，或益之而损。"② "损之而益"中的"损之"即是在"损己"，而"损之"后的"益"即意味着怨恨的消除。河上公对这句话的疏解为："孤寡不穀者，不祥之名，而王公以为称者，处谦卑，法空虚和柔。引之不得，推之必还。夫增高者［致］崩，贪富者致患。"③ 严遵对这句话的疏解为："众人之所恶，而侯王之所以自名也；万物之原泉，成功之本根也。故贤君圣主，以至尊之位，强大之势，处孤寡，居不谷，逐所求，逃所欲，去大为小，安卑乐损。"④ 可以看出，去大为小、安卑乐损式的损己行为正是基于增高致崩、贪富致患这一认识。关于这一点，成书于东汉的《白虎通》一书，亦称：

> 王者自谓一人者，谦也，欲言己材能当一人耳。故《论语》曰："百姓有过，在予一人。"臣下谓之一人何？亦所以尊王者也。以天下之大、四海之内，所共尊者一人耳。故《尚书》曰："不施予一人。"或称朕何？亦王者之称也。朕，我也。或称予者，予亦我也。不以尊称自也，但自我皆谦。⑤

由此可见，以卑称加诸己身，虽然只是在形式上或想象上实现了强势集团与弱势群体的相对平等，但亦能收到一定的除怨效果。谦逊固然是一种美德，但从上述材料来看，其也未尝不是一种趋利避害的手段。《尚书》

---

① 《韩诗外传》卷8《第三十四章》，第304页。
② 《老子·四十二章》，第117页。
③ 《老子道德经河上公章句》卷3《道化》，第169页。
④ 《老子指归》卷2《道生一》，第18—19页。
⑤ 《白虎通·号·王者接上下之称》，第47—48页。

所谓"满招损，谦受益"①中的"谦"，其出发点很可能是规避"损害"，希冀"益处"。晋国的叔向就曾引《易》之言对韩平子说："《易》曰：'天道亏满而益谦，地道变满而流谦，鬼神害满而福谦，人道恶满而好谦。'夫怀谦不足之柔弱，而四道者助之，则安往而不得其志乎？"② 东汉的樊宏更是训诫其子道："富贵盈溢，未有能终者。天道恶满而好谦，前世贵戚，皆明戒也。保身全己，岂不乐哉！"③ 可以明确地说，好利恶死是人之常情，适度利己亦无可厚非，而主动损己的行为除了舍己为人的道德追求外，更多的是基于一种除怨的考虑。

楚相孙叔敖对此有着十分明确的认识，他的除怨之方在先秦两汉子书中被广泛征引：

《荀子》中的记载为：

> 吾三相楚而心愈卑，每益禄而施愈博，位滋尊而礼愈恭。是以不得罪于楚之士民也。④

《列子》中的记载为：

> 吾爵益高，吾志益下。吾官益大，吾心益小。吾禄益厚，吾施益博。以是免于三怨。⑤

《文子》中的记载为：

> 夫爵益高者意益下，官益大者心益小，禄益厚者施益博，脩此三者怨不作。⑥

《淮南子》中的记载为：

> 吾爵益高，吾志益下；吾官益大，吾心益小；吾禄益

---

① 《尚书·大禹谟》，第137页中栏。
② 《说苑·敬慎》，第245页。
③ 《东观汉记》卷11《列传六》，《二十五别史》第6册，齐鲁书社2000年版，第96页。
④ 《荀子·尧问》，第651页。
⑤ 《列子·说符》，第259页。
⑥ 《文子·符言》，第204页。

博。是以免三怨，可乎？①

《韩诗外传》中的记载为：

> 吾爵益高，吾志益下；吾官益大，吾心益小；吾禄益厚，吾施益博可以免于患乎？②

《说苑》中的记载为：

> 位已高而意益下，官益大而心益小，禄已厚而慎不敢取。君谨守此三者，足以治楚矣。③

需要说明的是，《文子》一书中的除怨之方假托于"老子"，《说苑》一书中的除怨之方假托于"老者"，但察其内容，与孙叔敖的除怨之方并无二致。从其除怨之方在先秦两汉子书中被广为记载的事实来看，先秦两汉诸子对孙叔敖所言之可行性基本持肯定态度，因之，孙叔敖所言在一定程度上即代表了先秦两汉诸子除怨观的一个组成部分。孙叔敖除怨之方的核心要义即是"损己"，包括心理层面的损己、政治层面的损己、经济层面的损己。

事实上，从先秦至两汉，颇不乏心理、政治、经济层面的损己言行，而其目的正在于除怨。

就心理层面而言，老子曾称："夫唯不盈，故能蔽不新成。"④ 董平对此解释道："老子原说'曲则全'，'大成若缺，其用不弊'，这里则说：善守此道，则不欲盈满；正因为不欲盈满，所以就宁愿处于敝坏不全的状态而不求完全，宁肯自处于亏缺之中而不试图追求全备。这正与前句'不相盈'义相联属。"⑤ 其实，《淮南子》中亦征引过老子的上述言论，在征引老子之言前所记载的孔子的一则表述正可以与老子所言比而观之："益而损之……夫物盛而衰，乐极则悲；日中而移，月盈而亏。是故聪明睿智，守之以愚；多闻博辩，守之以陋；代力毅勇，守之以畏；富贵广大，守之

---

① 《淮南子·道应训》，第 870 页。
② 《韩诗外传》卷 7《第十二章》，第 254 页。
③ 《说苑·敬慎》，第 252 页。
④ 《老子·十五章》，第 34 页。
⑤ 董平：《老子研读》，中华书局 2015 年版，第 99 页。

以俭；德施天下，守之以让。此五者，先王所以守天下而弗失也。反此五者，未尝不危也。"① "守天下"一语即可表明孔子是站在强势集团一方来立论，"未尝不危"一语即可表明，愚也好、陋也好、畏也好、俭也好、让也好，都只不过是除怨的一种手段。在这一观念下来回视老子所言，笔者认为，董平的解读是可以成立的。通过心理层面的损己以除怨这一观念贯穿于先秦两汉整个时段，例如，成书于东汉末年的《老子想尔注》一书亦称："道人畏愚弱废夺，故造行先自愚自弱自废自夺，然后乃得其吉。及俗人废言，先取张强与之利，然后返凶矣。故诚知止足，令人于世间栽自如，便思施惠散财除殃，不敢多求。奉道诚者可长处吉不凶，不能止足相返不虚也。"② 所谓"自愚、自弱、自废、自夺"皆是损己的一种方式，其动机乃在于对被损的恐惧——"畏愚、弱、废、夺"，其目的正在于除怨——"得其吉"。

就政治、经济层面而言，先秦两汉时期不乏如孙叔敖一样对损己这一除怨方式有明确的认识并身体力行的人物。孔子所谓"以贵下贱，无不得也"③，是在强调损己方式的有效，田子方所谓"贫穷者骄人，富贵者安敢骄人。人主骄人而亡其国……大夫骄人而亡其家"④，是在强调损己行为的必要。而身体力行者，如西汉的萧何，"买田宅必居穷辟处，为家不治垣屋。曰：'令后世贤，师吾俭；不贤，毋为势家所夺。'"⑤ "居穷辟处"即是损己，"毋为势家所夺"即是除怨。另如东汉的阴兴，对汉光武帝辞让称："臣未有先登陷阵之功，而一家数人并蒙爵土，令天下觖望，诚为盈溢。臣蒙陛下、贵人恩泽至厚，富贵已极，不可复加，至诚不愿。"阴贵人对其舅这一损己行为颇为不解，便问其故，阴兴称："贵人不读书记邪？'亢龙有悔。'夫外戚家苦不知谦退，嫁女欲配侯王，娶妇昐睨公主，愚心实不安也。富贵有极，人当知足，夸奢益为观听所讥。"可以看出，阴兴损己之行其目的正在于除怨，一席话，说得阴贵人深以为然，于是便也"深自降挹，卒不为宗亲求位"⑥。如果说阴兴更多的是在政治层面上进行损己，那么东汉的折像则更多的是在经济层面上进行损己，史载：

---

① 《淮南子·道应训》，第906—907页。
② 《老子想尔注》，第45—46页。
③ 《说苑·尊贤》，第193页。
④ 同上书，第194页。
⑤ 《汉书》卷39《萧何曹参传》，第2012页。
⑥ 《后汉书》卷32《樊宏阴识列传》，第1131页。

国（折国）有资财二亿，家僮八百人。像（折像者，折国之子）幼有仁心，不杀昆虫，不折萌牙。能通《京氏易》，好黄、老言。及国卒，感多藏厚亡之义，乃散金帛资产，周施亲疏。或谏像曰："君三男两女，孙息盈前，当增益产业，何为坐自殚竭乎？"像曰："昔斗子文有言：'我乃逃祸，非避富也。'吾门户殖财日久，盈满之咎，道家所忌。今世将衰，子又不才。不仁而富，谓之不幸。墙隙而高，其崩必疾也。"智者闻之咸服焉。①

"我乃逃祸，非避富也"一句即说明折像损己之行的目的正在于除怨，而此言引自斗子文则说明这种认识并非创自折像而是由来已久了，而"智者闻之咸服"一句则可表明损己以除怨这种做法于当时而言亦不乏价值认同。

综览上论可知，损己的具体方式以化高为低、化贵为贱、化富为贫为代表。由这些方式的思维进路可知，损己一行在面对功过问题上的表现应当是归功于人、归过于己，惟其如此，方能消除怨恨。实际上，检视先秦两汉典籍可知，损己一行在面临功过问题上的表现正是如此。杨朱所谓："其美者自美，吾不知其美也；其恶者自恶，吾不知其恶也。"② 即在一定程度上说明了这一点。

首先，来分析归功于人。

对归功于人这一问题论述较为全面和透彻的，是老子。在他看来，归功于人的目的即在于除怨，其方法在于将功的外在形式归于人，而这种归功于人的方法并不妨碍在实质上赢得功。诸如"功成而弗居。夫唯不居，是以不去"③"非以其无私邪？故能成其私"④"夫唯不争，故天下莫能与之争"⑤ 等言论都是在强调这一点。无论是河上公所谓"圣人德化流行，不自取其美，故有功于天下"⑥ "所为辄自伐取其功美，即失有功于人也"⑦ "当果敢推让，勿自伐取其美也"⑧，抑或是严遵所谓"过分取大，身受不祥……功劳德厚，不克其分，衣食之费，倍取兼人也。是以，身获

---

① 《后汉书》卷82上《方术列传上》，第2720—2721页。
② 《列子·黄帝》，第81页。
③ 《老子·二章》，第6—7页。
④ 《老子·七章》，第19页。
⑤ 《老子·二十二章》，第56页。
⑥ 《老子道德经河上公章句》卷2《益谦》，第91页。
⑦ 《老子道德经河上公章句》卷2《苦恩》，第98页。
⑧ 《老子道德经河上公章句》卷2《俭武》，第122页。

其患，事及子孙"①，还是《老子想尔注》所谓 "名与功，身之仇，功名就，身即灭，故道诫之"②，都是对老子思想的一种继承与发挥。

无独有偶，扬雄对这一问题亦有明确认识，他在《法言》中写道：

> 自后者，人先之；自下者，人高之。诚哉！是言也！③

扬雄在《太玄》中亦写道：

> 次六：成魁锁，以成获祸。测曰：成之魁锁，不以谦也。④

司马光对上述文句的注释为：

> 六为极大而当夜，凡大功既成，则人欲分功者多矣。为其首者，既尸其大，必分其细以与人，则众无不悦。若欲兼而有之，则为众所疾，反因成功以获祸矣。⑤

"众无不悦""反因成功以获祸"两句最能说明是否归功于人直接决定着能否成功除怨。这种思想从先秦至两汉是一脉相承的，例如，《战国策》中的苏子称："贤者任重而行恭，知者功大而辞顺，故民不恶其尊，而世不妒其业"⑥，而《盐铁论》中的文学称："君子进必以道，退不失义，高而勿矜，劳而不伐，位尊而行恭，功大而理顺；故俗不疾其能，而世不妒其业。"⑦ 仅从文句的比对即可看出后者对前者思想的承袭。

实际上，归功于人这一做法与本书第一章所论述的让德、本书第四章所论述的施恩不图报的观念颇有相应之处。《管子》一书即称："修恭逊敬爱辞让，除怨无争，以相逆也，则不失于人矣。尝试多怨争利，相为不逊，则不得其身。"⑧ 晋国的叔向亦称："居俭动敬，德让事咨，而能

---

① 《老子指归》卷7《人之饥》，第108页。
② 《老子想尔注》，第12页。
③ 《法言·寡见》，第241页。
④ 《太玄·成》，第157页。
⑤ 同上书，第157—158页。
⑥ 《战国策·赵策二》，第164页。
⑦ 《盐铁论·非鞅》，第96页。
⑧ 《管子·小称》，第605页。

避怨。"① 需要指出的是，客体做到了归功于人，即在一定程度上意味着符合让的道德规范，且能体现出施恩不图报的行事风格，既然客体不让、施恩图报是触发主体怨恨的道德诱因与观念基础，那么，客体做到了归功于人，自然可以收到除怨的效果，这在逻辑上是可以成立的，在史实层面也不乏例证，如《左传》中，针对范文子在"晋师归"的境况下不敢"代帅受名"而"后入"的做法，其父范武子就予以肯定，认为这样可以免除怨恨及灾祸。② 另，发生在西汉宣帝时的一则事例亦很能说明问题：

> 数年，上遣使者征遂（龚遂），议曹王生愿从。功曹以为王生素着酒，亡节度，不可使。遂不忍逆，从至京师。王生日饮酒，不视太守。会遂引入宫，王生醉，从后呼，曰："明府且止，愿有所白。"遂还问其故，王生曰："天子即问君何以治渤海，君不可有所陈对，宜曰'皆圣主之德，非小臣之力也'。"遂受其言。既至前，上果问以治状，遂对如王生言。天子说其有让，笑曰："君安得长者之言而称之？"遂因前曰："臣非知此，乃臣议曹教戒臣也。"上以遂年老不任公卿，拜为水衡都尉，议曹王生为水衡丞，以褒显遂云。水衡典上林禁苑，共张宫馆，为宗庙取牲，官职亲近，上甚重之。以官寿卒。③

对于龚遂归功于人这一做法，汉宣帝表示出了喜悦与嘉许。龚遂非但没有遭到猜忌与怨恨，反而得到了皇帝的器重与信任。类似地，东汉的李寿行事风格与龚遂如出一辙，"寿（李寿）虽见优礼愈隆，寿意益下，其所致达，未尝伐其功美。"④ 而针对具有同样行事风格的皇甫嵩，撰写《汉后书》的华峤感慨道："盖功名者，士之所宜重。诚能不争，天下莫之与争，则怨祸不深矣。"⑤ 看得出来，华峤是将"归功于人"这一做法作为"除怨之方"来看待的。

其次，来分析归过于己。

对于强势集团而言，归过于己这一做法渊源甚古，至少可以追溯至商代。《论语·尧曰》引汤之言曰："万方有罪，罪在朕躬。"又引周武王之

---

① 《国语·周语下》，第27页。
② 《左传·成公二年》，第1897页上栏。
③ 《汉书》卷89《循吏传》，第3641页。
④ 周天游：《八家后汉书辑注》，上海古籍出版社1986年版，第235页。
⑤ 《后汉纪》卷27《孝献皇帝纪》，《两汉纪》，中华书局2002年版，第523页。

第五章　怨恨的体察、消除与控制

言曰："百姓有过，在予一人。"① 这颇可与《尚书》中《禹谟》《汤诰》《泰誓》《武成》诸篇相互参读。② 此外，《尚书·盘庚上》中亦称："邦之不臧，唯予一人有佚罚。"③ 毋庸赘言，这亦是对自我政治行为进行检讨。与此相印证的是，《吕氏春秋》在论证"归过于己"这一做法时，亦以商汤的事例来说明问题。据《吕氏春秋》载，在"天大旱，五年不收"的背景下，商汤做了"归过于己"的检讨，明确强调"余一人有罪，无及万夫。万夫有罪，在余一人，无以一人之不敏，使上帝鬼神伤民之命"，并且公开地"剪其发，䪡其手，以身为牺牲，用祈福于上帝"，其效果则是"民乃甚说，雨乃大至"。④ 需要指出的是，文中"民"的喜悦固然有"雨至"的原因，但更多的是因为商汤"归过于己"的态度和做法，将"雨乃大至"放在"民乃甚说"之后就说明了这一点。所以除怨的关键有时不在于损己的实质，恰恰在于损己的形式。上帝鬼神只是一种想象中的存在，但只要这种想象具有足够的权威，"己"向其请罪就意味着对"人"的一种虔诚。所以，汤将损己的形式与想象有机地融合到了一起，除了"发"和"手"之外，他几乎没有任何的实际损失，反而赢得了民心。不宁唯是，怨恨常常伴随着恐惧，而汤的做法无异于解除了"人"对"罪"加之于"身"的恐惧心理，相当于一次蒙"赦"，故"人"不免坦然并欣然了。这则事例亦说明，归过于己这一做法如果想要收到成效，至少要将归过于己的主体明确化，将归过于己的过程公开化。饶有兴味的是，这一做法在除怨方面的有效性不乏来自人类学研究成果的支撑。据克里斯·贝姆考证，家族世仇的最终解决，往往是"由于起先发起世仇的某一家族成员践行了一项自我贬低的礼仪"。⑤ 哥本哈根大学社会心理学家罗尔夫·科赛尔经过细致地研究，指出在许多前现代文化中，自我贬低的礼仪通常包括四种举止：（1）暴露身体的脆弱之处。（2）将自己的身体放低于想要取悦的人。（3）触摸不洁物。（4）允许其他人摸自己的头或头发。⑥ 也就是说，商汤"剪发䪡手"的举止很可能是一种自我贬低的礼仪。

需要指出的是，商汤的做法在先秦两汉典籍中得到了广泛的肯定与称

---

① 《论语·尧曰》，第 1350、1357 页。
② 参见李泽厚《论语今读》，生活·读书·新知三联书店 2008 年版，第 565 页。
③ 《尚书·盘庚上》，第 170 页中栏。
④ 《吕氏春秋·季秋纪·顺民》，第 200—201 页。
⑤ ［美］迈克尔·E. 麦卡洛：《超越复仇》，陈燕、阮航译，中国人民大学出版社 2013 年版，第 150 页。
⑥ 同上书，第 149 页。

赞。《左传》中称:"禹、汤罪己,其兴也悖焉,桀、纣罪人,且亡也忽焉。"①《管子》中称:"今夫桀、纣不然,有善则反之于身,有过则归之于民。归之于民则民怨,反之于身则身骄。往怨民,来骄身。此其所以失身也。"②《韩诗外传》中称:"昔桀纣不任其过,其亡也忽焉。成汤文王知任其过,其兴也勃焉。"③《淮南子》中称:"汤之时,七年旱,以身祷于桑林之际,而四海之云凑,千里之雨至。抱质效诚,感动天地,神谕方外。"④《申鉴》中称:"汤祷桑林……可谓爱民矣。"⑤ 从"有过……归之于民则民怨"一句可知,归过于己正是除怨之方。王充在《论衡》中对这一点阐发得最为明确,他说:

> 夫灾变大抵有二,有政治之灾,有无妄之变。政治之灾,须耐求之,求之虽不耐得,而惠愍恻隐之恩,不得已之意也。……
> 无妄之灾,百民不知,必归于主。为政治者,慰民之望,故亦必雩。⑥

也就是说,"政治之灾"也好,"无妄之灾"也罢,通过"归过于己"以宣示"惠愍恻隐之恩"来"慰民之望",即控制怨恨才是最重要的。正如徐干所说:"故怨人之谓壅,怨己之谓通。通也知所悔,壅也遂所误。遂所误也,亲戚离之;知所悔也,疏远附之;疏远附也常安乐,亲戚离也常危惧;自生民以来,未有不然者也。"⑦ 文中的"怨己"在一定程度上正可以理解为"归过于己",从"疏远附之""疏远附也常安乐"两句来看,这种做法是当之无愧的化怨之方。

两汉时期的君主大多继承了商汤归过于己这一传统,这在其诏令中多有体现。赵翼注意到,汉诏多惧词,但实际上,惧词只是表面,内里透露出来的正是归过于己的认识。为形象说明这一问题,不妨将赵翼搜罗的含有惧词的汉诏转引如下:

---

① 《左传·庄公十一年》,第 1770 页上栏。
② 《管子·小称》,第 603—604 页。
③ 《韩诗外传》卷 3《第十七章》,第 99 页。
④ 《淮南子·主术训》,第 620 页。
⑤ 《申鉴·杂言上》,第 148 页。
⑥ 《论衡·明雩篇》,第 671 页。
⑦ 《中论·贵验》,第 80 页。

第五章 怨恨的体察、消除与控制

文帝诏曰:"朕以不敏不明,而久临天下,朕甚自愧。"又诏曰:"间者岁比不登,朕甚忧之。愚而不明,未达其咎。"

元帝诏曰:"元元大困,盗贼并兴,是皆朕之不明。政有所亏,咎至于此,朕甚自耻。为民父母,若是之薄,谓百姓何。"又诏曰:"朕晻于王道,靡瞻不眩,靡听不惑,是以政令多违,民心未得。"

东汉明帝诏曰:"朕承大运,继体守文,不知稼穑之艰难。惧有废失,若涉渊冰,而无舟楫。实赖有德左右小子。"又诏曰:"比者水旱不时,边人食寡。政失于上,人受其咎。"

章帝即位,诏曰:"朕以无德,奉承大业。夙夜战栗,不敢荒宁,而灾异仍见,与政相应。朕既不明,涉道日寡。又选举乖实,俗吏伤人,官职耗乱,刑章不中。可不忧欤!"岐山得铜器,诏曰:"今上无明天子,下无贤方伯,民之无良,相怨一方。斯器曷为来哉?"

和帝诏曰:"朕奉承鸿烈,阴阳不和,水旱违度,而未获忠言至谋,所以匡救之策。寤寐永叹,用思孔疚。"又诏曰:"比年不登,百姓虚匮,京师去冬无雪,今春无雨,黎民流离,困于道路。朕痛心疾首,靡知所济。瞻仰昊天,何辜今人。"

安帝诏曰:"朕以不德,不能兴和降善。灾异蜂起,寇贼纵横,百姓匮乏,疲于征发。朕以不明,统理失中,亦未获忠良,以毗阙政。"

顺帝诏曰:"朕涉道日寡,政失厥中,阴阳气隔,寇盗肆暴。忧瘁永叹,疢如疾首。"①

从上述材料中的"朕甚自愧""朕甚自耻""政失于上,人受其咎""朕以无德""朕既不明""朕以不德""朕以不明""朕涉道日寡,政失厥中"的表述可知,两汉诸帝对归过于己这一传统之继承是一以贯之的。固然赵翼说:"以上诸诏虽皆出自继体守文之君,不能有高、武英气。"②但考诸史籍可知,即便如汉高祖、汉武帝者亦不乏惧词,亦有归过于己的做法。例如,开国创业的汉高祖在继位之前便发表惧词:"寡人闻帝者贤者有也,虚言亡实之名,非所取也。今诸侯王皆推高寡人,将何以处之哉?"③又如,好大喜功的汉武帝也曾言:"朕即位以来,所为狂悖,使天下愁苦,不可追悔。自今事有伤害百姓,糜费天下者,悉罢之!"汉武

---

① 《廿二史札记》卷2《汉诏多惧词》,第28—29页。
② 同上书,第29页。
③ 《汉书》卷1下《高帝纪下》,第52页。

帝深陈既往之悔,并坦率地承认"曩者朕之不明"。① 遣词造句与上述诸帝并无二致。笔者认为,《汉武帝内传》中刘彻对王母的一则倾诉,与此相类:

> 彻(刘彻)受质不才,沉沦流俗,承禅先业,遂羁世累。政事多阙,兆民不和,风雨失节,五谷无实。德泽不建,寇盗四海。黔首劳毙,户口减半。当非其主,积罪邱山。②

司马光曾这样评价汉武帝:

> 孝武穷奢极欲,繁刑重敛,内侈宫室,外事四夷,信惑神怪,巡游无度,使百姓疲敝,起为盗贼,其所以异于秦始皇者无几矣。然秦以之亡,汉以之兴者,孝武能尊先王之道,知所统守,受忠直之言,恶人欺蔽,好贤不倦,诛赏严明,晚而改过,顾托得人,此其所以有亡秦之失而免亡秦之祸乎!③

在司马光看来,晚年的归过于己、改弦更张是使汉武帝能够成功避免重蹈秦始皇覆辙的重要一因。换言之,归过于己这一损己行为的除怨效果是不容低估与小觑的。

二

本小节拟就利人这一除怨方式展开探讨。

一般而言,利人则人喜,这是一个最普通的常识。但将利人这一做法提升到形而上的层次,则要归功于先秦两汉子书的理论建构。老子称"天之道,损有余而补不足。"④ 荀子称:"礼者,断长续短,损有余,益不足。"⑤《大戴礼记》一书称:"慢怛以补不足,礼节以损有余。"⑥ 之所以

---

① 《资治通鉴》卷22《汉纪十四》世宗孝武皇帝下之下征和四年,第738—739页。
② 《汉武帝内传》,《汉魏六朝笔记小说大观》,上海古籍出版社1999年版,第143页。
③ 《资治通鉴》卷22《汉纪十四》世宗孝武皇帝下之下后元二年,第747—748页。
④ 《老子·七十七章》,第186页。
⑤ 《荀子·礼论》,第429页。
⑥ 《大戴礼记解诂》一书云:"慢,宽缓也。怛,忧伤也。慢怛,谓君心广大,忧民之忧也。补不足,谓出宫室府库所藏,以振贫乏也。"(见《大戴礼记·主言》,第6页。)

要将利人的方式与"道""礼"连结到一起,一方面基于对人的一种敬畏,另一方面基于对己的一种告诫。所以不遗余力地将"利人"的方式神圣化、精致化。至西汉的刘向,则通过引太公望之言,将利人这一方式提升到"治国之道"的高度来论述:"利之而勿害,成之勿败,生之勿杀,与之勿夺,乐之勿苦,喜之勿怒,此治国之道,使民之谊也,爱之而已矣"①,并直接将利人这一方式与除怨这一目的进行连结:"德无细,怨无小。岂可无树德而除怨,务利于人哉?"②

检视先秦两汉典籍可知,利人这一除怨方式在运用时,既要着眼人的长远利益,又要兼顾人的现实利益。

着眼人的长远利益本身就具有"除怨"功能。先秦两汉诸子对这一点的体察非常明确。

孔子称:

> 因民之所利而利之,斯不亦惠而不费乎?择可劳而劳之,又谁怨?③

墨子称:

> 万民出财赍而予之,不敢以为戚恨者,何也?以其反中民之利也。④

刘向引河间献王之言称:

> 禹称民无食,则我不能使也。功成而不利于人,则我不能劝也。故疏河以导之,凿江通于九派,洒五湖而定东海,民亦劳矣,然而不怨苦者,利归于民也。⑤

利人这一方式之所以在除怨上如此有效,原因在于其能用长远利益来弥补现实利益的暂时缺失。

但当长远利益缺乏清晰的可见度时,利人这一除怨方式也会招致某些误解,郑国民众对子产从政初期的评价颇可印证此点:"取我衣冠而褚之,

---

① 《说苑·政理》,第151页。
② 《说苑·复恩》,第128页。
③ 《论语·尧曰》,第1371页。
④ 《墨子·非乐上》,第251页。
⑤ 《说苑·君道》,第7页。

取我田畴而伍之。孰杀子产，吾其与之！"① 无独有偶，《吕氏春秋》中所记载的一则事例亦与此相类：

> 史起敬诺，言之于王曰："臣为之，民必大怨臣。大者死，其次乃藉臣。臣虽死藉，愿王之使他人遂之也。"王曰："诺。"使之为邺令。史起因往为之。邺民大怨，欲藉史起。史起不敢出而避之，王乃使他人遂为之。②

不妨再举一则发生在两汉时期的事例，西汉武帝时，修筑通向西南夷之道路的工程规模浩大，旷日持久，以致激起民怨，司马相如文章中的"罢三郡之士，通夜郎之涂，三年于兹，而功不竟。士卒劳倦，万民不赡"③ 一句即是对此一怨气的反映。

尽管后来郑国民众对子产的评价由低变高——"我有子弟，子产诲之。我有田畴，子产殖之。子产而死，谁其嗣之？"④

尽管邺民对史起的态度由怨转敬：

> 水已行，民大得其利，相与歌之曰："邺有圣令，时为史公，决漳水，灌邺旁，终古斥卤，生之稻粱。"⑤

尽管司马相如不遗余力地强调要百姓摒弃怨恨："夫拯民于沉溺，奉至尊之休德，反衰世之陵夷，继周氏之绝业，天子之急务也。百姓虽劳，又恶可以已哉？"⑥ 但这并不意味着初期的怨恨没有存在过。这一事实使代表强势集团利益的精英阶层对民众的觉悟报以不信任甚至是鄙夷的态度。

西门豹称：

> 民可以乐成，不可与虑始。今父老子弟虽患苦我，然百岁后期令父老子孙思我言。⑦

---

① 《左传·襄公三十年》，第 2014 页上栏。
② 《吕氏春秋·先识览·乐成》，第 416—417 页。
③ 《汉书》卷 57 下《司马相如传下》，第 2583 页。
④ 《左传·襄公三十年》，第 2014 页上栏。
⑤ 《吕氏春秋·先识览·乐成》，第 417 页。
⑥ 《汉书》卷 57 下《司马相如传下》，第 2586 页。
⑦ 《史记》卷 126《滑稽列传》，第 3213 页。

第五章　怨恨的体察、消除与控制

商鞅称：

　　疑行无名，疑事无功。且夫有高人之行者，固见非于世；有独知之虑者，必见敖于民。愚者暗于成事，知者见于未萌。民不可与虑始而可与乐成。①

赵武灵王称：

　　夫有高世之功者，必负遗俗之累；有独知之虑者，必被庶人之怨。②

司马相如称：

　　非常之元，黎民惧焉；及臻厥成，天下晏如也。③

《盐铁论》中的大夫称：

　　民可与观成，不可与图始。④

西汉末年的刘歆称：

　　夫可与乐成，难与虑始，此乃众庶之所为耳，非所望士君子也。⑤

东汉初年的徐宣称：

　　百姓可与乐成，难与图始。⑥

东汉后期的崔寔称：

---

① 《史记》卷68《商君列传》，第2229页。
② 《战国策·赵策二》，第167页。
③ 《汉书》卷57下《司马相如传下》，第2584页。
④ 《盐铁论·结和》，第479页。
⑤ 《汉书》卷36《楚元王传》，第1971页。
⑥ 《后汉书》卷11《刘玄刘盆子列传》，第485页。

· 267 ·

顽士暗于时权，安习所见，殆不知乐成，况可与虑始乎？①

由此可见，对于精英阶层而言，"民可以乐成，不可与虑始"这一认识贯穿先秦两汉时段的始终，并没有随着时间的推移而改变。伴随着这一认识，一些有识之士也明确意识到，利人这一除怨方式在除了要着眼于人的长远利益之外，也要不时地给予人一定的现实利益。通俗地说，就是既要让人有盼头，又要让人不时地尝上甜头。

给予人现实利益的做法，可以总称为"惠民"。而"惠民"这一做法基于具体目的的不同，又可以分为两个层次，第一个层次是基于任用目的的惠民，第二个层次是基于扶助目的的惠民。

首先来看第一个层次。笔者在本书第三章第二节曾就上下级关系通常呈现出以利相交的状态展开过论述，且征引了诸如"夫用人之道，尊以爵，赡以财，则士自来"②等颇能说明这一问题的材料。但需要补充的是，笔者在本书第三章第二节更多的是侧重于从利益角度探讨怨恨的发生逻辑，而此处笔者则拟梳理并分析先秦两汉典籍中"关于上级通过惠民以除怨且用民"的相应探讨与实践。

先秦两汉诸子就"上级通过惠民可以除怨且用民"这一点有明确认识。孔子称："宽则得众……惠则足以使人"③；"其养民也惠，其使民也义"④。曾子称："财散则民聚。"⑤ 扬雄称："惠以厚下，民忘其死"⑥；"危难之安，素施仁也"⑦。"足以使人""民聚""忘其死""安"等文句均说明民对上级而言无有怨恨。事实上，关于"上级通过惠民可以除怨且用民"这一点不乏民间思想的认同，《列女传》中所记楚子发母对其子的训斥就很能说明问题：

楚将子发之母也。子发攻秦，绝粮，使人请于王，因归问其母。母问使者曰："士卒得无恙乎？"对曰："士卒并分菽粒而食之。"又问："将军得无恙乎？"对曰："将军朝夕刍豢黍粱。"子发破秦而归，

---

① 《政论·阙题一》，第42页。
② 《三略·上略》，第21页。
③ 《论语·阳货》，第1199页。
④ 《论语·公冶长》，第326页。
⑤ 《礼记·大学》，第1675页上栏。
⑥ 《法言·寡见》，第241页。
⑦ 《太玄·昆》，第114页。

其母闭门而不内。使人数之曰:"子不闻越王勾践之伐吴?客有献醇酒一器者,王使人注江之上流,使士卒饮其下流,味不及加美,而士卒战自五也。异日,有献一囊糗糒者,王又以赐军士,分而食之,甘不逾嗌,而战自十也。今子为将,士卒并分菽粒而食之,子独朝夕刍豢黍粱,何也?《诗》不云乎:'好乐无荒,良士休休。'言不失和也。夫使人入于死地,而自康乐于其上,虽有以得胜,非其术也。子非吾子也,无入吾门。"子发于是谢其母,然后内之。君子谓子发母能以教诲。诗云:"教诲尔子,式谷似之。"此之谓也。①

由此可见,即便是子发得胜,其母亦不称许,因为"虽有以得胜,非其术也"。而所谓"术"结合其所举的勾践事例,可知此"术"之精义与"上级通过惠民可以除怨且用民"这一点息息相关。齐国田鳌子田乞的行事风格与勾践如出一辙,史载:"田鳌子乞事齐景公为大夫,其收赋税于民以小斗受之,其(粟)[廪]予民以大斗,行阴德于民,而景公弗禁。由此田氏得齐众心,宗族益强,民思田氏。晏子数谏景公,景公弗听。"以致晏子在出使晋国时,便对叔向做出了预言:"齐国之政其卒归于田氏矣。"田乞之子田成子田常继续重复其父的惠民之法:"以大斗出贷,以小斗收。"以致齐人歌之曰:"妪乎采芑,归乎田成子。"② 应该说,田乞田常父子的做法为后来的田氏代齐埋下了重要伏笔。

需要指出的是,田氏父子的惠民之行虽与勾践类似,但也存在重要差别。勾践是以君的角色惠民,而田氏父子是以臣的角色惠民。田氏父子的做法是不符合臣的规范的,从责任角度会招致他者指摘与怨恨,"晏子数谏景公"的事实即在一定程度上说明了这一点。可以为这一点提供旁证的,是见载于《说苑》中孔子对子路的一则训斥:

> 子路为蒲令,备水灾,与民春修沟渎,为人烦苦,故予人一箪食,一壶浆。孔子闻之,使子贡复之。子路忿然不悦,往见夫子曰:"由也以暴雨将至,恐有水灾,故与人修沟渎以备之,而民多匮于食,故人予一箪食一壶浆。而夫子使赐止之,何也?夫子止由之行仁也。夫子以仁教,而禁其行仁也,由也不受。"子曰:"尔以民为饿,何不告于君,发仓廪以给食之,而以尔私馈之,是汝不明君之惠,见汝之

---

① 《列女传》卷1《母仪传》,第31页。
② 《史记》卷46《田敬仲完世家》,第1881、1883页。

德义也。速已则可矣，否则尔之受罪不久矣。"子路心服而退也。①

另如韩非子亦称："行惠施利，收下为名，臣不谓仁。"②

由此可见，即便施惠于民是"仁行"，也要令"其"出之于"君"，否则便会授人以柄。这种观念在两汉时期亦不乏历史呈现。

西汉时期：

> 其秋，黥布反，上自将击之，数使使问相国何为。曰："为上在军，拊循勉百姓，悉所有佐军，如陈豨时。"客又说何曰："君灭族不久矣。夫君位为相国，功第一，不可复加。然君初入关，本得百姓心，十余年矣。皆附君，尚复孳孳得民和。上所谓数问君，畏君倾动关中。今君胡不多买田地，贱贳贷以自污？上心必安。"于是何从其计，上乃大说。③

东汉时期：

> （敬王刘睦）遣中大夫奉璧朝贺，召而谓之曰："朝廷设问寡人，大夫将何辞以对？"使者曰："大王忠孝慈仁，敬贤乐士。臣虽蝼蚁，敢不以实？"睦曰："吁，子危我哉！此乃孤幼时进趣之行也。大夫其对以孤袭爵以来，志意衰惰，声色是娱，犬马是好。"使者受命而行。其能屈申若此。④

然而，一般而言，受惠之民却无暇思忖出之于"君"或出之于"臣"的差别，哪怕明知施惠主体是为了收买自己、任用自己，也不会怨恨，反而还乐在其中。王充对这一点的洞察非常明确，他说：

> 虚恩拊循其民，民之欲得，即喜乐矣。何以效之？齐田成子、越王勾践是也。成子欲专齐政，以大斗贷、小斗收而民悦；勾践欲雪会稽之耻，拊循其民，吊死问病而民喜。二者皆自有所欲为于他，而伪

---

① 《说苑·臣术》，第54—55页。
② 《韩非子·有度》，第38页。
③ 《汉书》卷39《萧何曹参传》，第2010页。
④ 《后汉书》卷14《宗室四王三侯列传》，第556—557页。

第五章　怨恨的体察、消除与控制

诱属其民，诚心不加，而民亦说。①

实际上，在民间思想层面，楚子发母对其子的训斥并不是个例。赵括之母也曾对其子将赏赐"归藏于家"的做法表达过不满，认为这与赵括之父赵奢将赏赐"尽以予军吏士大夫"的做法相距甚远。② 两汉时期，"惠民可以除怨且用民"这一意识也不乏践行者，如王莽："爵位益尊，节操愈谦。散舆马衣裘，振施宾客，家无所余。收赡名士，交结将相卿大夫甚众"③，另如刘秀："军中分财物不均，众恚恨，欲反攻诸刘。光武敛宗人所得物，悉以与之，众乃悦。"④ 从"交结甚众"的结果、从"众恚恨"到"众乃悦"的转变来看，惠民对于除怨而言，效果可谓明显。正如林惠祥所说："凡人如得罪于他人或知人之怨己，则其初念常愿以赠遗潜消其嫌隙。"⑤

其次来看第二个层次，即基于扶助目的的惠民。弱势群体与强势集团的差别是真实存在的，由本书第三章第二节所论可知，这种差别有可能会激起弱势群体的怨恨。史不绝书的强势集团弱势群体进行扶助的行为，都可以看作一种除怨之方，正如西汉的谷永所说："加惠失志之人，怀柔怨恨之心。"⑥ 应对弱势群体进行扶助这一认识，在先秦两汉典籍中被反复强调：

《诗经》称：

> 爰及矜人，哀此鳏寡。⑦

《逸周书》称：

> 抚之以惠。⑧

《墨子》称：

---

① 《论衡·定贤篇》，第 1105 页。
② 《史记》卷 21《廉颇蔺相如列传》，第 2447 页。
③ 《汉书》卷 99 上《王莽传上》，第 4040 页。
④ 《后汉书》卷 1 上《光武帝纪上》，第 3 页。
⑤ 林惠祥：《文化人类学》，上海古籍出版社 2013 年版，第 241 页。
⑥ 《汉书》卷 85《谷永杜邺传》，第 3470 页。
⑦ 《诗经·小雅·鸿雁之什·鸿雁》，第 431 页中栏。
⑧ 《逸周书·名训解》，第 14 页。

多财则以分贫也。①

《孟子》称：

老而无妻曰鳏，老而无夫曰寡，老而无子曰独，幼而无父曰孤，此四者天下之穷民而无告者；文王发政施仁，必先斯四者。②

《庄子》称：

老弱孤寡为意，皆有以养。③

《荀子》称：

收孤寡，补贫穷。④

《礼记》称：

养耆老以致孝，恤孤独以逮不足。⑤
矜寡孤独废疾者，皆有所养。⑥

《淮南子》称：

朝于青阳太庙，命有司省囹圄，去桎梏，毋笞掠，止狱讼，养幼小，存孤独，以通句萌。⑦

《说苑》引"吕望答文王问"称：

---

① 《墨子·鲁问》，第476页。
② 《孟子·梁惠王下》，第136页。
③ 《庄子·杂篇·天下》，第1061页。
④ 《荀子·王制》，第180页。
⑤ 《礼记·王制》，第1342页上栏。
⑥ 《礼记·礼运》，第1414页上栏。
⑦ 《淮南子·时则训》，第387页。

第五章　怨恨的体察、消除与控制

文王问于吕望曰:"为天下若何?"对曰:"王国富民,霸国富士,仅存之国富大夫,亡道之国富仓府;是谓上溢而下漏。"文王曰:"善。"对曰:"宿善不祥。"是日也,发其仓府,以振鳏寡孤独。①

东方朔撰《非有先生论》一文称:

开内藏,振贫穷,存耆老,恤孤独,薄赋敛,省刑罚。②

司马相如撰《上林赋》一文称:

发仓廪以救贫穷,补不足。恤鳏寡,存孤独。③

《老子指归》称:

发仓庚,散财币,养耆老,食孤弱,振穷达困,显岩穴之士。④

由此可见,兼顾人的现实利益——惠民的一种表现就是用极其明显的形式给予弱势群体以实利,让其真切地感受到利的给予。需要指出的是,秦汉时期,统治者实行的一些举措、颁布的一部分诏令都能体现出应对弱势群体进行扶助这一认识,可以与上述材料比而观之。

以秦为例,秦始皇在刻石颂扬自己时,特别注意强调惠民这一行为,具体文辞如下:

上农除末、黔首是富。……忧恤黔首,朝夕不懈。
惠论功劳,赏及牛马,恩肥土域。……惠被诸产,久并来田,莫不安所。
皇帝休烈,平一宇内,德惠修长。……圣德广密,六合之中,被泽无疆。⑤

---

① 《说苑·政理》,第 150 页。
② 东方朔:《非有先生论》,《全上古三代秦汉三国六朝文》,第 266 页。
③ 司马相如:《上林赋》,《文选》,岳麓书社 1995 年版,第 288 页。
④ 《老子指归》卷 4《大国篇》,第 71 页。
⑤ 上述刻石文辞分别刻于秦始皇 28 年、32 年、37 年,见《史记》卷 6《秦始皇本纪》,第 245、252、261—262 页。

王子今认为:"'德'与'惠','德'与'泽'的联系,值得秦史研究者注意。由'武德'而'德惠',反映了秦帝国政治宣传的新气象。尽管这种宣传与政治实践之间距离甚远,但是也体现出在秦王朝上层,对于'德'的政治思想的理解有所进步。"王子今进一步指出:"秦王朝统治者曾经重视给予民众以看得见的物质利益,以作为政治安定的基本条件。"①可见,惠民的目的正在于除怨。

迨至两汉,与惠民相关特别是侧重于照顾鳏寡孤独等弱势群体的诏令更是不胜枚举。王子今曾撰《汉王朝的社会福利宣传和社会福利政策——以帝王诏令为视窗》一文,检索《汉书》、《后汉书》诸帝纪,对此类诏令的搜罗及铺陈甚为完备。②依据王子今的研究成果,可以编制表5-1如下:

表5-1 两汉皇帝扶助弱势群体次数统计

皇帝	在位期间颁布的扶助鳏寡孤独等弱势群体诏令的次数
汉文帝	2次
汉景帝	1次
汉武帝	8次
汉昭帝	1次
汉宣帝	9次
汉元帝	7次
汉成帝	4次
汉哀帝	1次
汉平帝	1次
汉光武帝	4次
汉明帝	5次
汉章帝	6次
汉和帝	7次
汉安帝	4次
汉顺帝	5次
汉质帝	2次
汉桓帝	3次

---

① 王子今:《秦汉社会意识研究》,商务印书馆2012年版,第8—9页。
② 参见王子今《秦汉社会史论考》,商务印书馆2006年版,第115—132页。

王子今指出:"汉王朝政治决策者们对于社会福利的重视,达到了空前的程度。"而之所以如此空前重视,目的正在于"维护国家的一统和安定,调整社会关系以趋于合理。"① 换言之,即为了消除弱势群体对强势集团的怨恨。在笔者看来,两汉统治者之所以对惠民这一除怨之方如此"情有独钟"且"乐此不疲",与先秦两汉典籍的一再强调似不无关联。班固曾言:"诸子十家,其可观者九家而已。……若能修六艺之术,而观此九家之言,舍短取长,则可以通万方之略矣。"② 两汉统治者对惠民这一除怨之方的重视正可以为班固所言提供注脚,不可否认,惠民这一方式是有着一定的除怨效果的,从两汉诸帝对其一以贯之的践行即可看出这一点。

三

在论证完损己、利人两种除怨方式的有效性后,现对上述两种除怨方式的局限性进行检讨。

损己、利人这两种除怨方式在践行中,颇为符合笔者在本书第二章所论及的"敬""俭""让"诸德,但是与"信"之一德相去甚远。前文所引王充之言"诚心不加"即可说明此点。就始自于商的君主"归过于己"的做法而言,刘泽华指出:"不论在理论上抑或实际政治中,这种专制君主的自我检讨的政治思维的提出都具有很高价值,这种价值就表现在它具有一定的自我调整能力,同时又具有很大的欺骗性。……在一个只有'余一人'独裁专制的王权社会中,由于根本上没有制度上对王权的有效制衡,所以实际上就流于空泛和欺骗。"③ 就两汉君主颁布的扶助鳏寡孤独等弱势群体的诏令而言,黄朴民指出,"似乎很是温情脉脉。其实根本不然,这些都是官样文章,循行故事。大量史实告诉我们,当时的上层统治者,并没有认真地考虑怎样自我拯救,而是缘饰拒谏,恣意妄为"④,"尤其可悲哀的是,到了汉灵帝时,居然连那些冠冕堂皇程式化了的下诏罪己问事之举也不复存在了。难怪范晔要讥讽灵帝:'然则灵帝之

---

① 王子今:《秦汉社会史论考》,商务印书馆2006年版,第115页。
② 《汉书》卷30《艺文志》,第1746页。
③ 刘泽华主编:《中国传统政治思维》,吉林教育出版社1991年版,第9页。
④ 黄朴民:《天人合一——董仲舒与两汉儒学思潮研究》,岳麓书社2013年版,第242—243页。

为灵也优哉！'"① "官样文章" "冠冕堂皇" "程式化"等词的形容颇可说明颁布扶助弱势群体诏令这一行为的应景性，即便是这样一种应景的行为，也尚未形成定制，以致灵帝以后竟付诸阙如，足见其局限。与此相类，两汉统治阶层有时也会提出并采取一些临时性的举措，以满足下层民众的情感需求以及利益需求，以消除怨恨，例如晁错曾对汉文帝提出了这样的建议："民至有所居，作有所用，此民所以轻去故乡而劝之新邑也。为置医巫，以救疾病，以修祭祀，男女有昏，生死相恤，坟墓相从，种树畜长，室屋完安，此所以使民乐其处而有长居之心也。"② 移民实边常常伴随着迁徙之怨，可是如果实行了晁错这样的以惠民为目的的配套措施，在一定程度上是可以消解怨恨的。晁错所提出的"使男女有昏"这一条，汉文帝也比较重视，扬雄认为"宫不女"是汉文帝有"德"的重要体现，所谓"宫不女"即不让宫女老死宫中。③ 即便昏庸如汉桓帝者，在看了陈蕃的相关上疏后，亦"颇纳其言，为出宫女五百余人"。④ 另如汉成帝时的谷永针对"水灾浩浩"的情况，便提出了"宜损常税小自润"⑤的建议。

但同样，这些临时性的建议和举措也并未形成定制，且能否实践具有极强的偶然性与极大的不确定性。例如，在谷永提出减税救灾建议的同时，有司却奏请加赋，以致谷永称此建议是"甚缪经义，逆于民心，布怨趋祸之道也。"⑥

说到底，无论是"损己"还是"利人"，推行形式化或想象化的平等恰恰是为了维持现实上的不平等。《郭店楚简》对此有所省察，认为"富而分贱、贵而能让"的结果反而是"民欲其富之大、其贵之上。"⑦ 之所以实施这种除怨方式，只是一种让步，晏子就曾指出："委而不以分人者，

---

① 黄朴民：《文致太平——何休与公羊学发微》，岳麓书社 2013 年版，第 10 页。实际上，关于汉灵帝为何不再颁布扶助鳏寡孤独等弱势群体的诏令这一问题，王子今的一则议论颇堪注意，王子今说："东汉后期灵献时代未见'致赐'特殊无助人群的事例，这可能主要是因为国力大衰，而灾异空前严重，对于社会生活影响的深度和广度都十分惊人的缘故。"（见王子今《秦汉社会史论考》，商务印书馆 2006 年版，第 132 页。）在笔者看来，黄朴民是从当权者的主观角度进行分析，王子今是从国家实力的客观角度进行分析，两说并不矛盾，可以并存。
② 《汉书》卷 49《爰盎晁错传》，第 2288 页。
③ 《法言·重黎》，第 389 页。
④ 《后汉书》卷 66《陈王列传》，第 2162 页。
⑤ 《汉书》卷 85《谷永杜邺传》，第 3471 页。
⑥ 同上。
⑦ 《郭店楚简·成之闻之》，第 141 页。

第五章　怨恨的体察、消除与控制

百姓必进自分也。故君人者,与其请于人,不如请于己也。"[①] 抛开被统治者得利的表象,我们可看清楚统治者自身的斟酌与权衡,他们为维护其统治地位而愿意选择一定让步,即为确保整体利益而甘愿让出局部利益。《管子》一书在认清"予则喜、夺则怒"这一民情的基础上,认为统治者要"见予之形,不见夺之理",惟其如此,"民爱可洽于上也。"[②] 换言之,就是用给予来掩盖剥夺,使统治策略趋向稳健与高明。

然而,"人""己"之别淡化到最后,差别还是存在,这意味着一种欺骗,能否"除怨"成功有时竟取决于骗术的高低,以致后人对骗术感慨到"向使当初身便死,一生真伪复谁知?"这种统治手段其实是一种权术,只不过是用损己、利人之类的所谓"善政"做包装罢了。

因之,损己、利人的除怨方式本身不乏权术的色彩,固然有效,然而有限。运用过度或不当,反而会使统治者本身的面目近于虚伪,徒增弱势群体的厌烦及怨恨。不宁唯是,以长远利益之"名"夺现实利益之"实",一旦超出了弱势群体的忍耐极限,即便用意再好、用心再真,也只能是适得其反。费孝通就认为,开疆辟土、筑城修河等投资并不能说是虐政,只是费用巨大,使农业经济不堪重负,于是民众便怨声载道,不惜与皇权偕亡。[③] 秦朝的灭亡颇可印证费孝通的观点:"秦非不欲治也,然失之者,乃举措太众、刑罚太极故也。"[④] 而两汉时期也不乏类似的失误,崔寔对时政的批评——"夫卒成之政,必有横暴酷烈之失"[⑤] 在一定程度上即可说明这一点。

而兼顾弱势群体的现实利益时,一旦将兼顾做成一种施舍,就犯了不敬这一忌讳。结合本书第二章第一节所论可知,这就会激起崇尚自尊之人群的反感与愤恚。例如在上述章节中曾举过的一则事例——子思对鲁缪公经常馈赠食物的做法非常愤慨,他说:"今而后知君之犬马畜伋。"[⑥]

并且,这种"赏赐"一旦趋向常态化,反而会沦为怨恨的媒介。《管子》从"先易而后难"的角度指出"惠者"是"民之仇雠""久而不胜其祸"[⑦];《文子》从"好与则无定分"的角度指出"好与"是"来怨之

---

① 《晏子春秋·内篇谏下》,第 105 页。
② 《管子·国蓄》,第 1259 页。
③ 费孝通:《乡土中国·生育制度》,北京大学出版社 1998 年版,第 62 页。
④ 《新语·无为》,第 62 页。
⑤ 《政论·阙题六》,第 127—128 页。
⑥ 《孟子·万章下》,第 713 页。
⑦ 《管子·法法》,第 298 页。

道","上之分不定,则下之望无止"①。与《文子》文句类似,《淮南子》直接明言:

> 好与,则无定分。上之分不定,则下之望无止。若多赋敛,实府库,则与民为雠。少取多与,数未之有也。故好与,来怨之道也。②

这真可谓是"升米恩,斗米仇"了。与此相类,《盐铁论》中的御史更是指出一味"好与",反而会使民惰而且骄,适足致怨:

> 今赖陛下神灵,甲兵不动久矣,然则民不齐出于南亩,以口率被垦田而不足,空仓廪而赈贫乏,侵益日甚,是以愈惰而仰利县官也。为斯君者亦病矣,反以身劳民,民犹背恩弃义而远流亡,避匿上公之事。民相仿效田地日芜,租赋不入,抵扞县官。君虽欲足,谁与之足乎?③

这正可以看作孙子所谓"视卒如婴儿,故可与之赴深谿;视卒如爱子,故可与之俱死。厚而不能使,爱而不能令,乱而不能治,譬如骄子,不可用也"④的现实演绎。职是之由,《盐铁论》中的大夫们认为,对弱势群体不能不加区别地一味扶助:

> 共其地,居是世也,非有灾害疾疫,独以贫穷,非惰则奢也;无奇业旁入,而犹以富给,非俭则力也。今日施惠悦尔,行刑不乐;则是闵无行之人,而养惰奢之民也。故妄予不为惠,惠恶者不为仁。⑤

实际上,韩非子早就指出了这一点:

> 侈而惰者贫,而力而俭者富。今上征敛于富人以布施于贫家,是夺力俭而与侈惰也,而欲索民之疾作而节用,不可得也。⑥

---

① 《文子·道德》,第230页。
② 《淮南子·诠言》,第632页。
③ 《盐铁论·未通》,第191页。
④ 《孙子·地形》,第284页。
⑤ 《盐铁论·授时》,第422页。
⑥ 《韩非子·显学》,第501页。

第五章 怨恨的体察、消除与控制

《淮南子》亦称：

> 为惠者，尚布施也。无功而厚赏，无劳而高爵，则守职者懈于官，而游居者亟于进矣。①

应该说，这类议论非常可贵，它虽发表于时间距我们异常久远的先秦及两汉，但却不失现代性。

然而，若真的将扶助对象区别对待，其除怨效果恐怕也不甚理想。因为一旦如此，"利人"中的"人"并不意味着所有人，没有得利的那部分人难免会怨，此谓"惠难遍也"；而得利的那部分人因更加明确自身的贫贱，亦可生怨，此谓"施难报也"。这种情况在西方历史上亦有体现，例如，古罗马历史学家塔西佗曾说："只有当我们认为我们有能力报恩的时候，接受恩惠才是一种快乐，在报恩的可能性失掉时，往往以仇恨而不是感激回敬对方。"②《国语》中对这两种情况的总结就是："不遍不报，卒于怨仇。"③

看来，损己、利人的除怨方式并不是包治百病的灵丹妙药。正如钱穆所言："为政者徒有美意，不明时势，不讲法术，亦仅以致乱而两损耳。"④损己、利人堪称美意，若不结合时势与法术，对于除怨而言，恐怕只能行之于一时。

第三节　控制怨恨的措施：富、教、法

一

本节拟探讨强势集团即统治阶层控制弱势群体即被统治阶层怨恨的宏观措施。笔者认为，此类措施可以条陈为三，曰：富、教、法。富即富民，教即教化，法即法治。笔者在本书第二章第二节在探讨官的责任时，参照余英时《汉代循吏与文化传播》一文及文中所引张纯明的研究成果，指出官的责任主要包括物质层面的"兴利"、精神层面的"教化"、政治层

---

① 《淮南子·主术训》，第632页。
② [美] J. M. 汤普森：《历史著作史》上卷，第1分册，谢德风译，商务印书馆2011年版，第147页。
③ 《国语·晋语二》，第79页。
④ 钱穆：《秦汉史》，生活·读书·新知三联书店2005年版，第319页。

面的"理讼",分别对应着孔子所强调的"富之""教之"和"无讼"。实际上,萧公权就曾将孔子的治术条陈为三,曰养,曰教,曰治。① 可以说,这与本节所要探讨的宏观措施可谓一体两面,颇有互相照应之处。统治阶层实施富民、教化、法治的措施正可以看作履行兴利、教化、理讼责任的一种表现,既然统治阶层没有履行兴利、教化、理讼的责任会使被统治阶层产生怨恨,那么,统治阶层实行上述措施便正是控怨之方,这在逻辑上也是成立的。本节论述的主要任务即在于从思想史的角度探讨上述措施作为控怨之方的合理性与必要性。

正如本书第二章第二节所论,兴利是教化与理讼的经济前提,富、教、法三项措施之中,富亦居于基础地位,离开了富民,教化与法治无异于空中楼阁。这种认识,似乎在先于诸子的夏商周三代时即已略见端倪。韩东育指出:"三代,被中国文化传统视为历史上最好的时候。这种'最好',用今天的感觉来把握,大概是在当时的历史条件下有三个方面的事实最大限度地满足了人们的基本需求:一是稳定的经济生活,二是密切的亲情生活,三是规范的精神生活。"② 其中,稳定的经济生活即对应着富这一措施,密切的亲情生活、规范的精神生活分别与教这一措施、法这一措施有一定的相应之处。而由韩东育的"把握"亦可以看出,稳定的经济生活要优先于密切的亲情生活以及规范的精神生活。与此相印证的是,夏、商、周三代统治者俱以为宝的治国大法——《洪范》在论及"八政"时亦称:"一曰食,二曰货。"③ 明确地将稳定的经济生活置于首位。

先秦两汉子书对"治国必先富民"这一点曾多次予以强调。

《管子》称:

> 仓廪实则知礼节,衣食足则知荣辱。④
> 凡治国之道,必先富民。民富则易治也,民贫则难治也。奚以知

---

① "养"即对应着本书的"富","教"即对应着本书的"教","政"即对应着本书的"法"。萧公权认为,治之工具为"政"、"刑",而关于"刑"与"法"的相应之处,笔者会在下文进行论证(参见萧公权《中国政治思想史》,新星出版社2010年版,第43页。)此外,《韩非子·诡使》称:"圣人之所以为治道三:一曰利,二曰威,三曰名。夫利者所以得民也,威者所以行令也,名者上下之所同道也。"(第447页)笔者认为,这与富、教、法亦有一定的相应之处,具体言之,利对应着富,名对应着教,威对应着法。
② 韩东育:《道学的病理》,商务印书馆2007年版,第115页。
③ 《尚书·洪范》,第189页上栏。
④ 《管子·牧民》,第2页。

其然也？民富则安乡重家，安乡重家则敬上畏罪，敬上畏罪则易治也。民贫则危乡轻家，危乡轻家则敢陵上犯禁，陵上犯禁则难治也。故治国常富，而乱国必贫。是以善为国者，必先富民，然后治之。①

《论语》称：

子适卫，冉有仆。子曰："庶矣哉。"冉有曰："既庶矣，又何加焉？"曰："富之。"曰："既富矣，又何加焉？"曰："教之。"②

《孟子》称：

养生丧死无憾，王道之始也。五亩之宅，树之以桑，五十者可以衣帛矣。鸡豚狗彘之畜，无失其时，七十者可以食肉矣。百亩之田，勿夺其时，数口之家可以无饥矣。七十者衣帛食肉矣，黎民不饥不寒，然而不王者，未之有也。

谨庠序之教，申之以孝悌之义，颁白者不负戴于道路矣。③

《荀子》称：

下贫则上贫，下富则上富。……明主必谨养其和，节其流，开其源，而时斟酌焉，潢然使天下必有余而上不忧不足。如是则上下俱富，交无所藏之，是知国计之极也。④

《淮南子》称：

夫雕琢刻镂，伤农事者也；锦绣纂组，害女工者也。农事废，女工伤，则饥之本而寒之原也。夫饥寒并至，能不犯法干诛者，古今之未闻也。⑤

---

① 《管子·治国》，第924页。
② 《论语·子路》，第905页。
③ 《孟子·梁惠王上》，第35—59页。
④ 《荀子·富国》，第230页。
⑤ 《淮南子·齐俗训》，第824页。

· 281 ·

《潜夫论》称：

    贫则陀而忘善，富则乐而可教。①

《政论》称：

    人非食不活，衣食足，然后可教以礼义，威以刑罚。苟其不足，慈亲不能畜其子，况君能捡其臣乎？故古记曰："仓廪实而知礼节，衣食足而知荣辱。"②

《申鉴》称：

    民不畏死，不可惧以罪，民不乐生，不可劝以善，虽使离布五教，咎繇作士，政不行焉，故在上者，先丰民财以定其志。③

    恩格斯曾这样评价马克思："马克思发现了人类历史的发展规律，即历来为繁芜丛杂的意识形态所掩盖着的一个简单事实：人们首先必须吃、喝、住、穿，然后才能从事政治、科学、艺术、宗教等等。"④ 综览上述材料可知，马克思的发现与中国先秦两汉子书对"治国必先富民"这一点的强调颇有相应之处，这也从一个侧面彰显出了蕴含在古代中国传统思维中的实用理性。

    由上述材料我们可以得出以下四点认识。

    第一，"治国必先富民"这一认识从先秦至两汉一以贯之，且不乏承袭性，《政论》对管子之言"仓廪实而知礼节，衣食足而知荣辱"的直接称引颇可说明这一点；

    第二，富民是执政兴国的第一要务，"治国之道，必先富民""庶矣后先富之""养生丧死无憾为王道之始""先丰民财以定其志"等文句无一不将富民置于首要位置；

    第三，富民是实施教化与法治的经济前提，"仓廪实而知礼节""富矣后便教之""养生丧死无憾后便谨庠序之教""富则乐而可教"等文句明确

---

① 《潜夫论·务本》，第16页。
② 《政论·阙题七》，第143页。
③ 《申鉴·政体》，第12页。
④ [德] 马克思、恩格斯：《马克思恩格斯选集》第3卷，人民出版社1995年版，第776页。

第五章 怨恨的体察、消除与控制

认为富民要优先于教化,而由"衣食足,然后可教以礼义,威以刑罚"一句可知,富民亦优先于法治。尽管孔子有所谓"去兵去食,无信不立"的观点,但其更多的是在强调道德的重要性,而从教化的实践来看,富而后信生的观点似更符合历史的实际,正如王充所说:

> 今言去食,信安得成?春秋之时,战国饥饿,易子而食析,骸而炊,口饥不食,不暇顾恩义也。夫父子之恩,信矣。饥饿弃信,以子为食。孔子教子贡去食存信,如何?夫去信存食,虽不欲信,信自生矣;去食存信,虽欲为信,信不立矣。[1]

表面上看,王充似乎站在了孔子的反面,但深察其论,不难发现,王充是拿孔子的一部分观点——"富之教之"去反对孔子的另一部分观点——"去兵去食",而这种反对,正可以看作对儒家思想的一种继承。

第四,若没有做到富民,就会激发民怨,以致爆发祸乱"民贫则危乡轻家,陵上犯禁""饥寒并至必犯法干诛""苟其不足,慈亲不能畜其子,况君能捡其臣乎"等议论均可以体现这一点,与上述议论类似的是,《孔丛子》引孔子之言称:"民之所以生者,衣食也。上不教民,民匮其生,饥寒切于身而不为非者寡矣。"[2] 董仲舒称:"贫者穷急愁苦;穷急愁苦而不上救,则民不乐生;民不乐生,尚不避死,安能避罪!此刑罚之所以蕃而奸邪不可胜者也。"[3] 综上可知,这些议论正从反面说明了富民是实至名归、当之无愧的控怨之方。

需要说明的是,作为控怨措施的富民与本章第二节所论述的作为除怨方式的利人在具体实践中不乏一定的重合之处,但并不完全等同。利人方式中着眼于人的长远利益的相关做法,即兴长利的举措与富民措施是重合的,利人方式中兼顾人的现实利益的相关做法与富民措施并不完全等同,具体区别之处在于,利人更侧重于授人以鱼,是治标之方,而富民则更侧重于授人以渔,是务本之策。而如何富民,上文所引孟子之论——"五亩之宅,树之以桑……鸡豚狗彘之畜,无失其时……百亩之田,勿夺其时"为后世提供了一个基本的理念——"以农为本",上文所引荀子之论——

---

[1] 《论衡·问孔篇》,第422—423页。
[2] 《孔丛子·刑论》,第78页。
[3] 《汉书》卷56《董仲舒传》,第2521页。

"谨养其和,节其流,开其源,而时斟酌焉。潢然使天下必有余,而上不忧不足"为施政者提供了一个基本的思路——"开源节流",而这一思路的终极目的,即在于达到"上下俱富"、政通人和、无有怨恨的理想境界。

值得注意的是,上述材料中的《政论》一书称:"苟其不足,慈亲不能畜其子,况君能捡其臣乎?"由此可见,若欲控制怨恨的发生,不仅要使民富,而且还要使臣富,即要对各级官员的俸禄给予一定保障。实际上,崔寔在《政论》中对这一点曾反复强调,在崔寔看来,周朝、秦朝、新朝灭亡的原因都与官吏俸禄微薄有关:

> 昔周之衰也,大夫无禄,诗人刺之。暴秦之政,始建薄奉。亡新之乱,不与吏除。三亡之失,异世同术。①

崔寔所论,颇不乏史实支撑,以新朝的表现最为典型,史载:

> (王莽时)上自公侯,下至小吏,皆不得奉禄,而私赋敛,货赂上流,狱讼不决。吏用苛暴立威,旁缘莽禁,侵刻小民。②

崔寔认为,俸禄微薄之官吏堕于贪腐一流的可能性是非常大的:

> 今所使分威权、御民人、理狱讼、干府库者,皆群臣之所为,而其奉禄甚薄,仰不足以养父母,俯不足以活妻子。父母者,性所爱也,妻子者,性所亲也。所爱所亲方将冻馁,虽冒刃求利,尚犹不避,况可令临财御众乎!是所谓渴马守水,饿犬护肉,欲其不侵,亦不几矣!夫事有不疑,势有不然,盖此之类,虽时有素富骨清者,未能百一,不可为天下通率。③

不可否认,俸禄微薄之官吏亦有廉洁奉公者,但在崔寔看来,这种概率是比较低的,不具有普遍性。相反,官吏因俸禄微薄而堕于贪腐一流则具有一般性,正如汉宣帝在一则诏令中所说:"吏不廉平则治道衰。今小

---

① 《政论·阙题七》,第155页。
② 《汉书》卷24下《食货志下》,第1185页。
③ 《政论·阙题七》,第146页。

吏皆勤事，而奉禄薄，欲其不侵渔百姓，难矣。"① 一个"难"字，充分说明了官吏俸禄微薄却廉洁奉公者的可贵及稀有。

正如荀悦所说：

> 或问禄。曰："古之禄也备，汉之禄也轻。夫禄必称位，一物不称，非制也。公禄贬则私利生，私利生则廉者匮而贪者丰也。夫丰贪、生私、匮廉、贬公，是乱也，先王重之。"②

官吏一旦堕入贪腐一流，依据本书第二章第二节的论述可知，此时的官吏已背离了作为官吏的责任，势必会激发民众的怨恨。为了不致使官吏堕入贪腐一流，崔寔在赞同"治国必先富民"这一认识的基础上进一步提出了"富吏"的主张：

> 古赋禄虽不可悉遵，宜少增益，以赒其匮。使足代耕自供，以绝其内顾念奸之心，然后重其受取之罚。则吏内足于财，外惮严刑，人怀羔羊之洁，民无侵枉之性矣。③

由"人怀羔羊之洁，民无侵枉之性"一句可知，富吏措施亦能收到一定的控怨效果。正如仲长统所说："奉禄诚厚，则割剥贸易之罪乃可绝也。"④ 孙啓治对此注解道："割剥，割夺侵剥于民。贸易，谓受贿而渎职之交易。吏俸诚足，则不起贪婪之心而犯罪。"⑤

但需要指出的是，富吏措施在实行时必须以富民措施为基础，对这一点，荀悦有着明确的认识，他说：

> 曰："禄可增乎？"曰："民家财侊，增之宜矣。"或曰："今禄如何？"曰："时匮也。禄依食，食依民，参相澹。必也正贪禄，省闲冗，与时消息，昭惠恤下，损益以度可也。"⑥

---

① 《政论·阙题七》，第153页。
② 《申鉴·时事》，第76页。
③ 《政论·阙题七》，第153页。
④ 《昌言·损益篇》，第297页。
⑤ 同上。
⑥ 《申鉴·时事》，第76页。

明代的黄省曾在注释"禄依食,食依民,参相澹"一句时云:"澹,古'赡'字,给也。即《汉书》'犹未足以澹其欲'及'以澹不足'之'澹'。此言民以给食,食以给禄,所谓相参相赡也。"① 孙启治在注释"昭惠恤下,损益以度可也"一句时称:"故当施惠以恤民……审度时势以损益俸禄。"② 不妨将荀悦上述文句的核心意思归纳如下:只有百姓富足了,才能根据情势需要来着手解决各级官员的俸禄问题。

即便如此,笔者认为,富吏措施不妨看作富民措施的一种有益补充,二者的结合充实并丰富了"富"这一控怨措施的具体内涵。

二

由第一小节所论可知,富民是实施教化与法治的经济前提,要优先于教化与法治。而在先秦两汉思想史上,教化与法治能否并存且孰先孰后是一个争论不休的问题,笔者在论述教化、法治这两种控怨措施之前,有必要对上述这一问题进行基本的检讨。在检讨这一问题之前,笔者拟首先征引蒋庆的一则议论,蒋庆说:

> 一般说来,人类的焦虑根据其性质的不同可分为两大类,一类是实存性的焦虑。一类是制度性的焦虑。实存性的焦虑是生命的焦虑,其焦虑的对象是生命的价值、存在的意义、人格的增进和道德的完善。制度性的焦虑是政治的焦虑,其焦虑的对象是政治的价值、制度的意义、规范的设立和政制的改进。③

应该说,这两种焦虑从古至今,并无二致。人们对同一问题的认识,往往会因所持焦虑的不同而不同,甚至呈现出完全相反的状态。例如,针对中国当代社会整体道德水平低下这一现象,以法家研究著称于世的宋洪兵指出:

> 促使我重新思考这个话题的契机,在于当今一个普遍的社会现象:高尚道德教育并未提升我们社会的整体道德水平,道德冷漠及各

---

① 《申鉴·时事》,第 77 页。
② 同上书,第 78 页。
③ 蒋庆:《公羊学引论》,辽宁教育出版社 1995 年版,第 2 页。

种"缺德"的事情更使人们痛心疾首。众所周知,我们从小到大,一直在接受高尚的道德教育,然而一代又一代下来,在高尚道德教育并非缺乏而是近乎泛滥的社会语境中,构成社会群体的单个个体无一例外,都接受过高尚道德教育。然而,当他们步入社会,构成整个社会的一分子时,却未能呈现个体叠加的整体效应。社会整体道德水平并未因此而提升,反倒呈现越来越低的趋势。人心不古、世风日下、道德危机等反思,充斥在各种媒体与舆论之中。当人们开始寻求提升社会道德水平的途径时,又都不约而同、下意识地回归"教育",尤其是如何做人的道德教育。事情仿佛又回到了原点。……带着上述问题意识,笔者把眼光投向了先秦时期法家。[1]

而以礼学研究著称于世的彭林对中国当代社会整体道德水平低下这一现象的看法却与宋洪兵的观点颇有不同:

> 改革开放之初,有许多人天真地认为,只要全面实行了市场经济,一切问题就都迎刃而解了。可是,随着市场的开放,随之而来的是商品的假冒伪劣等问题。于是,又有一些人天真地认为,只要全面实行法制建设,一切问题就都迎刃而解了。可是,法虽然越来越多,而钻法律空子的水平也越来越高,令人穷于应付。事实证明,许许多多的问题都出在道德上。现有越来越多的人意识到,社会的发展需要道德的引领。[2]

应该说,两位学者的观点分别体现了其对当下现实的深沉的人文关怀,正可相互补益,但显而易见,二者的观点是存在一些矛盾之处的。宋洪兵的《循法成德》、彭林的《礼乐人生》都出版于2015年,可以看出,类似的争论及探讨在今天仍没有过时,更没有终结。实际上,类似的争论在先秦时期于儒法二家之间便已展开。彭林的观点体现的是一种实存性焦虑,是儒家思想在当代社会的一种投射;宋洪兵的观点体现的是一种制度性焦虑,是法家思想在当代社会的一种投射。但无论是彭林,还是宋洪兵,都坦率承认,教化与法治皆不可偏废。

---

[1] 宋洪兵:《循法成德——韩非子真精神的当代诠释》,生活·读书·新知三联书店2015年版,第2—3页。

[2] 彭林:《礼乐人生》,上海文艺出版社2015年版,第147页。

彭林称:"法治与德治是社会进步的两轮,是时代飞跃的两翼,缺一不可。"①

宋洪兵称:"既然单纯德治或单纯法治均存在不足,德法并重当然是一种恰当的治国思路。"②

饶有兴味的是,回溯到先秦两汉时期,儒家也好,法家也罢,在德法并重这一问题上,其所持有的见解与彭林、宋洪兵并无二致。

《管子》称:

> 法出于礼,礼出于治,治、礼,道也,万物待治礼而后定。③
> 所谓仁义礼乐者,皆出于法,此先圣之所以一民者也。④

丁原明对上述两则文句分析道:

> 尽管这两种说法的出发点相异,但总起来看,前者说"法"是维护"礼"的,后者说"法"是最根本的准绳,没有违背"法"的仁义礼乐,而这正体现了……礼法并用。⑤

荀子称:

> 不教而诛,则刑繁而邪不胜;教而不诛,则奸民不惩;⑥

董仲舒称:

> 质朴之谓性,性非教化不成;人欲之谓情,情非度制不节。⑦

崔寔称:

---

① 彭林:《礼乐人生》,上海文艺出版社 2015 年版,第 200 页。
② 宋洪兵:《循法成德——韩非子真精神的当代诠释》,生活·读书·新知三联书店 2015 年版,第 13 页。
③ 《管子·枢言》,第 246 页。
④ 《管子·任法》,第 902 页。
⑤ 丁原明:《黄老学论纲》,山东大学出版社 1997 年版,第 173 页。
⑥ 《荀子·富国》,第 226 页。
⑦ 《汉书》卷 56《董仲舒传》,第 2515 页。

第五章 怨恨的体察、消除与控制

夫刑罚者，治乱之药石也；德教者，兴平之粱肉也。夫以德教除残，是以粱肉理疾也；以刑罚理平，是以药石供养也。①

荀悦称：

凡政之大经，法、教而已。教者，阳之化也；法者，阴之符也。② 问德刑并用。"常典也。或先或后，时宜。"③

或曰："善恶皆性也，则法、教何施？"曰："性虽善，待教而成；性虽恶，待法而消。唯上智下愚不移，其次善恶交争，于是教扶其善，法抑其恶。得施之九品，从教者半，畏刑者四分之三，其不移大数九分之一也。一分之中又有微移者矣。然则法教之于化民也，几尽之矣。及法教之失也，其为乱亦如之。④

综览上论可知，教、法不行的反面对应着"邪""奸""乱"，而"邪""奸""乱"则意味着怨恨的潜伏与爆发，因之，无论教，还是法，可以看成一种控怨措施。需要指出的是，教、法这两种控怨措施，在先秦两汉典籍中有不同的表述方式，但察其内涵，皆可归宗于教化、法治，无须做过多地区别。为论证的便利及清晰，笔者以上述材料为据，将关于教、法的不同表述方式整合如下：

教化→礼、教化、德教、德、教；
法治→诛、度制、刑罚、刑、法。

金景芳指出："中国在夏殷周三代都盛言礼，当时只有刑，还谈不到法。法的产生当在战国初年。战国思想界有所谓法家。"⑤ 也就是说，法源于刑但却高于刑，二者虽不完全等同，但有很大一部分是重合的，正如钱穆所言："中国人所谓法律，多偏指刑罚言云。"⑥ 因之，在不影响对问题进行说明的前提下，笔者将刑、法作为一个整体合并讨论。荀子、董仲

---

① 《政论·阙题二》，第66页。
② 《申鉴·政体》，第5页。
③ 《申鉴·时事》，第70页。
④ 《申鉴·杂言下》，第210页。
⑤ 陈恩林、舒大刚、康学伟主编：《金景芳学案》，线装书局2003年版，第207页。
⑥ 钱穆：《政学私言》，九州出版社2010年版，第177页。

舒、荀悦是儒家的代表，而崔寔在一定程度上可以看作法家的后脉，正如章太炎所说："东京之衰，刑赏无章也。儒不可任，而发愤者变之以法家。王符之为《潜夫论》也，仲长统之造《昌言》也，崔寔之述《政论》也。"①可见，无论是儒家，还是法家，都认为教化与法治应该并举。需要指出的是，儒法二家之所以能达成这样的共识，与黄老学的影响关联至深。上文所征引的《管子·枢言》《管子·任法》两则材料正代表了黄老学的观点。丁原明指出："黄老学最早认识到治国手段不能单打一，即既不能单独使用儒家的仁义说教，也不能单独使用法家的暴力刑罚，而应把两者结合起来运用，即所谓刑德相养、文武并用。"② 在丁原明看来，"荀况既尊礼又重法的思想应是沿循稷下黄老学的脉络发展下来的"③，笔者认为，在坦承丁原明观点成立的基础上，可以想见，师从于荀况的韩非在思想上受到黄老学的影响是顺理成章的，正如司马迁所说："（韩非）喜刑名法术之学，而其归本于黄老。"④ 丁原明进一步指出，汉代的所谓"礼法并用""刑德相济""文武并用"等，亦直接发源于黄老学。⑤ 黄老学是西汉初年治国理政的指导思想，固然至汉武帝时改弦更张，转而独尊儒术，但在治道上并没有废弃黄老学"礼法并用""刑德相济""文武并用"的相关主张。汉宣帝所谓"汉家自有制度，本以霸王道杂之，奈何纯任德教，用周政乎"⑥的言语即在一定程度上可以说明这一点。必须承认，黄老学"礼法并用""刑德相济""文武并用"的相关主张具有极大的合理性与可行性，可见，两汉时期开明的统治者选择这样一种治道绝不是偶然的，教化与法治并重这一治道必然是精英集团经过反复思忖、细致衡量后，在无数可行方案当中拿出的一个深切时势之需的最佳方案。章太炎称："学者谓黄老足以治天下"⑦，良有以也。

看来，教化与法治需双管齐下，不可偏废。儒家也好，法家也罢，在当代提倡儒家思想的彭林也好，在当代提倡法家思想的宋洪兵也罢，对这一点均无异议。但接下来的问题在于，不可偏废的教化与法治孰为先，孰为后？借用宋洪兵的话来说："德法并重是一种并列等值的结构还是一种

---

① 章太炎：《訄书》，华夏出版社2002年版，第32页。
② 丁原明：《黄老学论纲》，山东大学出版社1997年版，第326页。
③ 同上书，第173页。
④ 《史记》卷63《老子韩非列传》，第2146页。
⑤ 丁原明：《黄老学论纲》，山东大学出版社1997年版，第326页。
⑥ 《汉书》卷9《元帝纪》，第277页。
⑦ 章太炎：《訄书》，华夏出版社2002年版，第23页。

主辅偏正的结构？德治与法治是否存在一种事实上的先后次序问题？"① 可以明确地说，这一问题从古至今一直是一种客观存在，而且到现在都没有最终的定解。儒家、在当代提倡儒家思想的彭林认为教化应优先于法治，而法家、在当代提倡法家思想的宋洪兵则认为法治应优先于教化。对中国古代诸子百家学派承袭色彩不甚明显的李泽厚、王家范亦提出了与法家、宋洪兵主张相一致的观点。

李泽厚指出：

> 中国传统讲究"以德（教）化民"，汉代有儒吏，追求"敦风俗，厚民心"，当时两德合一，今天我们却必须在理论上首先区分两德，然后讲"范导与适当构建"，强调"以法治国"和在这基础上的"以德（教）化民"，而不能"以德治国"。②

王家范指出：

> 与其想靠人改变自私自利的本性，还不如先改革制度，用制度去约束、制衡。制度变了，人也不得不改变，不得不适应。在西方叫作"以恶制恶"。这方面，我们这些年多少都已经有了一点体验。例如人一旦到了外资企业，就变"老实"了，经受得起"委屈"。因为他从自利的角度认可了这种"制度"，在经济学上叫作"外在利益的内在化"。③

然而，与"法治应优先于教化"这一主张在当代不乏被认可的事实适成对比的是，先秦两汉时期，教化优先于法治这一主张却明显占据上风，且具有压倒性优势，堪称是一种主流观点，先秦两汉典籍中颇不乏支撑这一主流观点的相关议论，笔者认为，这些议论可以归纳为以下三点：

第一，教化能正人心、易风俗，相对于法治这一治标之术而言，教化

---

① 宋洪兵：《循法成德——韩非子真精神的当代诠释》，生活·读书·新知三联书店2015年版，第13页。
② 李泽厚：《回应桑德尔及其他》，生活·读书·新知三联书店2014年版，第104页。需要说明的是，李泽厚所谓"两德"指的宗教性道德与社会性道德。社会性道德对应着公德，宗教性道德对应着私德。
③ 王家范：《中国历史通论》，华东师范大学出版社2000年版，第334页。

是治本之道，能起到法治所起不到的作用。而法治，归根结底，也是服务于教化这一目的的。

指出教化能正人心、易风俗的议论如：

《论语》称：

> 道之以政，齐之以刑，民免而无耻。道之以德，齐之以礼，有耻且格。①

《礼记》称：

> 夫民教之以德，齐之以礼，则民有格心；教之以政，齐之以刑，则民有遁心。②

《新语》称：

> 民知畏法，而无礼义；于是中圣乃设辟雍庠序之教，以正上下之仪，明父子之礼，君臣之义，使强不凌弱，众不暴寡，弃贪鄙之心，兴清洁之行。③

贾谊称：

> 道之以德教者，德教洽而民气乐；驱之以法令者，法令极而民风哀。④

《潜夫论》称：

> 是故上圣不务治民事而务治民心。故曰："听讼，吾犹人也。必也使无讼乎！"导之以德，齐之以礼。务厚其情而明则务义，民亲爱则无相害伤之意，动思义则无奸邪之心。夫若此者，非法律之所使也，

---

① 《论语·为政》，第 68 页。
② 《礼记·缁衣》，第 1647 页下栏。
③ 《新语·道基》，第 17 页。
④ 《汉书》卷 48《贾谊传》，第 2253 页。

非威刑之所强也，此乃教化之所致也。①

认为教化是本、法治是末的议论如：
《淮南子》称：

> 民交让争处卑，委利争受寡，力事争就劳，日化上迁善，而不知其所以然，此治之上也；利赏而劝善，畏刑而不为非，法令正于上，而百姓服于下，此治之末也。②

《盐铁论》中的文学称：

> 法能刑人而不能使人廉，能杀人而不能使人仁。③
> 天道好生恶杀，好赏恶罪。……故法令者，治恶之具也，而非至治之风也。是以古者明王茂其德教，而缓其刑罚也。④

《潜夫论》称：

> 是故法令刑赏者，乃所以治民事而致整理尔，未足以兴大化而升太平也。夫欲历三王之绝迹，臻帝、皇之极功者，必先原元而本本，兴道而致和，以淳粹之气，生敦庞之民，明德义之表，作信厚之心，然后化可美而功可成也。⑤

强调法治服务于教化的议论如：
《荀子》称：

> 教而不诛，则奸民不惩。⑥

《新书》称：

---

① 《潜夫论·德化》，第376页。
② 《淮南子·泰族训》，第1401页。
③ 《盐铁论·申韩》，第580页。
④ 《盐铁论·论灾》，第558页。
⑤ 《潜夫论·本训》，第370—371页。
⑥ 《荀子·富国》，第226页。

故古之立刑也，以禁不肖，以起怠惰之民也。①

《淮南子》称：

古之善赏者，费少而劝众；善罚者，刑省而奸禁；②

《申鉴》称：

赏以劝善，罚以惩恶。③

《潜夫论》称：

夫立法之大要，必令善人劝其德而乐其政，邪人痛其祸而悔其行。④

第二，教化能防患于未然、除怨于无形，在实施次序上，教化应先于法治。

指出教化能防患于未然、除怨于无形的议论如：

《论语》称：

听讼，吾犹人也。必也使无讼乎！⑤

《大戴礼记》称：

礼者禁于将然之前；而法者禁于已然之后。是故法之用易见，而礼之所为生难知也。……然如曰礼云礼云，贵绝恶于未萌，而起信于微眇，使民日从善远罪而不自知也。⑥

---

① 《新书·大政上》，第339页。
② 《淮南子·氾论训》，第973页。
③ 《申鉴·政体》，第21页。
④ 《潜夫论·断讼》，第236页。
⑤ 《论语·颜渊》，第861页。
⑥ 《大戴礼记·礼察》，第22页。

第五章　怨恨的体察、消除与控制

贾谊称：

> 夫礼者禁于将然之前，而法者禁于已然之后，是故法之所用易见，而礼之所为生难知也。……然而曰礼云礼云者，贵绝恶于未萌，而起教于微眇，使民日迁善远罪而不自知也。①

《淮南子》称：

> 故先王之教也，因其所喜以劝善，因其所恶以禁奸，故刑罚不用而威行如流，政令约省而化耀如神。故因其性则天下听从，拂其性则法县而不用。②

太史公司马迁说：

> 夫礼禁未然之前，法施已然之后；法之所为用者易见，而礼之所为禁者难知。③

认为教化应先于法治实施的议论如：
《春秋繁露》称：

> 圣人之道，不能独以威势成政，必有教化。故曰：先之以博爱，教以仁也；难得者，君子不贵，教以义也。虽天子必有尊也，教以孝也；必有先也，教以弟也。此威势之不足独恃，而教化之功不大乎？④

《盐铁论》的贤良称：

> 故古者大夫将临刑，声色不御，刑以当矣，犹三巡而嗟叹之。其耻不能以化而伤其不全也。……故君子急于教，缓于刑。⑤

---

① 《汉书》卷48《贾谊传》，第2252—2253页。
② 《淮南子·泰族训》，第1387页。
③ 《汉书》卷62《司马迁传》，第2718页。
④ 《春秋繁露·为人者天》，第320页。
⑤ 《盐铁论·疾贪》，第415页。

《盐铁论》中的文学说：

> 古者，周其礼而明其教，礼周教明，不从者然后等之以刑。①

《说苑》称：

> 政有三品：王者之政化之，霸者之政威之，强者之政胁之。夫此三者各有所施，而化之为贵矣。夫化之不变。而后威之，威之不变，而后胁之，胁之不变，而后刑之。②

第三，将法治置于教化之先是一种暴虐的行为，一味任法会激发民众的怨恨，秦朝的覆亡就是最典型的例证。

认为将法治置于教化之先是一种暴行的议论如：

《论语》称：

> 不教而杀谓之虐。③

《孔丛子》引孔子之言称：

> 今不先其教，而一杀之，是以罚行而善不反，刑张而罪不省。④

《荀子》称：

> 不教而诛，则刑繁而邪不胜。⑤

《说苑》称：

> 不教而诛谓之虐，不戒责成谓之暴也。⑥

---

① 《盐铁论·周秦》，第584页。
② 《说苑·政理》，第143页。
③ 《论语·尧曰》，第1373页。
④ 《孔丛子·刑论》，第78页。
⑤ 《荀子·富国》，第226页。
⑥ 《说苑·谈丛》，第384页。

第五章 怨恨的体察、消除与控制

《法言》称：

> 或曰："为政先杀后教？"曰："於乎！天先秋而后春乎？将先春而后秋乎？"吾见玄驹之步，雉之晨雊也，化其可以已矣哉？①

指出一味任法会激发民众怨恨的议论如：
《大戴礼记》称：

> 以礼义治之者积礼义，以刑罚治之者积刑罚；刑罚积而民怨倍，礼义积而民和亲。②

贾谊称：

> 以礼义治之者，积礼义；以刑罚治之者，积刑罚。刑罚积而民怨背，礼义积而民和亲。③

《法言》称：

> 民可使觌德，不可使觌刑，觌德则纯，觌刑则乱。④

《太平经》称：

> 故古者圣贤，乃贵用道与德，仁爱利胜人也，不贵以严畏刑罚，惊骇而胜服人也。以此邪枉安威骇服人者，上皇太平气不得来助人治也。⑤

强调暴秦任法而亡的议论如：
《大戴礼记》称：

---

① 《法言·先知》，第299页。
② 《大戴礼记·礼察》，第22页。
③ 《汉书》卷48《贾谊传》，第2253页。
④ 《法言·先知》，第300页。
⑤ 《太平经》卷47《服人以道不以威诀》，第144页。

> 秦王置天下于法令刑罚，德泽无一有，而怨毒盈世，民憎恶如仇雠，祸几及身，子孙诛绝，此天下之所共见也。①

《新语》称：

> 齐桓公尚德以霸，秦二世尚刑而亡。②

西汉初年的宋昌称：

> 汉兴，除秦烦苛，约法令，施德惠，人人自安，难动摇。③

贾谊称：

> 秦王置天下于法令刑罚，德泽亡一有，而怨毒盈于世，下憎恶之如仇雠，祸几及身，子孙诛绝，此天下之所共见也。④

不独暴秦唯是，甚至连管仲任法也被置于批判的境地：

> 尧、舜之化，百世不辍，仁义之风远也。管仲任法，身死则法息，严而寡恩也。⑤

瞿同祖据此指出："不仅如秦王之暴戾残忍不能长保天下，便是如管仲之贤能理国，也不能长治久安，这说明了法律本身功效之短暂。"⑥

综览上述议论所涉及典籍的时间断代可知，上述三点认识从先秦至两汉可谓一以贯之，不同典籍文句内容的高度重合、两汉典籍对先秦典籍文句的相关称引均可以说明这一点。有鉴于"秦二世尚刑而亡"这一惨痛的教训，两汉思想界对上述三点认识的体察更加自觉与明确，这些认识对中国当时以及后来治道的走向发挥了极其重要的影响，范晔所谓"大道既

---

① 《大戴礼记·礼察》，第23页。
② 《新语·道基》，第17、29页。
③ 《汉书》卷4《文帝纪》，第106页。
④ 《汉书》卷48《贾谊传》，第2253页。
⑤ 《孔丛子·记问》，第96页。
⑥ 瞿同祖：《中国法律与中国社会》，中华书局2003年版，第312—313页。

第五章　怨恨的体察、消除与控制

往，刑礼为薄。斯人斯矣，机诈萌作。去杀由仁，济宽非虐。末暴虽胜，崇本或略"①的议论正可以为这种影响提供一个微不足道的例证。

需要说明的是，我们并不能因为先秦两汉典籍推崇教化，便认为教化优先于法治就是一种定解，这并不符合先秦两汉所有子书的意见。首先便不符合部分法家子书比如说《商君书》《韩非子》《政论》中所提的一些意见②，其次也不符合部分儒家子书，比如说《申鉴》中所提的一些意见。以上文曾征引过的材料为例，荀悦在《申鉴》中这样写道：

问德刑并用。"常典也。或先或后，时宜。"③

也就是说，是教化优先于法治，还是法治优先于教化，需要结合具体的时势才能做出适宜的选择。笔者认为，荀悦所言甚当。实际上，在荀悦之前，《庄子》即称："礼义法度者，应时而变者也。"④《商君书》亦称："礼法以时而定。"⑤据《汉书》记载，贾谊针对诸侯割据这一现象写道：

仁义恩厚，人主之芒刃也；权势法制，人主之斤斧也。今诸侯王皆众髋髀也，释斤斧之用，而欲婴以芒刃，臣以为不缺则折，胡不用之淮南、济北？势不可也。⑥

看得出来，贾谊也认为教化与法治的实施务必因时势而定。

不宁唯是，据《汉书》所载，严安在上书时曾引《邹子》之言称：

政教文质者，所以云救也，当时则用，过则舍之，有易则易之，故守一而不变者，未睹治之至也。⑦

此外，《汉书》所载扬雄《解嘲》一文，也表达了一种类似的观点：

---

① 《后汉书》卷77《酷吏列传》，第2503页。
② 关于《韩非子》《商君书》中的反对意见，可参见瞿同祖《中国法律与中国社会》，中华书局2003年版，第319—328页。关于《政论》中的反对意见，笔者将在下文予以举证。
③ 《申鉴·时事》，第70页。
④ 《庄子·外篇·天运》，第517页。
⑤ 《商君书·更法》，《商君书锥指》，中华书局1986年版，第4页。
⑥ 《汉书》卷48《贾谊传》，第2236页。
⑦ 《汉书》卷64下《严朱吾丘主父徐严终王贾传下》，第2809页。

> 秦法酷烈，圣汉权制，而萧何造律，宜也。故有造萧何之律于唐虞之世，则悖矣；有作叔孙通仪于夏殷之时，则惑矣；……故为可为于可为之时，则从；为不可为于可为之时，则凶。①

需要指出的是，荀悦曾据《汉书》而撰《汉纪》，其对《汉书》这一文献的熟悉程度远非常人可比。因之，贾谊、严安、扬雄的观点势必会给予荀悦一定启发。

所以，荀悦的总结堪称是对上述一系列观点至少是贾谊、严安、扬雄观点的一种继承与发挥，较之前人的议论，荀悦的表述要显得更加清晰、全面与完备。正如瞿同祖所说："以教与法相提并论，于文字中前后对衬，明确表示其分限的功能者，古儒中除荀卿外，当以荀悦为最。"② 笔者认为，荀悦之所以能得出这样的总结，与其学识积累密不可分，他既是一位杰出的政论家，同时，也是一位杰出的史学家，应该说，对历史特别是对汉代历史的细致洞察，使他在分析与治道相关的问题时颇具"通古今之变"的历史眼光，因之，在对教化法治孰先孰后这一问题的认识上，其所得出的结论不失平正、公允与深刻，是经得起学理推敲与历史检验的。

在笔者看来，教化法治何者优先这一问题之所以从古到今争论不休，很大程度上就是因为参与者往往只是抓住了部分时势来立论，虽然也不乏深刻的见解，但是"各抱地势，勾心斗角"，以致谁也说服不了谁。那么，怎样结合具体的时势来运筹教化与法治呢？前文所征引过的崔寔的一则议论可资参考：

> 夫刑罚者，治乱之药石也；德教者，兴平之粱肉也。③

即太平兴德教、乱世用重典。类似的观点可以说渊源甚古，所谓"昔周之法，建三典以刑邦国，诘四方：一曰，刑新邦用轻典；二曰，刑平邦用中典；三曰，刑乱邦用重典"④ 的说法即可证明这一点。

但笔者认为这种对应首先失之于简单，缺乏历史感，因其不明治乱之变是常常是渐变而非剧变的事实，治、乱的缓慢更替常常并不能使人在第一时间察觉，既难以明了所处社会到底是治世还是乱世，也就无从施之以

---

① 《汉书》卷87下《扬雄传下》，第3573页。
② 瞿同祖：《中国法律与中国社会》，中华书局2003年版，第343页。
③ 《政论·阙题二》，第66页。
④ 《汉书》卷23《刑法志》，第1091页。

第五章 怨恨的体察、消除与控制

梁肉或药石。其次，这种对应失之于绝对，不如荀悦那样概括得有弹性。而对弹性的体察与把握最能考验执政者的施政水平，老子所谓"治大国若烹小鲜"①，正是在强调执政者应体察政令合宜适中的弹性，把握措施宽猛有度的火候。

范晔曾言："古者郭厎，善恶易分。至于画衣冠，异服色，而莫之犯。叔世偷薄，上下相蒙，德义不足以相洽，化导不能以惩违，遂乃严刑痛杀，随而绳之，致刻深之吏，以暴理奸，倚疾邪之公直，济忍苛之虐情。"②应该说，这一议论具有深沉、厚重的历史感，说是教法并重，可是若没有处理好政令措施的弹性与火候，在实际的政治运作中难免顾此失彼，发现失误后又往往矫枉过正，以致又重新返到老路上去。范晔所言描述的正是对教化措施的矫枉过正，而钱穆对法治措施的矫枉过正亦曾有所认识："中国尚法之弊，有当时不自知，及其积重难返，乃求痛洗涤，摆脱净尽以为快者。"③

笔者认为，范晔、钱穆的两则议论可以合而观之，在合而观之后，可以说，这两则议论为我们形象地描绘了一个教化法治循环圈：

教化优先→教化失灵→呼吁法治→法治优先→法治严苛→呼吁教化→教化优先

不妨以先秦两汉的具体时段为例，对上述教化法治循环圈做一个大致地对接：④

教化优先 → 教化失灵 → 呼吁法治 → 法治优先 → 法治严苛 → 呼吁教化 → 教化优先
　↓　　　　↓　　　　↓　　　　↓　　　　↓　　　　↓　　　　↓
　三代　→　春秋　→　战国　→　秦国　→　秦朝　→　汉初　→　两汉

正如钱穆所说："制度是一种随时地而适应的，不能推之四海而皆准，正如其不能行之百世而无弊。"⑤结合上文所引述的当代人对教化与法治孰先孰后的具体争论，笔者认为，荀悦关于教化与法治孰先孰后的把握——

---

① 《老子·六十章》，第157页。
② 《后汉书》卷77《酷吏列传》，第2502页。
③ 钱穆：《政学私言》，九州出版社2010年版，第77页。
④ 对接依据参见本书第二章第二节第三小节。
⑤ 钱穆：《中国历代政治得失》，生活·读书·新知三联书店2005年版，第4页。

"或先或后，时宜"，这一观点即便在今天看来，也依然是可贵的，也是值得我们珍视的。

需要说明的是，上述先秦两汉具体时段与教化法治循环圈的对接只是一种大致地对接，不能说完全精确。范晔上述议论主要指向汉代，可知两汉也不乏将法治置于教化之先的时期。而三代以教化优先的认识则多半出自古人的寄托、想象与宣传，如《淮南子》所称："治由文理，则无悖谬之事矣；刑不侵滥，则无暴虐之行矣。上无烦乱之治，下无怨望之心，则百残除而中和作矣，此三代之所昌"① 云云，不可完全当真。

萧公权的一则议论颇能说明问题：

> 读《尚书》"大诰"、"多士"、"多方"、"康诰"、"酒诰"诸篇，更觉周人开国气象之中，肃杀之威多于宽厚之德。今日纪载阙失，周人统治殷民之详情已不可考。然以征服者压制亡国遗民之通例推之，则周礼曾实行"刑新国，用重典"之政策，事属可能，无论周人之目的正大与否，而自殷民视之，其所用"以力服人"之手段则纯为苛政，不能心服。于是怀想故国，自觉其温厚可亲。温厚与否，事固未可知，而殷政宽大之传说必由此以起。孔子虽无背周从殷之意，然其主张重德礼之教化，轻政刑之督责，殆亦受此历史背景之影响也。②

由此可见，三代时期内部也呈现出教化、法治此消彼长的状态，叔向所谓"夏有乱政而作禹刑，商有乱政而作汤刑，周有乱政而作九刑"③ 孔子所谓"殷因于夏礼，所损益，可知也。周因于殷礼，所损益，可知也"④ 王符所谓"上圣不过尧、舜，而放四子；盛德不过文、武，而赫斯怒"⑤ 等认识即在一定程度上可以说明这一点。而由萧公权的把握亦可知，孔子"重教轻刑"主张的提出也是受了具体"时势"的影响。

需要进一步指出的是，在适宜将教化置于优先地位的境况下，教化这一措施能够发挥极强的控怨功能，同样，在适宜将法治置于优先地位的境况下，法治这一措施也能够发挥极强的控怨功能。然而，在不适宜将教化

---

① 《淮南子·泰族训》，第1434页。
② 萧公权：《中国政治思想史》，新星出版社2010年版，第46页。
③ 《汉书》卷23《刑法志》，第1093页。
④ 《论语·为政》，第127页。
⑤ 《潜夫论·衰制》，第242页。

置于优先地位的境况下，教化这一措施不仅功效全无，反而极易激起人们的反感与厌恶，同样，在不适宜将法治置于优先地位的境况下，法治常常会沦为怨恨的触媒。①

三

本小节拟主要探讨第二小节文末观点中与教化有关的部分。

具体到先秦两汉这一时段，结合典籍的相关论述可知，教化在三代特别是两汉发挥了一定的控怨作用，这一点是不应该否认，也是无法否认的。

萧公权结合《论语》的相关议论，指出："教化之方有二：一曰以身作则，二曰以道诲人。"② 可以说，这一归纳为笔者探讨教化这一控怨措施提供了一个基本的思路。

首先来看以身作则。

以身作则作为一种教化之方，在先秦儒家典籍中被反复强调，关于这一点的探讨，学界已有颇为丰硕的研究成果，萧公权、瞿同祖的研究具有一定的代表性。萧公权以《诗经》中《大雅·抑》"有觉德行，四国顺之"《小雅·角弓》"尔之教矣，民胥效矣"等诗句为例，论证"以身作则之旨"发源甚早。并以《论语》中《颜渊》《子路》诸篇的相关文句——"君子之德风，小人之德草。草上之风必偃""其身正，不令而行。其身不正，虽令不从"为例，指出相对于"以道诲人"而言，孔子更看重"以身作则"。③ 笔者认为，《大戴礼记》中所记叙的孔子之言可以印证这一点，孔子所称的作为"治民之本"的"七教"从内容上看全部可归入以身作则这一方式之中："上敬老则下益孝，上顺齿则下益悌，上乐施则下益谅，上亲贤则下择友，上好德则下不隐，上恶贪则下耻争，上强果则下廉耻，民皆有别则贞、则正亦不劳矣，此谓七教。"④ 在萧公权看来，"盖政事尽于行仁，而行仁以从政者之修身为起点……若不仁而在高位，则政治失其起点。纵有作为，恐不免治丝愈棼，徒劳无益"。⑤ 而瞿同祖的研究则跳出了孔子这一单一的研究个体，对先秦典籍特别是儒家典籍中能够反映以身作则的文句进行了极

---

① 从上文所引强调暴秦任法而亡的议论中即可以看出这一点。
② 萧公权：《中国政治思想史》，新星出版社2010年版，第44页。
③ 同上。
④ 《大戴礼记·主言》，第3—4页。
⑤ 萧公权：《中国政治思想史》，新星出版社2010年版，第44页。

为详尽的搜罗与铺陈,其征引的篇目不限于《论语》,举凡《孝经》《礼记·乐记》《礼记·哀公问》《大学》《孟子·滕文公上》《孟子·离娄上》《荀子·大略》《荀子·君道》《尹文子·大道上》中的相关文句皆被其诉诸笔端。[①] 结合上述相关文句,瞿同祖指出:"儒家所以重视修身便是因为修身而后能正己,正己而后能治人的道理。儒家的修身决不是个人主义,《大学》所谓修身、齐家、治国、平天下的道理,是儒家一贯的主张,修身只是齐家、治国平天下的基础,有其一定的顺序和系统。"[②] 亦即在儒家思维语境中,天下治道之关键在于君,这本质上是一种人治思维。

依据瞿同祖所搜罗的材料,先秦思想界在论及以身作则这一教化方式时所形成的思维链条,可以见图5-1:

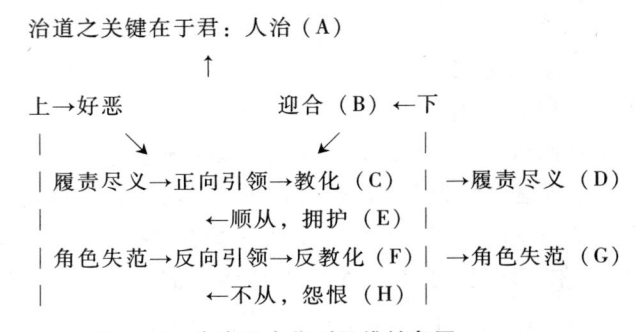

```
              治道之关键在于君:人治(A)
                        ↑
   上→好恶              迎合(B)←下
   |     ↘                  ↙      |
   | 履责尽义→正向引领→教化(C) | →履责尽义(D)
   |           ←顺从,拥护(E)      |
   | 角色失范→反向引领→反教化(F) | →角色失范(G)
   |           ←不从,怨恨(H)      |
```

图5-1 先秦以身作则思维链条图

需要说明的是,图5-1的英文字母代表的是相应观点的文献依据。为了便于理解,现将瞿同祖所搜罗的文献依据与图5-1中的英文字母以表格的方式做一下对应:

---

① 相关文句所占篇幅较大,但为便于下文的论证,还是转引于此:《论语·颜渊》:"君子之德风,草上之德草。草上之风必偃。""政者,正也,子帅以正,孰敢不正?"《论语·子路》:"其身正,不令而行;其身不正,虽令不从。"《孝经》:"陈之以德义而民兴行,示之以好恶而民知禁。"《礼记·乐记》:"为人君者谨其所好恶而已矣。君好之,则臣为之;上行之,则民从之。"《礼记·哀公问》:"政者,正也,君为正,则百姓从政矣。君之所为,百姓之所从也。君所不为,百姓何从也。"《大学》:"其所令反其所好而民不从。"《孟子·滕文公上》:"上有好者,下必有甚焉者矣。"《孟子·离娄上》:"君仁莫不仁,君义莫不义,君正莫不正,一正君而国定矣。"《荀子·大略》:"上好羞则民暗饰矣,上好富则民死利矣。"《荀子·君道》:"君者仪。仪正而景正。"《尹文子·大道上》:"上之所以率下,乃治乱之由也。"以上所引见瞿同祖《中国法律与中国社会》,中华书局2003年版,第316—318页。

② 同上书,第318页。

第五章　怨恨的体察、消除与控制

表5-2　先秦以身作则思维链条图对应文献分类整理

文献类别	文献名称
A	《孟子·离娄上》"一正君而国定矣"条；《荀子·君道》《尹文子·大道上》
B	《礼记·乐记》"君好之，则臣为之"条；《孟子·滕文公上》
C	《孝经》、《论语·颜渊》"君子之德风，草上之德草。草上之风必偃"条；《论语·子路》"上好礼则民莫敢不敬"条
D	《孟子·离娄上》"君正莫不正"条
E	《礼记·乐记》"上行之，则民从之"条；《论语·颜渊》"子率以正，孰敢不正"条；《论语·子路》"其身正不令而行"条
F	《荀子·大略》
G	瞿同祖没有举证，笔者补之以《管子·形势》"君不君则臣不臣，父不父则子不子"条
H	《论语·子路》"其身不正虽令不从"条；《大学》

需要指出的是，瞿同祖在论述时固然也称引了陆贾、董仲舒、王符等两汉诸子的个别言论，但较之其于先秦典籍的把握而言，瞿同祖对两汉典籍在这一问题上的把握不免显得有些浮光掠影。可以明确地说，瞿同祖的研究未能反映出两汉思想界对以身作则这一教化方式认识的全貌。有鉴于此，笔者对两汉典籍特别是两汉子书中能够反映以身作则这一教化方式的文句进行了较为详尽地搜罗，希望能对瞿同祖的论述，一边在材料上加以补充，一边在认识上加以深化。

检视两汉典籍可知，两汉思想界对以身作则这一教化方式的认识亦是围绕图5-1而展开，相关文句亦可归入上表所示的文献类别。

可以归入A类文献的文句如：

《新书》称：

> 故为人君者，其出令也，其如声；士民学之，其如响，曲折而从君，其如景矣。①

《盐铁论》中的贤良称：

> 夫欲影正者端其表，欲下廉者先之身。故贪鄙在率不在下，教训

---

① 《新书·大政上》，第341页。

· 305 ·

在政不在民也。①

《说苑》引泄冶之言称：

　　夫上之化下，犹风靡草，东风则草靡而西，西风则草靡而东，在风所由，而草为之靡，是故人君之动，不可不慎也。②

《潜夫论》称：

　　是故世之善否，俗之薄厚，皆在于君。上圣和德气以化民心，正表仪以率群下。③

可以归入 B 类文献的文句如：
《新语》称：

　　故仁者在位而仁人来，义者在朝而义士至。是以墨子之门多勇士，仲尼之门多道德，文王之朝多贤良，秦王之庭多不详。④

董仲舒称：

　　尔好谊，则民乡仁而俗善；尔好利，则民好邪而俗败。由是观之，天子大夫者，下民之所视效，远方之所四面而内望也。⑤

《盐铁论》中的文学称：

　　夫上好珍怪，则淫服下流。⑥
　　上好礼则民暗饰，上好货则下死利也。⑦

---

① 《盐铁论·疾贪》，第 415 页。
② 《说苑·君道》，第 3 页。
③ 《潜夫论·德化》，第 380 页。
④ 《新语·思务》，第 173 页。
⑤ 《汉书》卷 56《董仲舒传》，第 2521 页。
⑥ 《盐铁论·力耕》，第 29 页。
⑦ 《盐铁论·错币》，第 57 页。

汉元帝时的匡衡称：

> 郑伯好勇，而国人暴虎；秦穆贵信，而士多从死；陈夫人好巫，而民淫祀；晋侯好俭，而民畜聚；太王躬仁，邠国贵恕。由此观之，治天下者审所上而已。今之伪薄忮害，不让极矣。臣闻教化之流，非家至而人说之也。贤者在位，能者布职，朝廷崇礼，百僚敬让，道德之行，由内及外，自近者始，然后民知所法，迁善日进而不自知。是以百姓安，阴阳和，神灵应，而嘉祥见。①

《说苑》称：

> 周天子使家父毛伯求赙求金于诸侯，《春秋》讥之。故天子好利则诸侯贪，诸侯贪则大夫鄙，大夫鄙则庶人盗。上之变下，犹风之靡草也。故为人君者，明贵德而贱利。②

《老子指归》称：

> 故主好知，则民伪；主好利，则民祸；主好赏，则民困；主好罚，则民怨。何则？事由于主，行之在臣；赏出于主，财出于民；法出于主，受之在臣；主有所欲，天下向风。③

东汉初年的长安语云：

> 城中好高髻，四方且一尺。城中好广眉，四方画半额。城中好大袖，四方全匹帛。④

《论衡》称：

> 人之旧性不辩，人君好辩，佞人学，求合于上也。人之故能不

---

① 《汉书》卷81《匡张孔马传》，第3335页。
② 《说苑·贵德》，第110—111页。
③ 《老子指归》卷4《以正治国篇》，第63页。
④ （清）王文台辑：《七家后汉书》，河北人民出版社1987年版，第7页。

文，人君好文，佞人意欲称上。上奢，己丽服；上俭，己不饬。①

《潜夫论》称：

夫本末消息之争，皆在于君，非下民之所能移也。夫民固随君之好。②

可以归入 C 类文献的文句如：
《盐铁论》的贤良称：

夫上之化下，若风之靡草，无不从教。何一一而缚之也？③

汉元帝时的匡衡称：

公卿大夫相与循礼恭让，则民不争；好仁乐施，则下不暴；上义高节，则民兴行；宽柔和惠，则众相爱。四者，明王之所以不严而成化也。④

汉灵帝时的吕强称：

《尸子》曰："君如杅，民如水，杅方则水方，杅圆则水圆。"上之化下，犹风之靡草。⑤

《老子想尔注》称：

上之化下，犹风之靡草。⑥

可以归入 D 类文献的文句如：

---

① 《论衡·答佞篇》，第 524 页。
② 《潜夫论·务本》，第 23 页。
③ 《盐铁论·疾贪》，第 415—416 页。
④ 《汉书》卷 81《匡张孔马传》，第 3334 页。
⑤ 《后汉书》卷 78《宦者列传》，第 2530 页。
⑥ 《老子想尔注》，第 6 页。

第五章　怨恨的体察、消除与控制

《新语》称：

> 事以类相从，声以音相应，道唱而德和，仁立而义兴，……端其影者正其形……治影者不可忘其容，上明而下清，君圣而臣忠。①

西汉宣帝时的王褒认为：

> 故世必有圣知之君，而后有贤明之臣。故虎啸而风冽，龙兴而致云，蟋蟀俟秋唫，蜉蝣出以阴。②

西汉成帝时的谷永认为：

> 未有身治正而臣下邪者也。③

可以归入 E 类文献的文句如：
《淮南子》称：

> 人主之立法，先自为检式仪表，故令行于天下。④

《法言》称：

> 或曰："齐得夷吾而霸，仲尼曰小器。请问大器。"曰："大器其犹规矩准绳乎？先自治而治人之谓大器。"⑤

可以归入 F 类文献的文句如：
《淮南子》称：

> 是以上多故则下多诈，上多事则下多态，上烦扰则下不定，上多求则下交争。……故圣人……抱德推诚，天下从之，如响之应声，景

---

① 《新语·术事》，第 47 页。
② 《汉书》卷 64 下《严朱吾丘主父徐严终王贾传下》，第 2826 页。
③ 《汉书》卷 85《谷永杜邺传》，第 3445 页。
④ 《淮南子·主术训》，第 663 页。
⑤ 《法言·先知》，第 297 页。

· 309 ·

之像形，其所修者本也。①

可以归入 G 类文献的文句如：
《春秋繁露》称：

> 父不父则子不子，君不君则臣不臣耳。②

西汉武帝时的公孙弘称：

> 先世之吏正，故其民笃；今世之吏邪，故其民薄。政弊而不行，令倦而不听。夫使邪吏行弊政，用倦令治薄民，民不可得而化，此治之所以异也。③

可以归入 H 类文献的文句如：
东方朔称：

> 上为淫侈如此，而欲使民独不奢侈失农，事之难者也。④

甚至是以昏庸著称的汉成帝对这一点亦不乏明确认识：

> 公卿列侯亲属近臣，四方所则，未闻修身遵礼，同心忧国者也。或乃奢侈逸豫……吏民慕效，浸以成俗，而欲望百姓俭节，家给人足，岂不难哉！《诗》不云乎？"赫赫师尹，民具尔瞻。"其申敕有司，以渐禁之。⑤

《说苑》称：

> 禁之以制，而身不先行也，民不能止。故化其心莫若教也。⑥

---

① 《淮南子·主术训》，第 613—614 页。
② 《春秋繁露·玉杯》，第 34 页。
③ 《汉书》卷 58《公孙弘卜式儿宽传》，第 2617 页。
④ 《汉书》卷 65《东方朔传》，第 2828 页。
⑤ 《汉书》卷 10《成帝纪》，第 324—325 页。
⑥ 《说苑·政理》，第 170 页。

第五章 怨恨的体察、消除与控制

《申鉴》称：

> 善禁者，先禁其身而后人；不善禁者，先禁人而后身。善禁之至于不禁，令亦如之。若乃肆情于身而绳欲于众，行诈于官而矜实于民，求己之所有余，夺下之所不足，舍己之所易，责人之所难，怨之本也。①

由此可见，两汉思想界对以身作则这一教化方式的关注程度远远超过先秦，相关议论俯拾可见，先秦时期，至少还有以韩非为代表的法家对这一方式进行质疑与批判②，而在两汉时期，这种质疑与批判的声音显得过于微弱，反倒是对教化这一方式的认同几乎达成了共识。吕绍纲指出："《老子》追求的'小国寡民'社会，需要的是统治者自然无为，使老百姓自正自化，上下全趋于返朴归真，任何形式的教化都是《老子》思想所不能容忍的。"③ 而从《老子想尔注》的相关文句来看，道教与道家的不同之处之一即在于对教化特别是身教思想的吸收。两汉思想界对以身作则这种教化方式的论述虽不脱图5-1所示的窠臼，但其论述的广阔度与细密度却要超过先秦思想界，正可以看作是对图5-1的一种丰盈、补充与完善。

正如上文所称引的《申鉴》所言，"舍己之所易，责人之所难，怨之本也。"可见，作为教化方式之一的以身作则，是能发挥一定的控怨作用的。此外，由G类文献的相关论述可知，若上位角色没有以身作则，没有履责尽义，常常会导致下位角色也出现角色失范的状况，呈现出一种连锁反应的状态。由本书第二章第二节论述可知，角色失范会导致关系对方以及关系第三方的怨恨，因之，上位角色若能以身作则，则在一定程度上会避免这种怨恨的发生，这也看成是以身作则这一教化方式能够控怨的一种表现。

其次来看以道诲人。

这里的"道"可以理解为本书第二章所论述的道德条目与责任条目，如敬、信、俭、让、明、忠、慈、孝等等。至于"以道诲人"与"控制怨恨"之间的联系，古人亦不乏自觉的认识，《孝经》孔子认为能使"上下

---

① 《申鉴·政体》，第42页。
② 参见瞿同祖《中国法律与中国社会》，中华书局2003年版，第319—320页。
③ 吕绍纲：《周易阐微》，吉林大学出版社1990年版，第313页。

无怨"的"至德要道"便是以孝诲人,另如东汉的徐茂就曾对人明言:"今我以礼教汝,汝必无怨恶。"① 以道诲人以控怨的事例,在先秦两汉历史上并不鲜见,尤以两汉居多。瞿同祖就曾举出了《汉书》中的韩延寿、《后汉书》中的仇览、鲁恭、许荆等人的事例。② 需要指出的是,同样是通过以道诲人来控制民众的纷争与相互怨恨,韩延寿、鲁恭、许荆是以让德来诲人,如民众不息讼便引咎于身,甚至不惜辞官,而仇览则是以孝道来诲人,在他的感召下,陈元母子和好如初。相对而言,以孝道来诲人以控怨的事例,瞿同祖的举证稍嫌单薄,不妨在这里再补充两个事例,一个是关于西汉严遵的事例,另一个是关于东汉何敞的事例,具体记载如下:

> (严遵)与人子卜,教以孝。与人弟卜,教以悌。与人臣卜,教以忠。于是风俗移易,上下慈和。③
>
> 敞(何敞)疾文俗吏以苛刻求当时名誉,故在职以宽和为政。立春日,常召督邮还府,分遣儒术大吏案行属县,显孝悌有义行者。及举冤狱,以《春秋》义断之。是以郡中无怨声,百姓化其恩礼。④

实际上,以道诲人以控怨的事例并不始自两汉,夏商周三代时即有所发端,最典型的莫过于周文王感化虞、芮之人的事例,史载:

> 西伯阴行善,诸侯皆来决平。于是虞、芮之人有狱不能决,乃如周。入界,耕者皆让畔,民俗皆让长。虞、芮之人未见西伯,皆惭,相谓曰:"吾所争,周人所耻,何往为,只取辱耳。"遂还,俱让而去。诸侯闻之,曰"西伯盖受命之君。"⑤

可以说,周文王感化虞、芮之人的事例,为两汉的循吏通过以道诲人的方式来控怨提供了一个实践"祖型"与"模板",无怪乎东汉的王符这样评价周文王及在观念中与其父类似的周武王:"躬道德而敦慈爱,美教

---

① 《后汉书》卷25《卓鲁魏刘列传》,第870页。
② 参见瞿同祖《中国法律与中国社会》,中华书局2003年版,第314—316页。
③ 《华阳国志》卷10上《先贤士女总赞》,第129页。
④ 《后汉书》卷43《朱乐何列传》,第1487页。
⑤ 《史记》卷4《周本纪》,第117页。

第五章　怨恨的体察、消除与控制

训而崇礼让，故能使民无争心而致刑错，文、武是也。"①

应该承认，在以道诲人以控怨这一点上，瞿同祖所举的韩延寿、仇览、鲁恭、许荆等人的事例对于两汉时期而言不失一定的代表性。但笔者认为，有必要补充一则东汉时期刘矩的事例，因为此事颇能说明以道诲人与控制怨恨二者之间的细密关联，史载：

> （刘矩）稍迁雍丘令，以礼让化之，其无孝义者，皆感悟自革。民有争讼，矩常引之于前，提耳训告，以为忿恚可忍，县官不可入，使归更寻思。讼者感之，辄各罢去。②

值得注意的是材料中的这样一句话："民有争讼，矩常引之于前，提耳训告。"其中的"之"字指代的当是有"争讼"之意、有"忿恚"之心的存在仇怨的双方。

与此相类，仇览在纾解陈元母子之间的怨气时，亦注重同时面对存在怨恨的双方：

> 览（仇览）乃亲到元（陈元）家，与其母子饮，因为陈人伦孝行，譬以祸福之言。元卒成孝子。③

需要指出的是，较之于分别面对怨恨的主体进行教化，同时面对怨恨双方进行教化的做法在控制怨恨方面的成效更加显著。西方现代心理学的相关研究成果可以为这一点提供证明。例如，致力于研究怎样以建设性姿态去面对仇恨的美国人文心理学家罗杰士提出的"以人为中心的"的接近法，就特别强调将怨恨双方集中在一起进行协调：

> 这类激烈的对峙发生在一种各言尔志、群言毕听的气氛之下，而其间的协调者又能关心各方、尊重每人的发言权……在这种气氛之下，各项论点都能澄清……于是，一点一滴地开始了人际的交流，这就是我们一直在强调的'以人为中心'的交流程序。④

---

① 《潜夫论·德化》，第380页。
② 《后汉书》卷76《循吏列传》，第2476页。
③ 同上书，第2480页。
④ 李绍崑：《美国的心理学界》，商务印书馆2007年版，第89页。

应该承认，刘矩、仇览等人的做法与罗杰士所谓的"以人为中心的"的接近法颇有相应之处。由此亦可见，在妥善处理人际关系这一问题上，古代中国人的言行中，颇不乏可待体悟的高明，颇不乏可待汲取的睿智。

最后，笔者拟针对教化这一控怨措施的局限性进行检讨。

笔者认为，教化这一控怨措施的局限性可以从教化主体、教化对象两个方面来检讨。

第一，教化主体方面。

教化这一控怨措施最根本的局限，即在于其寄治道之关键于君，说到底，这是一种人治思维。首先，君本身是一种主观的存在，其能否成为德的引领者更是一个未知之数。韩非对这一点的认识最为深刻，他说："尧、舜……千世而一出……尧、舜至乃治，是千世乱而一治也。"① 若君自身不能成为德的引领者，反而却施教于臣、民，此即为"不合时宜"，用荀悦的话来说，就是："舍己之所易，责人之所难，怨之本也。"② 这种"怨"不仅会指向教化主体，也会指向教化行为本身，教化这一措施不仅功效全无，反而极易激起人们的反感与厌恶。其次，君的个人能力是有限的，不结合具体的时势来讨论，便认为"君正莫不正"③ 只能是一种幻想。正如王充所言：

> 世谓古人君贤，则道德施行，施行则功成治安；人君不肖，则道德顿废，顿废则功败治乱。古今论者，莫谓不然。何则？见尧、舜贤圣致太平，桀、纣无道致乱得诛。如实论之，命期自然，非德化也。④

吕思勉指出：

> 一篇最值得注意的文字，便是《论衡》的《治期》篇。此篇力言国家之治乱，与君主的贤否无涉。换一句现在的话说，便是政治控制不任社会，社会而要向上，政治是无法阻止的。若要向下，政治亦无力挽回，而只好听其迁流之所届。这是我们论后世的政治所要十分注意的。⑤

---

① 《韩非子·难势》，第 427—428 页。
② 《申鉴·政体》，第 42 页。
③ 《孟子·离娄上》，第 526 页。
④ 《论衡·治期篇》，第 768 页。
⑤ 吕思勉：《中国政治思想史》，中华书局 2014 年版，第 68 页。

第五章 怨恨的体察、消除与控制

也就是说，君的教化并不是包治百病的灵丹妙药。而在王充看来，教化主体之所以起到作用、受到称赞，也是与具体的时势有关：

> 贤君之立，偶在当治之世，德自明于上，民自善于下，世平民安，瑞祐并至，世则谓之贤君所致。无道之君，偶生于当乱之时，世扰俗乱，灾害不绝，遂以破国亡身灭嗣，世皆谓之为恶所致。①

需要说明的是，较之先秦两汉典籍在论述教化方式时侧重于从主观角度立论不同，王充更侧重于从客观角度立论。笔者认为，这两种立足于不同角度的立论都有一定的合理之处，看似矛盾，其实正可以相互补充。

第二，教化对象方面。

结合本节所征引过的文献可知，"德"确实能"化"民，但若说"德"能"化"所有民，恐怕就不成立了。事实上，先秦两汉子书中对此有着明确的体察：

《老子》称：

> 大道甚夷，而民好径。②

《论语》称：

> 唯上知与下愚不移。③

《商君书》称：

> 仁者能仁于人，而不能使人仁；义者能爱于人，而不能使人爱。④

《荀子》称：

---

① 《论衡·治期篇》，第774页。
② 《老子·五十三章》，第141页。笔者认为老子的这一认识与"德不能化所有民"这一观点颇有相应之处。
③ 《论语·阳货》，第1185页。
④ 《商君书·画策》，第113页。

元恶不待教而诛，中庸民不待政而化。①

《韩非子》称：

释法术而任心治，尧不能正一国。②

《春秋繁露》称：

斗筲之性又不可以名性，名性者，中民之性。③

《盐铁论》中的大夫称：

贤不肖有质，而贪鄙有性，君子内洁己而不能纯教于彼。故周公非不正管、蔡之邪，子产非不正邓晳之伪也。夫内不从父兄之教，外不畏刑法之罪，周公、子产不能化，必也。④

《盐铁论》中的御史称：

故水者火之备，法者止奸之禁也。无法势，虽贤人不能以为治；无甲兵，虽孙、吴不能以制敌。是以孔子倡以仁义而民从风，伯夷循首阳而民不可化。⑤

《潜夫论》称：

大恶之资，终不可化。⑥

综览上述材料可知，教化方式这一控怨方式并不适用于所有对象。对

---

① 《荀子·王制》，第175页。
② 《韩非子·用人》，第220页。
③ 《春秋繁露·实性》，第311—312页。黄朴民对这句话的解释为："贱民的性生来卑下龌龊，根本没有资格接受教化；需要教化的只是那些中不溜儿、可好可坏亦正亦邪的'中民'"。（见黄朴民《天人合一——董仲舒与两汉儒学思潮研究》，岳麓书社2013年版，第161页。）
④ 《盐铁论·疾贪》，第415页。
⑤ 《盐铁论·申韩》，第580页。
⑥ 《潜夫论·述赦》，第183页。

于"下愚""元恶""斗筲之性""管蔡之邪""邓晢之伪""大恶之资"而言,教化显得是那么苍白与无力。一旦"释法术""无法势",不惟教化不了"下愚",甚至有时连"中民之性"也不买账,发生在东汉初年的荀恁应征一事颇能说明问题:

> 光武征,(荀恁)以病不至。永平初,东平王苍为骠骑将军,开东阁延贤俊,辟而应焉。及后朝会,显宗(汉明帝)戏之曰:"先帝征君不至,骠骑辟君而来,何也?"对曰:"先帝秉德以惠下,故臣可得不来。骠骑执法以检下,故臣不敢不至。"①

进言之,教化作为一种控怨措施,如若没有区分好教化对象,如若没有结合法治,有时也会显得不合时宜,也会招致怨恨,特别是关系第三方的怨恨,从上述材料中法家诸子对教化措施的批评即可看出这一点。

四

本小节拟主要探讨第二小节文末观点中与法治有关的部分。

检视先秦两汉典籍可知,法(刑)是统治者的一种统治工具。贾谊对这一点的认识最为明确,他直言不讳地说:"权势法制,人主之斤斧也。"②冯友兰据此指出:"'权势法制'本质上是……统治者进行统治的武器。"③其实,诸如"法者,治之具也"④"法令者,治恶之具也"⑤"法禁者俗之堤防,刑罚者人之衔辔"⑥"法令者,人君之衔辔箠策也"⑦ 等见载于典籍中的文句均可以与贾谊的认识比而观之。而这种统治工具对于统治者而言,可谓必不可少,从刘邦"约法三章"到汉代"承袭秦制"这一转变中即可看出这一点。班固指出:

> 汉兴,高祖初入关,约法三章曰:"杀人者死,伤人及盗抵罪。"

---

① 《后汉书》卷53《周黄徐姜申屠列传》,第1740—1741页。
② 《汉书》卷48《贾谊传》,第2236页。
③ 冯友兰:《中国哲学史新编》(中),人民出版社2007年版,第27页。
④ 《淮南子·泰族训》,第1400页。
⑤ 《盐铁论·论灾》,第558页。
⑥ 《后汉书》卷58《虞傅盖臧列传》,第1870页。
⑦ 《潜夫论·衰制》,第240页。

蠲削烦苛，兆民大说。其后四夷未附，兵革未息，三章之法不足以御奸，于是相国萧何攈摭秦法，取其宜于时者，作律九章。①

诚如班固所言，"三章之法不足以御奸"。进一步讲，先秦两汉时期，学者也好，统治者也罢，之所以对法青睐有加，一方面是因为法可以"御奸"，可以巩固统治者"统"的权势②，另一方面是因为法可以"控怨"，可以提升统治者"治"的水平。

这里拟主要探讨的是第二个方面，即法治与控怨之间的关系。实际上，关于法能控怨这一点，先秦两汉子书多有强调：

《商君书》称：

---

① 《汉书》卷23《刑法志》，关于从"约法三章"到"承袭秦制"这一转变，古今中外有很多相关议论，但仔细探究，其实都可以说是导源于班固这一段话，笔者在这里试举几例，鲁迅说："刘邦除秦苛暴，'与父老约，法三章耳。'而后来仍有族诛，仍禁挟书，还是秦法。法三章者，话一句耳。"（见鲁迅《而已集》，人民文学出版社1980年版，第129页。）钱穆说："汉高入关曰：'吾与父老约，法三章耳'，遂以宽大得天下，此一例。厥后一代之兴……不能如汉高。"（见钱穆《政学私言》，九州出版社2010年版，第77页。）李泽厚说："'汉承秦制'。为什么要承秦制？因为不如此便不足以统治偌大帝国。"（见李泽厚《历史本体论·己卯五说》，生活·读书·新知三联书店2008年版，第195页。）高尚志、冯君实说："刘邦参加过农民起义，了解人民对秦朝苛法的憎恨，所以他入关后曾宣布'除秦苛法'、'约法三章'。但那不过是收买人心的权宜之计。他建立起统一王朝后，所谓'夷三族'、'具五刑'、'挟书之律'、'妖言令'依旧执行。后来，他又令萧何根据秦律，制订汉律九章。"（见高尚志、冯君实《秦汉魏晋南北朝史》，辽宁人民出版社1984年版，第50—51页。）日本学者鹤间和幸说："刘邦曰：'父老苦秦苛法久矣'，用了慰劳的表达；这与起事沛县时'天下苦秦久矣'的用语是一样的。能得到父老的认可，就能得到其周围子弟的拥护。所谓'法三章'即：'杀人者死，伤人及盗抵罪。'当然，建立国家仅靠'法三章'是无法治理的。但是，这是在沛公集团希望得到尽可能多支持者的动乱年代，那时的口号越是容易理解，就越能获得人心。"（见［日］鹤间和幸《始皇帝的遗产：秦汉帝国》，马彪译，广西师范大学出版社2014年版，第122页。）

② 笔者认为，《韩非子·二柄》《淮南子·道应》《潜夫论·衰制》中的材料可以说明这一点。《韩非子》称："子罕谓宋君曰：'夫庆赏赐予者，民之所喜也，君自行之；杀戮刑罚者，民之所恶也，臣请当之。'于是宋君失刑而子罕用之，故宋君见劫。"（第43页）《淮南子》称："昔者，司城子罕相宋，谓宋君曰：'夫国家之安危，百姓之治乱，在君赏罚。夫爵赏赐予，民之所好也，君自行之；杀戮刑罚，民之所恶也，臣请当之。'宋君曰：'善！寡人当其美，子受其怨，寡人自知不为诸侯笑矣。'国人皆知杀戮之专，制在子罕也，大臣亲之，百姓畏之。居不至期年，子罕遂却宋君而专其政。故老子曰：'鱼不可脱于渊，国之利器，不可以示人。'"（第854页）《潜夫论》称："夫法令者，人君之衔辔箠策也；而民者，君之舆马也。若使人臣废君法禁而施己政令，则是夺君之辔策而独调之也。愚君暗主托坐于左，而奸臣逆造执辔于右，此齐驷马缗所以沈胡公于具水，宋羊叔牂所以弊华元于郑师而莫之能御也。是故陈恒执简公于徐州，李兑害主父于沙丘，皆以其毒素夺君之辔策也。"（第240页）

第五章 怨恨的体察、消除与控制

虽民至亿万之数，悬重赏而民不敢争，行罚而民不敢怨者，法也。①

《慎子》称：

> 君人者，舍法而以身治，则诛赏予夺从君心出矣。然则受赏者虽当，望多无穷；受罚者虽当，望轻无已。君舍法而以心裁轻重，则同功殊赏，同罪殊罚矣，怨之所由生也。是以分马者之用策，分田者之用钩，非以钩策为过于人智也，所以去私塞怨也。故曰：大君任法而弗躬，则事断于法矣。法之所加，各以其分，蒙其赏罚而无望于君也，是以怨不生而上下和矣。②

胡适据此指出："慎子最明'法'的功用，故上文首先指出'法'的客观性。这种客观的标准，如钩石权衡，因为是'无知之物'，故最正确、最公道、最可靠。不但如此，人治的赏罚，无论如何精明公正，总不能使人无德无怨。这就是'建己之患，用知之累。'若用客观的标准，便可免去这个害处。"③"不建己，不用知，即是除去一切主观的蔽害，专用客观的标准。法治主义与人治主义不同之处，根本即在此……这是说用法可以塞怨望。"④

也就是说，法能控怨的关键在于法所具有的客观性。由本书第一章所论可知，"客体施加刺激的主动性越强，主体对客体的怨恨也就越彻骨"。因之，笔者认为胡适对慎子上述思想的阐释甚确。《庄子》所谓"复仇者不折镆干，虽有忮心者不怨飘瓦"⑤，亦是在强调"镆干""飘瓦"的客观性。实际上，其后成书于汉代的《淮南子》一书，对客观性能控制怨恨这一点有着明确的认识，且颇重视从正反两个方面来进行强调：

> 方船济乎江，有虚船从一方来，触而覆之，虽有忮心，必无怨色。有一人在其中，一谓张之，一谓歙之，再三呼而不应，必以丑声

---

① 《商君书·画策》，第111页。
② 《慎子·君人》，第52—54页。
③ 胡适：《中国哲学史大纲》，东方出版社1996年版，第266页。
④ 同上书，第290页。
⑤ 《庄子·外篇·达生》，第634页。

随其后。①

在《淮南子》来看,无"人"即无主观性,所以"虚船触覆"并不会招致怨恨,《淮南子》进一步认识到:

狂者伤人,莫之怨也;婴儿詈老,莫之疾也。②

也就是说,即便有"人"这一主观载体的存在,只要其没有伤害他者的在意愿上的主动性,也是不会招致怨恨的。

当然,最能象征客观性的乃是水准、圆规、秤杆、矩尺等事物,而《淮南子》分别将其与无怨的结果进行了对接:

准之为度→怨恶不生。
规之为度→百怨不起。
衡之为度→平而不怨。
矩之为度→取而无怨。③

《淮南子》进一步指出,法恰恰就是治理天下的水准、圆规、秤杆、矩尺——"法者,天下之度量,而人主之准绳也"④,因之,也能发挥控制怨恨的效果——"衡之于左右,无私轻重,故可以为平;绳之于内外,无私曲直,故可以为正;人主之于用法,无私好憎,故可以为命。"⑤

综览上论可知,《淮南子》对"具有客观性的法能控怨"这一认识与《慎子》一书一脉相承。且与《管子》所谓"生栋覆屋,怨怒不及……人事之起,近亲造怨"⑥"以度量断之。其杀戮人者不怨也"⑦的议论亦颇有相应之处。

由此可见,法之所以能控制怨恨方面发挥如此威力,乃在于其本身所具有的客观性。而具有客观性的法,根据先秦两汉典籍的论述,其特征可

---

① 《淮南子·诠言训》,第 1000—1001 页。
② 《淮南子·说林训》,第 1234 页。
③ 《淮南子·时则训》,第 440—441 页。
④ 《淮南子·主术训》,第 621 页。
⑤ 同上。
⑥ 《管子·形势》,第 43—44 页。
⑦ 《管子·任法》,第 911 页。

第五章　怨恨的体察、消除与控制

以条陈为四：

第一，法本身即具有去好去恶的特征。
《文子》称：

> 人主之于法，无私好憎，故可以为令。①

《淮南子》称：

> 法籍礼义者，所以禁君，使无擅断也。②

第二，法在约束力上具有一视同仁的特征。
《司马法》称：

> 使法在己曰专，与下畏法曰法。③

《淮南子》称：

> 人主之立法，先自为检式仪表，故令行于天下。④

东汉桓帝时的荀爽对策陈便宜时称：

> 《春秋传》曰："上之所为，民之归也。"夫上所不为而民或为之，故加刑罚；若上之所为，民亦为之，又何诛焉？⑤

第三，法特别是法的狭义——刑具有公允适当的特征。
《管子》称：

> 有罪者不怨上。⑥

---

① 《文子·下德》，第415页。
② 《淮南子·主术训》，第661页。
③ 《司马法·定爵》，第128页。
④ 《淮南子·主术训》，第663页。
⑤ 《后汉书》卷62《荀韩钟陈列传》，第2051页。
⑥ 《管子·七法》，第112页。

《文子》称：

诛者不怨君，罪之当也。①

《荀子》称：

刑一人而天下服，罪人不邮其上。②

《韩非子》称：

以罪受诛，人不怨上。③

《黄帝四经》称：

受赏无德，受罚无怨，当也。④

《淮南子》称：

诛者不怨君，罪之所当也。⑤

《盐铁论》中的文学说：

刑罚中，民不怨。⑥

第四，法及其手段——赏罚在执行上具有无私无畏的特征。
《六韬》称：

---

① 《文子·自然》，第361页。
② 《荀子·议兵》，第336页。
③ 《韩非子·外储说左下》，第312页。
④ 《黄帝四经·经法·君正》，第60页。
⑤ 《淮南子·主术训》，第632页。
⑥ 《盐铁论·周秦》，第584页。

第五章　怨恨的体察、消除与控制

杀一人而三军震者,杀之。①

《管子》称:

论功计劳未尝失法律也。便辟、左右、大族、尊贵大臣,不得增其功焉。疏远、卑贱、隐不知之人不忘其劳。②

《鬼谷子》称:

用赏贵信,用刑贵正。③

《尉缭子》称:

杀之贵大,赏之贵小。④

东方朔称:

臣闻圣王为政,赏不避仇雠,诛不择骨肉。⑤

《潜夫论》称:

赏重而信,罚痛而必,群臣畏劝,竞思其职。⑥
法令赏罚者,诚治乱之枢机也,不可不严行也。⑦
《春秋》之义,责知诛率。……故一人伏正罪而万家蒙乎福者,圣主行之不疑。⑧

《中论》称:

---

① 《六韬·龙韬·将威》,《先秦兵书通解》,天津人民出版社2002年版,第273页。
② 《管子·七法》,第112页。
③ 《鬼谷子·符言》,《鬼谷子集校集注》,中华书局2010年版,第180页。
④ 《尉缭子·武议》,《先秦兵书通解》,天津人民出版社2002年版,第392页。
⑤ 《汉书》卷65《东方朔传》,第2852页。
⑥ 《潜夫论·三式》,第207页。
⑦ 同上。
⑧ 《潜夫论·断讼》,第229页。

夫赏罚者不在乎必重，而在于必行。必行则虽不重而民肃，不行则虽重而民怠，故先王务赏罚之必行。……圣人不敢以亲戚之恩而废刑罚，不敢以怨雠之忿而废庆赏。①

可以想见，具备上述四种特征的法在践行时，在控制怨恨方面势必会收到极其显著的成效。应该说，具有上述四种特征的法为统治者及统治阶层的各级官员在理讼时提供了指导意见与行为准则，由本书第二章第二节论述可知，官员没有恰当履行理讼这一责任，是会招致怨恨的。而具有上述四种特征的法可以在一定程度上促进或保障官员尽到理讼这一责任，因之从逻辑上是可以视为控怨之方的，事实上也正是如此。

例如，针对鲁庄公"衣食所安，弗敢专也，必以分人"的表现，曹刿只是评价为"小惠未遍，民弗从也"，而得知鲁庄公能做到"小大之狱，虽不能察，必以情"时，曹刿当即赞许道："忠之属也，可以一战，战则请从。"② 可见，鲁庄公通过公平理讼控制住了内部的怨恨，从而可以一致对外。另如楚国的令尹子文刑不避亲，从而控制了民众的怨情，以致民众作歌赞叹道："子文之族，犯国法程。廷理释之，子文不听，恤顾怨萌，方正公平。"③

迨至两汉，统治者对这一点的认识更加自觉与明确。汉宣帝就曾在其发布的诏令中予以强调，他说："狱者万民之命，所以禁暴止邪，养育群生也。能使生者不怨，死者不恨，则可谓文吏矣。"④ 并常常感叹道："庶民所以安其田里而亡叹息愁恨之心者，政平讼理也。与我共此者，其唯良二千石乎。"⑤ 汉宣帝"由仄陋而登至尊，兴于闾阎，知民事之艰难"⑥，应该说，他的感慨饱含着真切的生命体验，如实地反映了当时民间思想的一个侧面。检视两汉史籍，各级官员通过公平理讼控制怨恨的事例不胜枚举，为说明这一问题，笔者试举一些具有代表性的例子：

A：于定国字曼倩，东海郯人也。其父于公为县狱吏，郡决曹，

---

① 《中论·赏罚》，第 337 页。
② 《左传·庄公十年》，第 1767 页上栏；杜预注道："必尽以情，察审也。"
③ 《说苑·至公》，第 360 页。
④ 《汉书》卷 8《宣帝纪》，第 255—256 页。
⑤ 《汉书》卷 89《循吏传》，第 3624 页。
⑥ 同上。

第五章　怨恨的体察、消除与控制

决狱平，罗文法者于公所决皆不恨。①

B：太守寇恂以弘（郭弘）为决曹掾，断狱至三十年，用法平。诸为弘所决者，退无怨情，郡内比之东海于公。②

C：（朱博）其尽力有效，必加厚赏；怀诈不称，诛罚辄行。以是豪强慑服。③

D：遵（祭遵）以县吏数进见，光武爱其容仪，署为门下史。从征河北，为军市令。舍中儿犯法，遵格杀之。光武怒，命收遵。时主簿陈副谏曰："明公常欲众军整齐，今遵奉法不避，是教令所行也。"光武乃贳之。④

E：永平（汉明帝年号）时，诸侯负责，辄有削绌之罚。此其后皆不敢负民，而世自节俭，辞讼自消矣。⑤

F：时三辅强豪之族，多侵枉小民。龟（陈龟）到，厉威严，悉平理其怨屈者，郡内大悦。⑥

G：（蔡衍）乡里有争讼者，辄诣衍决之，其所平处，皆曰无怨。⑦

需要说明的是，上述事例中，A、B、C 三则事例发生在西汉，D、E、F、G 四则事例发生在东汉，事例 A、B、G 可以反映法的第一个特征及第三个特征，事例 E 可以反映法的第二个特征，事例 C、D、F 可以反映法的第四个特征。

在论述完法治可以控怨的基础上，笔者现在拟论述作为一种控怨措施的法在学理上及事实上所存在的局限性。不妨还是立足于法的上述四个特征来分析。

第一，法的"去好去恶"这一特征。

应该说，去好去恶只是人们对法治的一种向往和追求，但由于法是主观的人制定的，其在实践中常常走样，一旦走样，其控怨的功能就会趋近于无，正如《管子》所言："喜以赏，怒以杀，怨乃起，令乃废"⑧ "枉法而从私，毁令而不全……是以群臣百姓人挟其私而幸其主。彼幸而得之，

---

① 《汉书》卷71《隽疏于薛平彭传》，第3041页。
② 《后汉书》卷46《郭陈列传》，第1543页。
③ 《汉书》卷83《薛宣朱博传》，第3401页。
④ 《后汉书》卷20《铫期王霸祭遵列传》，第738页。
⑤ 《潜夫论·断讼》，第229页。
⑥ 《后汉书》卷51《李陈庞陈乔列传》，第1621页。
⑦ 《后汉书》67《党锢列传》，第2208页。
⑧ 《管子·版法》，第125页。

则主日侵。彼幸而不得，则怨日产"。① 甚至还不如无法之时，无论是慎子所谓的"立法而行私，是私与法争，其乱甚于无法"②，还是汉代贡禹所谓的"太平不复兴者，何也？以其舍法度而任私意"③ 均可以说明这一点。《商君书》所谓"国皆有法，而无使法必行之法"④、《盐铁论》中的文学所谓"世不患无法，而患无必行之法也"⑤ 的议论均可以看成对这一局限的一种告诫。

第二，法的"一视同仁"这一特征。

前文已论，法是统治者的一种统治工具。然而，这一属性与"一视同仁"这一特征本身就是矛盾的。固然法会对以君为代表的统治者进行约束，但这种约束力不具有根本意义，也没有制度保障。君雄踞于法之上，游离于法之外，无怪乎梁启超称先秦法家思想中最大的局限即是"立法权不能正本清源"⑥，亦无怪乎刘泽华这样说道："先秦诸子恰恰没有或很少探讨对君主的制度制约问题，在认识上是有很大缺陷的！"⑦ 岂止是先秦诸子，两汉诸子亦然。仅从王符所谓"君敬法则法行，君慢法则法弛"⑧、"法之所以顺行者，国有君也"⑨ 的观点中我们就可以略见端倪。

不宁唯是，法不但约束不了君，甚至有时连吏都约束不了。这种现象发生的原因与立法不明关联甚密。《管子》曾言："唯上有明法，而下有常事也。"⑩ 韩非子亦云："法者，编著之图籍，设之于官府，而布之于百姓者也。"⑪ 都是在强调立法要明。西汉陆贾所谓"立法不明还自伤"⑫、《盐铁论》中的文学所谓"王者之制法，昭乎如日月，故民不迷、旷乎若大路，故民不惑"⑬、东汉崔寔所谓"先王之御世也，必明法度以闭民欲"⑭ 等议论从正反两个方面进一步强调了这一点。但随着法网日密，所立之法

---

① 《管子·任法》，第909页。
② 《慎子·逸文》，第64页。
③ 《汉书》卷72《王贡两龚鲍传》，第3078页。
④ 《商君书·画策》，第109页。
⑤ 《盐铁论·申韩》，第580页。
⑥ 参见梁启超《先秦政治思想史》，天津古籍出版社2004年版，第177页。
⑦ 刘泽华：《中国传统政治思维》，吉林教育出版社1991年版，第99页。
⑧ 《潜夫论·述赦》，第190页。
⑨ 《潜夫论·衰制》，第239页。
⑩ 《管子·君臣上》，第546页。
⑪ 《韩非子·难三》，第415页。
⑫ 《新语·至德》，第124页。
⑬ 《盐铁论·刑德》，第565页。
⑭ 《政论·阙题三》，第78页。

第五章 怨恨的体察、消除与控制

便显得不够明晰，这一点在汉代体现得尤为突出。正如吕思勉所说：

> 法令之烦，莫甚于汉时。盖以六篇之法不足于用，而令甲及比等纷然并起也。烦苛之弊，众皆知其为酷吏因缘上下其手，所欲活则傅生议，所欲陷则予死比。①

由此可见，在法网日密、立法不明的境况下，法成了吏弄权的一种工具，其对吏的约束力几近于无。实际上，这种情况并不始自两汉，早在秦末即可见端倪，王夫之就曾指出过这一点：

> 孰谓秦之法密，能胜天下也？项梁有栎阳逮，蕲狱掾曹咎书抵司马欣而事得免。其他请托公行、货贿相属、而不见于史者，不知凡几也。项梁，楚大将军之子，秦之所尤忌者，欣一狱掾，驰书而难解。则其他位尊而权重者，抑孰与御之？法愈密，吏权愈重；死刑愈繁，贿赂愈章；涂饰以免罪罟，而天子之权，倒持于掾吏。②

其实，这一发现倒不始于王夫之，《盐铁论》中的文学便早已指出："昔秦法繁于秋荼，而网密于凝脂。然而上下相遁，奸伪萌生。"③但王夫之议论中"法愈密，吏权愈重"这句话最能体现法对吏约束力的薄弱。虽然"法愈密，吏权愈重"的现象不始于两汉，但这种现象在两汉表现得最为集中与明显。

如张汤：

> 所治即上意所欲罪，予监吏深刻者；即上意所欲释，予监吏轻平者。④

另如杜周：

> 上所欲挤者，因而陷之；上所欲释，久系待问而微见其冤状。⑤

---

① 吕思勉：《吕思勉读史札记》，上海古籍出版社2005年版，第650页。
② 《读通鉴论》卷1《二世》，第7页。
③ 《盐铁论·刑德》，第565—566页。
④ 《汉书》卷59《张汤传》，第2639页。
⑤ 《汉书》卷60《杜周传》，第2659页。

· 327 ·

史称杜周"其治大抵放张汤"①，由上观之，确系如此。有人质问杜周："君为天下决平，不循三尺法，专以人主意指为狱，狱者固如是乎？"而杜周竟大言不惭地回答道："三尺安出哉？前主所是著为律，后主所是疏为令；当时为是，何古之法乎！"②

这一回答在彰显出君权至上的同时，也反映出吏能弄权的事实。例如，西汉的周阳由，便"所爱者，挠法活之；所憎者，曲法灭之"。③鲁迅曾言："虐政何妨援律例，杀人如草不闻声"④，验之于周阳由，洵实论也。

需要指出的是，张汤、杜周、周阳由均是汉武帝时人，实际上，就两汉时期而言，"法愈密，吏权愈重"这一现象正肇始于汉武帝时。正如吕思勉所说："汉人议论，多疾武帝以后法令滋章，亦有以也。"⑤那么，汉人有哪些议论，又是怎样"疾武帝以后法令滋章"的呢？吕思勉在札记中举证了《汉书·宣帝纪》《后汉书·杜林传》《后汉书·质帝纪》等材料来说明问题。笔者在这里再试举一些相关的"汉人议论"，权且当做对吕思勉所论的一种佐证与补充，以期在丰盈原典支撑的同时，深化我们对这一问题的认识。实际上，相关的"汉人议论"在的"汉人"既包括皇帝，也包括学者：

皇帝诏令中与此相关的如：

汉宣帝在一则诏令中称：

> 今则不然，用法或持巧心，析律贰端，深浅不平，增辞饰非，以成其罪。奏不如实，上亦亡由知。此朕之不明，吏之不称，四方黎民将何仰哉！⑥

汉元帝在一则诏令中称：

> 夫法令者，所以抑暴扶弱，欲其难犯而易避也。今律令烦多而不约，自典文者不能分明，而欲罗元元之不逮，斯岂刑中之意哉！其议

---

① 《汉书》卷60《杜周传》，第2659页。
② 同上。
③ 《汉书》卷90《酷吏传》，第3650页。
④ 鲁迅：《伪自由书》，人民文学出版社1980年版，第39页。
⑤ 吕思勉：《吕思勉读史札记》，上海古籍出版社2005年版，第650页。
⑥ 《汉书》卷8《宣帝纪》，第256页。

第五章　怨恨的体察、消除与控制

律令可蠲除轻减者，条奏，唯在便安万姓而已。①

汉成帝在一则诏令中称：

《甫刑》云"五刑之属三千，大辟之罚其属二百"，今大辟之刑千有余条，律令烦多，百有余万言，奇请它比，日以益滋，自明习者不知所由，欲以晓喻众庶，不亦难乎！②

学者议论中与此相关的如：
《盐铁论》中的文学称：

方今律令百有余篇，文章繁，罪名重，郡国用之疑惑，或浅或深，自吏明习者不知所处，而况愚民！律令尘蠹于栈阁，吏不能遍睹，而况于愚民乎！此断狱所以滋众，而民犯禁滋多也。③

扬雄称：

书恶淫辞之淈法度也。④

桓谭称：

法令决事，轻重不齐，或一事殊法，同罪异论，奸吏得因缘为市，所欲活则出生议，所欲陷则与死比，是为刑开二门也。今可令通义理明习法律者，校定科比，一其法度，班下郡国，蠲除故条。如此，天下知方，而狱无怨滥矣。⑤

王充称：

文吏幼则笔墨，手习而行，无篇章之诵，不闻仁义之语。长大成

---

① 《汉书》卷23《刑法志》，第1103页。
② 同上。
③ 《盐铁论·刑德》，第566页。
④ 《法言·吾子》，第57页。
⑤ 《后汉书》卷28上《桓谭冯衍列传上》，第959页。

吏，舞文巧法，徇私为己，勉赴权利。考事则受赂，临民则采渔，处右则弄权，幸上则卖将。①

王符称：

今多奸谀以取媚，挠法以便佞。②

崔寔称：

百姓之命委于酷吏之手，嗷嗷之怨咎归于上。③

笔者认为，皇帝诏令中与子书中相关的"汉人议论"正可以比而观之。前者为后者提供了时代背景。值得注意的是，这些议论在"疾法令滋章"的同时，也从一个侧面透露出"民犯禁滋多也"的事实。进言之，在"法令滋章"的情况下，法对民的约束力也是有限的。赵翼就曾通过对比汉武与光武捕盗法的不同，得出了这样的结论："同一捕盗也，一则法愈严而盗愈多，一则法稍疏而盗易散。"④看来，老子所谓"法令滋章，盗贼多有"⑤的认识颇不乏史实支撑。

不宁唯是，上述所征引的一系列材料也在一定程度上反映了下层民众对这种现象的痛恨。"四方黎民将何仰哉""唯在便安万姓而已""欲以晓喻众庶，不亦难乎""民犯禁滋多也""嗷嗷之怨咎归于上"等文句均可以说明这一点。正如汉成帝时的谷永所言："夫违天害德，为上取怨于下，莫甚乎残贼之吏。"⑥法作为一种控怨措施，因运用不当、所托非人反而招致了众多的怨恨，其局限性是极其明显的。

第三，法特别是法的狭义——刑的公允适当的特征。

量刑公允适当，可以控怨，上文已有所论。那么，何谓"公允适当？"先秦两汉时期人们对这一点的认识并不一致。基于预防的目的，先秦子书特别是法家子书中旗帜鲜明地提出了"重刑"的主张：

---

① 《论衡·程材篇》，第545页。
② 《潜夫论·务本》，第20页。
③ 《政论·阙题六》，第127—128页。
④ 《廿二史札记》卷3《两帝捕盗法不同》，第39页。
⑤ 《老子·五十七章》，第150页。
⑥ 《汉书》卷55《谷永杜邺传》，第3449页。

第五章 怨恨的体察、消除与控制

《管子》称：

> 法者，先难而后易，久而不胜其福……法者，民之父母也。①

《商君书》称：

> 故重轻，而刑去事成，国强。②

《韩非子》称：

> 行刑重其轻者，轻者不至，重者不来。③

这种主张在汉代亦不乏历史呈现，如《盐铁论》中的大夫说：

> 文学言王者立法，旷若大路。今驰道不小也，而民公犯之，以其罚罪之轻也。千仞之高，人不轻凌，千钧之重，人不轻举。商君刑弃灰于道，而秦民治。……故轻之为重，浅之为深，有缘而然。法之微者，固非众人之所知也。④

我们无法无视"商君刑弃灰于道，而秦民治"的历史事实，但也无法忽视诸如"商鞅为秦立相坐之法，而百姓怨矣"⑤"自首匿相坐之法立，骨肉之恩废，而刑罪多矣"⑥"商子酷刑，鞅丧厥身"⑦之类的社会意识，这种社会意识在一定程度上体现了对商鞅实施重刑的质疑与痛恨。综览以上正反两个方面的材料，笔者认为，"重刑"主张固然出发点不乏善意，固然在实践中不乏一定的成效，但也存在一定的弊端，因之在控制怨恨方面也存在着一定的局限。《孔丛子》中所载的"子高谏齐王"一事正是对"重刑主张"的批判：

---

① 《管子·法法》，第298页。
② 《商君书·说民》，第37页。
③ 《韩非子·饬令》，第518页。
④ 《盐铁论·刑德》，第566页。
⑤ 《淮南子·泰族训》，第1430页。
⑥ 《盐铁论·周秦》，第585页。
⑦ 《焦氏易林·丰》，第2027页。

齐王行车裂之刑，群臣诤之，弗听。子高见齐王曰："闻君行车裂之刑，无道之刑也，而君行之，臣切以为下吏之过也。"王曰："寡人尔，民多犯法，为法之轻也。"子高曰："然，此诚君之盛意也。夫人含五常之性，有哀乐喜怒。哀乐喜怒无过其节，节过则毁于义，民多犯法，以法之重，无所措手足也。今天下悠悠，士无定处，有德则往，无德则去。欲规霸王之业，与众大国为难，而行酷刑以惧远近，国内之民将畔，四方之士不至，此乃亡国之道。"①

可见，齐王设立重刑与法家诸子一样，出发点也是好的"民多犯法，为法之轻也"，甚至子高对这一点也并不否认，"此诚君之盛意也"。但设立重刑的目的与实施重刑的行为却构成了一种矛盾，重刑的实施即意味着"不德"，即不爱民，不爱民，民则生怨。正如《逸周书》所言："极刑则仇，仇至乃别"②，亦如《文子》所称："相坐之法立，即百姓怨。……仁莫大于爱人……爱人即无怨刑。"③

不宁唯是，如果统治者不辅之以富民、教化等措施，一味迷信重刑，其结果只能是适得其反。《管子》所谓"民恶贫贱，我富贵之。……故刑罚不足以畏其意，杀戮不足以服其心"④ 的认识在一定程度上点明实施重刑须加配套措施的必要性，《老子》所谓"民不畏死，奈何以死惧之"⑤ 在一定程度上点明实施重刑在管理、统治上的不具有根本的威慑力，而《吕氏春秋》中的一则议论恰对这两点进行了综合："不得其道，而徒多其威，威愈多，民愈不用。亡国之主，多以多威使其民矣。故威不可无有，而不足专恃。威……必有所托，然后可行……托于爱利。爱利之心谕，威乃可行。"⑥

当然，上文所引齐王之言——"以民多犯法，为法之轻也"亦不为无理，荀子所谓"罪至重而刑至轻，庸人不知恶矣，乱莫大焉"⑦ 的认识亦与此相类。荀子进一步指出"刑称罪则治，不称罪则乱。故治则刑重，乱则刑轻。……《书》曰：'刑罚世轻世重'。"⑧ 而其中的"刑称"即是

---

① 《孔丛子·对魏王》，第 316 页。
② 《逸周书·五权解》，第 225 页。
③ 《文子·微明》，第 312 页。
④ 《管子·牧民》，第 13 页。
⑤ 《老子·七十四章》，第 183 页。
⑥ 《吕氏春秋·离俗览·用民》，第 526 页。
⑦ 《荀子·正论》，第 387 页。
⑧ 同上书，第 387—388 页。

"刑当"之意,若要做到"刑当",还要因时制宜。

正是基于刑重刑轻均有其弊这样的认识,徐干在《中论》中这样总结道:

> 赏罚不可以重,亦不可以轻。赏轻则民不劝,罚轻则民亡惧;赏重则民徼幸,罚重则民无聊。故先王明恕以听之,思中以平之,而不失其节。①

但这只是一种理想的状态,刑"当"的天平一旦失衡,怨恨也就如影随形。

第四,法及其手段——赏罚在执行上具有的无私无畏这一特征。

由上文所论可知,法在执行时"有私""有畏"的例子可谓夥矣,其可激发怨恨的逻辑此处已无须再论。吊诡的是,法在执行时若真是做到了无私无畏,有时也会招致怨恨。如本书曾论及过的商鞅刑秦太子师傅一事,商鞅可谓无畏,但公子虔、公孙贾对其的怨恨却是刻骨铭心的。而秦人对其也没什么好感,以致商鞅被车裂致死而"秦人不怜"。② 与此相类,西汉的张汤自杀后,也是最终落得个"汤死而民不思"③的下场。另如东汉的周璆执法时不恤其亲,可谓无私矣,却招致了应劭的批判,事件的大致经过及应劭的评语如下:

> 高唐令乐安周纠孟玉为大将军掾,弟子使客杀人,捕得,太守盛亮,阴为宿留,纠亦自劾去,诣府,亮与相见,不乞请,又不辞谢。亮告宾客:"周孟玉欲作抗直,不恤其亲,我何能枉宪乎!"遂毙于狱。弟妇不哭死子而哭孟玉,世人误之,犹以为高。
>
> 周璆苟执果毅,忽如路人。昔乐羊为魏伐中山,歠其子羹,文侯壮其功而疑其心。秦西巴触命放麑,而孟氏旋进其位。麑犹不忍,况弟子乎!孟轲讥无恻隐之心。《传》曰:"于厚者薄,则无所不薄矣。"④

需要指出的是,周璆之所以招致弟妇的怨恨与应劭的批判,是因为其

---

① 《中论·赏罚》,第357—358页。
② 《战国策·秦策一》,第18页。
③ 《汉书》卷24下《食货志下》,第1169页。
④ 《风俗通义·十反》,第228—230页。

之所为背离了基本的人情。在理上做到了公平,在情上却失去了基本的认同。正如李泽厚所说:"中国重视的是情、理结合,以理节情的平衡,是社会性、伦理性的心理感受和满足,而不是禁欲性的官能压抑。"① 所以类似的作为会招致怨恨也就成为"情理"中事,《淮南子》中所记载的一则事例颇能反映这一观念:

> 子发为上蔡令,民有罪当刑,狱断论定,决于令尹前,子发喟然有凄怆之心。罪人已刑而不忘其恩。此其后,子发盘罪威王而出奔。刑者遂袭恩者,恩者逃之于城下之庐。追者至,踹足而怒,曰:"子发视决吾罪而被吾刑,怨之憯于骨髓。使我得其肉而食之,其知厌乎?"追者以为然,而不索其内,果活子发。②

由"追者"被"罪人""子发视决吾罪而被吾刑,怨之憯于骨髓"的表达蒙蔽来看,即使"刑当"也会激发怨恨这一意识颇不乏社会赞同,而罪人救助子发也并不是因为子发执法公正,而是由于在行刑时子发所表露出来的凄怆之心、悲悯之情。

最后,需要补充说明的是,法治这一措施能发挥其控怨功能,离不开法对人情与时势的把握。《商君书》对此言之甚明:"因世而为之治,度俗而为之法。故法不察民之情而立之,则不成"③,"先王当时而立法,度务而制事。法宜其时,则治,事适其务,故有功"④,这一认识在两汉思想界亦不乏回响。

《淮南子》称:

> 圣人法与时变,礼与俗化,衣服器械,各便其用,法度制令,各因其宜。⑤

> 圣人论世而立法,随时而举事。……不法其已成之法,而法其所以为法。所以为法者,与化推移者也。⑥

---

① 李泽厚:《美的历程》,生活·读书·新知三联书店2009年版,第53页。
② 《淮南子·人间训》,第1306—1308页。
③ 《商君书·壹言》,第63页。
④ 《商君书·六法》,第147页。
⑤ 《淮南子·氾论训》,第922页。
⑥ 《淮南子·齐俗训》,第796页。

《说苑》称：

  武王问于太公曰："为国而数更法令者，何也？"太公曰："为国而数更法令者，不法法，以其所善为法者也，故令出而乱，乱则更为法，是以其法令数更也。"①

《昌言》称：

  作有利于时，制有便于物者，可为也。事有乖于数，法有玩于时者，可改也。故行于古有其迹、用于今无其功者，不可不变。变而不如前，易而多所败者，亦不可不复也。②

《申鉴》称：

  设必犯之法，不度民情之不堪，是陷民于罪也，故谓之害民。③

  可以说，只有建立在对人情深切体察、对时势准确把握基础上的法才能恰到好处地具备上文所述及的四个特征。而上文所述及的四个方面的弊端也正因法离开了人情与时势的支撑。法治这一措施自身是如此，法治与教化二者之间孰先孰后的安置也是如此，离开了具体的人情与时势，很难保证不从控怨之方变成招怨之道。

---

① 《说苑·政理》，第152页。
② 《昌言·损益篇》，第274页。
③ 《申鉴·时事》，第70页。

第六章 怨恨的调节、疏导与治疗

本书第五章讨论先秦两汉时期古人对怨恨的体察途径、消除方式与控制措施。需要说明的是，前文所论及的被体察之怨、被消除之怨、被控制之怨在发生逻辑上均偏于他生型怨恨，因之，上文所论及的途径、方式、措施等均基于这样的一个目的，即如何令他人不怨恨我。而由本书第一章可知，怨恨除了他生型之外，还有自生型。能否化解自生型怨恨的关键在于"如何令我不怨恨他人"。而实际上，检视先秦两汉典籍可知，古人对"如何令我不怨恨他人"这一问题亦有明确关注，提出了一系列的调节、疏导、治疗方案，本章的主要任务即是对这些方案进行探讨。

第一节 调节怨恨的策略：价值置换

一

"价值置换"是韩东育在《中国传统"平衡论"的前提假设与反假设》一文中提出的一个概念，依据韩东育的表述，笔者认为不妨从含义、方法、效果这三个方面来把握这一概念。第一，价值置换的含义是："由外在的物质尺度转换为内在的精神标准，由外在价值转换为内在价值"。第二，价值置换的方法是"高尚其志"。第三，价值置换的效果是"内化了的道义崇高感和幸福感寻回了心理意义上的平衡。"[①]

综览上论可知，价值置换的实质是一种心理调节的平衡术，它能够在一定程度上起到化解主体怨恨的作用，特别是当主体非富非贵、居贫居贱

[①] 参见韩东育《道学的病理》，商务印书馆2007年版，第7—8页。

时，这种"高尚其志"的心理平衡术会使主体找到安慰与寄托，产生信心与勇气。结合对先秦两汉典籍的研读，笔者认为，用"价值置换"这样一个概念来概括先秦两汉时期古人调节怨恨的某一类策略可以说非常贴切，因为"价值置换"这一概念本身的包容性与可延展性是非常强的。正如本书第二章、第三章所论述的那样，怨恨的发生逻辑可以从道德、责任、情感、利益诸角度来省察，上文中的"高尚其志"不妨理解为是用道德价值来置换利益价值，这可以调节怨恨，类似地，用责任价值来置换其他价值、用情感价值来置换其他价值、用利益价值来置换其他价值等等策略均可以在一定程度上调节怨恨。因此，本节将在韩东育论述的基础上进一步展开，一方面，对"用道德价值来置换利益价值"这一策略在学理、史实、时段上再做一些细化、拓展，另一方面，对其他置换方式可以调节怨恨的具体表现再做一些补充、论证。

二

"用道德价值来置换利益价值"这一策略是价值置换中最常见也是最主要的一种策略。在笔者看来，主体自身能用道德价值来置换利益价值的前提是主体必须对道德有强烈的皈依与认同。而在促成这种皈依与认同的历史过程中，先秦儒家的就修身方面的道德宣扬"厥功至伟"。

饶有兴味的是，先秦儒家就修身方面进行道德宣扬时，总是将其与利益连结起来进行衡量，如孔子曰："君子食无求饱，居无求安"[①]"贫与贱，是人之所恶也；不以其道得之，不去也"[②] "士志于道，而耻恶衣恶食者，未足与议也"[③]"不义而富且贵，于我如浮云"[④]"君子谋道不谋食……忧道不忧贫"[⑤]"君子喻于义，小人喻于利"[⑥]"君子固穷，小人穷斯滥矣"[⑦]等等。可见，就个人修养而言，认为道德重于利益的孔子一方面感叹"贫而无怨难"[⑧]，另一方面却又反复强调要安贫乐道。不难体悟出二者之间的联系，正是因为"贫而无怨"的难能可贵，所以才当得起君子之行。在认

[①] 《论语·学而》，第 52 页。
[②] 《论语·里仁》，第 232 页。
[③] 同上书，第 246 页。
[④] 《论语·述而》，第 465 页。
[⑤] 《论语·卫灵公》，第 1119 页。
[⑥] 《论语·里仁》，第 267 页。
[⑦] 《论语·卫灵公》，第 1050 页。
[⑧] 《论语·宪问》，第 967 页。

同孔子这一教导的前提下，如果想成为君子的话，就要立志于谋道忧道，成仁取义，既不汲汲于求富求贵、求饱求安，也不斤斤于恶贫恶贱、耻饥耻寒。换言之，如果身处贫贱之境、饥寒之地，道德范畴的自我认同、君子称号的自我授予也会在一定程度上疏解心中的怨气。与此相印证的是，先秦儒家在言及君子称号时，确实往往将其与"无怨"连结在一起，如孔子称"人不知而不愠，不亦君子乎"①，并也肯定过"怨不行为难"②，荀子称："（君子）其于人也，寡怨宽裕而无阿。"③ 实际上，这与维也纳的心理治疗学说——阿德勒心理学说有某些类似之处，在阿德勒心理学说看来："人之所以为人在于战胜自己的一种内心情况，那就是自己的自卑感，他必须培养自己的优越感，以期摆脱内心的自卑。"④ 可以说，道德范畴的自我认同、君子称号的自我授予、恰恰能够为怨恨主体提供一种优越感或意义。

值得注意的是先秦儒家的上述言论中所反映出来的"用道德价值来置换利益价值"的思维进路：

主体认同道德重于利益（A）→
抬高主体的道德占位——以君子自勉（B）→
从道德角度藐视在利益占位上刺激自己的客体（C）→
补偿主体的不平，调节主体的怨恨（D）

迨至两汉，伴随着儒学在官方意识形态上占据统治地位及话语权，先秦儒家的上述主张及主张所蕴含的思维进路深入人心，发挥了极其深远而又广泛的历史影响。与先秦儒家类似，两汉典籍特别是两汉子书在宣扬道德时，能够反映上述思维进路的论述比比皆是。

可以归入 A 类层次的论述如：

《淮南子》引魏文侯之言称：

势不若德尊，财不若义高。⑤

---

① 《论语·学而》，第 8 页。
② 《论语·宪问》，第 948 页。
③ 《荀子·君道》，第 276 页。
④ 李绍崑：《欧洲的心理学界》，商务印书馆 2007 年版，第 91 页。
⑤ 《淮南子·修务训》，第 1326 页。

第六章　怨恨的调节、疏导与治疗

《盐铁论》中的文学称：

> 故贵何必财，亦仁义而已矣！①

《说苑》称：

> 财不如义高，势不如德尊。②

《新序》引祝简之词曰：

> 吾先君中行穆子，有车十乘，不忧其薄也，忧德义之不足也。③

可以归入 B 类层次的论述如：
东汉的张衡在《应间》一文中以答客问的形式说：

> 君子不患位之不尊，而患德之不崇；不耻禄之不夥，而耻智之不博。④

《潜夫论》称：

> 仁义不能月升，财帛而欲日增，余所恶也。⑤

可以归入 C 类层次的论述如：
《法言》称：

> 或谓子之治产，不如丹圭之富。曰："吾闻先生相与言，则以仁与义；市井相与言，则以财与利。"⑥

---

① 《盐铁论·贫富》，第 221 页。
② 《说苑·谈丛》，第 399 页。
③ 《新序·杂事一》，第 90—91 页。
④ 《后汉书》卷 59《张衡列传》，第 1901 页。
⑤ 《潜夫论·佚文》，第 492 页。
⑥ 《法言·学行》，第 35 页。

《论衡》称：

> 忧德之不丰，不患爵之不尊；耻名之不白，不恶位之不迁。……处卑与尊齐操，位贱与贵比德，斯可矣。①

可以归入 D 类层次的论述如：

《新语》称：

> 贱而好德者尊，贫而有义者荣。②

《盐铁论》中的文学称：

> 故富贵而无礼，不如贫贱之孝悌。③

用不着过多举例，我们可以从上述所征引的议论中窥见两汉思想界对导源于先秦儒家的"用道德价值来置换利益价值"这一策略的继承与丰富。需要进一步说明的是，道德价值看不见、摸不着，君子之称谓有时亦显得过于抽象与空泛，为了使道德价值变得形象而具体，从先秦至两汉，思想界树立了一系列道德榜样引导人们去见贤思齐。而最为重要的是，在先秦儒家看来，人们通过自身的模仿与努力，是完全可以达到道德榜样的境界的，此即孟子所谓"人皆可以为尧舜。"④ 而所谓"尧舜之道"，用孟子的话来讲，即"孝弟而已矣"⑤，简言之，即道德。而关于这一点，两汉思想界亦不乏承袭，例如，荀悦说：

> 或问曰："孟轲称人皆可以为尧舜，其信矣乎？"曰："人非下愚，则皆可以为尧舜矣。写尧舜之貌，同尧舜之姓，则否；服尧之制，行尧之道，则可矣。行之于前，则古之尧舜也，行之于后，则今之尧舜也。⑥

---

① 《论衡·自纪篇》，第 1191—1192 页。
② 《新语·本行》，第 142 页。
③ 《盐铁论·孝养》，第 308 页。
④ 《孟子·告子下》，第 810 页。
⑤ 同上书，第 816 页。
⑥ 《申鉴·杂言上》，第 150—151 页：孙启治校补云，"服尧之制，行尧之道"后当有二"舜"字。

可见,"人皆可以为尧舜"的师法重点不是外在的"貌"与"姓",而是内在的"制"与"道",其精神要旨正在于道德。具体到"用道德价值来置换利益价值"这一调节怨恨策略的运用上,先秦两汉思想界主要树立了两类榜样,一类是贫而有德的君子,为便于说明,不妨称之为 A 类;一类是不怨天尤人的君子,为便于说明,不妨称之为 B 类,列表 6-1 以见其详:

表 6-1　　　　　　　　　价值置换榜样分类

榜样	类别	文献依据	出典
伯夷、叔齐	B	不念旧恶,怨是用希	《论语·公冶长》
颜回	A	一箪食,一瓢饮,在陋巷,人不堪其忧,回也不改其乐	《论语·雍也》
伯夷、叔齐	B	求仁而得仁,又何怨	《论语·述而》
柳下惠	AB	遗佚而不怨,阨穷而不悯	《孟子·万章下》
伯夷、叔齐	B	不克不忌,不念旧恶	《大戴礼记·卫将军文子》
柳下惠	AB	允德禀义,约货去怨	《大戴礼记·卫将军文子》
老莱子	A	贫而乐	《大戴礼记·卫将军文子》
林类、荣启期	AB	衣若县衰而意不慊	《淮南子·齐俗训》
孔子、颜回	A	颜渊屡空,不为不贤。孔子不容,不为不圣	《盐铁论·地广》
颜回	A	颜以其精……颜以其贞	《法言·学行》
颜回	A	纡朱怀金之乐,不如颜氏子之乐	《法言·学行》
伯夷、叔齐傅说、胥靡	A	饿夫也……井伯虞虏也,然世犹以为君子者,以为志节美也	《潜夫论·论荣》
颜回、原宪	A	冻馁屡空	《潜夫论·论荣》
伯夷	B	饿死而不恨	《潜夫论·慎微》
伯夷	B	采薇而不恨	《潜夫论·交际》
五帝	AB	德厚而无穷厄之恨	《吴越春秋》卷 7《勾践入臣外传》

由表 6-1 我们可以简单得出以下两点认识,第一,伯夷、叔齐、颜回等榜样历先秦而至两汉,超越了时代的限制;第二,A 类、B 类的榜样有时会并存于一个人物载体身上,最突出的例子是柳下惠。

需要进一步指出的是,道德榜样的引进在实践"用道德价值来置换利益价值"这一策略的过程中,至少发挥了两点作用。第一,主体会想,既然前圣前贤也曾有困有厄,我如今居贫居贱,也无须叫苦叫屈。屈原在《九章》中的一则咏叹颇能反映出这一点:"忠不必用兮,贤不必以;伍子逢殃兮，比干菹醢。与前世而皆然兮，吾又何怨乎今之人！"① 第二，既然如柳子惠一样的人可以"遗佚而不怨"，按照"人皆可以为尧舜"的逻辑，主体会想，我也可以成为柳子惠，我也可以不怨。

饶有兴味的是，从史实层面上来看，主体有时自己会忘记"用道德价值来置换利益价值"这一调节怨恨的策略，但往往一经人提醒，便会欣然地运用，以消解怨恨。例如西汉时期汉景帝怨恨其弟梁王，邹阳便教王信这样劝导汉景帝：

> 昔者，舜之弟象日以杀舜为事，及舜立为天子，封之于有卑。夫仁人之于兄弟，无臧怒，无宿怨，厚亲爱而已，是以后世称之。②

仔细检视这段话，可知其调节汉景帝怨恨的策略正是以舜这一道德榜样来对其进行标榜。不难想象汉景帝对这种标榜的欢迎和受用，其思维逻辑大致可能是这样的，既然历史上的贤君代表——舜对那么恶劣的弟弟象都"无宿怨，厚亲爱"，我同样也是贤君，未必会输给舜，又何苦这么怨恨我的弟弟梁王呢？从此事的最终结果——"事果得不治"③来看，应该说，"用道德价值来置换利益价值"这一调节怨恨的策略发挥了非常关键的作用。

实际上，这一策略在运用时，有时并不需要给出具体的道德榜样，仅仅用抽象的榜样称谓就可以起到调节怨恨的效果，为形象说明这一点，笔者从先秦、西汉、东汉三个时期分别抽取了一个事例，如下所示。

先秦时期：

> 秦王与中期争论，不胜。秦王大怒，中期徐行而去。或为中期说秦王曰："悍人也，中期适遇明君故也，向者遇桀、纣，必杀之矣。"秦王因不罪。④

西汉时期：

> 广德（薛广德）为人温雅有酝藉。及为三公，直言谏争。……曰：

---

① 《楚辞·九章·涉江》，第134—135页。
② 《汉书》卷51《贾邹枚路传》，第2355页。
③ 同上。
④ 《战国策·秦策五》，第62页。

第六章　怨恨的调节、疏导与治疗

"陛下不听臣，臣自刎，以血污车轮，陛下不得入庙矣！"上（汉元帝）不说。先驱光禄大夫张猛进曰："臣闻主圣臣直。乘船危，就桥安，圣主不乘危。御史大夫言可听。"上曰："晓人不当如是邪！"乃从桥。①

东汉时期：

> 宰晁行太守事，以微过收吴县狱吏，将杀之。主簿钟离意争谏甚切，晁怒，使收缚意，欲案之，掾史莫敢谏。脩（彭脩）排阁直入，拜于庭，曰："明府发雷霆于主薄，请闻其过。"晁曰："受教三日，初不奉行，废命不忠，岂非过邪？"脩因拜曰："昔任座面折文侯，朱云攀毁栏槛，自非贤君，焉得忠臣？今庆明府为贤君，主簿为忠臣。"晁遂原意罚，贳狱吏罪。②

检视上述材料可知，提醒主体运用价值置换策略这一做法不乏阿谀奉迎的成分，但就调节主体对客体怨恨的效果而言，不可否认其会发挥一定的作用。

三

正如笔者在本书第二章、第三章所指出的那样，怨恨的发生逻辑可以从道德、责任、情感、利益多个角度审视，因之，除了用道德价值来置换利益价值之外，责任价值、情感价值也可以用来置换利益价值，反过来，利益价值也可以置换前三种价值。实际上，价值置换的方式尚不止此，比如道德价值、责任价值、情感价值三者中每两者也可以相互置换，甚至每一范畴内部也可以进行置换，如以大德置换小德，以大责置换小责，以大情置换小情，以大利置换小利等等。这些策略在调节怨恨方面都会起到一定的作用。由于方式过多，难以穷尽，笔者不能一一展开探讨，这里仅抽取几种方式进行分析，以期管窥全豹。

首先，来看用责任价值置换其他价值这一策略。

由本书第二章所论可知，所谓责任价值，即是主体对自己所处角色规

---

① 《汉书》卷71《隽疏于薛平彭传》，第3047页。
② 《后汉书》卷81《独行列传》，第2674页。

范的认同。当主体对客体怨恨时，如果能恰当地转换自己的角色，先前的怨恨很可能就不复存在了。促成主体转换自己角色的动力可以来自客观方面。孙子曾言："夫吴人与越人相恶也，当其同舟而济，遇风，其相救也如左右手。"① 为什么吴人与越人始"相恶"而终"相救"？因为互为近邻的吴越颇不乏利益的冲突，但在新出现的客观环境面前，吴人与越人不得不转换角色，以朋友的角色互待互处，共克危艰。据《孔丛子》记载，子顺正是运用这一原理成功调节了韩国对魏国的怨恨：

> 韩与魏有隙、子顺谓韩王曰："……今韩弱于始之韩，魏均于始之魏，秦强于始之秦，而背先人之旧好，以区区之众，居二敌之间，非良策也。齐楚远而难恃，秦魏呼吸而至，舍近而求远，是以虚名自累，而不免近敌之困者也。为王计者，莫如除小忿、全大好也。吴、越之人，同舟济江，中流遇风波，其相救如左右手者，所患同也。今不恤所同之患，是不如吴、越之舟人也。"韩王曰："善。"②

需要说明的是，上述用责任价值来置换利益价值以调节怨恨的关键之处在于要赋予怨恨双方一种共同责任。饶有兴味的是，现代社会心理学家穆扎费尔·谢里夫精心设计的"罗伯斯山洞实验"，在一定程度上可以证明这一点。为便于问题的说明，不妨将"罗伯斯山洞实验"的大致经过复述如下：

> 1954 年夏天，22 名 12 岁的男孩刚刚来到俄克拉何马州的罗伯斯山洞州立公园，参加三个星期的夏令营活动。孩子们……分为两组，每组 11 人。一组叫响尾蛇队，一组叫老鹰队。两组区别明显，在研究者的组织下，他们进行了一系列非赢即输的锦标赛。结果双方互相仇视。此时谢里夫开始在营地附近制造各种小小的紧急状况，而且它们只有通过老鹰队和响尾蛇队协作才能解决。好几天都要应对并完成许多这样的高级目标，经此之后响尾蛇队与老鹰队之间滋生的强烈敌意终于被消除了。③

---

① 《孙子·九地》，第 314 页。
② 《孔丛子·论势》，第 356 页。
③ [美]迈克尔·E. 麦卡洛：《超越复仇》，陈燕、阮航译，中国人民大学出版社 2013 年版，第 169—170 页。

第六章　怨恨的调节、疏导与治疗

由引文可知，相互仇视的响尾蛇队与老鹰队之所以能够消除强烈的敌意，关键就在于被赋予了一种共同的责任——"只有协作才能解决紧急状况"，这与吴越同舟的情况多么相似！因之，虽然"罗伯斯山洞实验"发生在60多年前的美国，但其中调节怨恨的原理及关键，早在2000多年前，中国的孙子便已指出，这至少从一个侧面表明古代中国人调节怨恨的一些做法不失现代性。

需要说明的是，虽然促成主体转换自己角色的动力可以来自客观方面，但也不乏来自主观方面的情况，在这种情况下，用责任价值置换利益价值这一策略有时也会起到调节怨恨的效果。儒家所谓的恕道，其立论基点即是推己及人、将心比心，"己所不欲，勿施于人"①"施诸己而不愿，亦勿施诸人"② 等议论均可以体现这一点，不妨将其理解为一种角色转换，即变己为人。在此种情况下，也是可以调节怨恨的，战国的陈轸、东汉初年的冯衍所举的一个事例颇能说明这一点：

> 楚人有两妻者，人挑其长者，詈之；挑其少者，少者许之。居无几何，有两妻者死，客谓挑者曰："汝取长者乎？少者乎？"曰："取长者。"客曰："长者詈汝，少者报汝，汝何为取长者？"曰："居彼人之所，则欲其报我也；今为我妻，则欲其为我詈人也。"③

由此可见，一旦转变了角色，站在了材料中"长者"的立场上，不仅不怨恨长者，反而还要取其为妻。可见，责任价值随着角色的变化而变化，不仅可以置换利益价值，也可以置换道德价值与情感价值。

其次，来看用情感价值置换其他价值这一策略。

孟子所谓"以佚道使民，虽劳不怨。以生道杀民，虽死不怨杀者"④ 在一定程度上说明，如果客体对主体付出了一种体恤、关怀的情感，即使侵犯了主体的利益也不会激发主体的怨恨。《淮南子》所谓"凡行戴情，虽过无怨；不戴其情，虽忠来恶"⑤ 更是直接说明了这一点。在本书第五

---

① 《论语·颜渊》，第824页。
② 《礼记·中庸》，第1627页上栏。
③ 《战国策·秦策一》，第28页。冯衍所举事例，从文字上看，应与此事相同，文云："记有之，人有挑其邻人之妻，挑其长者，长者詈之，挑其少者，少者报之，后其夫死而取其长者。或谓之曰：'夫非骂尔者邪？'曰：'在人欲其报我，在我欲其骂人也。'"见《后汉书》卷28上《桓谭冯衍列传上》，第977页。
④ 《孟子·尽心上》，第893页。
⑤ 《淮南子·缪称训》，第709页。

章文末，笔者曾举楚国上蔡令子发刑民却加之以悲悯之情从而化怨的例子，在这里，笔者再试举汉代的一些史实来进一步说明这一问题。

> 上（汉武帝）尝体不安，及愈，见马，马多瘦，上大怒："令以我不复见马邪！"欲下吏，桀（上官桀）顿道曰："臣闻圣体不安，日夜忧惧，意诚不在马。"言未卒，泣数行下。上以为忠，由是亲近。①

重视戎事的汉武帝嗜马如命，而上官桀喂马多瘦更是一种失职的表现，因此，这在利益、责任两个角度刺激了汉武帝，以致汉武帝对其产生怨恨。但上官桀的一番表白却满足了汉武帝的情感欲望，可见汉武帝调节怨恨的策略正是用情感价值去置换利益价值及责任价值。不妨再举一例：

> 中山哀王薨，太子前吊。哀王者，帝（汉元帝）之少弟，与太子游学相长大。上望见太子，感念哀王，悲不能自止。太子既至前，不哀。上大恨曰："安有人不慈仁而可奉宗庙为民父母者乎！"上以责谓丹（史丹）。丹免冠谢上曰："臣诚见陛下哀痛中山王，至以感损。向者太子当进见，臣窃戒属毋涕泣，感伤陛下。罪乃在臣，当死。"上以为然，意乃解。②

不难看出，汉元帝调节怨恨的策略与上文所述汉武帝调节怨恨的策略极为相似，不同之处在于，汉武帝调节怨恨的策略是用情感价值去置换利益价值及责任价值，而汉成帝调节怨恨的策略是用情感价值去置换道德价值。而综合把握这两则事例，不难得出这样的结论，作为一种调节怨恨的策略，情感价值是可以去置换道德价值、责任价值、利益价值的。

最后，来看利益价值置换其他价值这一策略。

由本书第五章第二节的论述可知，给予主体以利益，在一定程度上能够疏解主题的怨气。而从主体自身的角度来讲，其调节怨恨的策略正在于用利益价值来置换掉其他价值。前章论之已详，此处暂补两例：

> 吴起于是闻魏文侯贤，欲事之。文侯问李克曰："吴起何如人哉？"李克曰："起贪而好色，然用兵司马穰苴不能过也。"于是魏文

---

① 《汉书》卷97上《外戚传上》，第3957页。
② 《汉书》卷82《王商史丹傅喜传》，第3376页。

第六章　怨恨的调节、疏导与治疗

侯以为将。①

或谗平（陈平）曰："……闻平居家时盗其嫂；事魏王不容，亡而归楚；归楚不中，又亡归汉。今大王尊官之，令护军。臣闻平使诸将，金多者得善处，金少者得恶处。平，反复乱臣也，愿王察之。"汉王疑之，以让无知，问曰："有之乎？"无知曰："有。"汉王曰："公言其贤人何也？"对曰："臣之所言者，能也；陛下所问者，行也。今有尾生、孝已之行，而无益于胜败之数，陛下何暇用之乎？今楚汉相距，臣进奇谋之士，顾其计诚足以利国家耳。盗嫂受金又安足疑乎？"……汉王乃谢，厚赐……诸将乃不敢复言。②

毋庸讳言，贪财好色的吴起、盗嫂受金的陈平在德行上是有亏的，是会引起人们的憎恨的。但是由于能力超群，颇有利用价值，能给人主带来利益，所以也可以消解掉这种憎恨。反思魏文侯、汉高祖调节怨恨的过程，正是用利益价值置换掉了道德价值。值得一提的是，见之于部分子书中强调的这样一种观念，概括地说，就是为了身体健康及生命长久要远离怨恨，如"外淫作者多怨怪，多怨怪者疾病生。故清静无为，血气乃平"③"怒欲发，宽解之，勿使五藏忿怒也。自威以道诫，自劝以长生，于此致当"④等文句。笔者认为，健与寿也可以看作是一种利益，因之这种观念也可以被视作"用利益价值来置换其他价值"的策略。

此外，道德、责任、情感、利益每一范畴内部也可以进行置换，相关的论述及取舍笔者在本书第二章、第三章有所阐述，在此不赘。

四

以"用道德价值来置换利益价值"这一策略为例，其运用的前提是主体对道德要有基本的认同，而结合本书第三章对逐利世风的分析，可知这种认同往往只是流于表面，并不能完全当真。王符指出：

夫与富贵交者，上有称举之用，下有货财之益。与贫贱交者，大有赈贷之费，小有假借之损。今使官人虽兼桀、跖之恶，苟结驷而过

---

① 《史记》卷65《孙子吴起列传》，第2166页。
② 《汉书》卷40《张陈王周传》，第2040—2041页。
③ 《说苑·谈丛》，第403页。
④ 《老子想尔注》，第7页。

士，士犹以为荣而归焉，况其实有益者乎？使处子虽苞颜（颜渊）、闵（闵子骞）之贤，苟被褐而造门，人犹以为辱而恐其复来，况其实有损者乎？①

应该说，王符的论断在一定程度上反映了社会人情中真实而残酷的一面。即便作为道德榜样的颜回，在现实生活都未必受人欢迎，何况其他的贫贱而自命清高者呢？无怪乎汉灵帝时的赵壹这样写道："文籍虽满腹，不如一囊钱。"② 而利益价值能够置换道德价值这一事实本身恰恰说明了用道德价值置换利益价值这一策略并没有被所有主体认同。

此外，道德榜样固然可以引领人们见贤思齐，而一旦人们发现所谓道德榜样是虚构的，这种引领作用就要大打折扣，甚至会起反作用。韩非子就直言不讳地称儒家所谓圣王如舜、禹、汤、周武王之类，都是弑君之臣。③《盐铁论》中的御史更是把矛头直接对准了孔子：

> 孔子适卫，因嬖臣弥子瑕以见卫夫人，子路不说。子瑕，佞臣也，夫子因之，非正也。男女不交，孔子见南子，非礼也。④

在这种对榜样质疑与批判的语境下，诸如"不义而富且贵，于我如浮云"⑤ 等道德宣扬不禁令人感到十分虚伪。在《盐铁论》中的大夫看来，儒家固然对利报以冷淡，但对名却非常热衷，"文学能言而不能行，居下而讪上，处贫而非富，大言而不从，高厉而行卑，诽誉訾议，以要名采善于当世。"⑥ 由本书第三章第二节所论可知，名亦是一种利。名可以让人高尚，也同样可以让人变得市侩。

不宁唯是，在假设"用道德价值来置换利益价值"这一策略成功的前提下，其副作用亦不容低估，因为这种策略通过精神包装的方式掩盖了现实社会的矛盾与冲突，精神包装可以用道德，也可以用想象，《列子》中为尹氏做工疲惫不堪的老役夫，夜间却做梦成为国王，于是坦言："人生

---

① 《潜夫论·交际》，第 334 页。
② 《先秦汉魏晋南北朝诗·汉诗卷六·赵壹》，中华书局 1983 年版，第 190 页。
③ 《韩非子·说疑》，第 442 页。
④ 《盐铁论·论儒》，第 151 页。
⑤ 《论语·述而》，第 465 页。
⑥ 《盐铁论·地广》，第 209 页。

百年，昼夜各分，吾昼为仆虏，苦则苦矣；夜为人君，其乐无比。何所怨哉？"① 这可谓是用虚拟的利益价值来置换现实的利益价值。诸如此类的做法会在一定程度上泯灭人的斗志与反抗意识，只是沉浸在自我欺骗的麻醉之中。正如李泽厚所说："中国的实用理性有其优点，但也有坏的一面，就是满足、停滞在一种虚幻的原始的圆满中，它回避了激剧的痛苦、灵魂的冲突；在很大程度上回避了苦难、死亡和丑恶，缺乏由这种苦难、死亡和丑恶所激起的更强大的精神要求和冲击力量。"② 在笔者看来，各种价值置换策略均可以看作是中国实用理性的一种表现，因之，也就或多或少地具有这一方面的局限。

第二节　疏导怨恨的指向：反求诸己

一

在进行本节讨论之前，有必要对"反求诸己"这一概念进行一下界定和说明。所谓"反求诸己"，即是指主体在产生怨恨时，基于疏导怨恨的考虑，反过来省察自身，在先秦两汉诸子看来，如果确实是自身存在局限与过失，那么，就不应该对他者报以怨恨。笔者将这种疏导怨恨的指向称之为"反求诸己"，即反过来指向自己。

反求诸己这种疏导怨恨的指向体现了一种自省式思维，笔者在本书第五章第二节所论及的"归过于己"这一做法正体现了一种自省式思维，但在上述章节中，笔者主要探讨的是"归过于己"这一做法如何能化解他人对自己的怨恨，但在本节中，笔者将主要探讨类似的自省做法如何能化解自己对他人的怨恨。

饶有兴味的是，对孔子"躬自厚而薄责于人，则远怨矣"③ 中"怨"字的两种解读恰恰能说明自省式思维既能消解他人的怨恨，又能化解自己的怨恨。一般认为，"躬自厚而薄责于人，则远怨矣"中"怨"字当解为"人怨己"，如南朝梁的皇侃疏云："躬，身也。君子责己厚，小人责人厚。责人厚则为怨之府，责己厚人不见怨，故云'远怨。'"④ 另如南宋朱熹注

---

① 《列子·周穆王》，第106页。
② 李泽厚：《杂著集》，生活·读书·新知三联书店2008年版，第141页。
③ 《论语·卫灵公》，第1097页。
④ （梁）皇侃撰：《论语义疏》，高尚榘校点，中华书局2013年版，第403页。

云:"责己厚,故身益修;责人薄,故人易从,所以人不得而怨之。"① 但钱穆却认为,此"怨"字当解为"己怨人",钱穆说:"责己厚,责人薄,可以无怨尤。诚能严于自治,亦复无暇责人。文中的怨字当解为自心的怨望。"② 笔者认为,皇侃、朱熹主要侧重于从他生型怨恨这一角度来立论,而钱穆则主要侧重从自生型怨恨角度来立论,由于这两种类型的怨恨在现实中都是存在的,所以两种解读只是侧重点不同,并不矛盾,可以并存。可以为钱穆的解读提供旁证的,是刘笑敢对老子"知人者智,自知者明。胜人者有力,自胜者强"③一句话的分析,刘笑敢指出:"别人对自己如何,别人是否理解自己,是否欣赏自己,是否表扬自己,这是自己不能主导的。一意要求别人如何如何……达不到目的又会怨气冲冲,愤愤不平。"④ 也就是说求诸人常常会导致自己的怨恨,反过来说,求诸己恰恰是疏导自己怨恨的一种合理方向。

接下来的问题是,为什么反求诸己在疏导怨恨方面会发挥显著的成效呢?

二

反求诸己这一指向之所以能疏导怨恨,首先是因为在身心关系范畴内,它是一种节制自身欲望的方式。

先秦两汉典籍中以射艺为譬喻所表达出来的观念在一定程度上可以说明这一点:

《孟子》称:

> 仁者如射:射者正己而后发,发而不中,不怨胜己者,反求诸己而已矣。⑤

《礼记》称:

> 射者,仁之道也。射求正诸己,己正而后发;发而不中,则不怨

---

① (宋)朱熹:《四书章句集注》,中华书局2012年版,第166页。
② 钱穆:《论语新解》,生活·读书·新知三联书店2005年版,第408页。
③ 《老子·三十三章》,第84页。
④ 刘笑敢:《诠释与定向——中国哲学研究方法之探究》,商务印书馆2009年版,第390页。
⑤ 《孟子·公孙丑上》,第239页。

第六章　怨恨的调节、疏导与治疗

胜己者，反求诸己而已矣。①

由"不怨胜己者"一句可知，争强好胜是人们普遍存在的一种欲望，但每个人的能力高低存在差异，不可能每个人都是胜利者，这时需要失败的一方反求诸己，如果确实是因为自身能力不足，不妨通过后期努力再进行技术的改进，但在失败的那一刻，要节制那一刻对胜利的欲望，疏导自身对胜利者的怨恨。因为这种欲望超出了自身能力的限度，由本书第一章所论可知，自生型怨恨的起点即是欲望的存在，因之通过反求诸己来节制不合理的欲望，是可以在一定程度上疏导怨恨的。

除了以射艺为例来进行譬喻外，先秦两汉典籍中在言及反求诸己时亦往往与节制欲望有关，《礼记·乐记》中有一段话较为集中地体现了这一点：

人生而静，天之性也；感于物而动，性之欲也。物至知知，然后好恶形焉。好恶无节于内，知诱于外，不能反躬，天理灭矣。②

此外，《礼记·中庸》中有一段话也很能说明问题：

君子素其位而行，不愿乎其外。素富贵行乎富贵；素贫贱行乎贫贱；素夷狄行乎夷狄；素患难行乎患难；君子无入而不自得焉。在上位不陵下，在下位不援上，正己而不求于人，则无怨。上不怨天，下不尤人。故君子居易以俟命，小人行险以徼幸。③

笔者拟对引文中"君子素其位而行，不愿乎其外""正己而不求于人，则无怨""上不怨天，下不尤人""君子居易以俟命"这四句话之间的联系进行分析。

先来看前三句话："君子素其位而行，不愿乎其外"即是说明主体应控制自身额外的欲望，从"上不怨天，下不尤人"一句来看，所谓"正己而不求于人，则无怨"中的"怨"亦是当指"己心对外言"，而所谓"不求于人"即意味着对分外的事物无欲无求，"不陵下，不援上"即是一种

---

① 《礼记·射义》，第1689页中栏。
② 《礼记·乐记》，第1529页上栏。
③ 《礼记·中庸》，第1627页中栏。

无欲无求的表现。与此相类,徐干在《中论》中亦称:"谁谓华岱之不高,江汉之不长与?君子修德,亦高而长之,将何患矣。故求己而不求诸人,非自强也,见其所存之富耳。"[1] 可见,在这一语境下,反求诸己即意味着安分守己,安分守己即意味着对欲望的节制,对欲望的节制即意味着对怨恨的疏导。

值得注意的是第四句话:"君子居易以俟命"。在这里,孔子提到了一个重要的概念"命",并将这一概念与"反求诸己"这一指向进行了连结,实际上,这种连结在先秦两汉文献中绝不是个例,例如:

《荀子》称:

> 自知者不怨人,知命者不怨天,怨人者穷,怨天者无志。失之己,反之人,岂不迂乎哉![2]

《淮南子》称:

> 知己者不怨人,知命者不怨天。[3]

《说苑》称:

> 知命者不怨天,知己者不怨人。[4]

那么,"知己者不怨人"与"知命者不怨天"二者之间有着怎样的联系呢?其疏导怨恨的逻辑是否具有相通之处?笔者认为,二者之间的联系正可以从其疏导怨恨逻辑的相通之处上进行分析。两句话中提及了四个指代词,分别是"己""人""命""天"。其中,"己""命"更多的是指代自己一方的事物,"人""天"更多的是指代他者一方的事物。说到底,"知命"也是"知己"之命,"知命"的思维是对"知己"思维的一种补充。就主体自身而言,"己"意味着主观条件,"命"意味着客观条件。在明确自身的主观条件之后,就会在一定程度上去遏制超出自身主观条件之外的非道义型欲望,由上文所论可知,这可以疏导自身的怨恨。而在认识

---

[1] 《中论·贵验》,第 80 页。
[2] 《荀子·荣辱》,第 67—68 页。
[3] 《淮南子·缪称训》,第 756 页。
[4] 《说苑·谈丛》,第 399 页。

第六章　怨恨的调节、疏导与治疗

"命"这一不可更改的客观条件之后，也可以在一定程度上节制自身的欲望，相应地，也可以对怨恨进行疏导。除了屡现于先秦两汉典籍中的"知命者不怨天"一句外，"孔子称命，不怨公伯寮；孟子言天，不尤臧仓，诚知时命当自然也"[①]"君子厄穷而不闵，劳辱而不苟，乐天知命，无怨尤焉"[②] 等议论亦可以说明这一点。在这些议论中亦可看出，"时"这一概念与"命"这一概念在含义上具有一定的融通性。

需要说明的是，"知己"也好，"知命"也罢，固然是对分外的欲望进行遏制，但绝不意味着在主观方面不去努力。荀子称："怨人者穷，怨天者无志"，荀子是主张"制天命而用之"[③] 的。正如梁启超所说："荀子于怨天者，不责以他，而直谓之无志，可谓鞭辟近里矣。"[④]

王充在这一点上的认识与荀子类似，他说：

"力胜贫，慎胜祸。"……。虽云有命，当须索之。……有求而不得者矣，未必不求而得之者也。[⑤]

笔者认为，王充的这一认识是对先秦儒家"知命""制命"主张的有机整合，具有较高的思想价值，且与佛教的因果理论有一定的相似之处。不妨征引楼宇烈的一则议论来说明这一点：

佛教的因果理论并不是让人无所作为，而恰恰是在命运面前，自己创造条件来改变命运。前提是要对自己的现状有深刻的反省，如果没有深切的反省，不从自身找原因，老是埋怨环境，埋怨别人，那样的话，就根本不可能改变自己的行为去创造新的命运。所以，无论是佛教，还是中国传统的儒家思想，都强调反省自己，反对怨天尤人。所谓怨天尤人是埋怨别人、埋怨环境而不检讨自己，那就是没有真正领会到佛教所讲的因是由自己的身、口、意三业造成。如果这样来认识必然性，而不是把必然的决定力量归为外在的力量，或者归之于神，那么对必然性就可以辩证地把握。人是不能逃出因果关系的，但

---

① 《论衡·偶会篇》，第106页。
② 《风俗通义·穷通》，第314页。
③ 《荀子·天论》，第375页。
④ 梁启超：《自由书》，吉林出版集团有限责任公司2012年版，第252页。
⑤ 《论衡·命禄篇》，第26页。

在因果关系中，如果我们有改变它的主动性，就不会陷于宿命论。①

不宁唯是，王充的上述认识与16世纪欧洲宗教改革运动中脱离天主教而产生的加尔文教派的神学观念亦有一定的相似之处，构成这一神学观念的核心要义即在于：

> 个人能否得救，乃是上帝预先选定的，个人不能改变神的决定，然而，人必须努力，彰显自己荣耀上帝的可能性。②

韦伯根据这一核心要义撰写了《新教伦理与资本主义精神》一书，据韦伯的解释，正是命运与使命感结合为一的说法，激发了一般人努力工作的积极性，促进了资本主义的发展。③

把必然的力量归之于神就会陷入宿命论，显然不妥。但为什么一定要有一个"命"的存在，把必然的力量完全归为外在的力量，比如像墨子那样主张非命，强力疾作，充分发挥主观能动性有什么局限吗？从疏导怨恨的效果来看，非命之类的主张确有一定局限，因为这忽视了客观条件，主观条件再发挥，也存在着一个极限，如果已经充分发挥了主观能动性，还是没有达到预期的目的，收到相应的回报，这时命的说法就可以在一定程度上节制自身的欲望，起到某种程度的缓解作用，给人们以安慰，从而疏导怨恨。本书第四章第一节曾经征引了一则材料来说明子路对善恶反报现象的怨恨，为便于问题的说明，在这里复述如下：

> 孔子困于陈蔡之间，居环堵之内，席三经之席，七日不食，藜羹不糁，弟子皆有饥色，读《诗》《书》治礼不休。子路进谏曰："凡人为善者，天报以福；为不善者，天报以祸。今先生积德行为善久矣，意者尚有遗行乎？奚居之隐也？"④

可以看出，孔门众人读经治礼不休，把主观能动性发挥到极致，但结果却是穷困潦倒，以致子路愤愤不平。这时，孔子就用命的说法来安慰他：

---

① 楼宇烈：《宗教研究方法讲记》，北京大学出版社2013年版，第131页。
② 许倬云：《中西文明的对照》，浙江人民出版社2013年版，第158页。
③ 同上。
④ 《说苑·杂言》，第422页。

第六章　怨恨的调节、疏导与治疗

孔子曰："由，来！汝不知，坐，吾语汝。子以夫知者为无不知乎，则王子比干何为剖心而死？以谏者为必听乎，伍子胥何为抉目于吴东门？子以廉者为必用乎，伯夷、叔齐何为饿死于首阳山之下？子以忠者为必用乎？则鲍庄何为而肉枯？荆公子高终身不显，鲍焦抱木而立枯，介子推登山焚死。故夫君子博学深谋不遇时者众矣，岂独丘哉！贤不肖者才也，为不为者人也，遇不遇者时也，死生者命也。有其才不遇其时，虽才不用。苟遇其时，何难之有？"①

从上述材料中我们可以得出以下两点认识，第一，"遇不遇者时也，死生者命也"的说法也是将"时"与"命"连结起来论述，其含义可理解为对客观条件的一种指代，且可以起到疏导怨恨的作用，从孔子选择其作为核心概念来回答子路即可看出这一点。可以为此提供旁证的，是王充的一则议论："故夫临事知愚，操行清浊，性与才也；仕宦贵贱，治产贫富，命与时也。命则不可勉，时则不可力，知者归之于天，故坦荡恬忽。"② 第二，孔子在回答子路时，举出了比干、伍子胥、伯夷、叔齐、鲍庄、荆公子高、鲍焦、介子推等一系列人物，并强调"君子"不遇时，也就是说，孔子既用"知命"的说法来安慰子路，同时又运用了价值置换的策略，通过以前贤相标榜，从而"高尚其志"。其实，从前文所征引的"君子素其位而行""君子正己而不求于人""君子居易以俟命""君子求己而不求诸人""君子乐天知命"等文句来看，价值置换与反求诸己的做法在调节、疏导怨恨时合并运用的情况是极为常见的。

需要强调的是，所谓知"命"，也是知自己的"命"，可以理解为深层次的反求诸己，它会进一步地节制自身的欲望，从而疏导自身的怨恨。但知"命"的思维方式也会对知"己"的思维方式进行冲击，在忽视了荀子"制天命而用之"、王充"虽云有命，当须索之"理论的情况下，极有可能从墨子非命的极端跳到另一个极端，即陷入"一切都是命，半点不由人"的宿命论，就是说，这把自身的客观条件强调到了极致，完全忽视了自身的主观条件，固然也可以消除人的欲望，疏导人的怨恨，但其局限性也是不容低估的。晁福林指出："'吾日三省吾身'式的不停地自我检讨，这种做法虽然有加强自我修养的积极作用，但是到了我国封建时代后期，它却走上了'存天理、灭人欲'，只在内省和反求诸己方面下功夫的十分偏颇

---

① 《说苑·杂言》，第422—423页。
② 《论衡·命禄篇》，第20页。

的道路。在封建社会后期的理学家那里，人的个体和主动性已经被当成'人欲'而由'天理'予以彻底消灭了。"① 正如笔者在上文所论证的那样，反求诸己是一种节制自身欲望的方式，所以自省式思维会走上"存天理、灭人欲"的道路正是其逻辑的一种延伸。笔者在上文亦称，知"命"的思维方式会对知"己"的思维方式进行冲击，而这种冲击恰恰会为"天理"压迫"人欲"提供一种助力，因之，晁福林所咏叹的思想变异的出现也就不足为奇了。

三

反求诸己这一指向之所以能疏导怨恨，还在于它在人际关系范畴内符合"报答—报复观"，在天人关系范畴内符合"报应观"。

首先来看反求诸己这一指向与"报答—报复观"的吻合之处。由本书第四章第二节所论可知，"报答—报复观"的核心要义即在于"无言不仇，无德不报"。那么，如果是因为自己行恶而招致他人在言行上的不友善或是攻击，自己就没有理由去怨恨了。先秦两汉典籍中不乏对这一点的阐述，兹举数例：

《墨子》称：

> 修身见毁，而反之身者也。此以怨省而行修矣。②

《荀子》载曾子之言称：

> 身不善而怨人，不亦反乎！……
> 同游而不见爱者，吾必不仁也；交而不见敬者，吾必不长也；临财而不见信者，吾必不信也。三者在身，曷怨人？③

《郭店楚简》称：

> 君子所报之不多，所求之不远，察反诸己而可以知人。是故欲人

---

① 晁福林：《天玄地黄——中国上古文化溯源》，巴蜀书社1990年版，第14—15页。
② 《墨子·修身》，第8页。
③ 《荀子·法行》，第633页。

第六章　怨恨的调节、疏导与治疗

之爱己也,则必先爱人;欲人之敬己也,则必先敬人。①

《文子》称:

> 怨人不如自怨,勉求诸人,不如求诸己。②

《吴越春秋》载椒丘欣斥要离之言曰:

> 子辱我于大家之众,一死也。归不关闭,二死也。卧不守御,三死也。子有三死之过,欲无得怨!③

《中论》称:

> 今不信吾所行,而怨人之不信己,犹教人执鬼缚魅,而怨人之不得也,惑亦甚矣。④

《太平经》称:

> 人居世间,大不容易,动辄当承所言,皆不失其规中,而不自责,反怨言人言,是为不平行之。⑤

毋庸赘言,仅从文句的比对即可看出这一观念从先秦至两汉的承袭。需要指出的是,本书第五章第三节在论及法这一控制怨恨的措施时所提到一系列"刑当而无怨"的论述正可以与此点合观,即因为是我自己的所作所为犯了法,所以不怨恨执法者。

接下来,笔者将分析反求诸己这一指向与"报应观"的吻合之处。由本书第四章第一节所论可知,"报应观"的核心要义即在于"善有善报,恶有恶报"。如果是因主体自身行恶最终遭受恶报,一般情况下,主体是不会怨恨的。本书第四章第一节曾举证的白起、蒙恬事例中,二人的"临

---

① 《郭店楚简·成之闻之》,第142页。
② 《文子·上德》,第300页。
③ 《吴越春秋》卷4《阖闾内传》,第47页。
④ 《中论·贵验》,第76页。
⑤ 《太平经》卷114《见诫不触恶诀》,第600页。

终悲鸣"在一定程度上即可以说明这一点,类似的例子在汉代也不乏呈现,如东汉初年张丰的"临终悲鸣":

> 初,丰(张丰)好方术,有道士言丰当为天子,以五彩囊裹石系丰肘,云石中有玉玺。丰信之,遂反。既执当斩,犹曰:"肘石有玉玺。"遵(祭遵)为椎破之,丰乃知被诈,仰天叹曰:"当死无所恨!"①

当然,自身行恶最终遭受恶报的主体也不乏怀有怨恨之心者,因之,典籍中不乏对这类主体的批判与告诫,认为其应反求诸己,不应存有怨恨之心。类似的批判与告诫在《太平经》中表现得最为突出,《太平经》作者不厌其烦地予以"连篇累牍"的强调,笔者择其精要,删其赘余,拣选具有代表性的论述,兹列如下:

> 善自命长,恶自命短,何可所疑所怨乎?……有身不自责,当责谁乎?复思此言,无怨鬼神。②
> 反正悔过,可复竟年,各自分明。计其所为,勿怨天神。努力为善,子孙延年,不者自在,可无怨天。③
> 但自无状,不计其咎,妄为不当行。不承大教,而反自在,自令命短,何所怨咎。④
> 行不善,自勿怨,他人辄有注录之者,无所复怨。⑤
> 心意不端,反怨神使,行自得之,何所怨仇。⑥
> 众曰,汝无有逋须臾之间,故杀之。或使遭县官,财产单尽,复续怨祸,汝行之所致不乎?何怨于天而呼怨乎?⑦
> 固善得善,恶自不寿,何为有恨,自得之耳。⑧

需要进一步探讨的是,按照"报应观"的逻辑,按照《太平经》上述的强调,主体行恶遭受恶报时,要反求诸己,反求诸己后是不应该有怨恨

---

① 《后汉书》卷20《铫期王霸祭遵列传》,第740页。
② 《太平经》卷110《大功益年书出岁月戒》,第525—527页。
③ 《太平经》卷111《有德人禄命诀》,第549页。
④ 《太平经》卷111《善仁人自贵年在寿曹诀》,第550页。
⑤ 《太平经》卷112《贪财色灾及胞中诫》,第566页。
⑥ 《太平经》卷112《衣履欲好诫》,第580页。
⑦ 《太平经》卷114《不可不祠诀》,第605页。
⑧ 《太平经》卷114《不承天书言病当解谪诫》,第624页。

· 358 ·

第六章 怨恨的调节、疏导与治疗

的，但问题在于，如果主体行善却遭受了恶报，这时再进行反求诸己，恐怕就不免怨恨了。怎么样疏导这种怨恨呢？为便于表述，笔者将上述问题称之为"颜回早夭难题"。实际上，先秦两汉思想界对"颜回早夭难题"非常关注，不断地进行尝试性地破解。下面对其破解的思路稍加阐释。

本书第四章第一节曾征引过游于子墨子之门者、跌鼻向墨子请教善恶反报的材料。为便于问题的说明，还是复述如下：

> 有游于子墨子之门者，谓子墨子曰："先生以鬼神为明知，能为祸人哉福，为善者富之，为暴者祸之。今吾事先生久矣，而福不至，意者先生之言有不善乎？鬼神不明乎？我何故不得福也？"……
> 子墨子有疾，跌鼻进而问曰："先生以鬼神为明，能为祸福，为善者赏之，为不善者罚之。今先生圣人也，何故有疾？意者先生之言有不善乎？鬼神不明知乎？"①

墨子的破解思路还是反求诸己，在墨子看来，前者之所以没有得福是因为前者除了侍奉自己外还藏匿了他人之善，后者中的自己之所以得病是因为人们自己不能兼顾寒暑劳累，不能说明鬼神不灵明。看得出来，这与墨家非命的主张、重视自身主观条件的思想进路是相一致的。但正如笔者在第二小节所论，自身主观条件的发挥是有一定限度的，一味求全责备肯定不能让人心服口服。无怪乎傅斯年这样感慨道："此真墨说之大缺陷矣。弟子不得福，则曰汝尚未善也，若墨子有其早死之颜回，则有何说？且勉人以善求更善，一般人之行善固有限度者，累善而终得祸，其说必为人疑矣。"②

与墨家不同，儒家在对"颜回早夭难题"进行破解时引入了"命"这一概念。由第二小节所引"孔子答子路问"一段材料即可看出这一点。类似地，东汉末年的徐干也承袭了这一思路，他说：

> 世之治也，行善者获福，为恶者得祸；及其乱也，行善者不获福，为恶者不得祸，变数也；知者不以变数疑常道，故循福之所自来，防祸之所由至也。遇不遇，非我也，其时也。夫施吉报凶谓之

---

① 《墨子·公孟》，第462—463页。
② 傅斯年：《"战国子家"与〈史记〉讲义》，天津古籍出版社2007年版，第106页。

命，施凶报吉谓之幸，守其所志而已矣。①

由"施吉报凶谓之命"一句可知，徐干亦是用"命"这一概念来破解"颜回早夭难题"。值得注意的是，徐干在这里引入了"常道"与"变数"这两个概念，他是想从概率角度对上述难题给予回应，可以为此提供旁证的，是他的另外一段话：

> 自尧至于武王，自稷至于周、召，皆仁人也。君臣之数不为少矣，考其年寿不为夭矣，斯非仁者寿之验耶？又七十子岂残酷者哉？顾其仁有优劣耳，其夭者惟颜回。据一颜回而多疑其余，无异以一钩之金权于一车之羽，云金轻于羽也。②

实际上，从概率角度回应上述难题的做法并不始于徐干，孔子曾表达过类似的思想，孔子说："人之生也直，罔之生也幸而免。"③ 所谓"罔之生也幸而免"与"施凶报吉谓之幸"颇有相通之处，类似地，扬雄在被问及颜回早夭一事时，也说："彼妄也。君子不妄。"④ 李祠部注云："《论语》曰：'人之生也直，罔之生也幸而免。'杨子之谈，亦犹此义。"⑤ 汪荣实疏云："残、贼之人纵得寿考，亦幸免而已。"⑥

然而，用概率回应"颜回早夭难题"的局限是它恰恰回避了最有力的一个反证——颜回，对颜回早夭这一现象还是不能给予令人信服的答案。此外，用"命"这一概念来破解上述难题，虽然在一定程度上可以起到疏解怨气的作用，但其破解思路的实质是用一个抽象的概念回避了这一难题，人们不禁要追问，"命"是由什么决定的？为什么颜回的"命"就不好？显然，儒家在理论上没有解决这一难题。于是，儒家便又祭出了"价值置换"的大旗，通过"高尚其志"的办法来辅助破解，扬雄所谓的"君子不妄"即可在一定程度上体现出这一点，东汉的荀爽更是直接宣称：

> 寿与不寿。不过数十岁；德义立与不立，差数千岁，岂可同日言

---

① 《中论·修本》，第58—59页。
② 《中论·夭寿》，第281页。
③ 《论语·雍也》，第401页。
④ 《法言·君子》，第520页。
⑤ 同上。
⑥ 同上书，第521页。

也哉。颜渊时有百年之人，今宁复知其姓名耶？《诗》云："万有千岁，眉寿无有害。"人岂有万寿千岁者，皆令德之谓也。由此观之，"仁者寿"岂不信哉。①

然而，这种价值置换的方法不过是偷换了概念，徐干便毫不客气地指出了这一点：

> 夫寿有三，有王泽之寿，有声闻之寿，有行仁之寿。《书》曰"五福，一曰寿"，此王泽之寿也；《诗》云"其德不爽，寿考不忘"，此声闻之寿也；孔子曰"仁者寿"，此行仁之寿也。孔子云尔者，以仁者寿。利养万物，万物亦受利矣，故必寿也。②

由此可见，荀爽是用"声闻之寿"偷换了"行仁之寿"这一概念，因此"论非其理"。③

至于东汉的孙翱，则干脆放弃了回应，坦言善恶有报只是出于教化的目的：

> 积善有庆，行仁得寿，乃教化之义，诱人而纳于善之理也。若曰"积善不得报，行仁者凶"，则愚惑之民将走于恶，以反天常。④

孙翱倒不失坦率，但倘若善恶反报的现象屡现迭出，以善恶有报为核心要义的教化又如何能推行下去？教化越推行，招致的反感就越强烈，其成为怨恨的触媒也就成为意料中事。

与儒家不同，道教寻找到了新的破解思路，即行善遭恶报是因为要承负先人之过，"凡人之行，或有力行善，反常得恶，或有力行恶，反得善，因自言为贤者非也。力行善反得恶者，是承负先人之过，流灾前后积来害此人也。其行恶反得善者，是先人深有积畜大功，来流及此人也。"⑤ 应该说，这种破解思路与笔者在第四章所论及的"中国人认为子女是生命的延续"这一观念相互契合。但其也存在一定理论局限，就是"先人之过"也

---

① 《中论·夭寿》，第265页。
② 同上书，第271页。
③ 同上。
④ 同上书，第268页。
⑤ 《太平经》卷18—34《解承负诀》，第22页。

是可以验证的，对这一点，史家感触最切，正如笔者在第四章曾经引证过的一则材料，范晔在写作《后汉书》时便质疑道：

> 语曰："活千人者子孙必封。"史弼颉颃严吏，终全平原之党，而其后不大，斯亦未可论也。①

也就是说，当先人确实无过，而自己行善反遭恶报时，道教的破解思路也不足以疏导主体的怨恨。

道教的这种理论局限，恰恰由佛教进行了填补与克服。尽管由《太平经》提出的"承负"说可知，汉代佛教轮回转世的学说尚未广泛流行于中土。但据《高僧传》记载，当时已有轮回报怨的事迹，安世高一例似为典型：

> 安清字世高。安息国王正后之太子也。……
> 初高自称先身已经出家。有一同学多瞋，分卫值施主不称，每辄对恨。高屡加诃谏，终不悛改。如此二十余年。乃与同学辞诀云："我当往广州，毕宿世之对，卿明经精勤，不在吾后。而性多瞋怒，命过当受恶形。我若得道，必当相度。"既而遂适广州，值寇贼大乱，行路逢一少年，唾手拔刃，曰："真得汝矣。"高笑曰："我宿命负卿，故远来相偿。卿之忿怒，故是前世时意也。"遂申颈受刃，容无惧色，贼遂杀之。观者填陌，莫不骇其奇异。既而神识还为安息王太子，即今时世高身是也。
> 高后复到广州，寻其前世害己少年，时少年尚在，高径投其家，说昔日偿对之事，并叙宿缘。欢喜相向，云："吾犹有余报，今当往会稽毕对。"广州客悟高非凡，豁然意解，追悔前愆，厚相资供，随高东游，遂达会稽。至便入市，正值市中有乱。相打者误著高头，应时陨命。广州客频验二报，遂精勤佛法，具说事缘。远近闻知，莫不悲恸。明三世之有征也。②

安世高行善却遭恶报，不是因为"承负"先人之过，而是因为要"承负"前世之过。说是"明三世之有征"，但其实由于缺乏一个清晰可见的

---

① 《后汉书》卷64《吴延史卢赵列传》，第2112页。
② 《高僧传》卷1《译经上》，《高僧传》，中华书局1992年版，第4—6页。

第六章 怨恨的调节、疏导与治疗

贯通过去、现在、未来三世的灵魂承担者,佛教破解"颜回早夭难题"的学说是不可验证的。然而,恰恰是这一学说的不可验证性,使其自身永远立于不败之地,人们可以不信仰它,但是却也驳不倒它,其在逻辑上较之道教的破解思路更为严密,且丰富并完善了中国本土的"报应观",即从"三世说"来看,"善有善报,恶有恶报"的说法是确凿无疑的,这就从根本上疏解了人们对"颜回早夭难题"的疑惑与怨恨,应该说,佛教的上述主张及其理论功效为其后来在思想史上"征服"中国提供了一个重要的价值诱因。

值得注意的是墨家、儒家、道教、佛教破解"颜回早夭难题"时在思路指向上所表现出来的一种共性:

墨家→自身的行。
儒家→自身的命。
道教→自身的先人。
佛教→自身的前世。

因之,墨家也好,儒家也罢,道教也好,佛教也罢,其破解"颜回早夭难题"的指向都可以用"反求诸己"这四个字来概括,只不过区别在于求诸己的不同方面罢了。正如楼宇烈所说:"中国的宗教都非常注重自力的解脱,自力是同他力相对的。"[1]

反求诸己这一疏导怨恨的指向所体现出来的自省式思维固然有滑向"存天理,灭人欲"路径的风险,但其更多的是在强调自力的解脱,应该说,这种强调具有较高的理论价值与实践价值。就其理论价值而言,张汝伦说:"中国哲学对于我们每一个人来说,都是绝对不能没有的东西,它也不仅仅只属于中国。它使我们这个民族的人特别具有一种反躬自省的自觉,我觉得这是西方哲学最大的欠缺。"[2] 就其实践价值而言,梁启超曾就上文所征引的《荀子·荣辱篇》的一句话——"自知者不怨人,知命者不怨天,怨人者穷,怨天者无志。失之己,反之人,岂不迂乎哉"发出过这样的感慨:"呜呼,君子读此,可以审所自处矣。人之穷也,国之悴也,未有不由自己业力所得者也,欲挽救之。惟努力以造善业耳。"[3]

---

[1] 楼宇烈:《宗教研究方法讲记》,北京大学出版社2013年版,第66页。
[2] 张汝伦:《哲学与人生:张汝伦人文学术演讲录》,上海文艺出版集团、中西书局2012年版,第146页。
[3] 梁启超:《自由书》,吉林出版集团有限责任公司2012年版,第252页。

即便是对中国传统文化颇有指摘的鲁迅，对反求诸己这一指向也给予了相应的肯定，他说："只知责人不知反省的人的种族，祸哉祸哉！"① 因之，我们在洞悉反求诸己这一指向理论局限的同时，也要对其意义与价值有一个基本的认同和大致的把握。

第三节　治疗怨恨的药石：诗、礼、乐

一

本书第五章第三节在论述控制怨恨的措施时，将具体措施条陈为三，曰富、曰教、曰法。其中，在言及教化时，笔者主要枚举了以身作则、以道诲人这两种方式。但由于第五章论述的需要，笔者主要论证的是教化如何使他人不怨恨自己。其实，教化若欲真的发挥控怨功效，还需要被教的主体发自内心的认同才行。孔子所谓"兴于诗，立于礼，成于乐"② 的主张正是基于这样一个目的。饶有兴味的是，台湾学者蔡仁厚在论及人的生命及文化生命的成长过程时，正是将这一过程分为三个阶段，并分别与"兴于诗，立于礼，成于乐"进行了对接：

兴发鼓舞阶段→兴于诗→生命心灵范畴
贞定自立阶段→立于礼→人文教化范畴
融通圆成阶段→成于乐→宇宙人间范畴

在蔡仁厚看来，个体与群体生命、精神与文化生命的平常治疗，大体是消极的办法："从病理入，重在治。"而以儒家为主流的中国文化，特别重视积极意义的生育化育和养育。在文化生命上注重培育、保育，这正是"从生理入，重在养"的做法，属于积极性的文化治疗。③

需要说明的是，诗、礼、乐的教化作用及治疗功能是非常广泛的，诗、礼、乐是一种教化的载体，对敬信俭让等道德条目、明忠慈孝等责任条目进行宣扬依然是以诗、礼、乐为载体的教化的重要组成部分。这部分

---

① 鲁迅：《热风》，人民文学出版社1980年版，第65页。
② 《论语·泰伯》，第529—530页。
③ 蔡仁厚：《从"诗、礼、乐"看文化生命的"兴、立、成"》，载台湾中央大学文学院哲学研究所主编《应用哲学与文化治疗学术研讨会论文集》，台湾中央大学文学院哲学研究所1997年版，第209页。

第六章　怨恨的调节、疏导与治疗

内容笔者在第五章第三节已有所论述，此处不再详细展开。本节想要重点讨论的是诗、礼、乐在陶冶性情方面的治疗功能，特别是在治疗怨恨方面的具体效用。笔者认为，诗、礼、乐正是治疗主体自身怨恨心理的一种药石。

二

需要说明的是，诗首先是一种怨恨的表达方式，《诗经》中的许多诗句都是对怨恨的一种表达，限于篇幅，笔者不能一一遍举，但为了对问题进行说明，且为便于下文展开论证，笔者还是要举证一些诗句。本书第二章、第三章曾就道德、责任、情感、利益四个角度审视了怨恨的发生逻辑，因之，在这里，笔者将分别从道德、责任、情感、利益四个角度举证一些《诗经》中表达相关怨恨的诗句。

道德角度：

> 忧心悄悄，愠于群小。[①]
> 巧言如簧，颜之厚矣。[②]

责任角度：

> 乱之又生，君子信谗。[③]
> 谋夫孔多，是用不集。
> 发言盈庭，谁敢执其咎？[④]

正如班固所言："周道始缺，怨刺之诗起。"[⑤] 需要补充说明的是，统治阶层往往象征着天命与天意，因此当其没有履责尽义时，被统治阶层诗中常常把矛头指向"天"：

> 昊天不平，我王不宁。

[①]《诗经·国风·邶风·柏舟》，第297页上栏。
[②]《诗经·小雅·节南山之什·巧言》，第454页中栏。
[③] 同上书，第454页上栏。
[④]《诗经·小雅·节南山之什·小旻》，第449页上栏。
[⑤]《汉书》卷22《礼乐志》，第1042页。

不惩其心，覆怨其正。①

情感角度：

予美亡此，谁与独旦？②
及尔偕老，老使我怨。③

利益角度：

于嗟阔兮，不我活兮。④
硕鼠硕鼠，无食我黍。⑤

由此可见，从各个角度发生的怨恨都可以由诗歌这一载体来进行表达。无怪乎孔子称："诗可以怨。"⑥ 但需要指出的是，"诗可以怨"的提法一方面是在说诗可以表达怨，另一方面则是在说怨恨通过诗的发泄，在某种程度上可以得到缓解和治疗，喜怒哀乐等情绪可以通过吟诗作赋倾泻而下，那么怨恨也概莫能外。南北朝时期南朝梁代的钟嵘"在《诗品序》中进一步阐发了诗'可以怨'的观点。他在'四候之感诗'之后，着重论列社会环境对人的感召。突出了'怨'的强烈作用。钟嵘注意到了被压迫被损害的人们的痛楚和悲酸是产生文学作品的土壤。他说：'凡此种种，非陈诗何以展其义？非长歌何以骋其情？……使穷贱易安，幽居靡闷，莫尚于诗矣。'"⑦ 其中，对社会环境感召人的论列是在强调诗是怨恨的一种表达，而"非陈诗何以展其义，非长歌何以骋其情"一句正说明了诗的泄导作用，而"使穷贱易安，幽居靡闷，莫尚于诗矣"一句正说明了诗的治怨功效。台湾学者蔡仁厚指出："怨，何其难耶？人，不宜有怨，而'诗''可以怨'。可以怨云者，能使怨之情归于平正

---

① 《诗经·小雅·节南山之什·节南山》，第441页下栏。
② 《诗经·国风·唐风·葛生》，第366页下栏。
③ 《诗经·国风·卫风·氓》，第325页中栏。
④ 《诗经·国风·邶风·击鼓》，第300页上栏。
⑤ 《诗经·国风·魏风·硕鼠》，第359页中栏。
⑥ 《论语·阳货》，第1212页。
⑦ 宋衍申、肖国良主编：《孔子与儒学研究》，吉林教育出版社1993年版，第102页。

而已。"① 也就是说，通过诗这一文学形式的泄导，怨恨在某种程度上即已得到了治疗。

然而，诗只是写作体裁的一种，实际上，就先秦两汉时段而言，举凡楚骚汉赋、民歌民谣、史籍子书等写作体裁均可以用来表达怨恨、抒发怨恨，进而缓解怨恨、治疗怨恨。日本学者鹤间和幸曾言："司马相如是作为诗人参与政治的。他创作了《大人赋》《子虚赋》等，以诗的形式讽刺现实。"② 正是视赋为诗。因之，从广义上来讲，能够抒发、泄导、治疗怨恨的写作体裁都不妨视之为诗。

关于楚骚汉赋的这一功能，马、班两位史家有着明确的认识，司马迁说："屈平之作《离骚》，盖自怨生也。"③ "怨灵修之浩荡兮，终不察夫民心"④ 一句颇可印证司马迁的观点；班固认为"抒下情而通讽谕"⑤ 正是赋这一文体的一种功能，下情即包括怨情，鹤间和幸所称及的《大人赋》《子虚赋》即在一定程度上表达了怨情，类似地，《后汉书》中的《文苑列传》所汇编的大量的赋也蕴含着一定的怨情，例如，据其记载："（赵壹）作《刺世疾邪赋》，以舒其怨愤。"⑥

然而，汉赋这一写作体裁对写作者自身文史素养要求较高，一般人很难驾驭。正如胡适所说：

> 那无数的小百姓的喜怒悲欢，决不是那《子虚》、《上林》的文体达得出的。他们到了"酒后耳热，仰天拊缶"，"拂衣而喜"，"顿足起舞"的时候，自然会有白话文学出来。还有痴男怨女的欢肠热泪，征夫弃妇的生离死别，刀兵苛政的痛苦煎熬，都是产生平民文学的爷娘。⑦

而这种平民文学则以民歌、民谣为代表，它虽显得有些"下里巴

---

① 蔡仁厚：《从"诗、礼、乐"看文化生命的"兴、立、成"》，载台湾中央大学文学院哲学研究所主编《应用哲学与文化治疗学术研讨会论文集》，台湾中央大学文学研究院哲学研究所1997年版，第209页。
② ［日］鹤间和幸：《始皇帝的遗产：秦汉帝国》，马彪译，广西师范大学出版社2014年版，第271页。
③ 《史记》卷84《屈原贾生列传》，第2482页。
④ 《楚辞·离骚》，第9—15页。
⑤ 班固：《两都赋序》，《全上古三代秦汉三国六朝文》，第602页。
⑥ 《后汉书》卷80下《文苑列传下》，第2630页。
⑦ 胡适：《白话文学史》，上海古籍出版社1999年版，第14页。

人",但在抒发、泄导、治疗怨恨方面,与"阳春白雪"之类的体裁并无二致。

钱锺书对何休观点的分析,在一定程度上可以说明这一点,钱锺书说:

> 《公羊传》宣公十五年"初税亩"节里"什一行而颂声作矣"一句下,何休的《解诂》也很耐寻味。"太平歌颂之声,帝王之高致也。……独言'颂声作'者,民以食为本也。……男女有所怨恨,相从而歌:饥者歌其食,劳者歌其事。"《传》文明明只讲"颂声",《解诂》补上"怨恨而歌",已近似横生枝节了;不仅如此,它还说一切"歌"都出于"有所怨恨",把发端的"太平歌颂之声"冷搁在脑后。陈子龙认为"颂"是转弯抹角的"刺";何休仿佛先遵照《传》文,交代了高谈空论,然后根据经验,补充了真况实话:"太平歌颂之声"那种"高致"只是史书上的理想或空想,而"饥者"、"劳者"的"怨恨而歌"才是生活里的事实。何、陈两说相辅相成。①

笔者认为,钱锺书对何休《解诂》的分析恰是对上文所引胡适观点的一种佐证。"饥者歌其食,劳者歌其事"后,怨情会得到一定的抒发。类似地,东汉桓帝时的《小麦歌》正可与此比而观之:

> 小麦青青大麦枯,谁当获者妇与姑;丈夫何在,西击胡。吏买马,君具车,请为诸君鼓咙胡!②

至于写作史籍子书以抒发怨恨的例子在先秦两汉更是不胜枚举,司马迁在《报任安书》中所涉及的《春秋》《国语》《孙膑兵法》《吕氏春秋》《韩非子》均可为证。正如司马迁所说:"此人皆意有所郁结,不得通其道,故述往事,思来者。"③ 实际上,即便是司马迁所撰的《史记》一书,亦是怨愤之作,正如朴宰雨所说:"司马迁四十八岁时,遭李陵之祸,下狱,受腐刑,心中有不可消解的郁结与愤恨。故继撰之时,往往欲藉著

---

① 钱锺书:《七缀集》,生活·读书·新知三联书店2002年版,第117页。
② 《先秦汉魏晋南北朝诗·汉诗卷八·杂歌谣辞·桓帝初天下童谣》,中华书局1983年版,第219页。
③ 《汉书》卷62《司马迁传》,第2735页。

第六章 怨恨的调节、疏导与治疗

《史记》来抒发一己的愤恨。"[1] 类似地,《列女传》《论衡》《潜夫论》《越绝书》等史籍子书的撰述也都或多或少地包含着一些怨恨心理,依据如下:

就《列女传》而言:

> 《古列女传》八篇,刘向所序也。向为汉成帝光禄大夫,当赵后姊娣嬖宠时,奏此书以讽宫中。[2]

就《论衡》而言:

> 《论衡》篇以十数,亦一言也,曰:"疾虚妄。"[3]

就《潜夫论》而言:

> 王符……自和、安之后,世务游宦,当涂者更相荐引,而符独耿介不同于俗,以此遂不得升进。志意蕴愤,乃隐居著书三十余篇,以讥当时失得,不欲章显其名,故号曰《潜夫论》。[4]

就《越绝书》而言:

> 问曰:"《越绝》谁所作?"……曰:"……或以为子贡所作……一说盖是子胥所作也。夫人情泰而不作,穷则怨恨,怨恨则作,犹诗人失职怨恨忧嗟作诗也。子胥怀忠,不忍君沈惑于谗,社稷之倾。绝命危邦,不顾长生,切切争谏,终不见听。忧至患致,怨恨作文。[5]

由上文所引材料特别是《越绝书》中的材料可知,古人已经明确认识到,不仅"诗"可以怨,"文"也可以怨。在先秦两汉思想界看来,诗、文等写作体裁具有教化、泄导功能,如王符即称:"诗赋者,所以颂善丑

---

[1] [韩]朴宰雨:《〈史记〉〈汉书〉比较研究》,中国文学出版社1994年版,第41页。
[2] 王照圆:《列女传补注》,华东师范大学出版社2012年版,第413页。
[3] 《论衡·佚文篇》,第870页。
[4] 《后汉书》卷49《王充王符仲长统列传》,第1630页。
[5] 《越绝书》卷1《越绝外传本事》,第3页。

之德，泄哀乐之情也。"① "颂善丑之德"即是在道德、责任领域进行自我教化，"泄哀乐之情"则意味着可以对自己的怨恨进行泄导，就治疗怨恨而言，诗、文的这两项功能当中，泄导功能发挥着主要的作用，正如钱穆所说："诗之为用，抒情怀、发哀怨则有余，阐扬圣君贤相周公、孔子之治平大道则不足。"②

一般认为，文学具有教化、泄导、升华三种功能。③ 实际上，先秦两汉时期，诗、文等写作体裁之所以能治疗怨恨，除了是在发挥文学的教化、泄导功能外，也是在发挥文学的升华功能。杨春时在《文学的非理性与超理性》一文中在谈及文学的升华功能时这样写道：

> 文学的升华功能是由文学的审美层面决定的，纯文学的升华功能更为突出。所谓升华功能，就是把原始欲望提升为审美意识，从而获得精神的解放。原始欲望不但可以被文学的原始意象泄导，也可以升华为自我实现的冲动，这就是审美的要求。文学满足了人的自我实现要求，把原始欲望升华为审美意识，从而消除了无意识与意识的对立，使人的精神获得解放。在审美意识状态下，欲望被净化，心灵得以美化，心理压抑被充分消除，人成为真正自由的主体。美感就是这种精神状态的高峰体验。审美的升华与原欲的泄导不同，它更高级、更美好、更纯洁，因而也就更理想。审美对人的心理的净化作用，具有重要的人类学意义。人类的现实生活是不理想的，文化的压抑、欲望的膨胀，往往导致精神世界的扭曲、失常。文学以其审美本性打破文化（理性）桎梏，升华人的欲望，从而对人的精神世界进行了修复。虽然审美对人的精神解脱是暂时的，但它的潜移默化的作用是不可估量的。几千年文明史中，人类走过了黑暗而艰难的历程，精神没有被压垮，心灵没有沉沦，文学（以及一切审美文化）之功不可低估。④

借用杨春时的观点回视本书，笔者认为，文学的泄导、升华功能特别是升华功能有时是为怨恨主体提供了一种"价值置换"的渠道，以"高尚其志"，从而消解怨恨。这一点，在司马迁创作《史记》的过程中体现得

---

① 《潜夫论·务本》，第19页。
② 钱穆：《文化学大义》，九州出版社2011年版，第146页。
③ 叶舒宪主编：《文学与治疗》，社会科学文献出版社1999年版，第140页。
④ 同上书，第141—142页。

第六章　怨恨的调节、疏导与治疗

最为明显，司马迁在《报任安书》中这样写道：

> 草创未就，适会此祸，惜其不成，是以就极刑而无愠色。仆诚已著此书，藏之名山，传之其人通邑大都，则仆偿前辱之责，虽万被戮，岂有悔哉！①

但需要指出的是，在先秦两汉时期，诗文的教化功能、泄导功能、升华功能固然是治疗怨恨的有效药石，而其"药理"依然是对人欲望的一种节制，正如李泽厚在《论语今读》中对"诗可以怨"一句的分析：

> 怨为后世各种哀伤怨恨之情找到了表达发泄的理论依据。但"温柔敦厚"、"怨而不怒"的儒家理论又严重约束了"怨"的真正发展，仍然是"发乎情止乎礼义"的节制，而绝不可能朝酒神精神方向展开。中国文艺少狂欢、少浪漫、少激情，一以平和中正为指归，是优点也是缺点。②

又由于诗文的泄导、升华功能与价值置换策略有一定的相近之处，所以价值置换策略的局限在用于治疗怨恨的诗文上也有呈现，即它有时也可以看成是对人的一种麻醉。正如鲁迅所说：

> 所有的文学，大抵是对于种种社会状态，觉得不平，觉得痛苦，就叫苦，鸣不平，在世界文学中关于这类的文学颇不少。但这些叫苦鸣不平的文学对于革命没有什么影响，因为叫苦鸣不平，并无力量，压迫你们的人仍然不理，老鼠虽然吱吱地叫，尽管叫出很好的文学，而猫儿吃起它来，还是不客气。所以仅仅有叫苦鸣不平的文学，这个民族还没有希望。③

进言之，我们在明晰"诗可以怨"意义的同时，也要对其局限有所体察。

---

① 《汉书》卷62《司马迁传》，第2735页。
② 李泽厚：《论语今读》，生活·读书·新知三联书店2008年版，第512页。
③ 鲁迅：《而已集》，人民文学出版社1980年版，第11页。

三

本小节拟主要讨论礼、乐一类药石在先秦两汉时期就治疗怨恨方面所发挥的功效。

之所以将礼、乐一类药石合并为一个整体进行讨论，是因为礼、乐在先秦两汉典籍中常常成对出现，比如制礼作乐、礼崩乐坏之类。笔者拟主要立足于治疗怨恨这一角度，再从典籍中抽取数例，以窥全豹，为便于下文展开论证，笔者将材料用英文字母编号：

A：《礼记》称：

乐至则无怨，礼至则不争。①

B：《论语》称：

礼云礼云，玉帛云乎哉？乐云乐云，钟鼓云乎哉？②

C：《孝经》称：

移风易俗，莫善于乐；安上治民，莫善于礼。③

D：《荀子》称：

乐行而志清，礼修而行成。④

E：《淮南子》称：

阴阳之情莫不有血气之感，男女群居杂处而无别，是以贵礼。性命之情，淫而相胁，以不得已则不和，是以贵乐。⑤

---

① 《礼记·乐记》，第 1519 页下栏。
② 《论语·阳货》，第 1216 页。
③ 《孝经·广要道》，第 2556 页。
④ 《荀子·乐论》，第 451 页。
⑤ 《淮南子·本经训》，第 568 页。

第六章 怨恨的调节、疏导与治疗

F：《论衡》称：

> 情性者，人治之本，礼乐所由生也。故原情性之极，礼为之防，乐为之节。性有卑谦辞让，故制礼以适其宜；情有好恶喜怒哀乐，故作乐以通其敬。礼所以制，乐所为作者，情与性也。①

G：《白虎通》称：

> 王者所以盛礼乐何？节文之喜怒。②
> 太平乃制礼作乐何？夫礼乐所以防奢淫。③

由 A、C 可知，礼乐有疗怨的功效；由 D、E、F、G 可知，礼乐之所以有疗怨的功效，也在于其能对人的欲望进行一种合理的节制；由 B 可知，礼乐重内而不重外，正如李泽厚对 B 的解释："这章当然特别重要，指出'礼乐'不在外表，非外在仪文、容色、声音，而在整套制度，特别是在内心情感。"④

较之于礼，乐对内在的情感更为关注，《孟子》称："仁言不如仁声之入人深也"⑤，《荀子》称："夫声乐之入人也深，其化人也速，故先王谨为之文。乐中平则民和而不流，乐肃庄则民齐而不乱。"⑥ 正如陈来所说："礼能够使人做到行为面貌的文饰有度，但外在的尊敬不等于内在的无怨。乐所要达到的作用是培养化育人的内在情感，使人不仅因外在规范的约束而不争，更由内在情感的作用而无怨，从而使得社会在根本上不会产生暴乱和争斗。用伦理学的话来说，社会性质与功能是使人得以'他律'，而乐的性质和功能是使人得以'自律'。"⑦

笔者在本书第二章论及敬德、让德时，在本书第四章论及"报答—报复观"时，在本书第五章论及"富、教、法"中的"教"，就礼对怨恨的治疗作用多有涉及，此处不再展开。这里想要集中探讨的是乐如何让人"自律"，亦即乐如何使自己不再怨恨别人。

---

① 《论衡·本性篇》，第 132 页。
② 《白虎通·礼乐·总论礼乐》，第 93 页。
③ 《白虎通·礼乐·太平乃制礼乐》，第 98 页。
④ 李泽厚：《论语今读》，生活·读书·新知三联书店 2008 年版，第 113 页。
⑤ 《孟子·尽心上》，第 897 页。
⑥ 《荀子·乐论》，第 449 页。
⑦ 陈来：《古代宗教与伦理：儒家思想的根源》，生活·读书·新知三联书店 2009 年版，第 304 页。

《礼记》称："不知音者，不可与言乐。"① 因之，欲分析"乐"的疗怨功能，不可不对"音"即音调有一个大致地了解。中国古代有宫、商、角、徵、羽五声音阶。据音乐史学家考证，分别对应着简谱中的1（do）、2（re）、3（mi）、5（sol）、6（la）。② 就五音如何控制情绪，先秦两汉典籍多有论述，见表6-2：

表6-2　　　　　　五音疗怨效果、乱音后果对应表

项目	宫	商	角	徵	羽	出典
对应简谱	1（do）	2（re）	3（mi）	5（sol）	6（la）	
对应角色	君	臣	民	事	物	《礼记·乐记》《乐纬》《说苑·修文》《风俗通义·声音》
疗怨效果1	温润而宽和	刚断而立事	恻隐而慈者	喜养好施	深思而远虑	《白虎通·礼乐·总论礼乐》
疗怨效果2	温雅而广大	方正而好义	恻隐而好仁	整齐而好礼	乐养而好施	《春秋公羊传解诂·隐公五年》
疗怨效果3	温润而广大	方正而好义	整齐而好礼	恻隐而博爱	善养而好施	《风俗通义·声音》
乱音后果1	宫乱则荒，其君骄	商乱则陂，其官坏	角乱则忧，其民怨	徵乱则哀，其事勤	羽乱则危，其财匮	《礼记·乐记》《说苑·修文》
乱音后果2	宫声乱者则其君骄	商声错者则其臣坏	角声缪者则其民怨	徵声洪者则其事难	羽声差者则其物乱	《风俗通义·声音》

尽管典籍对不同音阶疗怨效果的描述并不完全一致，但就掌控好每个音阶可以起到一定的疗怨效果这一点而言，其认识大体是趋同的。在具体操作中，要因时而制宜，灵活操控五音，进而疗怨，正如荀悦所说："宫商角徵不同，嘉音以章，谓之和声。"③

就对音乐接受的具体过程，孔子曾经做出过如下的描述：

> 子语鲁大师乐，曰："乐其可知也：始作，翕如也；从之，纯如也，皦如也，绎如也，以成。"④

---

① 《礼记·乐记》，第1528页下栏。
② 参见彭林《礼乐人生》，上海文艺出版社2015年版，第138页。
③ 《申鉴·杂言上》，第178页。
④ 《论语·八佾》，第216页。

第六章　怨恨的调节、疏导与治疗

李泽厚的解释可供直接的参考：

> 孔子对鲁国音乐大师说："音乐还是可以了解的。开始，兴奋而热烈；接着，和谐而纯静，清晰，连续，然后完成。"①

音乐自身固然有节律，但这种节律也需要人去体悟和感受，也就是说，音乐演奏的节律会激发人们情绪的起伏，而在这种起伏的过程中，怨恨有可能得到治疗，东汉马融在《长笛赋》中对这一点的描绘最为细致：

> 故聆曲引者，观法于节奏，察变于句投，以知礼制之不可逾越焉。听篴弄者，遥思于古昔，虞志于怛惕，以知长戚之不能闲居焉。故论记其义，协比其象，彷徨纵肆，旷漾敞罔，老庄之概也。温直扰毅，孔孟之方也。激朗清厉，随光之介也。牢刺拂戾，诸贲之气也。节解句断，管商之制也。条决缤纷，申韩之察也。繁缛骆驿，范蔡之说也。**剺栎铫憛**，哲龙之惠也。上拟法于《韶箾》《南籥》，中取度于《白雪》《渌水》，下采制于《延露》《巴人》。是以尊卑都鄙，贤愚勇惧，鱼鳖禽兽，闻之者莫不张耳鹿骇。熊经鸟申，鸱视狼顾，拊噪踊跃。各得其齐，人盈所欲，皆反中和，以美风俗。屈平适乐国，介推还受禄，澹台载尸归，皋鱼节其哭。长万辍逆谋，渠弥不复恶，蒯聩能退敌，不占成节鄂。王公保其位，隐处安林薄。宦夫乐其业，士子世其宅。鳡鱼喁于水裔，仰驷马而舞玄鹤。于时也，绵驹吞声，伯牙毁弦，瓠巴聒柱，磬襄弛悬。留视瞠眙，累称屡赞。失容坠席，搏拊雷抃。僬眇眭维，涕洟流漫。是故可以通灵感物，写神喻意，致诚效志，率作兴事，溉盥污秽，澡雪垢滓矣。②

由此可见，乐节制的是人不合理的欲望，但却用艺术的方式满足了人的合理欲望，音乐通过不同的曲调，提升了听乐者的生命境界，慰藉了听乐者的精神需求，净化了听乐者的心灵感悟，无疑，也就在无形之中治疗了听乐者可能存在的愤懑与怨恨。

饶有兴味的是，古代中国人对音乐疗怨功能的体悟与描述与现代"音乐治疗"（Music Therapy）专业学科的相关理论，颇有相似之处，台湾学

---

① 李泽厚：《论语今读》，生活·读书·新知三联书店2008年版，第113页。
② 马融：《长笛赋》，《全上古三代秦汉三国六朝文》，第566页。

者曾春海在《儒道论音乐人生》一文中曾对现代"音乐治疗"专业学科的相关理论进行了大致地介绍，为说明问题，笔者引述如下：

> 根据当代生理学、心理学及医学的研究结果，发现音乐对人生理、心理的刺激功能有制约性的影响效能。一般而言，音乐借声波的传达方式以刺激人的大脑部位，大脑接受乐音刺激后可通过丘脑和边缘系统，生发对情绪或生理机能的调节功能。依据相关实验的研究报告结果，不同的乐曲，不同的音色、节奏、音调、旋律，透过听觉生理和心理可引发人诸如轻松、愉悦、紧张、亢奋、悲壮或忧愁的情绪反应。而且，聆听者在生理上的呼吸、血液循环、胃肠蠕动、骨肌收缩、激素分泌等新陈代谢的活动进程和方式，会受到不同程度的对应影响。例如，依据当代音乐实验美学的研究报告，在音调与心灵感受的关系上，C调较平和，G调较平静，A调较伤感，F调较愉快。①

上述理论与本书在之前阐述过的五音对应、曲调变换以疗怨的认识何其相似！套用曾春海的一个句式，笔者认为，先秦两汉时期人们对音乐疗怨的探讨与阐述，容或有与当代"音乐治疗"学进行交谈、结合与共同发展的可能。

不宁唯是，音乐之所以能够疗治怨恨，还在于它提供了一个上下同等的平台：

《礼记》称：

> 乐者为同，礼者为异。同则相亲，异则相敬。……礼义立，则贵贱等矣；乐文同，则上下和矣。②

《荀子》称：

> 乐合同，礼别异。③

也就是说，在听乐这一艺术活动中，所有的听乐者并不能觉察到高低

---

① 曾春海：《儒道论音乐与人生》，载台湾中央大学文学院哲学研究所主编《应用哲学与文化治疗学术研讨会论文集》，台湾中央大学文学研究院哲学研究所1997年版，第163页。
② 《礼记·乐记》，第1529页中栏。
③ 《荀子·乐论》，第452页。

第六章　怨恨的调节、疏导与治疗

贵贱之分，进而会产生一种"彼人也，我亦人也"的自信。需要指出的是，这与西方的宗教教育颇有相似之处，钱穆对这一点的揭示最为明晰，他对西方的宗教教育这样描述道：

> 西方人脱离了学校，跑入社会，担任一份职业，成立家庭，担负一份生活费用。在社会上有成败，有痛苦，有沉闷。可是一到礼拜天，进入教堂，则大家全一样。上帝看人，是无分智愚、成败一律平等的。人与人之间，在这时候，内心上是完全沟通了。由于此种宗教修养，无形中弥漫到全部人生中，这在社会风气，心理习惯上，影响是深微难言的。所以今天的西方，虽是科学极发达，总还离不了宗教。①

并将宗教教育与礼乐进行了连结：

> 西方的宗教，也必配有一套礼乐，跑进礼拜堂，要跪要唱。有钟声，有画像，这些都是艺术，亦都是礼乐。今天西方虽则科学发达，但到底废不了宗教。走进礼拜堂，弯一弯腰，唱一首诗，听一声钟，一切使人获得解脱。不要说死后灵魂上天堂，这一番礼拜，便已如上了天堂般。……艺术总可算是宗教中的一部份，而且是不可轻忽的一部分。在中国文化中，没有发展出宗教。中国人的礼乐，乃是"宗教"与"艺术"之合一体。②

但笔者认为，西方的宗教教育与中国的礼乐文化相似的只是外在的仪式，而内在的精神却有着根本的不同，这是我们在肯定钱穆观点的前提下，不得不注意的地方。

最后，作为治疗怨恨的药石，乐在"药理"上也有一定的局限性。前文所列"五音表"中的"乱音后果"即说明乐操作不当反而会致怨。《荀子》即称："乐者，乐也。君子乐得其道，小人乐得其欲。以道制欲，则乐而不乱；以欲忘道，则惑而不乐。"③ 从历史上看，不排除"以欲忘道"情况的出现。西汉时的严安即上书云："夫佳丽珍怪固顺于耳目，故养失

---

① 钱穆：《中国历史精神》，九州出版社2011年版，第92页。
② 钱穆：《中华文化十二讲》，九州出版社2011年版，第54页。
③ 《荀子·乐论》，第451页。

而泰，乐失而淫，礼失而采，教失而伪。伪、采、淫、泰，非所以范民之道也。"① 并且，作乐有时意味着一种奢侈，墨子即称："姑尝厚措敛乎万民。以为大钟鸣鼓琴瑟竽笙之声，以求兴天下之利，除天下之害，而无补也。是故……为乐，非也！"由此可见，墨子非乐，非的并不是音乐本身，而是伴随着音乐而来的厚敛与奢侈。这种因作乐而至的厚敛与奢侈常常会带来怨恨，例如周景王铸无射钟后，伶州鸠便直言不讳地说："上作器，民备乐之，则为和。今财亡民罢，莫不怨恨，臣不知其和也。"②

不宁唯是，越是在阶级、阶层冲突剧烈的时候，乐就越受统治阶级、统治阶层青睐，西汉中后期及东汉中后期的史实在一定程度上似可说明这一点：

就西汉中后期而言，黄朴民指出：

> 西汉中期以后，政治形势总趋势是皇权渐趋削弱，豪族势力强盛，社会动荡，阶级矛盾高度尖锐。于是在"礼乐"问题上，更多地注意"乐"的意义和作用。"乐"的本质意义是和，刘向等人大谈"乐"与"和"，这正是他们为调和阶级、阶层冲突，稳定封建统治秩序而在思想意识形态领域方面所作的努力。刘向言："（礼乐）两者相与并行，周衰俱坏，乐尤微眇。"（《汉书·艺文志》）指出"乐"比"礼"更不景气。言下之意，是要大力地提倡"乐"。③

就东汉中后期而言，黄朴民指出：

> 东汉，除了个别阶段皇权比较强大，社会相对安定以外，总的趋势乃是皇权渐趋削弱，豪强贵族势力日益壮大，社会政治动荡加剧，阶级冲突日趋尖锐，这一局面在东汉后期更是处于积重难返的地步。这样的客观现实条件，决定了过分强调"礼"而比较忽视"乐"的做法，会导致"礼胜则离"可能性的大大增加。于是反映在"礼""乐"关系上，人们开始更多地注意"乐""和"的地位和作用了。这可以视主阶级知识分子为调和阶级、阶层冲突，稳定封建统治秩序而在思想意识领域方面所作的一种重要努力。④

---

① 《汉书》卷64下《严朱吾丘主父徐严终王贾传下》，第2809页。
② 《国语·周语下》，第31页。
③ 黄朴民：《天人合一——董仲舒与两汉儒学思潮研究》，岳麓书社2013年版，第180页。
④ 黄朴民：《文致太平——何休与公羊学发微》，岳麓书社2013年版，第132页。

第六章　怨恨的调节、疏导与治疗

然而，从西汉、东汉的最终灭亡来看，乐的疗怨功能可谓是有限的。乐在这里不再是治疗怨恨的一种药石，而是控制怨恨的一种措施，而这一措施能否发挥作用，取决于听乐者是否从内心予以接受和认同，如果不从道德、责任、情感、利益省视怨恨发生的原因，一味依赖并迷信乐的功能，其在控制怨恨的结果上只能走向其希冀的反面。对乐的这一局限，日本思想家福泽谕吉说："支那旧教，莫重于礼乐。礼者，使人柔顺屈从者也；乐者，所以调和民间郁勃不平之气，使之恭顺于民贼之下也。"梁启超虽然不像福泽谕吉说得这么刻薄露骨，却也不得不承认道："夫以此科罪于礼乐，吾虽不敢谓然，而要之中国数千年来，所以教民者，其宗旨不外乎此，则断断然矣。"[①] 也就是说，乐在治疗怨恨方面的这一局限并没有随着先秦两汉时段的终结而终结，因之就先秦两汉时段而言分析乐的这一局限具有一定的长时段意义。

行文至此，全书即将终讫！但关于中国古代怨恨观的研究却远没有结束。如果允许做一点展望的话，笔者认为，中国古代怨恨观如果想更好地配适当代世界，一定要以西方文明为参照，建构一个贯通中西、整合人我的文化体系。同时，又有必要立足于中国甚至是东亚各国的历史文化典籍，对中国古代怨恨观在更长时段、更广地域、更多角度再做进一步的细化研究与深入探讨。我们不妨对中国古代怨恨观的"文法"规则能在新的世局里书写"好句""佳文"抱以希冀，但却不能仅仅满足于拭目以待、坐享其成，因为就中国古代怨恨观的细化研究与深入探讨这一课题而言，学界面临的任务其实还相当繁重。

[①] 福泽谕吉语并梁启超语均转引自宋洪兵《韩非子政治思想再研究》，中国人民大学出版社2010年版，第61页。

参考文献

一 古籍（包括今人对古籍的阐释著作）

（汉）班固：《汉书》，中华书局1962年版。
（晋）常璩撰：《华阳国志》，严茜子点校，齐鲁书社2010年版。
陈鼓应：《黄帝四经今注今译——马王堆汉墓出土帛书》，商务印书馆2007年版。
（清）陈立撰：《白虎通疏证》，吴则虞点校，中华书局1994年版。
（清）陈寿祺撰：《五经异义疏证》，曹建墩校点，上海古籍出版社2012年版。
（晋）陈寿：《三国志》，中华书局1959年版。
程树德：《论语集释》，中华书局1990年版。
（汉）崔寔撰：《〈政论校注〉〈昌言校注〉》，（汉）仲长统撰，孙启治校注，中华书局2012年版。
（清）丁耀亢著，宫庆山、孟庆泰校释：《〈天史〉校释》，齐鲁书社2009年版。
董平：《老子研读》，中华书局2015年版。
（宋）范晔：《后汉书》，中华书局1965年版。
傅亚庶：《孔丛子校释》，中华书局2011年版。
高文：《汉碑集释》，河南大学出版社1997年版。
（清）龚自珍：《龚自珍全集》，上海人民出版社1975年版。
辜鸿铭：《辜鸿铭论语心得》，张超编译，重庆出版社2015年版。
（明）顾炎武：《日知录校释》，张京华校释，岳麓书社2011年版。
（清）郭庆藩：《庄子集释》，中华书局2004年版。
国学整理社编：《诸子集成》，中华书局2006年版。
（汉）韩婴撰：《韩诗外传集释》，许维遹校释，中华书局1980年版。

参考文献

何宁：《淮南子集释》，中华书局 1998 年版。

（宋）洪兴祖撰，白化文等点校：《楚辞补注》，中华书局 2015 年版。

（汉）桓谭撰：《新辑本桓谭新论》，朱谦之校辑，中华书局 2009 年版。

（梁）皇侃撰：《论语义疏》，高尚榘校点，中华书局 2013 年版。

黄怀信：《逸周书校补注译》，三秦出版社 2006 年版。

黄晖：《论衡校释》（附刘盼遂集解），中华书局 1990 年版。

纪国泰：《〈扬子法言〉今读》，巴蜀书社·四川出版集团 2010 年版。

（清）纪昀、陆锡雄、孙士毅：《钦定四库全书总目》，中华书局 1997 年版。

（汉）贾谊撰：《新书校注》，阎振益、钟夏校注，中华书局 2000 年版。

蒋礼鸿：《商君书锥指》，中华书局 1986 年版。

（清）焦循撰：《孟子正义》，沈文倬点校，中华书局 1987 年版。

（汉）焦延寿撰：《易林汇校集注》，徐传武、胡真校点集注，上海古籍出版社 2012 年版。

黎翔凤撰：《管子校注》，梁运华整理，中华书局 2004 年版。

李步嘉校释：《越绝书校释》，中华书局 2013 年版。

李维琦标点：《〈国语〉〈战国策〉》，岳麓书社 1988 年版。

李泽厚：《论语今读》，生活·读书·新知三联书店 2008 年版。

（明）李贽：《〈焚书〉〈续焚书〉》，夏剑钦校点，岳麓书社 1990 年版。

（汉）刘向编著：《新序校释》，石光瑛校释，陈新整理，中华书局 2009 年版。

（汉）刘向撰：《说苑校证》，向宗鲁校证，中华书局 1987 年版。

刘钊：《郭店楚简校释》，福建人民出版社 2005 年版。

（东汉）刘珍等撰：《东观汉记》，《二十五别史》第 6 册，吴庆峰点校，齐鲁书社 2000 年版。

（西汉）陆贾撰：《楚汉春秋》，《二十五别史》第 6 册，吴庆峰点校，齐鲁书社 2000 年版。

逯钦立辑校：《先秦汉魏晋南北朝诗》，中华书局 1983 年版。

南怀瑾：《论语别裁》，复旦大学出版社 2011 年版。

钱穆：《论语新解》，生活·读书·新知三联书店 2005 年版。

（清）清远道人、（明）甄伟编：《东西汉演义》，华夏出版社 1995 年版。

饶宗颐：《老子想尔注校证》，上海古籍出版社 1991 年版。

（清）阮元校刻：《十三经注疏》，中华书局 1980 年版。

上海古籍出版社：《汉魏六朝笔记小说大观》，上海古籍出版社 1999 年版。

上海古籍出版社：《宋元笔记小说大观》，上海古籍出版社 2007 年版。

沈德潜编选：《古诗源》，文学古籍刊行社 1957 年版。
尸佼：《尸子》，黄曙辉点校，华东师范大学出版社 2009 年版。
石峻、楼宇烈、方立天、许抗生、乐寿明：《中国佛教思想资料选编·第一卷》，中华书局 1981 年版。
（梁）释慧皎：《高僧传》，汤用彤校注，汤一玄整理，中华书局 1992 年版。
睡虎地秦墓竹简整理小组编：《睡虎地秦墓竹简》，文物出版社 1978 年版。
（宋）司马光编纂：《资治通鉴》，（元）胡三省音注，中华书局 1956 年版。
（汉）司马迁：《史记》，中华书局 1959 年版。
苏舆：《春秋繁露义证》，中华书局 1992 年版。
（春秋）孙武撰：《十一家注孙子校理》，（三国）曹操等注，杨丙安校理，中华书局 2012 年版。
（清）孙星衍等辑：《汉官六种》，周天游点校，中华书局 1990 年版。
（清）孙诒让撰：《墨子间诂》，孙启治点校，中华书局 2001 年版。
汤可敬：《说文解字今释》，岳麓书社 1997 年版。
汪荣宝：《法言义疏》，中华书局 1987 年版。
（魏）王弼注，楼宇烈校释：《老子道德经注校释》，中华书局 2008 年版。
（清）王夫之：《读通鉴论》，舒士彦点校，中华书局 1975 年版。
（汉）王符：《潜夫论笺校正》，（清）汪继培笺，彭铎校正，中华书局 1985 年版。
王卡点校：《老子道德经河上公章句》，中华书局 1993 年版。
王利器：《文子疏义》，中华书局 2000 年版。
王利器校注：《盐铁论校注》（定本），中华书局 1992 年版。
王利器：《新语校注》，中华书局 1986 年版。
王明编：《太平经合校》，中华书局 1960 年版。
（清）王聘真撰：《大戴礼记解诂》，王文锦点校，中华书局 1983 年版。
王绾：《公孙龙子悬解》，中华书局 1992 年版。
（清）王文台辑：《七家后汉书》，周天游校，河北人民出版社 1987 年版。
（清）王先谦撰：《荀子集解》，沈啸寰、王兴贤点校，中华书局 2013 年版。
（清）王先慎撰：《韩非子集解》，钟哲点校，中华书局 2013 年版。
（清）王照圆撰：《列女传补注》，虞思徵点校，华东师范大学出版社 2012 年版。
魏汝霖：《黄石公三略今注今译》，台湾商务印书馆 1976 年版。
（唐）魏征等撰：《群书治要》，沈锡麟整理，中华书局 2014 年版。
吴琦、桑士显、董煊校点：《〈史通〉〈文史通义〉》，岳麓书社 1993 年版。

（梁）萧统：《文选》，（唐）李善注，岳麓书社 1995 年版。
（魏）徐干撰，孙启治解诂：《中论解诂》，中华书局 2014 年版。
徐勇主编：《先秦兵书通解》，天津人民出版社 2002 年版。
许富宏：《鬼谷子集校集注》，中华书局 2010 年版。
许富宏：《慎子集校集注》，中华书局 2013 年版。
许维遹撰：《吕氏春秋集释》，梁运化整理，中华书局 2009 年版。
（汉）荀悦：《两汉纪》，（晋）袁宏、张烈点校，中华书局 2002 年版。
（汉）荀悦撰：《申鉴注校补》，（明）黄省曾注，孙启治校补，中华书局 2012 年版。
严可均校辑：《全上古三代秦汉三国六朝文》，中华书局 1958 年版。
（汉）严遵：《老子指归》，王德有点校，中华书局 1994 年版。
（汉）扬雄撰：《太玄集注》，（宋）司马光集注，刘韶军点校，中华书局 1998 年版。
（汉）扬雄撰：《太玄校释》，郑万耕校释，中华书局 2014 年版。
杨伯峻：《列子集释》，中华书局 1979 年版。
（魏）杨衒之撰，周祖谟校释：《洛阳伽蓝记校释》，中华书局 2010 年版。
（汉）应劭撰：《风俗通义校注》，王利器校注，中华书局 2010 年版。
张纯一：《晏子春秋校注》，中华书局 2014 年版。
（清）赵翼撰：《廿二史札记》，曹光甫校点，凤凰出版社 2008 年版。
（清）赵在翰辑：《七纬》，钟肇鹏、萧文郁点校，中华书局 2012 年版。
钟肇鹏：《鹖冠子校理》，中华书局 2010 年版。
周生春：《吴越春秋辑校汇考》，上海古籍出版社 1997 年版。
周天游辑注：《八家后汉书辑注》，上海古籍出版社 1986 年版。
朱红林：《张家山汉简〈二年律令〉集释》，社会科学文献出版社 2005 年版。
（宋）朱熹：《论语或问》，《朱子全书》第 6 册，安徽教育出版社 2010 年版。
（宋）朱熹撰：《四书集注》，中华书局 2012 年版。

二　今人专著与论集

常乃悳：《中国思想小史》，上海古籍出版社 2005 年版。
晁福林：《天玄地黄——中国上古文化溯源》，巴蜀书社 1990 年版。
陈壁生：《经学、制度与生活——〈论语〉"父子相隐"章疏证》，华东师范大学出版社 2010 年版。
陈恩林、舒大刚、康学伟主编：《金景芳学案》，线装书局 2003 年版。

陈恩林:《逸斋先秦史论文集》,吉林文史出版社 2010 年版。
陈来:《古代思想文化的世界:春秋时代的宗教、伦理与社会思想》,生活·读书·新知三联书店 2009 年版。
陈来:《古代思想与伦理:儒家思想的根源》,生活·读书·新知三联书店 2009 年版。
陈少明:《做中国哲学:一些方法论的思考》,生活·读书·新知三联书店 2015 年版。
程树德:《九朝律考》,商务印书馆 2010 年版。
丁原明:《黄老学论纲》,山东大学出版社 1997 年版。
费孝通:《乡土中国·生育制度》,北京大学出版社 1998 年版。
冯友兰:《论孔丘》,人民出版社 1975 年版。
冯友兰:《新原人》,生活·读书·新知三联书店 2007 年版。
冯友兰:《中国哲学简史》,涂又光译,北京大学出版社 1996 年版。
冯友兰:《中国哲学史》,华东师范大学出版社 2000 年版。
冯友兰:《中国哲学史新编》,人民出版社 2007 年版。
冯友兰:《中国哲学小史》,中国人民大学出版社 2005 年版。
傅斯年:《性命古训辩证》,广西师范大学出版社 2006 年版。
傅斯年:《"战国子家"与〈史记〉讲义》,天津古籍出版社 2007 年版。
高尚志、冯君实:《秦汉魏晋南北朝史》,辽宁人民出版社 1984 年版。
葛剑雄:《西汉人口地理》,商务印书馆 2014 年版。
葛兆光:《古代中国文化讲义》,复旦大学出版社 2012 年版。
葛兆光:《且借纸遁:读书日记选:1994—2011》,广西师范大学出版社 2014 年版。
葛兆光:《思想史的写法:中国思想史导论》,复旦大学出版社 2004 年版。
葛兆光:《思想史研究课堂讲录续编》,生活·读书·新知三联书店 2012 年版。
葛兆光:《中国经典十种》,中华书局 2008 年版。
葛兆光:《中国思想史·第一卷》,复旦大学出版社 1998 年版。
辜鸿铭:《中国人的精神》,李晨曦译,译林出版社 2012 年版。
顾颉刚:《秦汉的方士与儒生》(附《中国辨伪史略》),上海古籍出版社 1998 年版。
郭沫若:《十批判书》,东方出版社 1996 年版。
韩东育:《道学的病理》,商务印书馆 2007 年版。
何怀宏:《比天空更广阔的》,上海三联书店 2014 年版。

何怀宏：《伦理学是什么？》，北京大学出版社 2008 年版。
胡适：《白话文学史》，上海古籍出版社 1999 年版。
胡适：《中国哲学史大纲》，东方出版社 1996 年版。
胡适：《中国中古思想史长编》，安徽教育出版社 2006 年版。
胡文辉：《拟管锥编》，中华书局 2012 年版。
黄朴民：《天人合——董仲舒与两汉儒学思潮研究》，岳麓书社 2013 年版。
黄朴民：《文致太平——何休与公羊学发微》，岳麓书社 2013 年版。
黄婉峰：《汉代孝子图与孝道观念》，中华书局 2012 年版。
翦伯赞：《秦汉史十五讲》，张传玺整理，中华书局 2012 年版。
蒋梦麟：《西潮》，吉林出版集团有限责任公司 2012 年版。
蒋庆：《公羊学引论》，辽宁教育出版社 1995 年版。
瞿同祖：《中国法律与中国社会》，中华书局 2003 年版。
康有为：《万木草堂口说（外三种）》，姜义华、张荣华编校，中国人民大学出版社 2010 年版。
雷海宗：《中国文化与中国的兵》，岳麓书社 2012 年版。
李剑国：《唐前志怪小说史》，人民文学出版社 2011 年版。
李零：《简帛古书与学术源流》，生活·读书·新知三联书店 2008 年版。
李零：《兰台万卷——读〈汉书·艺文志〉》，生活·读书·新知三联书店 2013 年版。
李绍崑：《美国的心理学界》，商务印书馆 2007 年版。
李绍崑：《欧洲的心理学界》，商务印书馆 2007 年版。
李天纲：《历史活着》，生活·读书·新知三联书店 2015 年版。
李学勤：《中国古代文明十讲》，复旦大学出版社 2003 年版。
李泽厚：《回应桑德尔及其他》，生活·读书·新知三联书店 2014 年版。
李泽厚：《李泽厚近年答问录 2004—2006》，天津社会科学院出版社 2006 年版。
李泽厚：《历史本体论·己卯五说》，生活·读书·新知三联书店 2008 年版。
李泽厚、刘绪源：《中国哲学如何登场？：李泽厚 2011 年谈话录》，上海译文出版社 2012 年版。
李泽厚：《美的历程》，生活·读书·新知三联书店 2009 年版。
李泽厚：《什么是道德？：李泽厚伦理学讨论班实录》，华东师范大学出版社 2015 年版。
李泽厚：《杂著集》，生活·读书·新知三联书店 2008 年版。
联合早报：《第四座桥——跨世纪的文化对话》，新世界出版社 1999 年版。

梁启超:《论中国学术思想变迁之大势》,上海古籍出版社 2001 年版。
梁启超:《儒家哲学》,岳麓书社 2010 年版。
梁启超:《先秦政治思想史》,天津古籍出版社 2004 年版。
梁启超:《新民说》,中州古籍出版社 1998 年版。
梁启超:《中国历史研究法》,上海古籍出版社 1998 年版。
梁启超:《自由书》,吉林出版集团有限责任公司 2012 年版。
梁漱溟:《东西文化及其哲学》,商务印书馆 1999 年版。
林存光主编:《中国政治思想通史》(秦汉卷),中国人民大学出版社 2014 年版。
林惠祥:《文化人类学》,上海古籍出版社 2013 年版。
刘冬颖:《执子之手——〈诗经〉爱情往事》,中华书局 2010 年版。
刘美红:《先秦儒学对"怨"的诊断与治疗》,中山大学出版社 2010 年版。
刘韶军:《杨雄与〈太玄〉研究》,人民出版社 2011 年版。
刘咸炘:《刘咸炘论史学》,上海科学技术文献出版社 2008 年版。
刘笑敢:《诠释与定向——中国哲学研究方法之探究》,商务印书馆 2009 年版。
刘泽华:《先秦士人与社会》,天津人民出版社 2004 年版。
刘泽华主编:《中国传统政治思维》,吉林教育出版社 1991 年版。
柳诒徵:《柳诒徵文集》卷九,商务印书馆 2018 年版。
楼宇烈:《十三堂国学课》,北京大学出版社 2008 年版。
楼宇烈:《宗教研究方法讲记》,法衹、陈探宇、熊江宁整理,北京大学出版社 2013 年版。
鲁迅:《而已集》,人民文学出版社 1980 年版。
鲁迅:《坟》,人民文学出版社 1980 年版。
鲁迅:《华盖集续编》,人民文学出版社 1980 年版。
鲁迅:《南腔北调集》,人民文学出版社 1980 年版。
鲁迅:《热风》,人民文学出版社 1980 年版。
鲁迅:《伪自由书》,人民文学出版社 1973 年版。
鲁迅:《中国小说史略》,人民文学出版社 1973 年版。
吕绍纲:《周易阐微》,吉林大学出版社 1990 年版。
吕思勉:《吕思勉读史札记》(增订本),上海古籍出版社 2005 年版。
吕思勉:《秦汉史》,上海古籍出版社 2005 年版。
吕思勉:《先秦学术概论》,中国大百科全书出版社 1985 年版。
吕思勉:《中国政治思想史》,中华书局 2014 年版。

罗志田：《近代中国史学十论》，复旦大学出版社 2005 年版。

罗志田：《经典淡出之后——20 世纪中国史学的转变与延续》，生活·读书·新知三联书店 2013 年版。

彭林：《礼乐人生》，上海文艺出版社 2015 年版。

彭卫：《汉代婚姻形态》，中国人民大学出版社 2010 年版。

钱穆：《从中国历史来看中国民族性及中国文化》，九州出版社 2011 年版。

钱穆：《国史新论》，生活·读书·新知三联书店 2005 年版。

钱穆讲授：《中国经济史》，叶龙整理，北京联合出版公司 2014 年版。

钱穆：《讲学札记》，叶龙记录整理，北京联合出版公司 2014 年版。

钱穆：《灵魂与心》，广西师范大学出版社 2004 年版。

钱穆：《民族与文化》，九州出版社 2011 年版。

钱穆：《秦汉史》，生活·读书·新知三联书店 2005 年版。

钱穆：《四书释义》，九州出版社 2010 年版。

钱穆：《素书楼馀瀋》，九州出版社 2011 年版。

钱穆：《文化学大义》，九州出版社 2011 年版。

钱穆：《政学私言》，九州出版社 2010 年版。

钱穆：《中国历代政治得失》，生活·读书·新知三联书店 2005 年版。

钱穆：《中国历史精神》，九州出版社 2011 年版。

钱穆：《中国历史研究法》，生活·读书·新知三联书店 2005 年版。

钱穆：《中国史学发微》，生活·读书·新知三联书店 2009 年版。

钱穆：《中国思想史》，九州出版社 2011 年版。

钱穆：《中国文化丛谈》，九州出版社 2011 年版。

钱穆：《中华文化十二讲》，九州出版社 2011 年版。

钱锺书：《管锥编》，生活·读书·新知三联书店 2007 年版。

钱锺书：《七缀集》，生活·读书·新知三联书店 2002 年版。

丘镇英：《西洋哲学史》，岳麓书社 2011 年版。

宋洪兵：《韩非子政治思想再研究》，中国人民大学出版社 2010 年版。

宋洪兵：《循法成德——韩非子真精神的当代诠释》，生活·读书·新知三联书店 2015 年版。

宋衍申、肖国良主编：《孔子与儒学研究》，吉林教育出版社 1993 年版。

宋艳萍：《公羊学与汉代社会》，商务印书馆 2010 年版。

苏德昌：《〈汉书·五行志〉研究》，台大出版中心 2013 年版。

孙隆基：《中国文化的深层结构》，广西师范大学出版社 2011 年版。

孙中原：《墨子说粹》，生活·读书·新知三联书店 1995 年版。

汤用彤：《汉魏两晋南北朝佛教史》，武汉大学出版社 2008 年版。
唐德刚：《段祺瑞政权》，广西师范大学出版社 2015 年版。
汪高鑫：《董仲舒与汉代历史思想研究》，商务印书馆 2012 年版。
王国维：《王国维手定观堂集林》，黄爱梅点校，浙江教育出版社 2014 年版。
王家范：《中国历史通论》，华东师范大学出版社 2000 年版。
王立、刘卫英：《传统复仇文学主题的文化阐释及中外比较研究》，北京师范大学出版社 2011 年版。
王立：《中国古代复仇文学主题》，东北师范大学出版社 1998 年版。
王晴佳、古伟瀛：《后现代与历史学：中西比较》，山东大学出版社 2006 年版。
王锺翰、安平秋：《二十五史说略》，中华书局 2015 年版。
王子今：《秦汉社会史论考》，商务印书馆 2006 年版。
王子今：《秦汉社会意识研究》，商务印书馆 2012 年版。
萧公权：《中国政治思想史》，新星出版社 2010 年版。
徐复观：《两汉思想史》（二），九州出版社 2014 年版。
徐复观：《中国学术精神》，陈克艰编，华东师范大学出版社 2004 年版。
许倬云：《大国霸业的兴衰》，上海文化出版社 2012 年版。
许倬云：《历史分光镜》，上海文艺出版社 1998 年版。
许倬云：《中西文明的对照》，浙江人民出版社 2013 年版。
严耕望：《中国政治制度史纲》，上海古籍出版社 2013 年版。
杨联陞：《中国文化中"报"、"保"、"包"之意义》，贵州人民出版社 2009 年版。
叶舒宪主编：《文学与治疗》，社会科学文献出版社 1999 年版。
余英时：《东汉生死观》，侯旭东译，上海古籍出版社 2005 年版。
余英时：《士与中国文化》，上海人民出版社 2003 年版。
余英时：《现代儒学论》，上海人民出版社 2010 年版。
张岱年：《中国古典哲学概念范畴要论》，中国社会科学出版社 1987 年版。
张隆溪：《阐释学与跨文化研究》，生活·读书·新知三联书店 2014 年版。
张汝伦：《哲学与人生：张汝伦人文学术演讲录》，上海文艺出版集团、中西书局 2012 年版。
张荫麟：《中国史纲》，上海古籍出版社 1999 年版。
章太炎：《訄书》，华夏出版社 2002 年版。
章太炎：《诸子学略说》，广西师范大学出版社 2010 年版。
赵汀阳：《第一哲学的支点》，生活·读书·新知三联书店 2013 年版。

赵汀阳：《天下体系：世界制度哲学导论》，中国人民大学出版社2011年版。
周天游：《古代复仇面面观》，陕西人民教育出版社1992年版。
周裕琼：《当代中国社会的网络谣言研究》，商务印书馆2012年版。
朱维铮：《中国史学史讲义稿》，廖梅、姜鹏整理，复旦大学出版社2015年版。

三 外国著作

［美］费正清主编：《中国的思想与制度》，郭晓兵等译，世界知识出版社2008年版。
［美］弗朗西斯·福山：《历史的终结与最后的人》，陈高华译，孟凡礼校译，广西师范大学出版社2014年版。
［奥］弗洛伊德：《图腾与禁忌》，文良文化译，中央编译出版社2009年版。
［日］福沢諭吉：《福沢諭吉選集》第3卷，岩波書店1980年版。
［日］鹤间和幸：《始皇帝的遗产：秦汉帝国》，马彪译，广西师范大学出版社2014年版。
［日］九鬼周造：《"いき"の構造》，岩波書店1979年版。
［英］李约瑟：《中国古代科学思想史》，陈立夫主译，江西人民出版社2006年版。
［法］卢梭：《论人与人之间不平等的起因和基础》，李平沤译，商务印书馆2007年版。
［法］卢梭：《社会契约论》，何兆武译，商务印书馆2003年版。
［美］罗伯特·达恩顿：《屠猫狂欢：法国文化史钩沉》，吕健忠译，商务印书馆2014年版。
马坚译：《古兰经》，中国社会科学出版社1996年版。
［德］马克思、恩格斯：《马克思恩格斯选集》第3卷，人民出版社1995年版。
［美］迈克尔·E.麦卡洛：《超越复仇》，陈燕、阮航译，中国人民大学出版社2013年版。
［德］尼采：《尼采著作全集》第6卷，孙周兴、李超杰、余明锋译，商务印书馆2015年版。
［英］培根：《培根论说文集》，水天同译，商务印书馆1983年版。
［韩］朴宰雨：《〈史记〉〈汉书〉比较研究》，中国文学出版社1994年版。
［德］舍勒著，刘小枫选编：《舍勒选集》，上海三联书店1999年版。

· 389 ·

[美] 史蒂芬·B. 斯密什：《政治哲学》、贺晴川译，北京联合出版公司2015年版。

[意] 史华罗：《中国历史中的情感文化——对明清文献的跨学科文本研究》，林舒俐等译，商务印书馆2009年版。

[德] 叔本华：《探寻人生痛苦之源》，杨珺译，北京出版社2010年版。

[印] 泰戈尔：《泰戈尔书信选》，白开元编译，商务印书馆2015年版。

[日] 丸山真男：《日本的思想》，区建英、刘岳兵译，生活·读书·新知三联书店2009年版。

[日] 丸山真男：《日本政治思想史研究》，王中江译，生活·读书·新知三联书店2000年版。

[德] 韦伯：《学术与政治》，钱永祥、林振贤、罗久蓉、简惠美、梁其姿、顾忠华译，广西师范大学出版社2004年版。

[日] 新渡户稻造：《武士道》，张俊彦译，商务印书馆1993年版。

[美] 约翰·罗尔斯：《正义论》，何怀宏、何包钢、廖申白译，中国社会科学出版社1988年版。

[英] A. J. 汤因比、[日] 池田大作：《展望二十一世界——汤因比与池田大作对话录》，荀春生、朱继征、陈国樑译，国际文化出版公司1985年版。

[美] J. M. 汤普森：《历史著作史》上卷，第1分册，谢德风译，商务印书馆2011年版。

四　论文

蔡仁厚：《从"诗、礼、乐"看文化生命的"兴、立、成"》，载台湾中央大学文学院哲学研究所主编《应用哲学与文化治疗学术研讨会论文集》，台湾中央大学文学院哲学研究所1997年版。

查昌国：《西周"孝"义试探》，《中国史研究》1993年第2期。

陈独秀：《基督教与中国人》，载王中江、苑淑娅选编《新青年》，中州古籍出版社1999年版。

程东峰：《角色论——责任伦理的逻辑起点》，《皖西学院学报》2007年第4期。

江日新：《领袖之怒：失序的价值重估和自我毒化的自欺》，载台湾中央大学文学院哲学研究所主编《应用哲学与文化治疗学术研讨会论文集》，台湾中央大学文学院哲学研究所1997年版。

梁启超：《地理与文明之关系》，《饮冰室合集》第 2 册，中华书局 1989 年版。
楼宇烈：《中国传统文化的当代意义》，载东北师范大学党委宣传部主编《文蕴东师·论谈》，吉林人民出版社 2009 年版。
王博：《老子与夏族文化》，《哲学研究》1989 年第 1 期。
文崇一：《报恩与复仇：交换行为的分析》，载杨国枢主编《中国人的心理》，中国人民大学出版社 2012 年版。
曾春海：《儒道论音乐与人生》，载台湾中央大学文学院哲学研究所主编《应用哲学与文化治疗学术研讨会论文集》，台湾中央大学文学研究院哲学研究所 1997 年版。

后　记

　　本书是在我博士论文的基础上修订而成的。每一位博士生在毕业之际对导师的感激大都以后记的形式写进了论文。相对于数十万言的博士论文，不足一千字的后记显得太少了，几乎可以忽略不计。这种数量上的反差似乎也意味着，学生对老师的感激远远抵不上老师对学生的教诲，毕业时间越久，这种感觉就越强烈。因此，在后记之中，我想多留下一些怀念师恩的文字，权且当作对上述反差的一种微不足道的弥补吧。

　　我的导师是备受人们尊敬的韩东育先生。先生学术头衔之多，可以列出长长的一串，这或许可以成为旁人尊敬他的佐证，却并不能成为我尊敬他的最重要的理由。我尊敬他的最重要的理由只有一个，那就是先生拥有令我佩服的学问，他是一位真正的学者。

　　初识先生，还是在 2007 年中国思想史的课堂上。先生授课出口成章，通堂一气呵成，典故信手拈来，宛若行云流水。仅一节绪论就听得我如沐春风，如饮醇酒。而一学期上下来，更是一种享受。先生能用极其明快、犀利的语言将我的思维全部激活，三言两语就能道出我浑然而不觉、习焉而不察的所谓"常识"，这种深入浅出的讲解在每每令我慨叹"大道至简，所言不虚"的同时也让我对思想史产生了浓厚的研究兴趣。

　　兴趣是最好的老师，但这位抽象的"老师"却不能解答我所有的问题。我鼓起勇气去请教具体的"老师"——韩先生。说实话，一直到现在，我还是很害怕先生，或许是先生身上那种严肃的气质令我望而生畏吧。可奇怪的是，只要我们一见面，一说话，我的恐惧就会立马丢到爪哇国里去。在我的记忆中，每次跟先生的交流都是一个愉快的过程，而第一次尤其如此：

　　先生饶有兴致地解答了我的问题，当得知我叫张磊后，先生高兴地说："原来你就是张磊。2006 年咱们学院的那副校庆对联是你写的？"我的脑海中迅速闪过我为学生联合会撰写的那副对联:"追思前贤,春夏秋冬六十载,桃李满天下;还看今朝,经史子集百千卷,文章定乾坤。"当得到肯定的答复后,先生赞许地说:"你的对联虽不能说是什么绝对,但对得还算工整。大学生应该会对对子,古文还是要好好学的。趁着年轻要多读些书,如果历史系的学生没完整地看过《史记》,在一定程度上等于没毕业。此外,像斯诺的《西行漫记》、索尔兹伯里的《长征——前所未闻的故事》等外国人写的书也不可不读。他们的文章漂亮得很,叙述历史的方式引人入胜。"当得知我对思想史感兴趣并看了我的一篇习作之后,先生希望我旁听暑假的东亚思想史国际学术研讨会以拓宽视野,并表示愿意赠我《十三经注疏》《诸子集成》这两套书。

当时的我真是受宠若惊,几乎难以置信初次相识的先生对我竟这么好!来时的恐惧已无影无踪,我默默地咀嚼着子夏的那几句话:"君子有三变,望之俨然,即之也温,听其言也厉。"先生的平易近人在我心中留下了深刻的印象。临别一句"以后有问题可随时来找我交流",更是让我听懂了一个真学者的纯粹。

经过一年的奋力拼搏,我如愿以偿地被保送为先生的研究生。先生对我在保研笔试中写下的满分作文《仁者无敌》提出表扬,于是,我们的话题从作文中的"仁"谈到了李泽厚在东师史苑答问会中提到的"争"和"让",最后又谈到了"恨"。当得知我对"恨"的命题感兴趣时,先生鼓励我下苦功夫钻研原典,研究一下"中国人为什么恨、怎么恨",并相信我一定会写出好文章。在先生的悉心指导下,我的硕士论文《先秦诸子怨恨观研究》被评为2013年度吉林省优秀硕士学位论文。在得知这一消息后,先生十分欣慰,鼓励我抓住这个题目继续做下去,于是就有了我的博士论文选题——《中国古代怨恨观研究——以先秦两汉子书为探讨中心》。

从硕士到博士,虽然都是在做中国思想史,但研究的重点从先秦转移到两汉。初读博士的我,并不清楚这种转移意味着怎样的艰辛与坎坷。深入其中之后,才骤然发现,两汉较之先秦,仅仅是需要我一本一本啃下来的基本文献在数量上就多了足足数倍!我这个人笨得出奇,所有的基本文献必要一字一字地读过,才能放心,生怕漏掉一处与"怨恨观"有关的材料,在与基本文献日复一日、年复一年地肉搏中,我迷茫过,彷徨过,也痛苦过,退缩过,因为我真的觉得自己学力有限,难以驾驭这一庞大的课题,这绝非谦辞!但也正是在这个时候,又是先生,指点我治学的门径。先生告诫我要及时分门别类地建立文献资料库,要反复叩问自我的问题意识,要善于提出自己的概念体系,要勇于融进自身的生命体验,要敢于打破文史哲的学术壁垒，要志于勾勒出"怨恨观"从先秦至两汉的细微演变，要以东亚史、世界史的视野来重新审视中国思想史，标题要简单，内容要复杂，思路要开阔，层次要分明，注释要完整。

在先生的鼓励下，我鼓起勇气，继续向重构中国古代"怨恨观"这一梦想冲锋。当论文通过专家评审收到第十五届两岸三地历史学研究生论文发表会邀请函时，当我在东师史苑第三届青史论坛、在台湾"东亚青年儒家论坛"做完学术报告获得广泛好评时，当《外国问题研究》编辑郭冬梅老师对我的资格论文称赞有加时，当武汉大学文学院李建中教授、袁劲博士在《〈庄子〉论"怨"》一文中直接引用我硕士论文的观点并指出我对儒、道两家化怨之方区别的概括十分恰切时，当台湾大学人文社会高等研究院院长黄俊杰教授就我博士论文中的一节邀请我再次赴台参加学术研讨时，当我汇成数百万字的文献资料库、最终撰毕数十万字的博士论文时，当外审专家对我的博士学位论文高度肯定并期待我由此开创对非理性思想史研究的新领域时，我最先想到的是先生对我的指点与帮助，一切的一切，都得益于先生的教导。

在平日的课堂上，先生总是鼓励我独立思索，大胆发言。有一次，先生让我主讲韩非子及法家思想，他予以点评。我在先生《法家的发生逻辑与理解方法》一文的基础上主要补充了墨家与法家的学脉关联、法家的哲学局限与伦理学局限等要点，并做了适当的发挥。之后，先生给出了"尚可"的评价。我在欣喜之余，也在思索怎样才能赢得比"尚可"更高的评价，而答案早在一次师门聚会中就已经得到了揭晓：宋洪兵师兄撰文批评了先生的一个观点，先生竟高兴得两天睡不着觉，他诚恳地对众弟子说："学生就是要超过老师，超不过老师只能算是老师的失败。我希望你们在踏实地努力中一天一天地成长起来，你们一定会超过我。"尽管我不认为自己会超过先生，但还是为先生这种无私的襟怀、殷切的期望所感动。我不禁想起了韦伯的一句话："就学术本身的观点来说，我再重复一遍，将来总有一天，我们都会被别人超越；这不仅是我们共同的命运，更是我们共同的目标。"此言验之于我韩门学风，倍加真确。

先生对我的要求是非常严格的，他要求我能够记诵中外的经典，要求我的论文应有自己的创见。在论文开题、写作、修改的过程中，我深深地领教了先生的严谨与严厉，先生的意见毫不客气地切中我文章的要害，一句"切记历史绝不可沦为政治的婢女"的告诫令我永记心头。然而，跟先生相处越久，就越能体味出先生对学生的信任。正如胡适所说，为学，当在不疑处有疑；为人，当在有疑处不疑。先生将二者的合一，教会了我如何治学，更教会了我怎么做人：治学要敢字当头，做人要诚字为本。先生的教诲是令我受益终生的。

博士的毕业，对过往而言，堪称"轻舟已过万重山"，可放眼未来，还道"一山放过一山拦"。然而先生的教诲已为我架起了桥，搭成了梯，掌好了舵，定下了弦，因之无论前方是平野坦荡，还是险路崎岖，我都将一往无前，去拥抱人生壮丽奇崛的美感。

我庆幸能在东北师范大学历史文化学院完成我的学业，因为在这里，到处都能看到与先生一样心无旁骛、矢志向学的老师、同学。谨致以衷心的感谢。同时，也衷心感谢在东北师大附中初中部实习、高中部工作期间，诸位领导、同事给予我的尊重与抬爱！论文中一定还有很多不足，随时欢迎任何人的批评与指正，师友们的意见对我既是一种鞭策，也是一种激励，我是一定要奉为圭臬并虚心听取的。

最后，特别感谢妻子欧阳琳的信任与鼓励，特别感谢父母的养育之恩。犹记 2016 年正月初二从家乡哈尔滨返至长春赶写论文父亲送我上火车站的场景，朱自清在《背影》中的经典描述真切地发生在眼前，令我长号不自禁。漫漫求学路，亏欠家人的爱太多太多。研究"恨"这一命题已整十年的我，今天不想再谈"恨"，谈"恨"的日子已经熔铸为我个人的一段历史，或许，今天，该是谈"爱"、谈"感谢"、谈"感恩"的时候了，不妨用巴金《秋》中的一段对话来结束本书的后记：

"二表哥（指高觉民），我们今天不要提起'恨'字，不要提起那些事情。"琴关心地打断了他的话。"爱比恨更有力量。"她充满着纯洁的爱对他笑了笑。

（按照学校要求，博士后在站期间出版的学术专著须注明"东北师范大学博士后文库"，特此注明。）